KB215960

1 세기

# **야고보,**

오늘을 말하다

# 1세기 야고보, 오늘을 말하다

이승구 / 지음

세상에
흩어져 사는
하나님 백성들의
삶과
그들의 내면

THE CHURCH
WORSHIPS
HERE,
TODAY!

도서출판 말씀과 언약

# An Expository Preaching on James

The Life and the Inwardness of the Christians
Who are the People of God Scattered among the Nations

Seung-Goo Lee

*Verbi Dei Minister*
Professor of the Christian Dogmatics
Hapdong Theological Seminary



2022

The Word and the Covenant Publishing House
Seoul, Korea

이 책은 언약교회의 후원으로
출판이 가능하게 되었습니다.

매주 여러 번 하나님의 말씀을 잘 듣고
그에 근거해서 성경에 충실한 삶을
살기 원하면서,
동시에
이 땅에 개혁파적인 사상이
가득하게 하기 위해
개혁파적인 책들을 출간하도록
도움을 주시는
언약교회에 감사드립니다.

이런 후원으로
이 땅에 개혁파적인 사상이
가득하게 될 수 있기를
원합니다.

# 야고보 장로가 교회에 주시는 말씀

야고보 장로를 통해서 우리 하나님께서 신약 교회에 주시는 말씀을 차근차근 읽고 설교한 야고보서 강해를 많은 독자에게 선보입니다. <이승구 교수와 함께 하는 말씀과 언약 성경 강해 시리즈>는 이와 같은 강해서가 계속해서 나오기를 바라는 마음으로 시작되었으며, 그 첫 번째 책을 드디어 출간합니다.

하나님의 말씀을 찬찬히 생각하고, 그 말씀에 근거하여 우리의 생각을 정리하고, 그와 같은 방식으로 살아가는 것이 그리스도인의 삶이고, 교회의 바른 자태입니다. 그런 "해석 공동체"요 "말씀 실천 공동체"로서의 정상적인 교회의 모습과 그 지체인 그리스도인의 모습을 생각하면서 그것을 돕기 위하여 이 책을 내고, 이 시리즈 간행을 시작했습니다.

야고보서 강해는 2007년 2월 25일 주일부터 2007년 12월 9일까지 30주간에 걸쳐 매 주일 아침 예배 때에 언약 교회가 같이 듣고 생각하며 구체적인 삶에 적용하려 한 말씀입니다. 오랜 세월이 흘렀지만, 2007년에 주셨던 은혜를 생각하면서 같은 은혜를 베풀어 주시기를 바라는 마음으로 한국교회의 모든 성도님들께 소개합니다. 이것을 가능하게 했던 것은 오래전에 『교회론 강설』을 일일이 풀어주셨던, 전주에서 '목자의 음성 교회'를 목회하시는 이남수 목사님께서 다시 야고보서 강설을 풀어주시는 수고를 해 주신 덕분입니다. 목사님의 바쁜 목회 속에서도 우리를 위해 일일이 풀어주신 것을 일차적으로 정리하는 데도 오랜 세월이 흘렀습니다. 최근에 이렇게 정리된 내용을 좀 더 읽기 좋게 다듬고 보완하는 작업을 하이델베르크 요리문답을 공부하고 가르치는 <하이디 그룹>의 귀한 목회자들이 함께 감당해 주셨습니다. 많은 시간을 들여서 작업해주신 귀한 분들께 깊이 감사드립니다. 그러므로 이 책은 2007년도에 이 강설을 열심히 듣고 실천하려고 한 언약 교회 성도들과 이 강설 내용을 오랜 시간에 걸쳐 풀어주신 이남수 목사님의 애쓰심과 <하이디 그룹> 목회자들의 세심한 검토, 마지막으로 가장 큰 수고를 하신 김돈영 목사님과 조선구 목사님의 편집 작업의 결과로 나온 공동의 산물이라고 할 수 있습니다. 성경을 사랑하는 여러 사람의 수고와 열정으로 이루어진 일입니다. 이 모든 분의 수고에 대해서 다시 한번 깊이 감사드립니다.

누가 야고보서를 썼는지에 대한 것은 맨 앞에서 다루었습니다. 우리는 전통적 입장을 따라 예수님의 동생인 야고보 장로가 이 서신서를 기록했다는 입장을 취합니다. 언제 이 서신이 쓰였는지를 단언하기는 어렵습니다. 우리는 가장 이른 연대를 취하여 주전 45년-48년대에 기록되었다고 생각하면서 예수님의 십자가와 부활 그리고 승천 사건 이후 15-20여 년 지난 상황의 교회 모습을 생각합니다. 일차적으로 초기 교회에 주께서 야고보 장로를 통해서 주시는 말씀을 21세기 한국 땅 하남시에 있는 구체적인 교회의 성도들에게 전했던 것을 다시 한국 교회 전체에 전하는 것입니다(저자와 저작 연대에 대해서는 저자의 『성경신학과 조직신학』 [서울: SFC, 2018], 385-411)에서 자세하게 논의했으니 참고해 보시기 바랍니다). 언약 교회에 주신 선포된 하나님의 말씀이 한국의 모든 교회에도 전달되기 바랍니다. 부디 주께서 이 책을 사용하셔서 한국 교회를 가르쳐 주시고, 주님이 원하시는 방향으로 이끌어 주시기를 기도합니다.

2022년 1월 초

합동신학대학원대학교 연구실에서

# 차 례

지은이의 말 • 006

1강 • 그리스도의 종과 흩어져 있는 열두 지파 (1:1) • 011

## 1부 고난, 기도, 하나님

2강 • 고난, 인내 그리고 그리스도적인 인격 (1:2-4) • 027
3강 • 기도하는 사람 vs. 두 마음을 품은 사람 (1:5-8) • 039
4강 • 경제적 현실 속의 그리스도인 (1:9-11) • 046
5강 • 고난과 생명의 면류관 (1:12) • 059
6강 • 유혹자와 유혹을 받는 자 (1:13-15) • 073
7강 • 빛들의 아버지께로부터 오는 모든 좋은 선물들 (1:16-18) • 085

## 2부 중생자의 성품과 경건

8강 • 중생자에게 주어진 명령 세 가지 (1:18-20) • 099
9강 • 또 하나의 대조, 그 목적은 무엇일까? (1:21-25) • 110
10강 • 참된 경건이란 무엇인가? (1:26-27) • 119
11강 • 사람을 외모로 취하지 말라 (2:1-9) • 129
12강 • 그리스도인의 구체적 삶의 모습: 일종의 진자 운동? (2:8-13) • 142

## 3부 신학적 토대

13강 • 믿음으로만 의롭다 함을 받게 하는 그 믿음 (2:14-17) • 155
14강 • 믿음과 행위 (2:14-26) • 167

## 4부 중생자의 언어생활

15강 • 우리는 과연 어떻게 말해야 할까? (1) (3:1-6) • 181
16강 • 우리는 과연 어떻게 말해야 할까? (2) (3:1-6) • 193
17강 • 우리는 과연 어떻게 말해야 할까? (3) (3:7-12) • 204

## 5부 중생자와 성경이 말하는 지혜

18강 • 성경이 말하는 지혜 (1): "이 세상 지혜" (3:13-18) • 217
19강 • 성경이 말하는 지혜 (2): 우리가 추구해야 할 지혜 (3:17-18) • 229
20강 • 세상 사람들과 다른 새로운 삶의 목적과 기도 (4:1-3) • 242
21강 • 세상과 벗 됨 vs. 하나님과 벗 됨 (4:4-6) • 253
22강 • 열 가지 명령의 핵심: 하나님께 순복하라! (4:7-10) • 265
23강 • 하나님 앞에 자신을 낮추는 것의 사회적 의미 (4:11-12) • 277

## 6부 중생자의 삶과 인내와 기도

24강 • 그리스도인의 삶의 계획 (4:13-17) • 285
25강 • 부에 대한 그리스도인의 태도 (5:1-6) • 296
26강 • 그리스도인의 삶과 인내 (1) (5:7-11) • 308
27강 • 그리스도인의 삶과 인내 (2) (5:7-12) • 317
28강 • 고난 중에서 (5:13-18) • 327
29강 • 기도: "믿음의 기도는 병든 자를 구원하리니" (5:15-18) • 341
30강 • 우리의 궁극적 사명: 미혹한 길에서 돌아서게 하는 일 (5:19-20) • 355

지은이 소개 • 364

# 들어가는 말

THE CHURCH
WORSHIPS
HERE,
TODAY!

1강 야고보서 1장 1절

# 그리스도의 종과 흩어져 있는 열두 지파

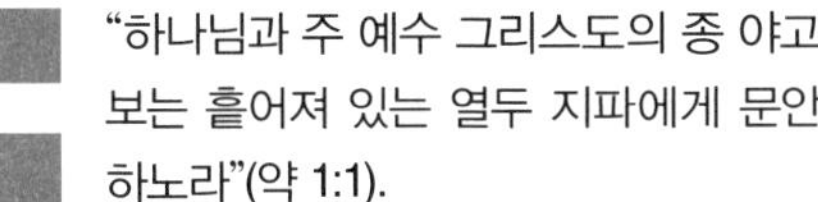
"하나님과 주 예수 그리스도의 종 야고보는 흩어져 있는 열두 지파에게 문안하노라"(약 1:1).

## 명시된 이름 야고보

이 서신을 '야고보'라는 인물이 썼다는 것은 아주 분명합니다. 왜냐하면 앞부분에서 "하나님과 주 예수 그리스도의 종 야고보"(약 1:1)라고 명확히 말하고 있기 때문입니다. 그러나 그 야고보가 누구인지를 정확히 알 길은 없습니다. 그러나 우리가 짐작할 수는 있습니다. 그 말은 우리가 추론하여 이야기한다는 것이고, 짐작해서 이야기하기에 부정확할 수 있다는 말입니다. 성경을 공부할 때 아주 명확하게 드러나는 것이 있습니다. 그것은 성경이 명백히 진술하고 있는 내용입니다. 그런 것들은 성경이 진술하고 있으니까 그냥 받아들이면 됩니다. 본문과 관련해서 말하면 "이 서신서는 야고보가 썼다"라는 것은 아주 분명한 사실입니다. '다른 사람이 썼는데 야고보의 이름을 도용해서 썼다'라고 주장하는 사람들이 있습니다만, 그렇게 이야기하는 것은 매우 이상하고 잘못된 것입니다. 그러므로 이 편지를 야고보가 쓴 것은 분명합니다.

야고보가 누구인가에 대해서는 여러 주장이 있을 수 있습니다. 물론 우리가 하는 추론이 틀릴 수도 있습니다. 틀릴 수도 있는 것에 대해서 설교할 때 설교자는 두려운 마음을 가져야 합니다. 나중에 하나님이 "잘못 설교했다"라고 말씀하실 수도 있기 때문입니다. 그래서 설교가 어려운 것입니다. 설교자는 바르게 설교하기 위하여 항상 신중하고 두려운 마음을 가져야만 합니다.

고대로부터 많은 사람이 성경을 보며 짐작해 온 바가 있습니다. 오랜 시간 찾고 고민하여 추론했기에 그렇게 틀리지 않을 수도 있습니다. 그러니까 우리는 그것에 근거하여 이야기할 수 있을 것입니다. 야고보라는 말은 '야곱'입니다. 구약 성경의 '야곱'이 생각날 것입니다. 그 사람은 '인간적인 너무나 인간적인'이라고 하는 니체의 책 제목과 아주 적절하게 맞아 떨어지는 인물입니다. 인간적으로 생각하면 그런 야곱의 이름을 자기 아들의 이름으로 사용하고 싶지 않을 것입니다. 그러나 이스라엘 백성들 가운데는 자녀의 이름을 야곱 또는 야고보라고 붙이는 사람들이 아주 많았습니다. 어떻게 야비하고 인간적인 사람의 이름을 사용할 수 있을까 생각하지만, 결국 성경 안에 나타난 소위 '하나님 은총의 승리', 인간의 문제점을 다 극복해내는 하나님 은총의 승리를 생각할 수 있습니다. 그것은 참으로 은혜롭습니다. 우리가 자신의 삶을 살펴볼 때 때로는 야곱처럼 인간적인 면을 발견합니다. 그때 주께서 모든 것을 은총으로 승리하게 해 주셔서 우리의 생애가 마쳐질 즈음에는 상당히 성숙한 사람으로, 하나님의 사람답게 만들어지기를 원하게 됩니다. 그래서 유대인 중에는 자녀의 이름을 야고보라고 지은 사람들이 있었을 것입니다. 또한 이스라엘 백성에게 야곱은 굉장히 중요한 조상입니다. 거슬러 올라가면 아브라함에서부터 시작합니다. 물론 더 올라가면 아담을 생각합니다만, 아담은 이스라엘의 조상일 뿐만 아니라 모든 사람의 조상입니다. 노아도 마찬가지입니다. 다 멸망하고 노아의 가족만 살아남은 상황에서 인류가 다시 퍼져나간 것이기에 새로운 아담으로서, 제2의 아담으로서 노아가 나타납니다. 그래서 이스라엘 자손들이 자기들의 조상이라고 말할 때 대개 아브라함에서부터 시작합니다. 아브라함, 이삭 그리고 이삭의 아들인 야곱으로부터 소위 열두 지파가 형성되어 역사에 '이스라엘 백성'이 나타나게 되었습니다. 그래서 유대인 중에는 자녀의 이름을 야곱이라고 붙인 경우가 많이 있습니다. 예수님 당시에도 수많은 야곱이 있었습니다. 그리고 지금도 수많은 야곱이 있습니다.

### 많은 야고보 가운데 과연 어떤 야고보인가?

우리는 야고보라는 이름만으로 그가 누구인지 정확히 알 수는 없습니다. 예수님의 제자 중에도 두 명 내지 세 명의 야고보가 있습니다. 알패오의 아들 야고보가 있고, 세베대의 아들 야고보도 있습니다. 베드로, 야고보, 요한이라고 했을 때 야고보와 요한은 세베대의 아들입니다. 예루살렘 교회에서 베드로, 야고보, 요한이 중요합니다. 사도행전 12장에는 "그 때에 헤롯 왕이 손을 들어 교회 중에서 몇 사람을 해하려 하여 요한의 형제 야고보를 칼로 죽이니"(행 12:1-2)라고 말씀합니다. 이것은 예수님의 제자 중 한 사람인 야고보가 죽은 사건입니다. 이것은 대개 AD 44년경에 일어난 것으로 생각됩니다. 그런데 야고보서는 아무리 빨리 쓰였다고 추론해도 45년에서 48년에 쓰인 것으로 생각됩니다. 더군다나 많은 사람은 62년경에 쓰였다고 추측합니다. 여러 가지 정황 증거를 종합하여 짐작할 뿐입니다. 그러므로 세베대의 아들이자 요한의 형제 야고보는 분명히 배제됩니다. 사도행전에 의하면 이 야고보는 44년에 이미 죽었기 때문입니다.

그 사람이 아니라면 누구일까요? 이런 추론을 할 때 교회의 오랜 전통이 중요합니다. 교회의 오랜 전통은 야고보서를 쓴 사람이 예수님의 형제였던 야고보라고 추론합니다. 왜냐하면 45년 이후에 예루살렘 교회에서 가장 중요한 역할을 하는 사람으로 예수님의 형제인 야고보가 나타나기 때문입니다. '장로인 야고보'라고 언급된 사람입니다. 아마도 그가 야고보서를 쓴 것 같습니다. 예수님의 형제인 야고보는 바울도 교회의 기둥처럼 여기는 사람이었습니다. 사도행전 15장을 보면 예루살렘 공의회로 모이는데 거기 야고보가 의장 격으로 등장합니다. 이런 사실로 미루어 보았을 때 초대 교회에서 중요한 역할을 했던 사람이요, 예수님의 동생인 야고보가 야고보서를 썼다고 생각됩니다.

### 예수님의 공생애 초기의 야고보

당시의 상황을 좀 더 알아보기 위해 마가복음 6장에 있는 말씀을 보려고 합니다. 여기에는 예수님의 공생애 사역 중 상당히 초기 사건이 기록되고 있는데 "예수께서 거기를 떠나사 고향으로 가시니 제자들도 따르니라"(막 6:1)라고 기록하고 있습니다. 예수님의 고향이니까 갈릴리 나사렛 땅을 이야기합니다. 예수님께서 다른 곳에서 말씀을 가르치시다가 잠시 고향에 가셨습니다. 이때 토요일이면 유대인들은 모두가 회당에 모입니다. 예수님께서도 유대인들과 마찬가지로 안식일에 회당 예배에 참석하셨습니다. "안식일이 되어 회당에서 가르치시니"(막 6:2)라는 말씀에 근거하여 예수님께서 공생애 기간에 일종의 비공식적 랍비처럼 살았다는 것을 알 수 있습니다. 흥미로운 일입니다. 예수님께서는 랍비 교육을 받은 사람이 아님에도 불구하고 랍비처럼 살았습니다. 많은 사람이 예수님을 "랍비"라고 불렀습니다. 예수님의 말씀을 듣고 "많은 사람이 듣고 놀라 이르되 이 사람이 어디서 이런 것을 얻었느냐? 이 사람이 받은 지혜와 그 손으로 이루어지는 이런 권능이 어찌됨이냐"(막 6:2) 하고 놀랍니다.

그때 어떤 사람들은 "이 사람이 마리아의 아들 목수가 아니냐"(막 6:3)라고 말합니다. 여기서 우리는 굉장히 중요한 정보를 하나 더 얻습니다. 흥미로운 것은 '요셉의 아들'이라고 말하지 않았다는 점입니다. 우리는 여기서 또 추론합니다. 왜 '요셉의 아들'이라고 말하지 않았을까요? 당시 사회가 대개 아버지 중심의 사회인데, 왜 그렇게 이야기하지 않았을까요? 이 문제에 대해서 사람들은 고민하다가 '이때쯤은 예수님의 아버지인 요셉이 이미 돌아가신 후가 아니겠는가?'라고 추론합니다. 요셉은 예수님의 양부(養父)에 해당하는 분입니다. 왜냐하면 요셉은 유전적으로 예수님의 탄생에 이바지한 것이 하나도 없기 때문입니다. 그는 단지 법적인 아버지 역할을 한 것입니다. 그런데 이즈음에 그의 이야기가 나오지 않는 것을 보니까 '아버지 요셉은 이미 돌아가셨을 것이다'라고 생각합니다.

요셉이 했던 가업(家業)은 장남인 예수님이 물려받았을 것입니다. 그래서 예수님이 목수셨다는 것이 분명합니다. 물론 당시 이스라엘 땅에서의 목수와 지금 우리가 생각하는 목수를 같은 것으로 생각하면 안 됩니다. 여기서 '목수'라는 말은 폭넓은 의미로 사용될 수 있는 용어이기에 많은 사람이 이것을 석공(石工)일 것이라고 짐작하기도 합니다. 그러니까 우리가 생각하는 목수의 개념만을 적용해서 생각하지 말아야 합니다. 단지 사람들이 그리 높게 평가하는 직업이 아니었다는 것을 알 수 있습니다. 또한 예수님이 공생애 사역을 시작하실 때가 30세 즈음이니까 예수님은 적어도 10여 년 이상 그 일을 하셨다고 생각할 수 있습니다. 그래서 예수님의 고향 사람들은 예수님을 주님으로 받아들이기 어려워했습니다. 너무 친해서 받아들이지 못하는 것입니다. '우리가 아는 사람인데 그가 어떻게 메시아인가?' 하고 생각하는 것입니다. 동리 사람 가운데는 예수님께 "이것 좀 만들어 주세요" 하는 부탁을 하고 값을 치르던 사람들도 있었을 것입니다. 그런 상황에서 예수님이 자신을 하나님의 아들이라고 가르치실 때 과연 그 사실을 받아들일 수 있을까요? 무척 어려웠을 것입니다. 그래서 그들은 예수님을 향해 "야고보와 요셉과 유다와 시몬의 형제가 아니냐? 그 누이들이 우리와 함께 여기 있지 아니하냐? 하고 예수를 배척한지라"(막 6:3)고 했습니다. 왜 그렇게 했습니까? 그를 너무 잘 알고 있다고 생각했기 때문입니다.

우리와는 다릅니다. 우리는 무엇을 바랍니까? 예수님을 잘 알기 원합니다. 예수님을 믿는 사람들은 다 예수님을 알기 원한다고 하는데 그것이 진짜인지는 스스로 물어봐야 합니다. 이 사람들은 예수님을 너무 잘 안다고 생각했기에 예수님을 배척했습니다. 그들은 사실 예수님을 참으로 잘 아는 것이 아니었습니다. 자기들의 생각으로 안다고 생각하면서 예수님을 배척한 것입니다. 그런 일은 오늘날에도 발생할 수 있습니다. 스스로 예수님을 잘 안다고 생각하기에 진짜 예수님을 모를 수 있습니다. 우리는 이것을 늘 주의해야 합니다. 우리가 머릿속에 가지고 있는 예수님에 관한 상(像)이 과연 참된 것인가를 항상 물어야 합니다. 후에 예수님과 면대면(面對面) 하여 볼 때까지 묻고 물어야 합니다.

그렇다면 진짜 예수님은 누구입니까? 성경이 말씀하는 그 예수님입니다. 그런데 만일 성경을 잘못 해석하여 이상한 상(像)을 그리고 있다면 어떨까요? 그것이 문제입니다. 예수님께서는 지금도 살아계셔서 우리와 교제하십니다. 성경이 말하는 예수님의 상(像)과 우리 머릿속에 있는 상(像)을 비교하여 예수님을 정확히 알고 이해하도록 예수님께서 친히 이끌어 가실 것입니다. 예수님이 지금 하시는 일이 바로 그것이라고 할 수 있습니다. 주님과의 교제, 이것은 현재의 일입니다. 그것은 성령님을 통하여 이루어지는데, 결국 성경에 있는 예수님의 모습이 우리 속에 이루어지도록 하십니다.

예수님에 대해서 옛날에 천주교인들이 가졌던 잘못된 상(像)의 하나는 예수님은 독자(獨子)였다, 즉 마리아와 요셉 사이에 다른 아들이나 딸이 없다는 관념입니다. 천주교인들은 왜 그렇게 생각합니까? 그것은 마리아를 계속해서 동정녀로 만들기 위해서입니다. 마리아가 예수님을 잉태했을 때는 분명 동정녀(virgin)였습니다. 아직 남자하고 관계한 일이 없는 사람입니다. 그런데 이적으로 아이를 갖게 하셨습니다. 하나님의 영이 동정녀 탄생(virgin birth)이라는 놀라운 일을 행하신 것입니다. 이것은 하나님의 능력으로 된 일입니다.

성경은 그들이 "아들을 낳기까지 동침하지 아니하더니"(마 1:25)라고 말씀합니다. 그러므로 요셉과 마리아가 예수님을 낳은 후에는 동침했다고 생각하는 것이 자연스럽습니다. 그런데 천주교회는 그 후에도 요셉과 마리아는 계속해서 동침하지 않았다고 주장합니다. 천주교회의 주장에 따르면, 요셉과 마리아는 결혼했으나 평생을 동정(童貞)으로 산 사람들입니다. 그 사람들은 이것을 초자연적이고, 가장 이상적인 결혼의 모델이라고 제시하고 있습니다. 더 온전해지고자 하면 그렇게 하고, 그보다 더 온전해지고자 하면 아예 결혼하지 말라고 합니다. 주님께 보통으로 헌신할 수가 있고, 그것보다 조금 더 헌신하면 결혼해서 동정으로 사는 것입니다. 그보다 더 온전한 것은 아예 결혼하지 않는 것입니다. 이런 것이 천주교회의 이해입니다.

그런데 성경은 그렇게 말하지 않습니다. 천주교회가 어떻게 이런 이상한 해석을 만들어 냈는가 하는 것을 생각하면 매우 안타까울 따름입니다. 일단 이렇게 잘못된 생각을 하고 나면 성경을 봐도 이상하게 해석합니다. 우리가 보았던 마가복음 6장에서 예수님의 동리 사람들이 하는 말을 다시 생각해 보겠습니다. "이 사람이 마리아의 아들 목수가 아니냐 야고보와 요셉과 유다와 시몬의 형제가 아니냐? 그 누이들이 우리와 함께 여기 있지 아니하냐?"(막 6:3) 라는 말씀을 들은 우리의 즉각적인 반응은 어떤 것입니까? '예수님의 형제가 야고보, 요셉, 유다, 시몬 그리고 자매들이 있었구나' 하고 생각하는 것이 자연스러운 것입니다. 그런데 천주교회는 마리아는 평생 동정녀였다고 정해 놓았습니다. 그런 자기들의 생각에 따라 마리아는 평생 동정녀로 살다가 죽은 사람이라고 합니다. 예수님을 잉태할 때뿐만 아니라 지금까지도 동정녀이고, "하늘"(heaven)에서도 동정녀라고 이야기합니다. 마리아가 영원히 동정녀로 있다는 생각을 하고 있기에, 여기에 나타난 야고보, 요셉, 유다, 시몬에 대해서 천주교회에서는 어떻게 말합니까? 요셉 전처의 소생들이거나 예수님의 사촌 형제들이라고 합니다. 성경은 그런 이야기를 하지 않는데 자기들이 정해 놓은 생각을 전제로 하여 사실을 왜곡하는 것입니다.

성경은 예수님의 형제들을 네 사람이나 언급하고 있습니다. 여기에 첫 번째로 등장하는 사람이 야고보입니다. 그러니까 이 야고보가 예수님의 형제 야고보가 분명합니다. 예수님의 형제들은 예수님의 사역 초기에 예수님과 어떤 관계성을 가지고 있었을까요? 유대 사회의 성격이 우리 사회와 비슷하니까 아마 큰 형님인 예수님의 말씀을 잘 따랐을 것입니다. 그런데 예수님께서 30세쯤 되어서 공생애를 시작하자 문제가 복잡해지기 시작했습니다. 예수님이 집안을 돌보지 않고 공생애를 위해 나가신 것입니다.

마가복음 3장에는 "집에 들어가시니 무리가 다시 모이므로 식사할 겨를도 없는지라"(막 3:20)라고 말씀합니다. 이 구절을 통해 예수님이 얼마나 바쁘게 사셨는지 한 단면을 엿볼 수 있습니다. 많은 사람을 가르치셨고, 사람들이 매일 몰려와서 식사할 겨를도 없었다고 말합니다. 그런데 더 나아가서 다음 절에 "예수의 친족들이 듣고 그를 붙들러 나오니, 이는 그가 미쳤다 함일러라"(막 3:21)고 말씀합니다. 그러면 여기서 예수님의 친족은 누구일까요? 앞에서 이야기했던 야고보, 시몬 등의 형제들일 것입니다. 아마도 그 일에 있어서 야고보가 제일 앞장서서 나왔을지도 모르겠습니다. 예수님께서 가르치고 계시는데 예수님을 잡으러 온 것입니다. "그 때에 예수의 어머니와 동생들이 와서 밖에 서서 사람을 보내어 예수를 부르니"(막 3:31). 그때 마리아도 같이 왔었다고 성경은 말씀합니다. 예수님께서 가르치시는 곳에 사람을 보내어 예수님을 만나자고 하는 것입니다. "무리가 예수를 둘러 앉았다가 여짜오되 보소서 당신의 어머니와 동생들과 누이들이 밖에서 찾나이다"(막 3:32). 예수님의 전 가족이 동원된 것 같습니다. 모친과 동생들과 누이들이 다 왔는지, 다 오지 않았는지는 정확히 언급하지 않으니까 알 수 없습니다. 다만 상당수가 온 것은 분명합니다. 이때 예수님은 "누가 내 어머니이며 동생들이냐"(막 3:33)라고 하시며, 그 친족들이 무척 섭섭해할 만한 말씀을 하셨습니다.

"둘러앉은 자들을 보시며 이르시되 내 어머니와 내 동생들을 보라. 누구든지 하나님의 뜻대로 행하는 자가 내 형제요 자매요 어머니이니라"(막 3:34-35). 이 이야기가 우리에게는 매우 은혜롭게 들리지만, 예수님의 어머니와 형제들과 자매들에게는 마음에 비수를 꽂는 듯한 이야기였을 것입니다. 어머니와 형제들의 편에서는 우리를 가족 취급도 안 한다고 생각할 수 있을 것입니다. 이것은 참으로 오해를 살만한 이야기입니다. 이것을 극복해야만 예수님과 제대로 된 관계를 맺는 것입니다. 이 사건 당시만 해도 예수님의 동생인 야고보는 아직 예수님을 믿는 사람이 아니었습니다. 그는 이 말을 들으면서 많이 섭섭했을 수도 있습니다. '우리 형님이 평소에는 잘해주셨는데, 왜 이러실까, 진짜 미쳤구나'라고 생각했을지도 모르겠습니다.

### 신자인 야고보의 태도와 말 표현: "예수의 종 야고보"

야고보서를 쓴 야고보가 예수님의 동생 야고보라는 것은 초대 교회로부터 상당히 많은 사람이 추론했으니 이는 오래된 추론입니다. 그런데 본문에서 야고보는 자신을 어떻게 표현합니까? "하나님과 주 예수 그리스도의 종 야고보"(약 1:1)라고 말합니다. 그는 예수님을 믿는 사람으로서 이 편지를 쓰고 있습니다. '예수님은 우리가 지금까지 기다려왔던 메시아시고, 나는 그분의 종이다'라고 표현합니다. 앞에서 살펴본 믿기 전의 야고보는 그렇게 말할 수 있는 사람이 아닙니다. 그때 그는 예수님을 말리려고 했던 사람입니다. 그런데 야고보의 생각이 바뀐 것이 여기에 나타납니다. 이것은 우리의 정체성이기도 해야 합니다. 야고보만 하나님과 예수 그리스도의 종이 아니라, 예수님을 믿는 모든 사람은 다 예수 그리스도의 종입니다. 우리는 모두 그렇습니다. '나는 예수 믿은 지 얼마 안 되니, 나는 아직 아닌 데요'라고 말할 수 없습니다. 예수님을 참으로 믿으면 갓난아이라 할지라도 다 예수 그리스도의 종입니다. 누구든지 예수님을 참으로 믿는 사람은 예수 그리스도의 종이므로 예수님께서 맡겨주신 사명을 감당해야만 합니다. 종이기 때문입니다. 갓난아이의 사명은 무엇일까요? 젖을 먹고 잘 크는 것입니다. 갓난아이는 열심히 울어야 합니다. 그것도 사명입니다. 가끔 예배 시간에 아이가 울면 그것을 싫어하는 사람들이 있는데, 싫어하면 안 됩니다. 아이는 '자기 사명을 다하고 있구나'하고 생각해야 합니다. 예수님을 믿는 사람은 모두 그렇게 생각해야 합니다.

앞에서 보았던 말씀과 연관하여 생각하면, 예수님께서는 누구든지 하나님의 뜻을 행하는 사람이라면 "내 모친이요, 내 형제요, 자매"라고 말씀합니다. 우리는 예수 그리스도의 종일뿐만 아니라, 예수님의 형제요, 자매이기도 합니다. 그래서 우리가 서로를 부를 때 "형제 혹은 자매"라고 부릅니다. 예수 그리스도 때문에 그렇게 부를 수 있습니다. 그리고 그 말은 진짜여야 합니다. 야고보가 내가 예수 그리스도의 종이라고 말하는 것이 진짜여야지 그가 만일 자기 멋대로 살면서 "나는 예수 그리스도의 종이다"라고 주장한다면 주변에 있는 사람들이 엉터리라고 할 것입니다. 우리도 마찬가지입니다. "우리가 예수 그리스도의 종이다"라고 하면 그런 모습을 가져야 합니다. 그런 의미를 담아서 예수님의 종인 사람들이 바로 우리입니다. 우리는 서로 형제이고 자매입니다.

여기 조금 더 조심하여 생각할 것이 있습니다. "야고보는 예수님의 친형제니까 우리보다 조금 더 가깝겠지"라고 생각하는 것입니다. 예수님의 이야기 속에는 그런 것이 없습니다. 모든 사람이 정말 형제와 자매로서 하나님 앞에 있는 것이라고 여겨야 합니다. 이것이 우리의 정체성입니다.

### 수신자: 흩어져 있는 열두 지파

이 편지는 누구에게 쓰고 있습니까? 야고보서 1장 1절은 "흩어져 있는 열두 지파에게 문안하노라"라고 말하고 있습니다. 우선 우리가 잘 아는 말부터 시작해 보겠습니다. 열두 지파라고 하면 일차적으로 "이스라엘 백성들, 열두 지파"가 생각납니다. 그래서 많은 사람은 '이 글은 유대인들을 대상으로 쓰고' 있다고 생각합니다. 그것이 틀린 것은 아닙니다. 유대인들 가운데 특별히 예수님을 믿는 사람들이 대상입니다. 유대인이라고 해서 다 여기서 말하는 "흩어져 있는 열두 지파"에 속한 것은 아닙니다. 어떤 유대인들은 물리적으로는 "열두 지파"에 속해 있지만, 야고보가 생각하는 그 "열두 지파"에는 속하지 않은 사람이 있을 수 있다는 말입니다.

그렇게 본다고 해도 이 열두 지파는 결국 예수님을 믿는 사람들일 것입니다. 그렇다면 그 대상은 누구일까요? 첫째로 예수님을 믿는 유대인들입니다. 그 사람들을 어떻게 표현하고 있습니까? "흩어져 있는"이라고 표현합니다. 이 '흩어져 있는'이라는 말은 우리가 잘 알고 있는 '디아스포라'에서 온 말입니다. 그래서 영어에서도 그냥 '디아스포라'라고 하고, 한국말로도 '디아스포라'라고 합니다. 유대인들은 지금 로마 제국 전역에 흩어져 있습니다. 그래서 "흩어져 있는 유대인들"입니다. 흩어져 있는 열두 지파에게 편지를 씁니다. 그냥 유대인이 아니라 '유대인인데 예수님을 믿는 사람들'입니다. 그런데 편지의 일차 독자가 흩어져 있는 유대인 중에 예수님을 믿는 사람들이라고 해석한다고 해도, 이 말씀이 성경 가운데 있으므로 '야고보서는 유대인 중에 예수님을 믿는 사람만 읽어야 한다'라고 생각하지는 않을 것입니다. 만일 일차 독자들이 유대인 그리스도인이라 할지라도 세월이 지나다 보면 이방인 독자들까지도 다 포함됩니다.

그래서 매우 자연스럽게 두 번째 해석으로 나아갑니다. 흩어져 있는 열두 지파라고 하는 것은 유대인 가운데 예수님을 믿는 사람뿐만 아니라, 이방인 가운데 예수님을 믿는 사람도 포함하는 말이라고 보는 것입니다. 이런 해석에 의하면, 우리가 "흩어져 있는 열두 지파"입니다. 우리가 제2의 유대인이 되는 것이 아닙니다. 가끔 보면 그것을 꿈꾸는 사람들도 있습니다. 그러나 그와 같이 하나님의 경륜 가운데 없는 것을 자기가 만들어 내면 안 됩니다. 과거에 평양을 제 2의 예루살렘이라고 말하며, 통일되어 '그 영광을 다시 회복시켜 주옵소서'라고 기도하는 사람들이 많았습니다. 좋은 생각입니다. 그렇지만 잘 생각해야 합니다. 하나님께서 언제 평양을 제2의 예루살렘이라고 하신 적이 있습니까? 사람들이 무슨 의미로 그렇게 말하는지는 우리가 잘 압니다. 그러나 그렇게 하다 보면 사람들이 자꾸만 이상하게 생각하게 됩니다. 옛날 청교도들이 미국에 가서 자기들을 그렇게 이야기했습니다. 자기들이 "제2의 이스라엘"이라고 생각한 것입니다. 자신들을 선택된 백성이라고 생각하는 의식은 좋지만, 그 표현은 옳은 것이 아닙니다.

이스라엘 백성들은 구약 시대 하나님의 백성들입니다. 하나님의 백성이 신약시대에 새롭게 되었습니다. 옛날 이스라엘 백성이 자기 역할을 제대로 못했기에 하나님은 예수 그리스도의 사역과 성령님의 사역으로 하나님의 백성을 새롭게 하셨습니다. 그래서 여기에 유대인이 아닌 사람들, 즉 이방인들도 포함되었습니다. 이제 하나님의 백성이 확대된 것입니다. 이것이 여기서 말하는 "흩어진 열두 지파"라는 말의 궁극적인 의미라고 여겨야 할 것입니다.

이 편지는 처음에 유대인 그리스도인들에게 보냈을 가능성이 큽니다. 하지만 일차 독자가 유대인 그리스도인들이라고 해도 세월이 지나면 결국 이방인들까지 포함할 수밖에 없습니다. 그러니까 이 "열두 지파"가 과연 누구를 의미하느냐 하는 문제로 서로 대립할 필요는 없습니다. 여기에 우리의 새로운 정체성이 나타납니다. 우리는 누구입니까? "흩어져 있는 열두 지파"에 속해 있는 사람들입니다.

## 적용: 우리는 누구인가?

우리는 예수 그리스도의 종이라고 했습니다. 그런데 예수 그리스도의 종인 사람들은 동시에 '흩어져 있는 하나님의 백성' 곧 '흩어져 있는 열두 지파'입니다. 흩어져 있다는 말이 옛날에는 '당시 지중해 연안에 흩어져 있던'이라는 의미였습니다. 그러나 지금은 어떤 의미입니까? 우리는 주일날이면 모입니다. 삼위일체 하나님께 경배하고 하나님의 말씀을 배우기 위해서입니다. 그렇게 모였을 때 우리는 "교회가 모인다"라고 이야기합니다. "교회에 모인다"라는 표현을 하지 말아야 합니다. 우리는 예배당에 모이는 것입니다. 예배당에 누가 모입니까? 교회가 모이는 것입니다. 바로 우리가 교회이기 때문입니다. 그래서 우리는 모였을 때만 교회가 아니라, 흩어져 있을 때도 교회입니다. 교회를 튼튼히 만들려면 어떻게 하면 될까요? 주일은 물론, 월요일부터 토요일까지도 하나님의 백성답게 잘 살아가고, 하나님의 뜻을 이루어갈 때 우리 교회를 튼튼하게 할 수 있습니다.

교회를 연약하게 만드는 방법이 있습니다. 우리가 모여 있을 때만 교회라고 생각하고 나머지 흩어져 있을 때는 잊어버리고 사는 것입니다. 그러면 교회는 연약해집니다. 따라서 우리는 모였을 때뿐만 아니라 흩어져서 일상생활에서 배운 바를 바르게 구현해 나아갈 수 있어야 합니다. 그것이 흩어져 있는 하나님의 백성이요 교회입니다. 우리가 흩어져서 여러 가지 일을 할 때, 공부하는 사람은 공부하는 일로, 사업하는 사람은 사업하는 일로, 주어진 모든 일을 하나님의 일로 감당해야 합니다. 엄밀히 말하면 우리에게는 '교회 일', '나의 일'이 떨어져 있지 않습니다. 사실은 내 모든 일이 정상적일 때는 그것이 하나님의 일입니다. 그리고 그것은 폭넓은 의미로 교회의 일이기도 합니다. 왜 그렇습니까? 내가 하나님의 백성답게 제대로 일을 하면 교회가 세워지기 때문입니다. 반대로 내가 시간을 낭비하고 내 마음대로 살면 결국 교회를 망가뜨리는 일을 하는 것입니다. 그러니 모든 일을 하나님의 일답게 감당하는 것이 우리에게 부여된 사명입니다.

교회를 파괴하는 두 가지 방식이 있습니다. 하나는 내 삶을 열심히 살지 않는 것이 교회를 파괴하는 것이고, 다른 하나는 열심히 살되 주님의 뜻대로 하지 않는 것도 교회를 파괴하는 것입니다. 주님이 의도하신 대로, 주님의 뜻을 이루는 방식대로 내 삶을 사는 그것이 우리의 삶을 정말로 경건하게 하는 것입니다.

그러므로 우리가 힘써야 하는 것은 두 가지입니다. 하나는 이렇게 모여서 하나님의 뜻을 잘 배우는 것입니다. 하나님 말씀의 원칙이 어떤 것인지 늘 배우지 않으면 주님의 뜻을 이룰 수 없습니다. 다른 하나는 우리가 배운 대로 살아갈 힘을 주께서 우리에게 주시기를 날마다 그리고 열심히 기도하는 것입니다. 말씀대로 사는 삶은 우리 스스로 만들어가는 것이 아니기 때문입니다. 자신을 교회와 밀접하게 연관해서 생각하는 의식이 있어야만 제대로 된 그리스도인으로 사는 것입니다. 김홍전 박사님은 이것을 "교회아(敎會我) 의식"이라고 표현했습니다. 상당히 좋은 표현입니다. 일반적으로는 '지체 의식'이라는 표현을 사용합니다. 어떻게 하는 것이 '교회아 의식' 혹은 '지체 의식'을 제대로 가진 것입니까? 내가 하나님의 뜻대로 살아가는 그 모든 일이 바로 교회를 이루는 일이라고 생각하는 것입니다. 그렇지 않을 때 우리에게는 '교회아 의식' 혹은 '지체 의식'이 없는 것입니다.

열심히 신앙생활을 하는 많은 그리스도인은 교회의 지체로서 역할도 잘 하고, 자기의 일도 잘 하기를 바랍니다. 대개 그런 그리스도인을 꽤 괜찮은 사람이라고 생각합니다. 그러나 성경적으로 보면 그렇지 않습니다. 내가 하는 모든 일이 정말로 교회를 이루는 일이라고 생각하며 살아야 합니다. 예배 순서 중에 우리는 '헌상(獻上)'을 합니다. 우리를 주 앞에 드렸는데, 각자를 드린 것이 아니라, 우리 모두를 하나로 묶어서 교회 전체를 주 앞에 드린 것입니다. 언약교회를 주 앞에 드린 것입니다. "주님, 우리를 받아주시고, 주님이 원하시는 대로 사용하여 주시옵소서"라고 고백하는 것입니다. 그런 의식을 가져야 합니다.

또 우리가 힘써서 할 일은 이렇게 주님이 원하시는 뜻대로 행하는 것입니다. 교회가 하나님의 말씀을 잘 가르쳐야만 합니다. 그리고 그 말씀대로 우리의 삶을 만들어나가야 합니다. 자녀들도 그렇게 교육해야 합니다. 그것이 세상에 '흩어져 있는 열두 지파'로서 사는 의미입니다.

## 나가면서

여기서 우리가 관심을 쏟아야 할 단어가 있습니다. 야고보는 자신을 "종"이라고 표현했습니다. 그것은 우리에게도 해당하는 말입니다. 우리는 주님의 뜻을 받드는 사람들입니다. 그러므로 우리가 그리스도의 종이요, 하나님의 종입니다. 우리가 무엇을 하든지 주의 종으로서 일하는 것입니다. 목사님만 주의 종이 아니라 모든 그리스도인이 주의 종입니다. 우리는 주께서 원하는 일을 하며, 온전한 주의 종으로 살아야 합니다. 그렇게 사는 사람들을 향하여 예수님께서 "나의 형제요, 자매"라고 하십니다. 여기에 큰 위로가 있습니다. 내가 이렇게 주님의 뜻을 수행하고 사는 삶을 주님은 형제와 자매로서 활동하는 것으로 보신다는 것입니다. 그런 사람들이 세상에 흩어져서 교회의 일을 하는 것입니다.

모여 있을 때 모여 있는 교회라는 말을 사용할 수 있다면 흩어져 있을 때 "흩어져 있는 교회"라는 말을 사용할 수 있습니다. 이 말을 다른 의미로 사용한 사람들이 있습니다. 우리가 살펴본 의미와는 다른 의미입니다. 그 사람들은 그리스도인이 아닌 데도 교회에 속한 사람이 있을 수 있다고 생각했었습니다. 그러나 성경은 우리가 교회라고 말씀합니다. 따라서 우리는 하나님의 백성이라는 정체성을 가지고 모여 있을 때도 주의 종이고, 흩어져서 여러 가지 일을 할 때도 교회로서 일을 감당하는 것입니다.

그런 사람에게는 어떤 일이 있을까요? 기대하는 마음으로 다음 절에 대해서 생각해 보도록 하겠습니다.

### [기도]

거룩하신 주님, 오늘도 우리에게 시간을 주셔서 하나님의 말씀 앞에 우리 자신을 돌아볼 수 있게 하시니 감사합니다. 주님, 이렇게 우리를 고귀하고 엄청난 위치에 세워주셨음에 감사드리옵나이다. 야고보가 맨 처음에는 그것을 거부하다가 후에는 예수님을 주님이라고 인정하고, 스스로 그리스도의 종이라고 했던 것처럼 우리도 그리스도의 종으로서의 의식을 가지고 우리의 삶을 살아갈 수 있도록 하여 주시옵소서. 그런 사람들을 주께서 형제와 자매로 인정해 주심을 감사드립니다. 우리가 참된 주의 형제와 자매로서의 삶을 살아가게 하여 주시옵소서.

또한 우리가 흩어져 있는 참 하나님의 백성으로서 살도록 하여 주옵소서. 우리 개개인과 각 가정이 맡겨진 사명을 감당할 때 이것을 의식하며 제대로 살게 하여 주시옵소서. 그래서 우리에게 주어진 교회의 지체라는 의식을 가지고 주님의 뜻을 온전히 이루어나가는 주의 백성다운 모습이 드러날 수 있도록 늘 함께하여 주시기를 원하옵니다. 이 모든 말씀을 우리 주 예수 그리스도의 이름으로 기도하옵나이다. 아멘.

# 1부

## 고난, 기도, 하나님

**2 강** 야고보서 1장 2-4절

# 고난, 인내 그리고 그리스도적인 인격

"내 형제들아 너희가 여러 가지 시험을 당하거든 온전히 기쁘게 여기라. 이는 너희 믿음의 시련이 인내를 만들어 내는 줄 너희가 앎이라. 인내를 온전히 이루라. 이는 너희로 온전하고 구비하여 조금도 부족함이 없게 하려 함이라"(약 1:2-4).

야고보서의 이 앞부분 말씀은 당시 하나님의 백성이 처한 어려운 상황으로부터 시작합니다. 야고보는 어려운 현재 상황보다 더욱더 어려운 일이 앞으로 나타날 것이라는 사실을 생각하면서 본문을 시작하고 있습니다.

## 고난 속에서: 일반적 고난과 기독교적 고난

어려움이라고 하는 것은 예수님을 믿는 사람들에게만 있는 것이 아닙니다. 세상 모든 사람에게는 크고 작은 어려움이 항상 있기 마련입니다. 그런데 하나님께서 세상을 창조하실 때 사람이 어렵게 살도록 창조하셨던 것은 아닙니다. 하나님께서 좋았더라고 말씀하신 창조세계에서 주께서 맡겨주신 하나님의 피조물을 돌아보는 일을 기쁨으로 감당하며 살도록 하셨습니다.

그렇다면 어려움은 어디서부터 왔습니까? 인간이 죄를 범하자 하나님께서 그에 대한 형벌로써 얼굴에 땀이 흐르고 수고하여야 먹고 살 수 있게 하셨습니다. 수고의 정도는 사람마다 다르겠지만, 세상 모든 사람이 어려움 가운데 살게 되었습니다. 따라서 사람들의 삶은 기본적으로 기쁨과 수고, 즐거운 일과 어려운 일이 섞여 있게 되었습니다. 예전부터 인간의 삶은 어려움과 기쁨, 고(苦)와 낙(樂)이 마치 씨줄과 날줄로 엮여있는 옷감과 같다는 생각을 해왔습니다. 세상을 살면서 "나는 정말 행복하게만 살고 있다"고 말할 수 있는 사람은 아무도 없습니다. 또한 "나는 정말 고난 가운데서만 살고 있다"고 말하는 사람도 없습니다. 물론 사람에 따라서 양의 차이가 있지만 다 어려움과 즐거움이 있습니다. 가장 현저한 예가 여자들이 아이를 낳는 일입니다. 아이를 낳는 일은 기쁜 일입니다. 그러나 그만큼 고통스럽습니다. 사람이 타락하자 하나님이 잉태하는 고통을 크게 더하셨습니다. 이처럼 세상 사람들에게 즐거움과 어려움이 같이 있게 되었습니다.

예수님을 믿는 하나님의 백성들에게도 마찬가지입니다. 우리가 예수님을 믿게 되었을 때 세상의 고통에서 다 벗어나는 것이 아닙니다. 다 똑같이 고통을 당합니다. 아이를 낳은 사람 중에서 예수님을 믿기 때문에 아이 낳을 때 하나도 고통스럽지 않았던 사람은 아무도 없었습니다. 아이를 낳을 때 아픈 것은 예수님을 믿는 사람이나 믿지 않는 사람이나 똑같습니다. 주께서 세상을 매우 자연스럽게 만들어 주신 것입니다. 그래서 그리스도인인 우리도 세상 사람들이 당하는 고난과 비슷한 고난을 겪습니다.

많은 사람이 착각하여 예수님을 믿으면 '모든 고통에서 벗어난다'라고 생각하는 경향이 있습니다. 예를 든다면, 어떤 곳에 가려고 했는데 기도하는 중에 '이 자리는 좀 피해야겠다'라는 생각이 들어서 그 자리를 피했습니다. 그런데 거기서 아주 큰 사고가 났습니다. 하마터면 생명을 잃을 뻔한 상황이었지만, 그것을 모면하는 경험을 합니다. 이런 일을 주변에서 종종 볼 수 있습니다. 그러나 그것은 예외적으로 있는 현상입니다. 신앙이 좋으면 다 그래야 합니까? 사고가 발생하여 죽은 사람 중에 예수님을 믿는 사람들은 다 신앙이 나쁜 사람들입니까? 그렇지 않습니다. 아주 예외적으로 주께서 필요하시면 그런 일을 허락하실 수 있습니다. 다른 사람하고 똑같이 고통을 받고 사는데, 예외적으로 벗어날 수도 있습니다. 하지만 대개는 고통을 같이 받고 사는 것입니다. 팬데믹과 같은 상황으로 나라의 경제가 어려우면 한국 사회 전체가 다 어렵습니다. 예수님을 잘 믿는 사람은 이런 상황에도 다 잘 됩니까? 그렇지 않습니다. 우리 모두 다 어렵습니다.

그러므로 그리스도인은 다른 사람들이 당하고 있는 고난을 같이 당할 뿐만 아니라(일반적인 고난), 예수님을 믿기 때문에 고난이 더해지는(기독교적인 고난) 경우가 훨씬 더 많습니다. 6.25 전쟁 때, 공산당이 예배드리는 곳에 갑자기 나타나서는 "예수님을 계속 믿겠다고 하는 사람은 죽이겠다!"라고 했습니다. 이때 신앙을 지키면서 죽은 사람들이 있었습니다. 이런 것이 예수님을 믿기 때문에 더해지는 특별한 고난입니다. 내가 하나님의 백성답게 살아보겠다고 결심하면 좀 더 어려워집니다. 그런 것들을 우리는 특별히 "기독교적인 고난"이라고 합니다. 이렇게 세상에 사는 우리에게는 고난스러운 일이 많습니다. 모두가 이런 경험이 있을 것입니다. 요즘과 다르게 옛날 군대에서는 주일날 예배당에 안 보내려는 사람이 많았습니다. 물론 기본적으로는 주일날 종교활동이 보장되어 있었지만, 교묘한 방법으로 예배당에 못 가게 했던 것입니다. '예배당에 갔다 와라'라고 하는데, 실제로 예배당에 갔다 오면 여러 가지로 힘들게 합니다. 예배당에 가는 것을 직접 막지는 않지만, 힘들게 해서 스스로 안 가게 하는 것입니다.

### 시련과 하나님 백성의 성격을 드러냄

제가 재수할 때 학원에 갔더니 "올해 일 년은 여러분의 인생에 없는 것으로 생각하세요"라고 선생님께서 말씀하셨습니다. 다른 것 신경 쓰지 말고 공부만 하라는 뜻으로 말씀하신 것입니다. 어떤 면에서는 옳은 이야기입니다. 그러나 속으로 '저건 아닌데' 하고 생각한 일이 있었습니다. 예수님을 믿는 사람에게 '내 인생에 없는 셈 치자'고 할 수 있는 시간은 하나도 없습니다. 우리가 재수하거나 군대에 있는 시기라도 모든 시간은 다 하나님이 허락하신 시간이며, 하나님의 인도하심을 받는 시기입니다. 모든 시기가 그리스도인다움을 드러내야 하는 시기입니다. 어느 시기나 마찬가지입니다. 따라서 내 인생에서 없는 셈 칠 수 있는 시간은 없습니다.

인생에 있어서 어려울 때가 바로 참된 신앙을 드러낼 때입니다. 힘들고 어려울 때를 만나면 바로 이때가 나의 그리스도인다움을 드러내는 시기라고 생각하면 됩니다. 군대에서 예배당에 갔다가 어려움을 겪는다고 해도 그 어려움을 감수하고 예배에 참석해야 합니다. 이런 일이 반복되면서 자기 스스로 그리고 하나님 앞에서 내가 하나님의 백성이라는 것이 더 명확하게 드러나게 됩니다. 그런 의미에서 이런 형태의 어려움을 우리는 "시험"이라고 부릅니다. "시험!", 그런데 이럴 때 시험이란 우리를 유혹해서 넘어뜨리는 것과는 다른 것입니다.

시험은 성격상 두 가지로 나뉩니다. 하나는 유혹(temptation)하는 것입니다. 사탄이 예수님 앞에 나타나서 유혹합니다. 예수님을 유혹할 정도니 하나님의 백성은 얼마나 많이 그리고 얼마나 쉽게 유혹하겠습니까! 유혹하는 이유는 넘어뜨리기 위해서입니다. 그러니까 동기 자체가 불순한 것입니다.

또 다른 형태는 시험(test)입니다. 시험은 어려움을 통해서 하나님의 백성임을 드러내도록 하는 것입니다. 이 시험을 통과하면 하나님의 백성인가 아닌가 하는 것이 드러나는 것입니다. 그런데 이것은 유혹과는 다르게 우리가 하나님의 백성임을 드러내는 기회도 됩니다.

어떤 때는 이러한 일이 동시에 있을 수도 있습니다. 사탄이 유혹하는데 여기에 안 넘어가면 하나님의 백성임이 드러나는 것입니다. 김동리 씨의 소설을 보면 어떤 신앙이 좋은 청년들이 나옵니다. 남자 청년도 신앙이 좋고 여자

청년도 신앙이 좋습니다. 그들은 예배당에서 기독교식으로 혼인하여, 당시의 말로 신식 결혼을 했습니다. 그런데 그 전에는 주일이면 항상 예배당에 갔었는데, 결혼한 후 꽃피는 춘삼월이 오니까 그 두 사람이 모의합니다. 오늘 하루만 예배에 빠지고 어디 놀러 가자는 것입니다. 그들은 함께 놀러 갔습니다. 다녀온 후에는 마음이 찝찝해서 앞으로는 그러지 말자고 했는데, 그런 일은 계속 반복되었습니다. 반복되는 일은 익숙한 버릇이 될 수 있습니다. 그러다 보면 예배당에 가는 것이 마치 취미 생활처럼 되어 버려서 가끔 한 번씩 가는 것이 되고 맙니다. 우리도 그렇게 될 수 있습니다.

많은 사람에게 있어서 아이를 낳고 키울 때는 참으로 힘든 시기입니다. 특별히 자매들에게 무척이나 어려운 시간입니다. 왜냐하면 이때는 예배당에 와서 예배를 드려도 집중하지 못하는 경우가 아주 많습니다. 아이가 어느 정도 클 때까지는 항상 그렇습니다. 이것이 우리에게는 시련의 시기입니다. 외부에서 특별한 어려움이 오는 것이 아닙니다. 우리 삶 가운데 깃들여져 있는 것인데, 이 시기에는 신앙을 성장시키거나 하나님의 말씀에 집중하기가 참 어렵습니다. 이때 그러한 시간을 잘 보낼 수 있도록 해야 합니다. 그러기 위해서는 평소에 하나님 말씀을 잘 비축해 두어야 합니다.

우리는 정상적인 그리스도인의 모습을 놓고 우리 자신을 그것과 항상 비교하는 일을 해야 합니다. 그래서 하나님의 백성으로서 바르게 살기를 힘써야 합니다. 이때 오해하지 말 것은 교회에서 공예배로 정한 시간에 다 나온다고 해서 하나님의 백성이라는 사실이 보장되는 것은 아니라는 것입니다. 공예배에 모두 나오더라도 하나님의 백성이 아닐 수도 있습니다. 그러나 적어도 공예배에는 다 참석하려고 노력해야만 합니다. 성경적으로 보면 우리가 예배당에 나와서 예배하는 것이 정상입니다. 나중에 어려운 일이 닥치더라도 주일날 예배는 다 드려야만 합니다.

## 아주 특별한 고난, 욥과 같은 상황에 나타난 신앙

어떤 때는 이유를 알 수 없는 어려움을 만나기도 합니다. 그 전형적인 예가 구약 성경에 나오는 욥입니다. 욥은 하나님 앞에 신실하게 잘 살았습니다. 그런데 갑자기 많았던 재산과 자녀들이 모두 없어지는 큰 어려움을 만났습니다. 욥은 환경적인 어려움뿐만 아니라, 하나님께 잘못해서 그런 것이라는 사람들의 오해까지도 받았습니다. 그야말로 큰 시련이었습니다. 만일 우리 주변 누군가에게 이런 일이 생겼다고 생각해 봅시다. 어려움을 겪는 사람 중에는 이렇게 말하는 사람이 분명히 있을 것입니다. "하나님, 계시는 겁니까, 안 계시는 겁니까? 계신다면 제가 왜 이런 일을 겪어야 합니까?"라고 말입니다. 욥의 부인은 욥에게 와서 "하나님을 욕하고 죽으라"(욥 2:9)라고 말했습니다. 그러니까 당신이 섬기는 하나님이 정말로 있다면 이런 일이 있을 수가 있겠냐는 말입니다. 유대인들은 욥의 부인이 그렇게 말했다는 것이 참으로 불편했습니다. 그래서 그들은 그 말을 바꾸어서 "하나님을 축복하고 죽어라"라고 했습니다. 어떻게 감히 "하나님을 저주하고"라는 말을 할 수 있는가 하는 마음에서 그렇게 했습니다. 그러나 그것도 잘못된 것입니다. 성경을 자기 마음대로 고치면 안 되기 때문입니다. 또한 하나님을 축복하고 죽으면 괜찮은 것입니까? 그것 역시 옳지 않습니다. 어려워도 어려움 속에서 하나님을 믿고 의지해야만 합니다.

사람들에게는 각자 자기가 중요하다고 생각하는 것이 있습니다. 다른 것은 건드려도 다 괜찮은데 자기가 중요하다고 생각하는 것을 건드리면 많은 사람이 화를 냅니다. 욥에게는 제일 중요한 것이 자신이 하나님의 백성이라는 것인데, 욥의 친구들이 와서 "너는 하나님 앞에서 죄를 지은 것이 분명해! 그러니 은밀한 죄가 있는지 돌이켜야 해"라고 말하고 있습니다. 욥은 그 이야기를 다 들으면서 이런 확신을 가지고 이야기합니다. "내가 가는 길을 그가 아시나니"(욥 23:10), 이것은 욥에게 있는 모든 어려움이 지나가기 전에 했던 말입니다. 친구들이 다 오해하고 있는 것을 전제로 하고 있습니다. '너희들은 나를 잘 몰라, 사람들이 나를 오해하는 거야. 그러나 그분은 나를 알고 내 마음을 알고 계셔'라고 하는 것입니다. 그러니까 우리가 어려움을 당할 때 바로 이 마음을 가져야 합니다.

세상을 살다 보면 사람들이 우리의 의도를 오해할 때가 있습니다. 어떤 경우는 설명할 수도 없고, 속을 뒤집어 보일 수도 없을 때가 있습니다. 그럴 때 이 말씀을 기억해야 합니다. "내가 가는 길을 그가 아시나니 그가 나를 단련하신 후에는 내가 순금 같이 되어 나오리라"(욥 23:10)는 말씀 말입니다. 욥은 이 어려움을 어떻게 이해한 것입니까? '어려움은 그냥 어려움이 아니라 나를 단련하시는 것이다'라고 이해한 것입니다. '단련'이라는 말은 용광로에서 제련하는 과정을 설명할 때 쓰는 말입니다. 우리에게 닥친 어려움이 우리를 제련하는 과정입니다. 욥은 자신의 고난을 내 안에 있는 불순물을 다 없애고 순수한 순금으로 만들어가는 과정으로 이해했습니다. 욥만이 그렇게 이해하는 것이 아니라 예수님을 믿는 모든 사람이 그렇게 이해해야 합니다.

## 연단(鍊鍛, *Anfechtung*)

우리가 사는 세상에서 어려움은 여러 형태가 있습니다. 많은 사람이 공통으로 당하는 어려움은 성격이 좀 다른 것이기에 나중에 생각해 보겠습니다. 지금 이야기하고자 하는 것은 '내가 이 일을 하나님 나라의 일로 한다'라고 했을 때 경험하는 어려움입니다. 공부하거나 사업을 할 때, 혹은 어떤 형태든 하나님 나라의 일로 여기고 그 일을 행할 때 경험하는 어려움이 있습니다. 그 어려움이 하나님 나라의 일이 아니라면 인간적인 방식으로 얼마든지 처리할 수 있습니다. 그러면 어려움을 당하지 않을 수도 있는데, 이것이 하나님 나라의 일이기 때문에 어려움을 당하는 것입니다. 바로 '나는 주님의 뜻을 받들어야겠다'고 결심할 때 당하는 어려움입니다. 사람들은 그것을 이해하지 못하기에 우리를 더 힘들게 할 수도 있습니다. 만일 그런 어려움이 있다면 그 과정을 이렇게 이해하는 것이 옳습니다. 그것은 우리를 '단련하는 것이다'라고 말입니다. 그래서 우리가 사용하는 새로운 용어가 하나 있습니다. 바로 "연단"입니다. 물론 세상에서도 그런 말을 사용합니다. 그러나 이는 특별히 우리가 쓰는 독특한 용어입니다. "연단"이라는 말은 나를 단련시키는 것입니다. 그것은 나의 불순물을 제거하고, 나를 참 하나님의 백성답게 드러내도록 하는 것입니다.

그러니까 우리는 기독교적인 어려움과 관련해서 두 가지를 생각해야 합니다. 하나는 우리의 참 신앙을 드러내는 시험입니다. 내가 하나님의 백성인지 아닌지를 드러내는 길입니다. 그러나 동시에 내가 아무리 옳은 것을 드러내는 옳은 사람이라 할지라도, 하나님의 참 백성이라 할지라도 불순물이 섞여 있게 마련입니다. 그래서 단련하는 것입니다. "연단"하시는 것입니다. 성경에서 그렇게 말씀하고 있으니까 루터는 그 말을 가지고 굉장히 의미 있게 사용했습니다. "'연단'(*Anfechtung*), 나를 연단하신다".

### "여러 가지 시험을 당하거든 온전히 기쁘게 여기라"(2절)

"내 형제들아 너희가 여러 가지 시험을 당하거든"(약 1:2), 이 시험을 3절에서는 "너희 믿음의 시련"이라고 말씀합니다. 그래서 기독교적인 어려움 앞에 서게 되었을 때 우리는 참된 그리스도인 됨을 드러내는 아주 좋은 기회로 여겨야 합니다. 이것을 통해서 우리가 하나님의 백성임이 드러나는 것입니다. '유혹에 걸려 넘어지지 않게 하여 하나님의 백성임을 드러내도록 한다'라고 생각하면 야고보의 말이 이해가 됩니다. 시험을 만나거든 어떻게 하라고 했습니까? "온전히 기쁘게 여기라", 이 말을 세상 사람들의 관점으로 보면 미친 것입니다. 어려움이 오는데 어떻게 기쁘게 여길 수 있겠습니까? 그런데 성경이 요구하는 것은 바로 그것입니다. 실제로 예수님을 믿는 사람 가운데 어려움이 올 때 기뻐할 수 있는 사람은 많지 않습니다. 우리는 어떻습니까? 어려움이 올 때 기쁘게 여길 수 있겠습니까?

야고보서를 기록한 예수님의 동생 야고보는 야고보서가 기록되고 얼마 뒤에 순교합니다. '너희가 여러 가지 시험을 당하거든'이라고 말했던 자신도 큰 어려움을 당한 것입니다. 그런 야고보가 죽음에 직면했을 때 그는 어떻게 했을까요? 이 말씀에 따르면 온전히 기쁘게 여겼을 것입니다. 그것이 내가 신앙을 가졌다는 것, 즉 내가 하나님의 백성이라는 것을 드러내는 것이기 때문입니다.

## 고난과 인내

어려움이 올 때 그것을 기쁘게 여겨야 하는 이유를 "이는 너희 믿음의 시련이 인내를 만들어 내는 줄 너희가 앎이라"(약 1:3)고 말씀합니다. '인내'가 무엇인지 여기 나타난다는 것입니다. 우리의 삶 가운데 어려움이 하나도 없다면 '인내'는 없습니다. 있다고 해도 그것을 드러낼 길이 없습니다. 어려움을 한 번도 안 겪어 본 사람은 인내하는 사람인지 아닌지 그것을 잘 모릅니다. 어려움을 겪어내는 것이 인내이기 때문입니다. 잘 참는 것, 인내하는 것입니다. 그러면 언제까지 인내하고 참아야 할까요? 따져보면 결국 죽을 때까지 아니면 예수님이 다시 오실 때까지입니다.

여기 두 사람 A와 B가 있습니다. A는 잘 참는 사람이고 B는 참지 못하는 사람입니다. 어느 날 잘 참던 A가 딱 한 번 B처럼 행동했습니다. 대개는 잘 참습니다. 그러다가 어느 순간 "이건 도저히 못 참아!"라며 폭발했습니다. 그러면 모든 것이 헛된 것이 되고 맙니다. 이것이 우리의 모습입니다. 이러한 일들이 우리를 연습시키는 것입니다. 가장 이상적인 모습이 되도록, 정말로 끝까지 인내하도록 하는 것입니다. 사람들은 계속해서 참기만 하면 화병이 생긴다고 합니다. 잘 참는데 내면의 분노를 주체하지 못하여 속으로 병이 드는 것입니다. 이것은 성령님 안에서 인내하지 않을 때 나타나는 현상입니다. 비기독교적인 현상입니다. 그러므로 우리는 참으로 성령님 안에서 인내해야 합니다. 어려움이 올 때 성령님 안에서 그것을 잘 참아내야만 합니다. "이 시련은 하나님께서 나를 연단하는 것이고, 나로 하여금 하나님의 백성다운 모습을 드러내게 하는 것이며, 하나님의 백성으로 만들어 가시는 과정이다"라고 생각해야 합니다. 그렇게 생각하면 어려움은 좋은 것이 됩니다. 그것이 바로 신앙입니다. 세상 사람들이 볼 때는 도무지 이해할 수 없겠지만 우리는 이러한 신앙을 가져야 합니다.

세상 사람 중에는 기독교적인 신앙을 돈키호테의 광신(狂信)과 비교하는 사람도 있습니다. 그들은 이러한 차이를 모르기 때문에 우리의 신앙과 비슷하다고 말하는 것입니다. 그러나 우리는 돈키호테의 광신(狂信)과 우리의 신앙을 구별해야 합니다. 돈키호테는 풍차를 보고 거인이라고 착각하여 달려가서 싸웁니다. 그것은 잘못한 것입니다. 가짜 신앙입니다. 이단들도 마찬가지입니다. 그들도 헌신합니다. 어떤 면에서는 우리보다 훨씬 더 많이 헌신하는 것처럼 보입니다. 그러나 그것은 하나님 앞에 의미 있는 것이 아닙니다. 가짜가 아닌 진짜에 헌신해야 합니다. 그것이 돈키호테와 우리의 차이점입니다. 세상 사람들은 바른 신앙을 가지기 위해 애쓰는 우리에게 미쳤다고 합니다. 그 이야기를 듣기 싫은 우리는 기독교를 변질시킵니다. 세상 사람들의 눈에 안 미친 사람으로 보이게 하려 합니다. 아니 어쩌면 세상 사람들보다 더 약삭빠른 사람으로 살려고 합니다. 이권이 있는 곳에 예수님을 믿는 사람들이 제일 먼저 달려간다면 그것은 문제가 있습니다. 우리는 나에게 이익이 생기는 일이라고 해도 그것이 하나님의 말씀에 어긋나면 하지 않으려고 해야 합니다. 그것이 하나님의 백성다운 모습입니다.

## 결국에 드러나는 온전한 그리스도적 성품의 사람

하나님은 왜 우리에게 시련을 주시고, 어려움 가운데 있게 하시며, 인내를 완성하기 원하실까요? 4절에는 이렇게 말씀합니다. "인내를 온전히 이루라 이는 너희로 온전하고 구비하여 조금도 부족함이 없게 하려 함이라"(약 1:4).

우리를 구속하시고 하나님의 백성으로 삼으신 뜻이 여기에 나타나 있습니다. 하나님은 우리가 어떤 사람이 되기를 원하십니까? 하나님 보시기에 올바른 삶, 온전한 사람, 모든 것에 있어서 구비되어 있는 사람이 되기를 원하십니다. 그것이 목표입니다. 예수 그리스도 안에서, 성령님 안에서 우리의 목표는 무엇입니까? 끊임없이 우리 가운데 그것을 이루어나가는 것입니다. 그 일에 필요한 것이 인내하는 것입니다. 세상에서 어려움을 당할 때 인내해야 합니다. 우리의 좋은 의도를 사람들이 몰라줄 때, 우리는 인내해야 합니다. 모든 것을 다 설명하고 다닐 시간이 없습니다. 그저 인내하는 것입니다. 그래서 마침내 하나님이 원하시는 사람이 되어야 합니다.

교회가 세상을 향해 갖는 목표가 무엇입니까? 신앙생활을 같이 해 나감으로 인해 궁극적으로 우리 한 사람 한 사람이 다 그런 신앙인이 되는 것입니다. 그 일이 이루어졌을 때 주께서는 우리 교회를 의미 있는 교회라고 생각하십니다. 우리가 모여서 신앙생활을 한다고 하는데, 그냥 내 성격대로 한다면 그것은 주님이 원하시는 것이 아닙니다. 우리 가운데 주님의 뜻, 주님의 의도가 나타나야만 합니다.

물론 어려운 이야기입니다. 더구나 1세기 그리스도인들이 당한 어려움은 보통 어려운 것이 아니었습니다. 이 어려움은 사람들을 죽이려고 다가오는 어려움입니다. 베드로전서 4장은 “사랑하는 자들아 너희를 연단하려고 오는 불 시험을 이상한 일 당하는 것 같이 이상히 여기지 말고 오히려 너희가 그리스도의 고난에 참여하는 것으로 즐거워하라”(벧전 4:12-13)고 말씀합니다. 그때는 사람을 죽일 것처럼 다가오는 어려움이 있었습니다. 오늘날 우리에게 오는 어려움은 그와 같은 형태의 것은 아닙니다. 그러나 내용은 똑같습니다. 그때 어려움은 1세기 그리스도인들이 참된 그리스도인이 되지 못하게 하려고 다가왔던 것입니다. 우리 시대에는 교묘한 방법으로 그리스도인이 되지 못하게 하려고 합니다. 형태는 달라졌습니다. 그때는 죽일 것처럼 했는데 지금은 죽이지는 않지만, 예수님을 적당히 믿으라고 합니다. 그런 유혹에 넘어가는 사람이 이 땅에 가득하게 되면 참된 하나님의 백성은 없게 됩니다. 이 얼마나 무시무시한 일입니까? 그래서 우리가 본문 말씀을 통하여 하나님 앞에서 아주 깊게 생각해 보아야 할 것입니다.

## 나가면서

우리에게 오는 어려움을 어떻게 받아들여야 합니까? 우리를 하나님의 백성답게 만드는 것, 즉 내 안에 있는 모든 불순물을 제거하는 과정으로 생각해야만 합니다. 그럴 때 어려움을 기쁘게 여길 수 있습니다. "주님, 이런 어려움을 주셔서 감사합니다"라고 고백할 수 있는 수준의 참된 그리스도인이 되어야 합니다. 우리 신앙의 선배들은 "이 풍랑 인연하여서 더 빨리 갑니다"라고 찬송했습니다. 그것이 우리의 실존적인 고백이 되어야 합니다.

잠잠한 상황 혹은 바람이 조금 부는 상황에서는 그렇게 이야기할 수 있습니다. 그런데 우리의 삶에 무섭게 휘몰아치는 폭풍이 올 때 그렇게 말할 수 있는지 생각해 보아야 합니다. 그것이 문제입니다. 지금 어려운 것이 있어도 그런대로 대충 돌아가고 있을 때는 '이 풍랑 인연하여서' 혹은 '어려움이 와도 기쁘게 여기고'라고 말할 수 있습니다. 그러나 진짜로 어려움이 왔을 때, 우리의 힘으로는 도저히 감당할 수 없는 어려움이 왔을 때 이것을 고백할 수 있어야 합니다. 어려운 상황이 되더라도 여전히 고백할 수 있을 때 하나님의 백성 됨이 드러납니다. 삶에서 이 일을 실제로 드러낼 수 있어야 합니다. 그리고 우리 주변에 있는 그리스도인들에게 이러한 모습이 진짜 기독교인의 모습임을 증언할 수 있어야 합니다. 이것을 변질시키면 이 땅에 진짜 기독교는 사라집니다. 우리가 이 일에 책임감을 느끼며 이 신앙을 우리 가운데 드러내는 데 최선의 노력을 기울여야 할 것입니다.

3강 야고보서 1장 5-8절

# 기도하는 사람 vs. 두 마음을 품은 사람

> "너희 중에 누구든지 지혜가 부족하거든 모든 사람에게 후히 주시고 꾸짖지 아니하시는 하나님께 구하라. 그리하면 주시리라. 오직 믿음으로 구하고 조금도 의심하지 말라. 의심하는 자는 마치 바람에 밀려 요동하는 바다 물결 같으니, 이런 사람은 무엇이든지 주께 얻기를 생각하지 말라. 두 마음을 품어 모든 일에 정함이 없는 자로다"(약 1:5-8).

본문은 야고보서의 가장 중요한 가르침 가운데 하나라고도 할 수 있습니다. 앞뒤 관계에 따라서 중요한 다른 것도 말할 수 있지만, 전체적으로는 기도에 대해서 매우 중요한 교훈을 주시는 말씀입니다. 야고보서를 포함한 성경 전체에서 그리스도인들은 기도하는 사람으로 묘사되고 있는데, 본문은 기도할 때 마음가짐이 어떠해야 하는지를 가장 잘 가르쳐 주고 있습니다.

## 부족함에 대한 인식과 그에 따른 정당한 반응

본문은 "너희 중에 어떤 것이 부족하거든"이라고 시작합니다. 앞에서 살펴본 4절에서 하나님의 뜻은 우리에게 부족함이 없도록 하려는 것임을 분명히 밝히고, 우리의 현실은 부족한 것이 있다고 하면서 매우 현실적인 관찰을 시작합니다. 부족한 우리를 향해 하나님은 "온전하고 구비하여 조금도 부족함이 없게 하려 함이라"는 뜻을 가지고 계시니, 이런 상황에서 기도하는 것은 이미 하나님이 표하신 하나님의 뜻을 위한 것임이 분명합니다. 하나님의 뜻은 분명하고, 여기에 있는 우리는 부족하니 하나님의 뜻이 실현되도록 기도해야 하는 것은 당연합니다. 여기서 기도는 살아계신 삼위일체 하나님께 하며, 하나님의 뜻이 실현되기를 구하는 것임이 아주 명확하게 드러납니다.

더구나 그 부족한 내용물이 '지혜'라고 언급되어 있습니다. "너희 중에 누구든지 지혜가 부족하거든"(약 1:5)이라고 성경은 말씀합니다. 이때 지혜라는 말을 헬라 사람들이 추구하던 지혜로 생각하는 사람은 야고보의 의도를 잘못 알아듣는 것입니다.■ 성경을 잘 살펴본 사람들은 이 지혜가 하나님이 지혜롭다고 여기시는 지혜, 즉 성경적 지혜라는 것을 누구나 생각할 것입니다. 하나님께서 지혜로우시니 하나님의 백성인 우리도 지혜를 추구하는 것이 마땅합니다. 물론 하나님의 지혜로우심과 우리의 지혜를 감히 비교할 수는 없습니다. 하나님은 모든 점에 있어서 근원이시고, 우리는 하나님의 어떠하심을 본받아서 파생적(派生的)으로만 어떤 성질을 가질 수 있습니다. 하나님의 백성은 그의 어떠하심을 본받도록 명령받고 있다는 점에서, 그리고 하나님은 성도들이 "온전하고 구비하여 조금도 부족함이 없게 하려" 하신다는 점에서 지혜가 부족한 우리는 마땅히 하나님께 지혜를 구해야 합니다.

> 그러므로 지혜를 말하며 헬라적인 지혜를 자꾸 생각하는 유명하다는 학자들의 논의는 그야말로 현학적이고 쓸데없는 논의를 하는 것이라고 해야 합니다. 모든 논의를 마친 후에 희랍적 지혜가 결국은 어리석은 것이고, 형식적으로만 일부 유사성을 보인다는 것을 인식하고, 근원적 차이를 지적하면서 희랍의 지혜와 지혜의 추구를 논의할 수는 있겠지만, 희랍적 지혜를 논의하는 것으로 거의 모든 시간을 허비하는 것은 본질에서 벗어난 것임을 분명히 알아야 합니다.

여기서 과거 솔로몬이 통치 초기에 하나님의 많은 백성을 제대로 다스릴 수 있는 지혜를 구한 것을 하나님이 매우 호의적으로 응답하셨던 것(왕상 3:4-

15; 대하 1:2-13)과 연관하여 생각해 볼 수도 있습니다. 이같이 여러 면에서 지혜를 구하는 것은 하나님의 백성에게는 매우 당연한 일입니다. 사실 우리 가운데 지혜가 부족하지 않다고 말할 수 있는 사람은 아무도 없습니다. 그러므로 우리는 항상 하나님께 지혜를 구해야 합니다.

## 후히 주시고 꾸짖지 아니하시는 하나님께 구해야

하나님은 "후히 주시고 꾸짖지 아니하시는"(약 1:5) 분이라고 했습니다. 지혜뿐만 아니라 하나님의 뜻으로 언급된 모든 것을 후히 주신다고 했으며, 왜 자꾸 더 달라고 하느냐며 꾸짖지 아니하신다고 했으니, 우리는 마음껏 구해야 합니다. 지혜와 선한 것들이 날마다 풍성하게 해 달라고 구해야 합니다. 이때 우리는 이것이 자기의 유익을 취하는 데 재빠른 존재가 되게 하는 말씀이 아니라는 것을 유념해야 합니다. 그렇지 않으면 이 말씀을 오해해서 이상한 사람이 될 수도 있습니다. 그저 자신이 원하는 것이면 무엇이든 구해도 하나님은 후하게 주시며 꾸짖지 아니하신다고 오해하는 것입니다. 하나님과 바른 관계의 표현으로서 기도가 그렇게 이기적이고, 자기중심적인 모습으로 나타난다면 이상하지 않겠습니까? 그러므로 우리는 이렇게 이상한 방향으로 밀려가지 않도록 성경 전체를 잘 살펴보아야 합니다.

이 본문만 해도 앞뒤로 그리고 전체적인 사상이 우리는 피조물로서 한계가 있는 존재이며, 온전한 존재가 되는 것이 하나님의 뜻이라고 말하고 있습니다. 온전한 존재가 되는 대표적인 것으로 지혜가 구비되어야 한다고 합니다. 지혜를 "후히 주시고 꾸짖지 아니하시는 하나님께" 구하라는 것입니다. 그러므로 하나님과 바른 관계 속에서 성경을 바르게 이해하며 바른 기도로 나아가야 합니다.

## 믿음으로 구한다는 것은 무엇인가?

이런 오해를 극복하는 것과 비슷한 과정이 "오직 믿음으로 구하고 조금도 의심하지 말라"(약 1:6)는 말씀을 이해하는 데도 나타나야 합니다. 이 말씀도 맥락을 따라가면 전혀 오해할 것이 없습니다. 지금까지의 맥락을 보면 하나님 백성들은 온전해지기 위해서 지혜가 필요하고, 그것을 구비하는 것이 하나님의 뜻이라고 합니다. 따라서 "믿음으로 구하고 조금도 의심하지 말라"는 말씀은 하나님의 뜻으로 나타난 것을 구할 때, 그것은 하나님의 뜻이니까 주님의 뜻에 합한 것인지 아닌지 생각할 이유가 없고, 하나님이 그것을 주실지 안 주실지 의심하지 말라는 것이 분명합니다. 성경에서 이미 하나님의 뜻이라고 하였으니 그것을 주실 것임을 확실히 하고, 그것을 온전히 믿으면서 구하라는 것입니다. 이미 성경에 명시된 하나님의 뜻을 조금도 의심하지 말고 간구하는 것입니다. 이것이 믿음으로 구하는 것입니다.

## 두 마음을 품은 사람

같은 맥락에서 "우리에게 지혜를 주실 것인지 안 주실 것인지 모르겠지만 일단 구해 봐야겠다"라는 식으로 구한다면 그것은 믿음으로 하는 기도가 아닙니다. 그것은 그저 개연성을 가지고 하는 기도이고, 확실히 믿지 않고 하는 기도입니다. 성경은 그런 사람을 "두 마음을 품은 사람"(8절)이라고 합니다. 명시된 하나님의 뜻에 대해서 한편으로는 주실 수 있다고 생각하고 다른 한편으로는 안 주실 수도 있다고 생각하는 것입니다. 믿는다고 말하며 기도하지만, 그것은 참된 기도가 아니라는 것입니다. 따라서 이런 기도에는 전혀 응답이 없음을 분명히 하며, 이렇게 기도하는 사람에게 "무엇이든지 주께 얻기를 생각하지 말라"(약 1:7)고 단언합니다. 이런 사람은 능력 많으신 주님이 해 주실 것이라고 여기며 기도하지만, 확신이 없습니다. 확신이 없기에 기도하면서 '만일 하나님께서 응답하지 않으시면 문제 해결을 위해 내가 이렇게 하리라' 하고 자기 방법을 생각하는 것입니다. 그러므로 이 사람은 두 마음을 가진 사람입니다.

### 두 마음을 품은 사람들에 대한 평가

두 마음을 품고 기도하는 것에 대해 본문은 어떻게 평가합니까? 우선은 비유적으로 표현합니다. "의심하는 자는 마치 바람에 밀려 요동하는 바다 물결 같으니"(약 1:6). 이 생생한 비유적 표현은 결국 무엇을 생각하게 합니까? 바람에 밀려 이리저리 떠다니는 것과 같다고 하지 않습니까? 흔히 사람들이 표현하는 대로 "시류(時流)"에 밀려 요동하는 모습을 정확히 표현한 것이라고 할 수 있습니다. 이런 사람들을 향해 본문은 그 비유의 의미를 명확히 밝히면서 단언(斷言)합니다. "모든 일에 정함이 없는 자로다"(약 1:8). 아주 명확합니다. 시류에 밀려 요동하니 정함이 없는 것입니다. 그러면 그 사람의 기도는 어떻게 되는 것입니까? 이에 대해서도 본문은 아주 분명하게 말씀합니다. "이런 사람은 무엇이든지 주께 얻기를 생각하지 말라"(약 1:7)고 합니다. 기도라는 형식을 갖추고 있으나 그것은 기도가 아니고, 기도의 행위를 했으나 사실 기도한 것이 아니라는 것입니다.

그러므로 중요한 것은 종교적이고 형식적인 기도가 아니고, 참으로 하나님의 말씀을 따르고 의존하는 믿음의 기도, 실질적인 기도를 해야 합니다. 물론 기도라는 형식이 없이 기도의 실질이 있을 수는 없습니다. 그 점은 아무리 강조해도 지나치지 않습니다. 사람들은 여러 가지 구실과 핑계를 대면서 기도하지 않으려고 합니다. 그래서 우리는 자신을 복종시켜 하나님께 기도하려고 해야 합니다.

우리가 분명히 알 것은 기도라는 형식만 갖추었다고 참으로 기도한 것이 아니고, 그 형식 안에 참으로 하나님과 교통하는 실질이 있어야 합니다. 그 실질의 한 요소가 참으로 하나님만 의존하고 있는가 하는 것입니다. 이것이 믿음의 기도이고, 하나님께 한마음을 가지고 하는 기도입니다.

### 나가면서: "그러면 우리는?"

이 모든 이야기를 다 들은 우리는 어떻게 해야 합니까? 우선은 두 마음을 품은 사람이 되지 말아야 합니다. 기도할 때 하나님을 의존하는 것 같으면서도 혹시 하나님이 들어 주지 않으시면 나는 어떻게 해야 하는가 하는 생각에 사로잡히지 말아야 합니다. 그렇게 하는 사람들은 어떤 기도의 응답도 받지 못한다고 본문이 단언합니다.

적극적으로 표현하면 오직 하나님만 의존해야 합니다. 옛사람들이 말하던 단심(單心, 이는 丹心으로 표현할 수도 있습니다.)으로 하나님을 섬기는 것입니다. 하나님 외에 그 어떤 것도 의지하지 않는 것입니다. 한마디로 하나님만 믿는 것입니다. 믿는 사람들에게는 이것이 당연한 일입니다. 우리가 처한 상황을 스스로 해결할 수 없음을 분명히 하면서 하나님께 아뢰고, 참으로 하나님을 의지하는 것입니다. 특히 본문은 지혜를 주시도록 단심으로 구하라고 합니다. 이것은 계시하신 하나님의 뜻에 부합한 것이니 참으로 확신하며 구할 수 있습니다. 모든 일에 있어서 하나님께 의존함을 표현하는 것이 참된 기도입니다.

여기서 우리가 참으로 기도하는 사람인지, 아니면 그저 기도라는 형식만 가지고 있는 사람인지를 확인하는 한 시금석이 있습니다. 세월이 지남에 따라 하나님이 지혜롭다고 하시는 방향으로 나아가는지 아닌지를 확인하는 것입니다. 지혜를 위해 기도하는 것은 반드시 이루어지는 것이니, 참으로 이 기도를 한 사람은 하나님 보시기에 점점 더 지혜로운 사람이 될 것이기 때문입니다. 이것은 세상의 관점으로 약삭빠른 사람이 된다거나, 모든 문제를 잘 해결할 수 있는 어떤 비결을 터득한다는 말이 아닙니다. 하나님 보시기에 참으로 지혜로운 사람이 되어 가는가, 날마다 하나님의 지혜로우심을 잘 반영해 가는가 하는 것입니다. 세상이 뭐라고 하든지 상관하지 않고 하나님이 보시기에 지혜로운 길로 가는 그 삶이 결과적으로 참으로 기도하는 사람이라고 할 수 있습니다.

우리는 과연 그런 사람입니까? 만일 아니라고 생각된다면 "후히 주시고 꾸짖지 아니하시는 하나님께" 한마음으로 구해야 합니다. 그것이 본문이 우리에게 주는 도전입니다.

4강 야고보서 1장 9-11절

# 경제적 현실 속의 그리스도인

"낮은 형제는 자기의 높음을 자랑하고 부한 자는 자기의 낮아짐을 자랑할지니, 이는 그가 풀의 꽃과 같이 지나감이라. 해가 돋고 뜨거운 바람이 불어 풀을 말리면 꽃이 떨어져 그 모양의 아름다움이 없어지나니, 부한 자도 그 행하는 일에 이와 같이 쇠잔하리라"(약 1:9-11).

본문의 말씀은 그 맥락을 찾기가 상당히 어렵습니다. 우리는 앞에서 하나님께 기도하는 일에 대해서 생각했습니다. 기도한다는 사람 중에 두 마음을 품은 사람이 있는데, 두 마음을 품는 사람이 되기 쉬운 상황은 어떤 것일까요? 그런 상황이 혹시 가난하거나 부유한 문제와 연관되지 않을까 하는 것입니다. 이 본문을 그렇게 앞부분과 연결해서 생각해 보거나 아니면 야고보가 전혀 새로운 주제를 제시하고 있다고 볼 수 있습니다. 둘 중 하나가 이 본문을 해석할 수 있는 길입니다. 본문의 주제는 비교적 명확하지만, 앞뒤 관계 속에서 어떻게 연결되어 있는지를 자세히 알기는 어렵습니다.

## 우리 삶의 현실: 가난과 부

본문은 세상의 현실을 직시하는 일로부터 시작합니다. 사람들이 타락한 이후에 세상에는 부한 사람도 있고 가난한 사람도 있게 되었습니다. 그것이 현실입니다. 이 현실은 예수 그리스도가 세상에 오신 다음에도 바뀌지 않았습니다. 주님은 세상의 현실이 바뀌지 않는다는 것을 아주 명확히 이야기해주신 일도 있습니다. 예수님의 공생애 말기에 어떤 여인이 아주 귀한 향유 옥합을 가지고 와서는 그것을 깨뜨려 그 안에 있는 향유를 예수님의 발에 부어 드린 일이 있습니다. 그때 가룟 유다는 분개하면서 그렇게 귀한 향유가 있으면 그것을 팔아서 가난한 사람에게 줄 것이지 왜 이렇게 허비하느냐고 이야기한 바 있습니다. 그때 예수님은 "가난한 자들은 항상 너희와 함께 있거니와 나는 항상 함께 있지 아니하리라. 이 여자가 내 몸에 이 향유를 부은 것은 내 장례를 위하여 함이니라"(마 26:11-12)라고 말씀하셨습니다. 물론 이 이야기의 핵심은 여인이 예수님의 장사(葬事)를 준비하였다는 데 있습니다. 그것을 높이 사서 말씀하신 것입니다. 그런데 그 앞부분에 "가난한 자들은 항상 너희와 함께 있거니와"라고 말씀합니다. 이것은 예수님이 구속 사역을 이루고 난 후에도 세상에는 가난한 사람이 있다는 것이고, 이 문제는 해결되지 않는다는 것입니다. 물론 예수님의 재림 때에는 가난의 문제도 다른 문제들과 함께 모두 다 해결될 것입니다. 예수 그리스도가 재림하실 때까지는 세상에서 그 문제가 해결되지 않는다는 것을 시사(示唆)해줍니다.

이렇게 세상에는 창조 때 없었던 이상한 현실이 계속되고 있습니다. 심지어 예수 그리스도의 구속에도 불구하고 계속되는 이상한 현실은 부유한 사람도 있고 가난한 사람도 있다는 것입니다. 그러므로 우리는 그 현실은 세상 어디에나 있는 것으로 생각하면서 받아들여야 합니다. 그 현실 속에서 사람들은 어떻게 반응합니까? 일반적으로 부한 사람은 자신의 부와 높은 지위를 자랑하기 쉽습니다. 물론 그러지 않는 사람도 있습니다. 그러나 일반적으로 우리는 부하고 지위가 높은 사람이 있으면 그 사람 자체를 높이는 경향이 있습니다. 또 가난한 사람은 자신을 낮게 평가하고 자기의 현실을 비관하는 경향이 있습니다.

이것은 이중적인 문제입니다. 하나는 부하고 가난하다는 현실, 바로 외형적인 현실의 문제입니다. 외형적인 현실에 따라서 어떤 사람은 자기의 높음을 자랑하고, 어떤 사람은 스스로 낮다고 생각하며 그 속에서 헤어나지 못합니다. 이것은 외적 현실에 따라오는 심리적이고 내면적인 문제입니다. 그래서 문제가 더 복잡해집니다. 부자는 부자대로, 가난한 사람은 가난한 사람대로 내면적인 문제를 가지고 있습니다.

## '가난과 부'라는 구체적 현실 속의 그리스도인

그런 상황에 대하여 본문은 아주 이상한 이야기를 하기 시작합니다. 그리고 이것은 예수님을 믿는 사람이 마땅히 품어야 할 태도라는 것을 시사(示唆)합니다. 무엇이라고 말씀합니까? "낮은 형제는 자기의 높음을 자랑하고"(약 1:9). 이때 낮은 형제라고 하는 것은 가난하기 때문에 사람들이 낮다고 생각하는 사람입니다. 그 사람, 곧 낮은 형제는 자기의 높음을 자랑하라고 합니다. 또한 "부한 자는 자기의 낮아짐을 자랑할지니"(약 1:10), 앞에서 언급한 "낮은 형제"를 가난한 사람이라고 말하는 이유가 여기서 나타납니다. 낮은 형제는 부한 자와 대조가 되기 때문입니다. 부한 형제는 자기의 낮아짐을 자랑하라고 말씀하고 있습니다.

이러한 태도를 흔히 '역설적인 태도'라고 이야기합니다. 어떻게 그럴 수 있습니까? 세상 사람들의 눈에는 매우 이상한 것을 요구하는 것입니다. 일반적으로 사람들은 부유한 때 높음을 자랑합니다. 예수님을 믿는 사람도 정신이 없으면 다 그렇게 합니다. 예수님을 열심히 믿는 사람이 처음에는 몹시 가난하여 사글셋방에 살았다가 전세방으로 옮기고, 작은 아파트로 옮겼다가 시간이 지나면서 더 넓은 곳으로 이사합니다. 나중에 좋은 집을 살 정도의 상황이 되면 하나님이 복 주셔서 이렇게 좋아졌다고 말하는 경향이 있습니다. 그것도 결국 부한 것을 자랑하는 것입니다. 정신이 없이 예수님을 믿으면 세상 사람들의 마음과 비슷하게 생각하는 것입니다. 물론 기독교적인 언어를 사용합니다. 하나님이 복 주셔서 이렇게 되었다는 식으로 말하지만, 기본적으로 재물이 많은 것이 좋은 것이라는 생각을 합니다. 그런 사람은 재물이 없어지면 이제까지 자랑하던 그 평안이 사라집니다. 그래서 하나님 앞에 와서 "하나님, 이제 어떻게 해야 합니까?", "하나님, 도대체 이게 뭡니까?"라는 식으로 말하게 됩니다. 세상의 보통 사람들도 그렇게 합니다.

그런데 본문에서는 그와는 정반대가 되는 태도를 우리에게 요구하고 있습니다. '낮은 사람', 즉 재물이 없는 사람인데 그 사람에게 자기의 높음을 자랑하라고 하는 것입니다. 인간적으로 볼 때는 높지 않은데, 그 높음은 무엇을 말하는 것이겠습니까? 바로 "하나님이 우리를 어떻게 보시는가"하는 것입니다. 이 말씀은 세상에 있는 아무 사람이나 다 해당하는 이야기가 아니라는 것을 분명히 하면서 "낮은 형제는"이라고 표현한 것입니다.

성경에서 '형제'라고 말할 때는 누구를 가리키는 것입니까? 예수님을 믿는 사람들입니다. 예수님을 믿는다고 해서 부자가 되는 것이 아니라는 것은 아주 명확한 일입니다. 예수님을 믿어도 가난의 문제는 계속 있습니다. 그래서 우리 가운데 가난한 형제가 있을 수 있습니다. 그런데 가난한 형제가 진짜 예수님을 믿는 사람이라면, 즉 그의 의식이 바르게 되어 있다면, 그는 자기의 외적인 여건 때문에 낙심하거나 좌절하지 않습니다. 그것으로 말미암아 자기를 규정하려고 하지 않습니다. 이와 같이 모든 외적인 상황, 우리를 규정하는 세상의 모든 기준에 갇히지 않고 자유로울 수 있는 진짜 믿음이 필요합니다. 그러나 세상 사람들은 외적인 것을 기준으로 생각합니다.

옛날에 어떤 사람은 자기가 입은 옷으로 자신을 판단하는 것이 사람이라고 표현했습니다. 아주 적절한 표현이 아닐까 싶습니다. 자신이 아주 좋은 옷을 입으면 괜찮은 사람이라 생각하고, 별 볼 일 없는 옷을 입으면 스스로 이상한 사람이라고 생각하는 것입니다. 상당히 많은 사람이 그렇게 행합니다. 우스갯소리로 남자들은 군복만 입으면 이상하게 변한다고 합니다. 보통 때에는 점잖고 이성적으로 행동하는데 예비군복을 입고 예비군 훈련장에만 가면 이상하게 행동한다는 것입니다. 상당히 많은 사람이 이런 생각의 영향력 아래에 있습니다.

그런데 여기 그런 것과는 상관없는 사람이 있습니다. 참으로 예수님을 믿는 사람은 자기가 입은 옷으로 자신을 판단하지 않습니다. 우리가 흔히 말하는 속담을 완전히 바꾸어 놓은 것입니다. 세상에서는 흔히 "옷이 날개다"라는 말을 합니다. 그래서 좋은 옷을 입으면 사람이 괜찮게 보인다고 합니다. 깨끗하게 잘 차려입은 옷이 더럽혀지지 않도록 조심한다는 것이 지나쳐서 자신을 외적인 모습에 옭아매기도 합니다. 하나님이 나를 어떻게 보시는가? 하나님의 뜻이 어디에 있는가? 하나님은 나에게 무엇을 원하시는가? 하는 것에는 별로 신경을 쓰지 않습니다. 가난한 사람들은 가난하다는 그 현실 자체에만 신경을 씁니다. 그들에게 보이는 외적인 현실 자체만이 자신을 주장합니다. 본문은 그런 모습이 그리스도인답지 못한 것이라고 이야기하고 있습니다.

그래서 가난한 사람은 자기의 '높아짐'을 자랑하라고 말하지 않고, 자기의 '높음'을 자랑하라고 말씀합니다. 왜 그렇습니까? 우리는 예수 그리스도가 구속해주신 사람들이기 때문입니다. 하나님의 관점, 곧 기독교적 관점으로 보면 가장 고귀한 지위가 우리에게 주어진 것입니다. 예수 그리스도를 믿는 사람에게는 예수 그리스도를 믿는 믿음 때문에, 그것의 근거인 예수 그리스도의 십자가 사건 때문에 가장 고귀한 지위가 주어진 것입니다. 그런데 그것은 예수님을 믿는 사람이면 다 해당하는 것이기 때문에 사람들은 별로 고귀한 지위라고 생각하지 않습니다. "다 그런 건데 뭐, 그게 뭐 별건가?"라고 생각하는 것입니다. 그러나 성경과 기독교적 관점에서는 그것만이 우리를 규정하는 것이라고 말합니다. 우리는 어떤 상황도 그리스도의 구속 때문에 하나님 앞에서 가장 고귀한 존재가 되었다는 것을 항상 생각하고 잊지 말아야 합니다.

이것은 사실 아주 큰 역설을 그 안에 담고 있습니다. 본문은 낮은 형제가 자신을 높다고 생각해야 한다고 말합니다. 그가 미쳐서 그런 것이 아닙니다. 자기의 환상을 좇아서 그런 것도 아닙니다. 오직 그리스도의 구속 때문에, 하나님이 그를 고귀한 존재로 여기시기 때문에 그런 것입니다. 그런데 이것은 역설(逆說, paradox)입니다. 왜 그렇습니까? 사실 우리는 높고 고귀한 존재가 아니기 때문입니다. 예수 그리스도가 우리를 위하여 피 흘려주셨고, 우리를 가장 고귀하고 선한 존재, 의로운 존재라고 선언해주신 것입니다. 그러니까 외적으로 보면 우리 자신의 모습은, 예수 그리스도 없는 우리 자신의 모습은 하나님 앞에서 한없는 죄인의 모습인 것입니다. 가장 비참한 자입니다. 그런데 예수 그리스도의 십자가 때문에 하나님이 우리를 가장 고귀하고 의로운 사람이라고 선언을 하신 것입니다.

그래서 루터가 "우리는 의인이면서 동시에 죄인이다"(*simul justus et peccator*)라는 말을 한 것입니다. 우리 스스로는 온전하지 않습니다. 예수 그리스도를 믿어도 우리 스스로는 온전하지 않습니다. 예수 그리스도를 믿을 때 하나님께서 예수 그리스도의 그 온전하신 의(義) 때문에 우리를 의인이라고 판단하십니다. 우리는 하나님의 그 판단을 우리의 기준으로 삼고 살아가야 합니다. 그것으로부터 우리 자신을 생각하는 것입니다. 그것이 우리의 '높음'입니다. 나의 어떠함에서 오는 높음이 아니고, 순전히 하나님이 우리에게 부여해주신 높음인 것입니다. 십자가 사건으로 말미암아 우리에게 부여해주신 높음, 그 높음에서 한순간도 떨어지지 않습니다. 예수 그리스도를 진짜로 믿으면 말입니다. 한번 진짜로 믿으면 끝까지 믿는 것입니다. 내가 혹시 흔들릴 수도 있지만, 진짜로 믿는다면 흔들리다가도 다시 돌아오는 것입니다. 그것이 예수 그리스도를 참으로 믿는 것입니다. 그렇기에 예수 그리스도 안에서 얻은 이 '높음'이라는 지위는 세상이 우리에게 부여해줄 수 없습니다. 그것은 항상 우리에게 주어져 있습니다. 우리의 형편이 어떠하든지 상관없이 말입니다.

우리가 재물의 문제를 생각할 때 가난해도 상관없습니다. 그럴 때도 본문은 “자기의 높음을 자랑”하라고 합니다. 성경은 일반적으로 자랑하라고 말하지 않습니다. 그런데 이때는 ‘자랑하라’고 이야기합니다. 그리고 그것을 잘 살펴보면 결국 자신을 자랑하는 것이 아니라 그 일을 이루어주신 주님을 자랑하라는 것입니다. 우리가 자랑할 것은 그것밖에 없다는 것입니다. 다른 어떤 것도 영향을 미치지 않게 하는 것, 그것이 신앙입니다.

## 매우 구체적인 신앙

신앙은 매우 구체적인 것입니다. 어떤 면에서는 참 어렵습니다. 지금 우리는 가진 돈이 조금이라도 있습니다. 그런데 만일 그것마저도 없는 상태, 돈이 한 푼도 없다고 생각해 보겠습니다. 그럴 때 본문이 말씀하는 대로 과연 자기의 높음을 자랑할 수 있겠습니까? 그것이 어려운 것입니다. 그러니까 신앙은 매우 구체적이라는 것입니다. 추상적이고 막연하지 않습니다. 현실에서 돈이 있든지 돈이 없든지 간에 그것이 나에게 어떤 영향도 미치지 말아야 합니다. 그것이 신앙입니다.

이것을 다른 식으로 표현해 보겠습니다. 아주 열심히 노력했더니 재물이 많이 생겼습니다. 이제 여러분은 부유한 사람이 되었습니다. 이럴 때 상당히 많은 사람은 어떤 생각에 빠져들기 쉽습니까? “내가 이만큼 가지고 있구나”라고 하면서 그것을 의존하기 쉽습니다. 재물에 의존하는 것입니다. 물론 하나님의 이름을 들먹이며 그렇게 합니다. “하나님이 복 주셔서 이렇게 되었다”라는 식으로 표현하는 것입니다. 이러한 것은 재물만이 아니라 공부하는 것, 일하는 것 혹은 다른 여러 가지 면에서도 비슷하게 나타납니다. “하나님이 나에게 좋은 성품을 주셔서 주변에 친구가 많구나” 하는 생각도 여기에 해당할 수 있습니다. 어떤 경우든지 우리의 외적인 것을 의존하거나 자랑하게 된다면 그것은 옳지 않은 것이라는 말입니다. 왜 그렇습니까? 본문에 무엇이라고 말합니까? “부한 자는 자기의 낮아짐을 자랑할지니”라고 말씀합니다. 우리가 가지고 있는 것, 그것은 전부 외적인 것입니다. 외적인 것은 다 어떻게 됩니까? "풀의 꽃과 같이 지나감이라"(약 1:10). 그것은 다 지나가는 것입니다. 붙잡고 있을 수 있는 것이 아니라는 말입니다. 거기에는 우리의 외적인 생명도 포함되어 있습니다. 그것을 붙잡고 있으면 참 어리석은 것입니다. 그런데 연약한 우리는 늘 그렇게 합니다. 여기에 우리의 문제가 있습니다. 정말 지나가지 않는 것, 정말 영원한 것, 그것은 무엇입니까? 그것은 하나님밖에 없습니다. 그래서 우리는 하나님만 의존하고 살아가야 합니다.

여기에 아주 멋있는 표현이 하나 나오는데 "해가 돋고 뜨거운 바람이 불어 풀을 말리면 꽃이 떨어져 그 모양의 아름다움이 없어지나니"(약 1:11)라는 말씀입니다. 이것은 누구든지 아는 말입니다. 팔레스타인 땅에서 사는 사람들은 더 잘 압니다. 여기 "뜨거운 바람"이라는 말은 번역을 아주 잘 한 것입니다. 그쪽에 사는 사람들은 그것을 대개 동풍이라고 생각합니다. 이집트를 포함하여 근동 쪽에서 사는 사람들은 동풍이 불어오면 그것이 뜨거운 바람으로 불어서 곡식들을 다 말리는 것을 경험했습니다.

예를 들자면, 창세기 41장에는 바로가 꿈을 꾼 내용이 나옵니다. 요셉이 바로의 꿈을 해석해 주는데, 두 번째 꿈 중에 이런 내용이 있습니다.

> 다시 잠이 들어 꿈을 꾸니 한 줄기에 무성하고 충실한 일곱 이삭이 나오고 그 후에 또 가늘고 동풍에 마른 일곱 이삭이 나오더니(창 41:5-6).

'가늘고 동풍에 마른'이라는 표현이 나옵니다. 그것은 당시 사람들이 늘 쓰던 말입니다. '동풍'이라는 말을 한국적인 상황에서 생각하면 안 됩니다. 한국 상황에서는 동풍을 시원한 바람으로 봅니다. 따라서 창세기 41장에 나오는 동풍은 우리 상황의 동풍이 아니라 이집트의 동풍이라는 것을 생각해야 합니다. 그렇게 보면 동풍은 모든 것을 말리는 바람이라고 생각하게 됩니다. 이것은 팔레스타인에서도 마찬가지였습니다. 그 대표적인 예로 호세아를 살펴보겠습니다. 호세아 13장에서 하나님은 죄를 지은 사마리아에 벌을 내리실 것을 말씀하시면서 다음과 같은 표현이 사용합니다.

> 그가 비록 형제 중에서 결실하나 동풍이 오리니, 곧 광야에서 일어나는 여호와의 바람이라. 그의 근원이 마르며 그의 샘이 마르고 그 쌓아 둔 바 모든 보배의 그릇이 약탈되리로다. 사마리아가 그들의 하나님을 배반하였으므로 형벌을 당하여 칼에 엎드러질 것이요, 그 어린 아이는 부서뜨려지며, 아이 밴 여인은 배가 갈라지리라(호 13:15-16).

끔찍한 형벌입니다. 15절에서는 이것을 비유적으로 표현하는데, 동풍이 와서 싹 말려버린다고 하는 것입니다. 이 동풍이라고 하는 것을 야고보서는 '뜨거운 바람'이라고 표현했습니다. 뜨거운 바람이 불어와서 아름다운 꽃이 그대로 마릅니다. 다음 날 다 말라 버리는 것입니다. 오늘 아름답게 핀 것 같았는데, 다음 날 봤더니 뜨거운 바람에 다 없어지는 것입니다. 우리가 가지고 있는 것들을 다 그런 것으로 여겨야 합니다.

우리 가운데 비교적 젊은 사람들이 있습니다. 아름다운 젊음이 얼마나 갑니까? 그리 오래 가지 않습니다. 가끔 영화를 보면 그런 것이 잘 나타날 때가 있습니다. 아주 아름다운 여인이 있는데, 그 여인은 드라큘라입니다. 주인공은 아름다운 여인이자 드라큘라인 이 여인을 죽이게 됩니다. 그러면 그 아름답던 여인이 한순간에 재로 변하여 사라지고 맙니다. 영화는 재미있게 보는데 우리 인생이 그와 같다는 생각은 하지 않습니다. 왜 그렇습니까? 모두가 "나는 그래도 오래 살 거다"라고 생각하기 때문입니다. 성경은 그런 것을 자랑한다는 것이 우스운 것(comic)이라고 말하는 것입니다. 사람들은 자랑할 만한 것이 아닌 것을 자랑합니다. 돈을 비롯한 지식과 명예, 외모와 젊음 등 외적인 것은 결국 다 없어집니다. 그러니까 그런 것들은 자랑할 것이 아닙니다. 집착할 만한 것이 아니라는 것입니다.

## 즉각성에서 물러선 새로운 형태의 인간

새로운 종류의 사람이 그리스도의 구속으로 말미암아 나타났습니다. 모든 외적인 것과 자신을 동일시하지 않는 사람이 나타난 것입니다. 이런 것을 우리는 "즉각성으로부터 물러서는" 것이라고 표현합니다. 사람들은 즉각적으로 생각합니다. 돈이 많으면 높다고 생각하고 돈이 없으면 낮다고 생각합니다. 이렇게 하는 것이 "즉각적"인 것입니다. 그런데 새롭게 된 사람들은 그런 즉각적인 것들을 물러서서 바라봅니다. 모든 것을 하나님 앞에서 보는 것입니다. 그러면 돈이 많아도 돈이 없어도 그것 자체에 집착하지 않습니다. 외적인 것이 나를 규정하지 않는다는 말입니다. 무엇이 나를 규정합니까? 하나님의 시선만이 나를 규정하는 것입니다. 그러니까 나에게 중요한 것은 주어진 인생을 어떻게 하나님의 뜻대로 살 것이냐 하는 것입니다. 이것만이 중요합니다.

그런 그리스도인은 세상을 살 때 열심히 살 것입니다. 왜 열심히 살까요? 하나님이 내게 주신 삶이기에 하나님 앞에서 책임을 잘 감당하기 위해서 열심히 사는 것입니다. 그래서 지혜가 부족하면 지혜를 구하면서 열심히 삽니다. 책임을 다하지 않는 삶을 산다면 하나님께 지혜를 구할 필요도 없습니다. 그냥 내 마음대로 살면 되기 때문입니다. 그러나 왜 지혜를 구하라고 합니까? 하나님 앞에서 내게 주어진 일을 감당해야 하기 때문입니다. "하나님이 내게 원하시는 바가 무엇인가? 인생 전체를 놓고 원하시는 바가 무엇인가? 내 인생의 10대, 20대, 30대, 40대, 50대에 주께서 원하시는 바가 무엇인가?" 하는 것을 찾아가는 것입니다. 세상이 제시하는 것에 관심을 두지 말고 하나님 앞에서 우리가 해야 할 일, 그것만이 나를 규정한다는 것을 명심해야겠습니다. 그래서 외적인 것이 전혀 우리에게 영향을 미치지 않도록 해야 합니다.

## 진정한 신앙의 삶을 오해하지 말 것

이것을 오해하는 사람이 있습니다. "세상에 있는 모든 것은 다 쓸데없고, 하나님과의 관계성이 중요하다"라는 생각으로 세상에서 벗어나려고 하는 것입니다. 우리 식으로 말하면 산속으로 들어가는 것입니다. 옛날 팔레스타인 같은 데는 산이 많이 없기에 광야로 들어가는 것입니다. 광야에서 혼자 하나님과 관계성을 가지면서 사는 것입니다. 그것이 바른 것입니까? 그렇지 않습니다. 그것 역시 즉각적으로 생각하는 것입니다. 세상을 떠나 있을 때 하나님과 관계성을 갖는다고 생각하는 즉각적인 생각입니다. 만일 배를 타고 가다가 난파되어 섬에 홀로 있게 된다면 거기서도 하나님과의 관계성을 생각해야 합니다. 혼자 있으니까 하나님과의 관계성을 신경 쓰지 않아도 되는 것입니까? 혼자 있으니 주일이면 예배할 필요도 없습니까? 그렇지 않다는 것을 잘 알고 있습니다. 혼자 있어도 예배하고 기도하며 하나님과의 관계성을 가져야 합니다. 이것은 동양에서 이야기하는 신독(愼獨)보다도 훨씬 더 철저하게 지켜야만 합니다. 우리는 하나님 앞에 있기 때문입니다.

그러므로 구속된 우리는 사람들이 있든지 없든지 열심히 살아야 합니다. 세상 사람들처럼 무엇을 이루려고 사는 것이 전혀 아닙니다. 왜 그럴까요? 우리가 세상에서 이룬 그것이 나에게 전혀 영향을 미치지 않는다고 생각하는 사람들이기 때문에 그렇습니다. 하나님이 우리에게 주신 그 뜻을 이루기 위해서 열심히 사는 것입니다. 그렇게 사는 중에 혹시 재물이 모인다면 그것을 가지고 어떻게 하면 하나님이 원하시는 일을 잘 할 것인가? 어떻게 하면 우리 주변의 가난한 사람들을 도울 것인가? 하는 것에 신경 쓰는 것입니다. 그러니까 아주 열심히 사는데 자신이 이루는 것, 그것 자체에 의미를 부여하지 않는 것입니다. 그것이 그리스도인의 삶의 모습입니다.

## 무엇이 가장 중요한가?

우리는 기본적으로 물질의 문제를 어떻게 생각해야 하는가를 생각하고, 조금 더 확장해서 물질을 비롯한 모든 외적인 것을 어떻게 생각해야 하는가를 살펴보고 있습니다. 그리스도인인 우리는 외적인 것을 무시하지 않습니다. 성경과 기독교는 외적인 것을 무시하지 않습니다. 그러나 그것에 집착하거나 그것에 근거해서 모든 것을 판단하지 않습니다. 이것이 우리가 해야 할 일입니다. 이것을 성경은 한마디로 "하나님께서 외모로 사람을 취하지 아니하심이라"(롬 2:1)라고 말씀합니다. 하나님은 그 중심을 보신다는 것입니다. 우리 마음이 하나님 앞에서 어떻게 되어 있는가를 항상 생각해야 합니다.

무엇을 가장 고귀하고 가치 있는 것으로 생각합니까? 예수님을 믿으면 고귀하고 가치 있게 생각하는 것이 변해야 합니다. 옛날에는 우리가 세상에서 성취하는 것, 그것이 괜찮은 일이라고 생각했습니다. 세상에서는 그런 사람들을 존경할 것을 요구합니다. 그런 사람들이 영웅이고 위인전에 등장합니다. 그런데 참으로 예수님을 믿으면 관점이 달라집니다. 예수님을 믿는 사람들은 그런 것에 가치를 두지 않습니다. 그리스도인들은 하나님이 하라고 주신 일을 제대로 해 나가고 있는지가 유일한 가치 판단의 척도입니다. 여기서 본질적인 인간에 대한 이해, 인간이 하나님 앞에 무엇인가? 하는 굉장히 중요한 것을 생각합니다. 역사 전체 속에서 우리 자신을 파악하려고 하게 됩니다.

참으로 예수님을 믿는 사람은 어느 시대나 똑같은 태도로 살아갑니다. 그러나 시대마다 사람들이 받은 사명은 다릅니다. 그러니까 이 시대의 교회가, 이 시대의 그리스도인으로서 해야 할 일이 무엇인가 하는 것에 집중해야 합니다. 우리 시대를 돌아볼 때, 아무리 생각해도 우리 시대에 꼭 필요한 것이 하나가 있는데, 그것은 성경적인 바른 교훈이 온 세상에 가득해지는 것입니다. 북한 땅이나 남한 땅에나 주류 사회는 하나님의 말씀에 관심이 없습니다. 심각한 것입니다. 우리나라에는 예수님을 믿는 사람들이 많음에도 불구하고 주류 사회는 그것에 관심이 없습니다. 그러면 무엇에 관심이 있습니까? 본문에서 이야기하고 있는 것과는 정반대입니다. 광고 속에 나타나는 것과 같이 "부자 되세요" 하는 것에 관심이 있습니다. 그런 것에 집중하고 있습니다. 교회들도 그런 모습을 따라가는 것이 매우 안타깝습니다.

세계에서 한국교회만큼 설교가 많은 곳이 없을 것입니다. 우리는 설교의 홍수 시대에 살고 있습니다. 텔레비전이나 라디오, 인터넷이나 SNS에서도 설교가 나옵니다. 그런데도 하나님의 말씀을 바르게 배워서 그것을 구현하고 사는 데는 별로 관심이 없습니다. 그것이 안타까운 일입니다. 사회 전반적으로 안 될 뿐만 아니라 하나님 말씀을 추구한다고 하는 사람들조차도 안 되는 것이 현실입니다. 말씀이 홍수처럼 막 넘쳐나는 것 같은데 말씀에 대한 바른 이해는 없습니다. 진지하게 말씀을 추구한다는 사람들도 성경 말씀에 근거해서 바르게 이해하고 그것에 근거해서 우리의 삶을 고쳐나가는 것에는 별로 관심이 없습니다. 이것이 이상한 현상입니다. 따라서 우리는 본질적으로 예수님을 믿는 사람이 항상 가져야 할 기본적인 태도와 하나님 앞에서 우리가 어떠해야만 하는가에 집중해야 합니다. 하나님 앞에서 고귀하고 높은 사람, 그것을 생각하면서 다른 모든 외적인 것으로 나를 규정하지 않도록 항상 신경 써야 합니다.

그리고 또 무엇을 해야 합니까? 이 시대에 필요한 하나님의 사람으로서 사명을 다해야 합니다. 하나님의 말씀을 잘 배우고, 배운 것을 눈에 보이는 현실 세상에서 자꾸 나타내야 합니다. 말로 해서 되는 것이 아닙니다. 하나님의 말씀을 제대로 배웠으면 그것을 구체적으로 세상에서 드러내면서 사는 모습, 그래서 이 시대에 하나님의 말씀이 정말로 살아 있다는 것을 구체적인 삶으로 온 세상에 선언하고 나아가야 합니다. 그렇게 할 때 이 본문에 충실한 사람으로 우리가 이 세상에 설 수 있습니다.

**5 강** 야고보서 1장 12절

# 고난과 생명의 면류관

"시험을 참는 자는 복이 있나니, 이는 시련을 견디어 낸 자가 주께서 자기를 사랑하는 자들에게 약속하신 생명의 면류관을 얻을 것이기 때문이라"(약 1:12).

우리는 성찬에 참여하면서 주께서 우리에게 주신 큰 은혜가 어떤 것인가를 다시 한번 확인할 수 있습니다. 이런 귀한 성찬을 베풀어 주심에 감사하며 야고보서를 통해 우리에게 주시는 말씀이 무엇인지를 생각해 보도록 하겠습니다. 12절은 앞에서 이야기했던 시험을 받는 사람들, 세상 가운데 어려움을 겪는 사람들의 이야기를 계속해서 하고 있습니다. "시험을 참는 자는 복이 있나니"(약 1:12)라는 말씀은 야고보서 5장의 "형제들아 주의 이름으로 말한 선지자들을 고난과 오래 참음의 본으로 삼으라"(약 5:10)와 "보라 인내하는 자를 우리가 복되다 하나니"(약 5:11)라는 말씀과 연관되어 있습니다.

## 고난 중의 그리스도인에 대한 예수님과 야고보의 말씀

여기서 "시험을 참는 자는 복이 있다" 혹은 "인내하는 자는 복이 있다"라는 말씀은 우리 주께서 이 세상에 계셨을 때 친히 하셨을 말씀이라고 생각합니다. 공관복음서에는 없으나, 서신서에 나타나 있는 이 말씀은 아마도 야고보가 육신의 형님이신 예수님께서 하신 말씀을 깊이 생각하면서 전하는 것일 것입니다. 우리 주 예수님께서도 고난을 참고 인내하신 것을 생각하면서 이 말을 했을지도 모르겠습니다. 야고보 자신이 처음부터 예수님을 믿으려 했던 사람이 아니었기에 자신도 그것을 극복해가면서 예수님을 믿었고, 예수님을 믿는 자기를 이해하지 못하는 사람들로 인해 어려운 상황에 놓이게 하는 모든 것을 생각하면서 시험을 참는 자는 복이 있다고 이야기하는 것입니다.

이것은 예수 그리스도를 믿는 사람들의 숫자가 아주 적을 때만 적용되는 말씀이 아니고 예수 그리스도를 믿는 사람들이 많은 상황에도 마찬가지입니다. 현재 우리는 예수님을 믿는 사람이 너무 많아서 예수님을 믿는 사람이 전혀 어려움을 당하지 않는 그런 시기에 있는 것이 아닙니다. 그렇다고 예수님을 믿는 사람이 너무 적어서 예수님을 믿는 것만으로도 어려움을 당하는 그런 시기도 아닙니다. 현재 우리나라는 그 둘 사이에 있습니다. 어느 때라도 진정으로 예수 그리스도를 따라가려고 애쓰면 항상 어려움이 있다는 것을 발견하게 됩니다. 그러니까 본질은 마찬가지입니다. 심지어 온 세상이 다 예수님을 믿는 상황이 된다고 해도 진정으로 예수님을 믿는 사람으로 세상을 살아간다는 것은 늘 어려운 일입니다.

오늘날 교회는 이러한 사실을 사람들에게 좀 더 명확하게 주지시켜야 할 필요가 있습니다. 우리는 많은 어려움을 겪어온 사람들이기에 예수님을 믿은 다음에도 계속해서 어려움이 있다고 하면 '예수님을 믿지 말아야 하나'라는 생각을 할 위험성도 있습니다. 그러면 사람들이 그런 어려움에서 벗어나게 해주기 위해서 예수님을 믿으면 모든 어려움에서 우리를 해방해주시고 자유롭게 해주신다고 이야기하고 싶은 유혹이 아주 강하게 나타날 수 있습니다.

그런데 우리는 그렇게 마음대로 할 수 없습니다. 자기 마음대로 하면 참 좋을 것 같은데 설교와 신학은 자기 마음대로 할 수 있는 것이 아닙니다. 사람들이 좋아하는 것만 찾아서 이야기하면 참 좋을 것 같은데, 성경은 그렇게 이야기하지 않기 때문입니다. 본문은 "시험을 참는 자는 복이 있나니"라고 말씀하고 있습니다. 예수님을 믿는 사람에게는 어려움이 없다고 하면 좋을 텐데, 그렇게 이야기하지 않고 "시험을 참아라, 시험을 참는 자는 복이 있다"라고 이야기하고 있습니다.

## 시험을 참는 것이 왜 복되다고 하는가?

시험을 참는 것은 왜 복이 있는 것입니까? 복이 있다고 이야기할 수 있는 근거는 우리의 삶 전체, 인생 전체, 더 나아가 역사 전체를 하나님의 관점이라는 큰 시선으로 바라보기 때문입니다. 우리는 하나님의 시선으로 세상을 바라보도록 훈련받는 사람들입니다. 물론 사람이 온전히 하나님의 시선으로 세상을 바라볼 수는 없습니다. 잘못하면 하나님처럼 행사하는 결과가 나타날 수도 있습니다. 과거에 어떤 사람들이 그러한 실수를 한 적이 있습니다. 그래서 또 다른 어떤 사람들은 "우리는 도무지 하나님의 시선으로 세상을 볼 수가 없다, 우리는 그저 좁은 인간의 시선으로 세상을 보는 것이다"라고 주장하면서 자신들의 좁디좁은 관견(管見)을 정당화하려고 했습니다.

그러므로 우리가 나아가는 방향은 이 두 가지를 다 배제하는 길이어야 합니다. 마치 하나님인 것처럼 이야기할 수도 없고, 하나님의 시선과는 전혀 상관없이 인간의 좁은 시선으로만 세상을 바라보며 말할 수도 없습니다. 우리는 항상 그 중간에서 "하나님께서 우리에게 알려주신 관점", 즉 계시적 관점을 따라야 합니다. 이것은 하나님께서 특정한 의도를 가지고 적극적으로 우리에게 알려주신 것입니다. 그것을 열심히 배워서 세상의 문제 전체를 계시적 관점으로 보려고 끊임없이 노력해야만 합니다. 그것이 기독교적인 관점입니다. 세상 전체를 그런 관점에서 보는 것입니다.■ 이것이 예수님을 믿는 사람의 모습입니다.

> 그런 것을 기독교 세계관이라고 할 수 있습니다. 이를 좀 더 탐구하려면 이승구, 『기독교 세계관이란 무엇인가?』 (서울: SFC, 2003, 최근판 2016)와 아더 홈즈, 『기독교 세계관』 (서울: 솔로몬, 2017)을 보십시오.

우리가 지금 가지고 있는 관점이 완벽한 것은 아닙니다. 그러나 끊임없이 하나님의 시선으로 세상을 보려고 애써야 합니다. 세상 전체를 보며 주님이 원하시는 것은 무엇인지, 주님의 관점에서 보려고 끊임없이 노력해가는 것입니다. 만일 내가 보는 이 관점이 완벽하다고 이야기한다면 그것은 문제를 만드는 것입니다. 과거에 살았던 스피노자(Baruch de Spinoza, 1632년-1677년)와 같은 철학자들이 그런 생각을 했었습니다. 하나님의 관점을 영원의 관점이라는 말로 사용했습니다. 그들은 "영원의 창문을 통해서"(*sub specie aeternatis*) 이 세상을 바라본다고 했습니다. "영원의 창문을 통하여"라는 말을 옛날 사람들은 "영원의 상에서"(from the perspective of the eternal)라고 번역했었습니다. 영원의 창문으로 세상을 보라는 것입니다. 그런데 철학자들은 자기들이 그것을 할 수 있다는 것입니다. 어떻게 합니까? 인간의 이성은 세상에 있는 것을 벗어나서 자기들이 할 수 있다고 보는 것입니다. 그것은 인간이 할 수 없는 것을 하려는 것입니다. 이런 오랜 전통이 있지만, 세상 전체를 철저히 그렇게 바라본 대표적인 사람이 헤겔(Georg Wilhelm Friedrich Hegel, 1770년-1831년)입니다.

자기 나름대로 그것이 가능하다고 하면서 "이성적인 것은 현실적인 것이고, 현실적인 것은 이성적인 것"이라고 이야기했습니다. 그러나 아무도 그렇다고 생각하지 않았습니다. 왜 그렇습니까? 오직 하나님만 그렇기 때문입니다. 하나님에게는 이성적인 것이 진짜 현실적인 것입니다. 하나님께서 생각하시면 곧바로 현실이 됩니다. 하나님의 현실이 하나님께서 생각하는 이성적인 것입니다. 하나님께는 참으로 그렇습니다. 그러나 우리 가운데 그 누구도 그럴 수 있는 사람은 없습니다. 사람에게는 헤겔이 말하는 것처럼 "이성적인 것은 현실적인 것이고, 현실적인 것은 이성적인 것"이라고 할 수 없습니다.

여기서 우리가 늘 주의해야 합니다. 우리는 항상 하나님이 가르쳐 주시는 계시적 관점으로 온 세상을 보려고 노력해야 합니다.■ 우리가 하나님의 관점을 전혀 가질 수 없다고 하는 것도 문제가 있습니다. 그것은 결국 하나님의 계시를 받아들이지 않으려는 것이기에 문제가 됩니다. 우리가 계시를 받아들이고 나면 우리의 삶 전체와 역사 전체를 하나님의 관점에서 보려고 노력하게 됩니다. 그러면 어떻게 됩니까? 세상에는 어려움을 당하고 고통을 당하는 많은 일이 있습니다. 그 전체를 하나님의 관점, 세상의 역사가 끝난 다음에 하나님이 어떻게 하실 것인가 하는 관점, 하나님이 말씀해주신 관점에서 보면 눈에 보이는 것과 상당히 다른 것을 볼 수 있습니다.

■ 이것을 '하나님의 생각을 따라서 생각하는 것'이라고 말하는 코넬리우스 반틸(Cornelius Van Til)의 말을 박윤선 목사님은 우리말로 "계시 의존 사색"이라고 표현하셨습니다. 이에 대해서는 이승구, 『코넬리우스 반틸』 (서울: 살림, 2007, 재판 2011)과 그에 인용된 여러 글을 보십시오.

## 계시적 관점에서 본 고난

본문 뒷부분에 "이는 시련을 견디어 낸 자가 주께서 자기를 사랑하는 자들에게 약속하신 생명의 면류관을 얻을 것이기 때문이라"(약 1:12)라고 말씀합니다. 역사가 끝난 다음에 하나님은 일정한 무리의 사람들에게 "생명의 면류관"을 주실 것이라고 말씀합니다. 인간의 관념만 가진 사람들은 "그렇게 될지 어떻게 아는가? 우리는 모르겠다"라고 주장합니다. 그것은 잘못된 것입니다. 또한 자기가 마치 하나님인 것처럼 이야기해서도 안 된다는 것을 앞에서 언급했습니다. 우리는 항상 "하나님께서 알려주신 한도 내에서"만 이야기해야 합니다. 따라서 우리의 논의는 계시의 한도 내에서의 논의가 되어야 합니다. 하나님이 우리에게 알려주신 한도 내에서 논의해야만 하는 것입니다. 본문에서 그렇다고 했으니까, 역사가 끝난 다음에 하나님이 일정한 무리의 사람들에게 생명의 면류관을 주신다고 했으니까 "아, 그렇군요"라고 하면서 그것을 받아들이는 것입니다.

그리고 그 관점에서 우리의 삶을 조망하기 시작합니다. 역사 전체가 끝난 다음의 관점에서 우리의 삶을 이해하려고 하는 것입니다. 우리는 세상의 역사 가운데 살아가고 있고 그것이 아직 끝나지 않았습니다. 마지막을 조망하는 관점은 이미 하나님께서 알려주셨으니까 그것을 배워서 그 관점으로 역사를 조망할 때 우리가 비록 어려움과 시험을 당해도 능히 이겨 낼 수 있습니다. 그러나 오해하면 안 됩니다. 그런 계시적 관점을 가지면 세상에서의 삶이 어렵지 않다는 말이 아닙니다. 또한 우리가 역사의 과정을 정확히 이해하기는 어렵습니다. 그것은 매우 복잡하지만, 문제가 되지는 않습니다. 왜 그렇습니까? 궁극적으로 하나님과 나와의 관계에 있어서 하나님이 어떻게 하실지 우리에게 말씀하셨기 때문입니다. 주께서 어떻게 하실 것입니까? 시험을 참는 자들에게 생명의 면류관을 주신다고 했습니다.

그러니까 정말 시험을 참고 인내하는 사람이 복된 것입니다. 이 복되다는 말은 역사가 끝난 다음에 하나님이 어떻게 하실지 아는 관점으로 이 세상을 바라볼 때 비로소 알 수 있습니다. 그렇지 않을 때는 시험을 참는 것이 복되다고 말할 수 없습니다. 물론 이런 관점을 가지지 않은 사람도 성경과 관련 없이 비슷하게 말할 수 있습니다. 하나님을 전혀 믿지 않는 사람들이 비슷한 말을 한 적이 있습니다. 동양에 새옹지마(塞翁之馬)라는 이야기가 있는 것을 다 알 것입니다. 무슨 어려운 일이 생기면 '이 어려움이 생겼기에 다음에 더 큰 어려움은 생기지 않을 것이다'라는 생각을 할 수 있습니다. 이것이 새옹지마의 뜻입니다. 그러니까 지금 어려운 것은 괜찮다는 것입니다. 왜 그렇습니까? 지금 어려운 일이 생긴 것은 나중에 더 큰 어려움이 생기지 않도록 하는 일이라고 여기기 때문입니다. 그것은 성경이 말하는 관점을 가지지 않고 사람들이 스스로 생각해낸 것입니다. "어려운 일이 있으면 나쁜 일도 있기 마련인데, 지금 어려운 일이 있다고 해서 그것이 다 나쁜 것이 아니다. 언젠가 내 인생에서 좋은 것이 될 수도 있는 일이다"라는 말과 같이 자기의 경험을 잘 정리해서 이야기한 것입니다. 이것을 합쳐 놓은 것 중 하나가 주역(周易)을 가지고 점을 보는 것입니다.

그러나 본문이 이야기하는 것은 그런 것과는 전혀 다른 것입니다. 기독교적 관점은 일반적인 의미의 인과응보(因果應報)를 말하는 것이 아니고, 역사 전체가 어떻게 될 것인지를 하나님이 분명히 알려주시는 터 위에서 말하는 것입니다. 우리가 다 알지는 못하지만, 하나님이 알려주시는 터 위에서 그 영원의 관점을 어느 정도 가지고 바라보는 것입니다. 그래서 내가 시험을 당해도 하나님의 관점으로 바라보고 있으면 복되다고 이야기할 수 있습니다. 이런 관점은 신앙이 성숙해야 가질 수 있습니다. 그렇게 되면 지금 어려운 상황 속에 있을지라도 자신이 복되다고 여기게 됩니다. 성숙한 사람들끼리는 어려움에 있는 사람 옆에 가서 "복 되십니다"라고 이야기할 수 있습니다. 물론 믿지 않는 사람과 성숙하지 않은 사람들은 "당신 미쳤소?" 하는 반응을 보일 것입니다. 그러므로 아직 그런 관점이 없는 사람이 어려움을 당하고 있을 때 "복되다"라고 말을 하면 안 됩니다. 오해하기 때문입니다. 우리가 바라는 것은 우리 모두 다 성숙한 수준에 이르는 것입니다. 그것이 우리가 가져야 할 시각입니다.

### 역사의 마지막에 주시는 생명의 면류관은 무엇인가?

역사가 끝난 다음에 "면류관"을 주신다는 말씀, 주께서 우리에게 주시는 그 말씀은 도대체 무슨 뜻입니까? 이것은 매우 중요합니다. 예수님을 믿는 사람 중에도 이것을 대충 알아서 엉터리로 생각하는 사람들이 많이 있습니다. 우리가 잘 아는 이야기 중에 "금 면류관, 은 면류관, 개털 모자"라는 이야기가 있습니다. 일반적으로 그것이 언제 이루어진다고 생각합니까? 우리가 죽고 나면 주어진다고 생각하는 것입니다. 죽고 나면 어떤 사람에게는 금 면류관을 씌워 주시고, 어떤 사람에게는 은 면류관 씌워 주신다고 합니다. 또 어떤 사람은 개털 모자를 쓴다고 합니다.

그것은 성경과는 다르게 말하는 것입니다. 성경은 역사가 끝난 다음에 심판하고 그에 따라 상을 주신다고 하셨습니다. 죽은 다음에 '곧바로'라고 이야기하지 않습니다. 그런데 우리는 이것저것을 섞어서 생각하는 것입니다. 역사가 끝난다는 것은 역사 전체의 끝을 말합니다. 죽는 것은 나에게 있어서 끝일뿐입니다. 역사의 끝을 죽음이라고 생각하는 것은 자기를 중심으로 생각한 것이지 하나님이 주신 계시를 따라서 생각한 것이 아닙니다. 역사가 끝난 다음에 하나님이 하실 일입니다. 어떻게 하십니까? 생명의 면류관을 주신다고 하셨습니다(딤후 4:1-8 참조).

여기에 '면류관'이라고 표현된 말은 정확한 표현이 아닙니다. '스테파노스'(στέφανος)라는 말인데, 성경의 인물 가운데 스데반을 생각하면 됩니다. 스데반이 '스테파노스'(στέφανος)입니다. 올림픽을 보면 우승자에게 월계관 씌워 줍니다. 그것이 바로 "스테파노스"입니다. 스테파노스가 "월계관"을 뜻하는 말입니다. 세상에서 받는 월계관은 세월이 지나면 시들어갑니다. 사람들은 시들어가는 것을 막으려고 황금으로 월계관 비슷하게 만들기도 합니다. 그러니까 월계관 자체가 중요한 것이 아닙니다. 나중에 보면 시들고, 썩기도 하며, 결국 없어지는 것이기 때문입니다. 물론 처음부터 시든 월계관을 씌워 주지는 않습니다. 시간이 지나면 변할 뿐입니다. 세상에서 받는 월계관은 이처럼 시간이 흐르면서 시들고 썩는 것입니다. 그러나 성경은 썩지 않는 그리고 시들지 않는 월계관을 준다고 말씀합니다. 이것은 상징적인 표현입니다. 월계관을 받는다는 것은 이 사람이 승리자라는 것을 선포하는 것입니다.

우리는 매 순간 결단해야 합니다. 내가 행하려는 것이 그리스도인다운 것인가? 아닌가? 하는 것을 생각해야만 합니다. 어떤 면에서 우리의 삶은 늘 시험의 연속일 것입니다. 어느 순간에는 그리스도인답게 잘하고, 어느 순간에는 그렇지 않을 수도 있습니다. 하지만 우리가 그 모든 것을 잘 참고 모든 일을 그리스도인답게 해 나가자는 의미입니다. 그렇게 해 나가는 사람들에게 주님은 승리자라고 선언해주시는 것입니다. 그것이 월계관, 즉 우리가 읽는 성경에 번역된 말로 면류관을 주신다는 말의 뜻입니다.

그러면 면류관의 내용은 무엇입니까? 성경에는 "생명의 면류관"이라고 되어 있습니다. 이런 것을 '내용의 속격(屬格)'이라고 합니다. 내용이 무엇인지를 앞에 있는 말이 설명해주는 것입니다. 영어나 헬라어는 뒤에 있는 말이 설명합니다. "생명의 면류관"이라는 말의 핵심은 무엇입니까? 우리에게 진정하고 온전한 생명을 주신다는 것입니다. 온전한 영생을 우리에게 주시는 것입니다. 물론 예수 그리스도를 진짜로 믿고 있다면 우리는 이미 영생을 받은 사람들입니다. 그러나 영생의 영광스러움이 아직 다 나타나 있지는 않습니다. 영생의 영광스러움이 온전하게 나타나는 것을 우리에게 주신다는 것입니다.

이것을 다른 데에서는 '하나님 나라를 상속한다'라고도 말합니다. 물론 지금 예수님을 참으로 믿는 우리는 하나님의 나라를 소유하고 있습니다. 만일 참으로 예수님을 믿지 않고 있는 사람이 있다면 그 사람은 예수님을 믿어야 합니다. 그래야 하나님 나라 안에 들어와 있는 것입니다. 내가 진짜로 예수님을 믿는 사람이라면 비록 겨자씨 한 알만 한 믿음이 있을지라도 하나님 나라의 백성이고, 지금 하나님 나라를 소유한 것입니다. 장차 소유할 것이 아니라 지금 소유하고 있습니다. 그러나 소유한 하나님 나라의 온전한 영광이 지금 다 나타나 있는 것은 아닙니다. 그것은 장차 나타나는 것입니다. 예수 그리스도가 다시 오실 때 그 나라의 온전한 영광이 나타나는 것입니다. 우리가 그것을 받게 되는 것을 "그 나라를 상속한다"라고 표현합니다. 그 나라를 상속하는 것, 물려받는 것입니다. 이 말을 오해하면 안 됩니다. 지금 그 나라를 소유하고 있는 사람만이 나중에도 그 나라의 궁극적 영광을 상속받는 것입니다. 그 영광스러운 나라의 상속을 다른 말로 표현할 때 "생명의 면류관을 받는다"라고 합니다. 즉, 우리를 승리자로 인정해 주시는 것입니다. 그런 사람에게 영생의 온전함을 가져다주시는 것입니다.

이와 비슷한 말씀을 요한계시록 2장에서도 볼 수 있습니다. "너는 장차 받을 고난을 두려워하지 말라 볼지어다. 마귀가 장차 너희 가운데에서 몇 사람을 옥에 던져 시험을 받게 하리니 너희가 십 일 동안 환난을 받으리라. 네가 죽도록 충성하라 그리하면 내가 생명의 관을 네게 주리라"(계 2:10)라는 말씀은 하나님이 서머나 교회에 주시는 말씀입니다. 말씀 중에 "네가 장차 받을 고난을 두려워 말라"라는 말씀이 참으로 무섭게 느껴집니다. 서머나 교회가 장차 받을 고난이 있다고 합니다. 우리에게도 그렇게 이야기하는 것입니다. "너희는 고난이 없을 것이다"라고 말씀해주시면 좋을 것 같은데, 그렇지 않고 "장차 받을 고난이 있다"고 합니다. 이 고난은 무엇입니까? 그것은 우리가 예수님을 믿지 않는 사람이 되도록 만들어가는 여러 가지 장치입니다. 무엇을 하든지 예수님을 믿지 못하도록 방해하는 것입니다. 그런 것이 바로 고난입니다. 그래서 두려워하지 말라는 것입니다. 왜 그렇습니까? 우리가 그것을 극복할 수 있기 때문입니다. 예수님을 믿는 사람의 특성이 여기에 나타납니다. 예수님을 믿는 사람은 어려운 시험, 즉 고난이 오지만 그것을 극복해 나가는 사람입니다. 그런 사람이야말로 복이 있는 사람입니다. 시험을 받지 않기 때문에 복이 있는 사람이 아니고, 수많은 시험이 오지만 극복하는 사람, 즉 우리를 예수 믿지 않는 사람이 되게 하려는 여러 가지 방해를 극복해 나갈 수 있기에 우리는 "복이 있다"고 합니다.

"너는 장차 받을 고난을 두려워하지 말라 볼지어다"라는 구절 다음은 더 무섭습니다. "마귀가 장차 너희 가운데에서 몇 사람을 옥에 던져 시험을 받게 하리니"라고 합니다. "감옥에 던진다"라는 말이 매우 강하게 다가옵니다. 서머나 교회, 초대 교회의 몇몇 사람을 옥에 던진다는 것입니다. "너희가 십 일 동안 환난을 받으리라 네가 죽도록 충성하라"라는 말씀에서 죽도록 충성하라는 것은 어떤 상황에서 충성하라는 것입니까? 환난과 고난이 넘치는 상황에서 충성하라는 이야기입니다. 대개 우리는 이 말씀을 따로 떼어서 생각합니다. 교회에서 어느 때 이 말씀을 사용합니까? 보통은 교회에서 직분을 받을 때 이야기합니다. 받은 직분에 충성하면 된다고 생각합니다. 그것이 중요한 일이기는 하지만, 이 구절을 그렇게 사용하는 것은 주어진 말씀의 문맥을 배제하고 말하는 것입니다. 물론 직분에 적용하는 것이 잘못된 것은 아닙니다. 그런데 계시록에서는 어떤 상황에서 말하는 것입니까? 바로 고난이 넘쳐나는 상황입니다. 그럴 때 충성하라는 것입니다. 고난이 와도 그것을 이겨나가야 한다는 것입니다.

그렇게 충성하면 어떻게 된다고 합니까? "그리하면 내가 생명의 관을 네게 주리라. 귀 있는 자는 성령이 교회들에게 하시는 말씀을 들을지어다. 이기는 자는 둘째 사망의 해를 받지 아니하리라"(계 2:10-11)고 말씀합니다. 여기서 생명의 면류관이 무엇과 대조되어 있습니까? 둘째 사망의 해와 대조되고 있음을 알 수 있습니다. 둘째 사망의 해라는 말은 우리가 세상에서 살다가 죽는 것을 첫째 사망이라고 하는 것과 연관되는 말입니다. 첫째 사망은 예수님을 믿는 우리도 해당합니다. 물론 죽기 전에 예수님이 오시면 그 사람은 죽지 않을 것입니다. 하지만 그런 경우를 제외하면 사람은 모두 다 죽습니다. 이것이 첫째 사망입니다.

첫째 사망으로 죽어도 우리가 영원히 죽는 것은 아닙니다. 우리의 영혼은 살아 있기 때문입니다. 그러나 예수님을 믿지 않는 사람들은 영원한 형벌을 받게 됩니다. 이것이 둘째 사망입니다. 우리는 흔히 "사망"이라고 하면 없어지는 것을 생각합니다. 그러나 둘째 사망은 없어지지 않고, 영원한 형벌을 받는 것입니다. 영원한 형벌이라는 것, 죽어서 끝이면 괜찮은데 죽어서 끝나는 것이 아니고 말 그대로 끝도 없이 영원히 형벌을 받는 것입니다. 하나님께 순종하지 않고 예수 그리스도를 믿지 않는 사람들에게 주어지는 일입니다.

그것도 앞에서 언급했던 하나님의 시선, 이 전체를 보는 하나님의 관점 가운데 있습니다. 하나님이 그 이야기를 가르쳐주지 않으시면 우리는 모르는 것입니다. 그러나 일단 하나님이 그 이야기를 하신 후에는 우리도 그것을 받아들이고 생각해야 합니다. 하나님이 가르쳐주셨으니까 우리는 그 말씀에 예속될 수밖에 없습니다. 이것은 실제로 우리에게 있는 현실인데, 예수님을 믿으면 그 둘째 사망의 해에서 벗어나게 해주신다는 것입니다. 예수님을 믿는 사람은 둘째 사망의 해에서 벗어나는데, 이것은 마이너스 요인을 제거해주는 것입니다. 그것에 더해 플러스 요인은 생명으로 가득 찬 상태가 되게 해 주시는 것입니다. 그것이 생명의 면류관을 주신다는 말입니다. 생명의 면류관을 예수님을 믿는 모든 사람에게 주시는 것입니다.

요한계시록에 의하면 어떤 사람한테 생명의 면류관을 주신다고 했습니까? "죽도록 충성하는 사람에게"라고 했습니다. 그런데 오해하면 안 되는 것이 있습니다. 예수님을 그냥 믿기만 하면 둘째 사망의 해에서는 벗어나는 것, 즉 형벌 받는 데서 벗어나고, 죽도록 충성하면 생명의 면류관을 받는다고 생각하는 것입니다. 그렇게 오해하지 않으려면 성경을 잘 살펴보아야 합니다. 요한계시록 2장 10절과 11절은 연결되어 있습니다. 그렇다면 둘째 사망의 해에서 벗어난 사람은 어떻게 되는 사람입니까? 생명의 면류관을 받는 사람입니다. 그러면 여기서 무엇을 알 수 있습니까? 예수님을 진짜로 믿는 사람은 죽도록 충성하게 되어 있다는 것을 알 수 있습니다.

### 나가면서: 진정한 그리스도인의 삶의 태도

본문인 야고보서로 다시 돌아와 보면 야고보서는 무엇이라고 이야기합니까? "시험을 참는 자는 복이 있나니 이는 시련을 견디어 낸 자가"(약 1:12)라는 말씀은 '생 전체가 끝나고 역사 전체가 끝난 후에'라는 말입니다. 시험을 받는 것은 우리가 올바른지를 드러내는 것이라고 합니다. 우리가 정말로 하나님 앞에서 올바른지를 드러내는 과정입니다. 그럴 때 "주께서 자기를 사랑하는 자들에게 약속하신 생명의 면류관을 얻을 것이기 때문이라"라고 하셨습니다. 누구에게 생명의 면류관을 주신다고 하셨습니까? "자기를 사랑하는 자들에게" 주신다고 했습니다. 그렇다면 주님을 사랑하는 사람은 세상에서 어떻게 살게 되어 있습니까? 모든 환난과 시험에서 잘 인내해 나갈 것이라고 합니다. 우리가 이것을 통과해나가게 되어 있습니다.

여기서 우리는 가야 할 길을 발견하게 됩니다. 우리는 누구입니까? 주님을 사랑하는 사람들입니다. 물론 타락한 우리는 본성적으로 주님을 사랑하는 사람들이 아닙니다. 하이델베르크 교리 문답에서 말한 대로 우리는 본성적으로 하나님과 이웃을 미워합니다.■ 타락한 본성은 하나님과 이웃을 날마다 더 미워하도록 합니다. 그런 사람을 십자가를 통하여 변화시켜주십니다. 우리의 타락한 본성을 극복하게 해 주시는 것입니다. 그렇게 극복해 나가는 사람을 "하나님을 사랑하는 사람들"이라고 합니다. 그래서 우리는 타락한 본성을 거슬러서 하나님을 사랑하는 사람이 될 수밖에 없습니다. 우리에게 닥치는 모든 어려움은 우리가 진정한 그리스도인이 되지 못하게 하는 상황들입니다. 그런 순간순간마다 주께서는 그것을 극복할 수 있는 길을 주실 것이라고 합니다. 우리가 주께서 주신 길을 따라 극복해 나갈 때 우리는 주께서 말씀하신 생명의 면류관, 즉 "생명으로 가득한 그 상태"를 받게 되는 것입니다.

■ <하이델베르크 교리 문답> 제5문에 대한 대답: "나는 하나님과 나의 이웃을 미워하는 자연적 성향을 가지고 있습니다." 이에 대해서는 이승구, 『진정한 기독교적 위로』, 개정판 (서울: 나눔과 섬김, 2011, 최근판, 2015), 314쪽과 56쪽에 있는 이에 대한 설명을 참조해 보십시오.

봄이 오면 사람들은 생명의 기운을 느낍니다. 봄의 기운만 봐도 기분이 좋습니다. 그래서 사람들은 여러 곳을 다니며 구경합니다. 봄이 되어서 새 생명이 충만한 것만 보아도 좋은데, 온 세상이 생명의 기운으로 가득한 상태가 되면 그것은 얼마나 좋겠습니까? 거기에 우리를 동참하게 하시는 것입니다. 세상 사람들은 자기들의 상상력으로 그와 비슷한 것을 그려보려고 노력합니다. 가끔 영화의 끝부분에 모든 문제가 해결되고 나면 얼어붙었던 땅이 확 변하는 장면이 나옵니다. 꽃이 만발하고 모든 것이 생명의 기운으로 가득한 상태를 그리고 있습니다. 그런 장면을 보면 기분이 좋습니다. 우리를 기다리는 것은 그것보다 훨씬 더 굉장한 일들입니다. 그것을 기대하며 세상의 온갖 어려움을 극복해가는 것입니다.

우리가 세상에서 온갖 어려움 속에 있다 해도, 개인과 교회가 기독교적인 선택을 하지 못하게 만들고, 불이익을 준다고 해도 우리는 능히 참고 인내하며 나아가야 합니다. 어떻게 그렇게 할 수 있습니까? 하나님을 사랑하는 마음으로만 할 수 있습니다. "왜 사느냐고 묻거든 하나님을 사랑하기 때문에 산다"라고 참으로 말할 수 있어야 합니다. 그리고 그것이 우리의 모든 결정과 우리가 행하는 모든 일의 궁극적인 이유가 되어야 합니다. 그것이 세상을 살아가는 우리의 존재 이유가 되어야만 합니다.

**6강** 야고보서 1장 13-15절

# 유혹자와 유혹을 받는 자

"사람이 시험을 받을 때에 내가 하나님께 시험을 받는다 하지 말지니, 하나님은 악에게 시험을 받지도 아니하시고, 친히 아무도 시험하지 아니하시느니라. 오직 각 사람이 시험을 받는 것은 자기 욕심에 끌려 미혹됨이니, 욕심이 잉태한즉 죄를 낳고 죄가 장성한즉 사망을 낳느니라"(약 1:13-15).

앞에서 우리는 세상에서 여러 가지 어려움을 당할 수 있다고 이야기했습니다. 우리가 마음대로 이야기한다면 우리는 그렇게 말하지 않을 것입니다. 예를 들어, 새해가 되면 덕담(德談)을 합니다. 모두에게 좋은 말만을 합니다. 또한 누군가 결혼을 한다고 할 때도 우리는 좋은 말을 합니다. 그러나 성경은 우리의 삶의 현실을 너무나 잘 알고 있기에 사람들이 듣기에 좋은 말만 하지는 않습니다. 예수님을 믿는 사람들이 세상을 살아갈 때 그저 "다 좋은 일만 있기를 바란다"라는 식으로 이야기하지 않는다는 아주 중요한 교훈을 앞에서 배웠습니다. 이것은 신학이나 설교는 우리가 만들어내는 것이 아니라는 것을 분명히 말해주는 것입니다. 우리가 만들어내는 것이라면 새해의 덕담처럼 좋은 말만 할 것입니다. 그렇지 않겠습니까? 어떻게 우리의 삶에 어려운 일이 있을 수도 있다는 이야기를 하겠습니까?

그런 의미에서 성경은 아주 구체적이고 현실적이라고 할 수 있습니다. 세상에서 사람의 현실을 가장 잘 이해하고 있는 작품을 이야기할 때 대개 사람들은 셰익스피어의 비극과 성경을 예로 듭니다. 사람들이 세상을 살아가는 가장 적나라한 모습을 멋있게 포장하지 않고, 있는 그대로를 제시하기 때문입니다. 이 세상에는 어려운 일도 있습니다. 예수님을 믿는 우리에게도 어려운 일이 있습니다.

그럴 때 우리는 그런 일 당하는 것을 오히려 기쁘게 생각해야 한다는 것을 지난주에 생각했습니다. 이것은 우리의 생각을 완전히 바꾸어 놓는 것입니다. 세상 사람들에게 "당신이 어려움을 당할 때 기뻐하십시오"라고 말한다면 그 말을 이해할 수 없을 것입니다. 하지만 이것은 우리에게 정말 필요한 말씀입니다. 문제는 그렇게 하기가 어렵다는 것입니다. 우리가 열심히 신앙을 지키기 위해 애쓰고 노력하며 살 때 어려움이 닥친다면 그것을 기쁘게 여기기가 쉽겠습니까? 아마도 힘들고 어렵게 여기기가 쉬울 것입니다. 그러니까 성경에서 이미 다 경고하고 있음에도 우리는 또 자기의 생각에 빠져 살아갑니다. 그래서 그런 상황을 마주하면 "주님, 이것이 어떻게 된 것입니까?"라고 불평하는 데까지 나가는 일도 종종 있습니다. 신앙이 좋아 보이는 사람도 그런 어려운 상황에 있을 때 기쁘게 반응하기 어렵습니다. 사람들의 일반적인 반응은 "하나님! 어떻게 이런 일이 나한테 있게 하십니까?" 하는 것입니다. 바로 이런 상황 가운데 본문을 생각해 보아야 합니다.

## 유혹과 '검증을 위한 시험'의 차이

야고보서 1장 13절을 한번 살펴보겠습니다. "사람이 시험을 받을 때에 내가 하나님께 시험을 받는다 하지 말지니". 어떻게 그렇게 할 수 있습니까? '이 세상의 모든 것은 하나님의 주관하심 가운데 있다'라는 것을 생각하면 가능합니다. 하나님이 통제하시는 손안에 있다고 생각하는 것입니다. 하나님께서 모든 것을 다 주관하십니다. 하나님의 허락하심이 아니면 이 세상에서 당하는 어려움도 있을 수 없습니다. 모든 것이 하나님의 통제(다스림) 아래 있습니다. 이것을 가장 잘 보여주는 것이 욥기의 말씀이라는 것을 우리는 잘 알고 있습니다. 우리의 어려움도 결국은 하나님께서 통제하십니다. 어려운 일이 발생했을 때 하나님이 깜짝 놀라시면서 "나도 모르는 사이에 욥이 고통을 당하고 있구나, 그런데도 욥은 잘 견디는구나" 하는 식이 아닙니다.

우리가 어려움 속에서도 절망하지 않는 근거가 바로 여기에 있습니다. 하나님이 통제하시는 손길 가운데 있음을 알기 때문에 우리는 절망하지 않는 것입니다. 이를 참으로 믿는 사람들은 본문이 이야기하는 그다음 단계로 갈 수 있습니다.

하나님은 어떤 분입니까? "하나님은 악에게 시험을 받지도 아니하시고, 친히 아무도 시험하지 아니하시"는 분입니다. 여기서 시험한다는 말은 "유혹에 빠지게 한다"는 말입니다. 영어로 표현하면 "temptation"입니다. 물론 하나님이 우리를 "test"하실 수는 있습니다. "test"의 결과로서 우리의 "신앙이 참 바르다, 정금과 같다"는 것을 드러낼 수 있습니다. 그러나 하나님은 우리를 유혹에 빠지게 하는, 즉 죄 속에 빠져들어 가게 하시는 분은 아니라는 말입니다.

이렇게 구별해 보면 본문의 의미를 잘 알 수 있습니다. 하나님은 우리를 유혹하지(tempt) 않으십니다. 그런 유혹(temptation)은 사탄에게서 오는 것입니다. 야고보서 4장 7절에는 "그런즉 너희는 하나님께 복종할지어다. 마귀를 대적하라. 그리하면 너희를 피하리라"고 말씀합니다. '마귀를 대적하라.' 마귀가 우리를 피해갈 수 있도록 하는 길은 무엇입니까? 마귀를 대적해 나가는 것입니다.

우리가 열심히 주님의 일을 해보려고 하고, 주님의 뜻대로 해보려고 하면 어려움이 온다고 했습니다. 주님을 위해서 무언가 아주 열심히 해보려고 할 때 마귀는 유혹할 것입니다. 자기의 힘을 다하여 우리를 유혹에 빠뜨리려고 노력할 것입니다. 교회가 주님의 말씀 앞에 제대로 서서 나가려고 할 때 사탄은 이런저런 일들을 막 만들어냅니다. 여기에 개인과 교회가 밀접하게 연관되어 있다는 것이 나타납니다. 사람들이 하나님의 말씀에 집중해서 주님이 원하시는 교회의 모습이 세상에 드러나지 못하도록 마귀는 최선의 노력을 다할 것입니다. 그것이 사탄이 하는 일입니다. 개인의 삶에서도 마찬가지입니다. 몸에 병이 들거나 삶이 복잡해져서 하나님의 말씀에 집중할 수 없게끔 하면 개인은 물론이고 동시에 교회 전체를 어렵게 만들 수 있습니다. 그러니까 사탄은 그렇게 할 것입니다. 이것은 아주 자연스러운 것입니다.

우리는 그것을 어떻게 극복해 나갈 수 있습니까? 야고보서 4장 7절에서 아주 효과적인 방법을 발견합니다. "마귀를 대적하라. 그리하면 너희를 피하리라". 우리는 늘 소극적으로만 생각하는데, 일반적으로 사람들이 하는 말에서 진리와 같은 것을 발견합니다. "공격이 최선의 방어다". 그러니까 사탄을 무서워하지 말고 적극적으로 하나님을 따르는 것입니다. 하나님의 말씀대로 하려고 하면 사탄이 공격할 것이니까 아예 그것을 미리 대비해 놓는 것입니다. 내가 하나님의 말씀대로 신실하게 무엇인가를 해보려고 하면, 주변 상황이 복잡해지고, 하나님의 말씀에 집중하지 못하게 하는 것이 생긴다는 것을 알고 행동하며 미리 대응하는 것입니다. 이것은 마치 장기나 바둑을 둘 때 상대의 수를 미리 알고 게임을 하는 것과 같습니다. 인생도 마찬가지입니다. 하나님과 함께 하는 삶을 살아가다 보면 어떻게 되리라는 것을 아니까 대비하고 준비할 수 있습니다. 성경은 우리에게 그 수를 미리 알려줍니다. 우리가 열심히 하려고 하면 분명히 어려움이 따른다고 미리 알려주는 것입니다. 그래서 개인이나 교회는 하나님의 말씀을 따라 행하려고 노력할 때 언제나 마음의 각오를 든든히 해야 합니다. 무슨 일이 일어날 때 호들갑을 떨지 말고 당연히 일어날 일이 일어났다고 생각해야 합니다.

### 유혹에 빠지는 구체적인 이유: 자기 욕심에 끌려 미혹됨

야고보서 1장 14절 "오직 각 사람이 시험을 받는 것은 자기 욕심에 끌려 미혹됨이니"라는 말씀에서 우리는 큰 원칙을 배우게 됩니다. 사람들이 어떻게 해서 사탄의 유혹에 넘어가게 됩니까? 하나님은 유혹하는 분이 아니라고 했습니다. 그러면 사람들이 사탄의 유혹에 넘어가게 되는 이유가 무엇입니까? 본문은 아주 분명하게 '다 자기 욕심에 끌려 미혹되는 것이다'라고 말씀합니다. 여기에 사용된 '욕심'이라는 말, 이 말을 너무 단순하게 생각하면 안 됩니다. "자기 욕심에 끌려 미혹됨이니"라고 했으니까 '욕심이라는 것이 나쁜 것이구나'라고 생각하기 쉬운데 그렇지 않습니다. 왜냐하면 '욕심'이라고 번역되어있는 이 말은 어떤 의미에서 중립적인 것입니다. '욕심'이라는 말은 나중에 성령님으로 말미암아 우리가 '마땅히 품어야 할 뜻'과 같은 것을 지칭하는 때도 사용하는 말입니다.

이 욕심이라는 말은 "에피뚜미아"(ἐπιθυμία)라는 말인데, '에피뚜미아'는 좋은 의미로 사용될 수도 있고, 나쁜 의미로 사용이 될 수도 있는 말입니다. '에피뚜미아'라는 말에는 아주 강한 감정, 강한 열망이란 뜻이 있습니다. 그러니까 그런 감정과 열망이 나쁜 데로 흘러갈 수도 있습니다. 그것이 "나쁜 욕심"입니다. 성경에서는 "육체를 따라가는 욕심" 또는 "육체의 소욕"이라고 이야기합니다. 갈라디아서에 그런 예가 잘 나타납니다.

그것과 반대되는 것은 "성령님을 따라가는 욕심"이라고 할 수 있습니다. 그런데 이 표현이 우리말로는 좀 이상합니다. 그래서 옛날에 번역하신 분들은 '소욕'(所欲)이라고 했습니다. "성령의 소욕"(갈 5:17 개역한글)입니다. '소욕'이라는 말이 욕심 '에피뚜미아'입니다. 그러니 '에피뚜미아'라는 말 자체는 중립적인 것입니다. 이것은 '열심'이라는 말로 번역될 수도 있기에 나쁜 방향으로 열심 있는 사람도 있고, 좋은 방향으로 열심 있는 사람도 있는 것입니다. 기본적으로 예수님을 믿는 사람은 '에피뚜미아', 그 욕심이 하나님과 관련해서, 즉 하나님이 원하시는 것과 관련해서 나타나는 사람입니다. 원칙이 그렇습니다.

예수님을 안 믿는 사람은 기본적인 원칙이 하나님과는 상관없이, 그러니까 적극적으로 표현하면 하나님께 저항해서 욕심이 작용하게 되어 있습니다.

이 또한 원칙이 그렇습니다. 그러면 예수님을 믿는다는 것은 무엇입니까? 기본적인 삶의 원칙이 하나님을 저항해서 살아가던 사람이 중생하여 하나님을 위해서 살아가는 사람으로 변하는 것입니다. 삶의 원칙(the principle of life)이 그렇게 되는 것입니다. 그런데 우리가 이 원칙에 충실한가, 충실하지 않은가 하는 것은 또 다른 문제입니다.

안 믿는 사람도 기본적으로는 하나님을 저항해서 살아가지만, 삶에서 자신이 매우 약해지는 순간에는 하나님을 찾을 수도 있습니다. 우스갯소리가 있습니다. 스님이 목탁을 치면서 얼음 위를 걸어가고 있습니다. 별일 없을 때는 불교 경전을 외우며 가다가 얼음이 깨져서 위험한 순간이 되면 "아이고, 하나님 도와주세요!"라고 한다는 이야기입니다. 우스갯소리지만 전혀 관계없는 이야기는 아닙니다. 사람들이 기본적으로 몹시 어려운 순간에는 하나님을 찾을 수 있습니다. 그래서 예수를 안 믿던 사람이 갑자기 큰 병에 걸린다든지 할 때 하나님을 찾으면서 "하나님 저를 한 번만 살려주시면 열심히 교회 나가고 헌신하겠습니다"라고 기도한 후에 목사가 된 사람을 심심찮게 볼 수 있습니다. 물론 그것이 정상적인 기도는 아닙니다. 그러나 그런 식으로라도 사람이 변화될 수 있습니다. 믿지 않는 사람은 기본적으로 하나님께 저항합니다. 그러나 때때로 자신도 모르게 하나님을 의존할 수 있습니다. 자기의 원칙에 맞지 않게 가는 것입니다. 그런데 중생한 사람은 어떻습니까? 중생한 사람은 기본적으로, 원칙적으로 하나님께 의존합니다. 문제는 이 사람이 때때로 하나님을 의존하지 않는다는 데 있습니다. 그러나 기본적으로 중생한 사람은 원칙적으로 하나님을 의존합니다.

앞에서 언급했던 '에피뚜미아'(ἐπιθυμία)를 사용해서 말하면, 안 믿는 사람에게는 기본적으로 하나님을 저항하는 '에피뚜미아'(desire)가 있습니다. 그것이 자기 욕심입니다. 그런데 예수님을 믿는 사람들은 기본적으로 '어떻게 하면 세상 가운데 하나님과 관련된 것이 제대로 나타날 것인가?' 하는 마음을 가집니다. '하나님의 나라가 어떻게 하면 이 세상에 효과적으로 나타날 것인가? 어떻게 하면 교회가 신약성경이 말하는 그 모습 그대로 하나님의 나라를 강력하게 드러내게 할 것인가? 그것을 위해서 나는 무엇을 해야 하는가?' 그런 '에피뚜미아', 그런 열망이 중생한 우리에게 있습니다. 그런데 이런 사람들도 정당하고 바른 열망에서 벗어나 때때로 자기 욕심을 가질 수 있습니다. 그것이 예수님을 믿는 사람들, 즉 신자들이 범하는 죄입니다. 신자들이 범하는 죄는 때때로 자기가 아닌 사람이 되는 것입니다. 중생한 사람들은 원칙적으로는 하나님을 원하는 사람입니다. 그런데 때때로 하나님이 원치 않는 모습을 나타내기도 합니다. 왜 그렇습니까? 야고보서가 말하고 있는 대로 "자기의 욕심에 끌려 미혹되기 때문"입니다. 그런 일은 다양한 요인에 의해서 일어날 수 있습니다. 좀 더 편하려고 그럴 수도 있고, 지금보다 많은 유익을 취하려고 그럴 수 있습니다. 여러 가지 요인이 우리가 하나님이 원하는 것에서 벗어나도록 합니다. 이것이 유혹받는 것입니다. 세상을 살아가는 한 우리에게는 늘 이런 유혹이 있습니다.

물론 중생한 사람이 적극적으로 사탄이 원하는 바를 추구하는 경우는 아주 드뭅니다. 대개는 '자기'를 추구하게 됩니다. 내가 편한 것, 나와 관련한 이익이나 욕심, 결국 세상에서 자기 자신을 추구해 나가는 것입니다. 심지어 기독교의 이름으로 나와 가족의 유익을 추구하기도 합니다. 그것이 자기 욕심에 이끌려 미혹되는 것입니다. 이런 것이 가장 위험합니다. 왜 그렇습니까? 표면적으로는 기독교라는 형태를 유지하기 때문에 그것이 잘못된 욕심을 내는 것이라고 전혀 생각하지 않기 때문입니다. 그런데 사실은 잘못된 욕심을 내는 것입니다. 이들이 영적인 이기주의자들입니다. 교회 공동체 모임에 열심히 출석하는 사람 중에도 그런 사람이 있을 수 있습니다. 심지어 교회가 그것을 조장할 수도 있습니다. "열심히 하면 주께서 우리에게 어떻게 해 주신다"라고 하면서 자기 자신을 위해서 열심히 하도록 할 수 있습니다.

그러면 우리는 어떻게 해야 합니까? 순전히 하나님과 그의 나라를 위해서 모든 것을 해야 합니다. 늘 그래야 합니다. 한순간도 거기에서 떨어지는 마음이 없도록 해야 합니다. 그것만이 우리를 지배해나갈 수 있도록 해야 합니다. 성령님이 우리의 마음을 늘 주관해주셔서 항상 같은 마음으로 하나님 나라와 그의 의를 구하고, 어떻게 하면 교회가 세상에서 사명을 다할 수 있을지를 생각하고 추구해 가는 것입니다. 우리 자신이 개별적인 인간으로 살아가는 것이 아니라, 교회를 구성하는 자아로서 살아가는 것입니다. 정말 주님을 위해서 살아가는 것입니다. 그런 '에피뚜미아'가 있어야 열심을 내게 되어 있습니다.

## '열심'이 없는 교회를 향한 경고의 말씀

열심을 내지 않는 교회에 대해서 성경은 언제나 야단을 치고 있습니다. 요한계시록을 보면 "라오디게아 교회의 사자에게 편지하라 아멘이시요 충성되고 참된 증인이시요 하나님의 창조의 근본이신 이가 이르시되"(계 3:14), "내가 네 행위를 아노니 네가 차지도 아니하고 뜨겁지도 아니하도다"(계 3:15)라고 말씀합니다. 15절 뒷부분의 말은 반어법(反語法)입니다. "네가 차든지 뜨겁든지 하기를 원하노라"라는 말은 "믿으려면 제대로 믿고 안 믿으려면 믿지 말아라"라는 의미입니까? 반어법에 유의해야 합니다. "네가 이같이 미지근하여 뜨겁지도 아니하고 차지도 아니하니 내 입에서 너를 토하여 버리리라"(계 3:16)라는 말씀에 라오디게아 교회 특성이 나옵니다. 이 교회는 한마디로 주를 위한 '열심'이 없습니다. 이에 대해서 주께서 뭐라고 하십니까? "너를 토하여 버리리라"고 하십니다. 우리가 열심을 내야 한다는 것입니다. 우리 마음이 항상 주를 위한 열심으로 가득 차 있어야 합니다. 이 '열심(熱心)'이라는 말은 재미있는 말입니다. 열의(熱意)라는 뜻입니다. 심장에 진짜로 열이 있으면 큰일 납니다. 그것이 아니고 주께서 맡겨주신 일을 정말 뜨겁게 제대로 하는 것, 그것이 성경이 말하는 열심입니다.

## 사탄이 하는 일과 성도의 대응

사람들은 가끔 본문에서 야고보가 이야기하는 대로 자신의 욕심에 이끌려 미혹됩니다. 자기의 욕심에 이끌려 미혹될 때는 하나님의 뜻을 뻔히 알면서도 거기로 나가지 아니합니다. 여기서 재미있는 것을 하나 발견할 수 있으니, 그것은 예수님을 믿는 사람에게도 사탄이 영향을 미치려고 한다는 것입니다. 베드로에게 주님이 말씀하셨습니다. "사탄이 너희를 밀 까부르듯 하려고 요구하였으나, 그러나 내가 너를 위하여 네 믿음이 떨어지지 않기를 기도하였노니, 너는 돌이킨 후에 네 형제를 굳게 하라"(눅 22:31-32). 이처럼 사탄이 우리에게도 영향을 미치려고 합니다. 또한 "마귀가 우는 사자 같이 두루 다니며 삼킬 자를 찾나니"(벧전 5:8)라고 하셨습니다. 그러니까 성경에서 이야기하는 기독교적인 것은 그냥 단순하게 문자적이지 않습니다. 어떻게 주의 백성에게 사탄이 달려들 수 있을까요? 성경은 전체적으로 살펴보아야 합니다. 전체적으로 보면 사탄이 우리에게 영향을 미치려고 노력합니다. 사탄에게는 그것이 필사적(必死的)인 노력일 것입니다.

그러므로 사탄은 기본적으로 두 가지 일을 할 것입니다. 첫째로, 안 믿는 사람이 끝까지 못 믿게 하는 일을 하려고 할 것입니다. 그것과 관련해서 우리가 사탄을 대적하는 방법이 무엇입니까? 안 믿는 사람들의 마음이 변화되어 주님을 섬기도록 주께 열심히 기도하는 것입니다. 그러면서 주의 복음을 전해야 합니다. 그 일을 동시에 해야 합니다. 그것이 사탄에 대적하는 기본적 방식입니다.

둘째로, 사탄은 안 믿는 사람들에게만 아니라 믿는 우리에게도 역사합니다. 우리가 주의 말씀에 철저히 순종하지 않도록 여러 가지 활동을 하고, 자기의 욕심을 추구하도록 이끌어갑니다.

이를 알면 '사탄이 이렇게 할 것이니, 나는 이렇게 하면 되겠다' 하는 생각을 할 수 있습니다. 남들이 시험에 빠져 있을 때는 그것이 잘 보일 수 있습니다.

그러나 자기가 시험에 빠질 때는 그것을 잘 보지 못합니다. 이것이 우리의 문제입니다. 다른 사람이 하는 일을 보면서 "저렇게 하면, 분명히 저것이 어려울 것이다" 하는 것이 딱 보입니다. 열심히 조언하고 막습니다. 그런데 자기가 시험에 빠질 때는 그러지 못합니다. 그래서 성도들은 서로를 잘 지켜주어야 합니다.

언제나 우리는 문제 속에 빠져들어 갈 수 있습니다. 매우 좋은 일을 위해서도 그럴 수가 있습니다. 좋은 일도 자기 욕심을 위해서 할 수 있습니다. 예수님을 믿는 사람들은 다 주님을 위해서 한다고 합니다. 그런데 옆에 있는 사람에게는 우리의 문제가 무엇인지가 보일 수 있습니다. "진짜로 주님을 위해서 하는 것인지 아니면 자기를 위해서 하는 것인지" 알아볼 수 있습니다. 그렇게 옆에 있는 사람이 보는 것이 진짜일 수 있습니다.

그러므로 교회 생활을 하면서 옆에 있는 사람이 나를 어떻게 보는가 하는 것이 매우 중요합니다. 그래서 목회자가 된다든지 교회의 장로 혹은 집사로 세워질 때 옆에 있는 성도들을 통해서 하시는 것입니다. 그분들이 우리를 선출하여 주께서 우리를 교회의 직원으로 세우는 것입니다. 그러므로 "옆에 있는 사람들이 나를 어떻게 보는가?" 하는 것을 주의해야 합니다. 그렇게 하지 않으면 교회가 무척 어려워집니다. 우리는 더불어 산다는 것을 잘 생각하며 살아야 합니다. 기본적으로 우리의 모든 문제는 개별적으로나 교회 전체로나 모두가 자기 욕심에 끌려 미혹됨으로 생기는 것입니다. 우리는 항상 이것을 '욕심 때문에 하는 것은 아닌가?' 하는 생각을 해야 합니다. 내가 무엇을 해가는 기본적인 동기가 정말 무엇인가 하는 것을 늘 생각해야 합니다.

이것을 오해하는 사람은 어떻게 됩니까? "아 욕심이 없어져야 하는군요"라고 하면서 아무 욕심 없이 사는 것입니다. 그것은 누가 이야기하는 것입니까? 스님들이, 아주 높은 스님들이 하는 이야기입니다. 그 어떤 갈망(desire)도 없이 살기를 바라는 것, 불교는 궁극적으로는 그 어떤 열망(desire)도 없는 상태로 가는 것이 목표입니다. 그런데 그것은 성경에서 요구하는 것이 아닙니다. 성경은 사람에게 바른 열망(desire, ἐπιθυμία)이 있어야 한다고 말씀합니다. 집중하는 것이 있어야 합니다. 무엇을 위해서 열심히 합니까? 하나님과 그의 나라를 위해서 열심히 해야 합니다. 열심을 내지 않고 가만히 있는 것은 있을 수 없습니다. 그래서 우리가 이 말씀 앞에서 스스로 돌아보아야 합니다. 어느 순간에든지 자기 욕심에 이끌려 미혹되지 않도록 해야 합니다.

## 잘못된 욕심의 산물들

그다음 말씀을 보면 아주 심각한 데로 이끌어 가는데, 무엇이라고 이야기합니까? 15절을 보면 "욕심이 잉태한즉 죄를 낳고"라고 말씀합니다. 아주 적절한 표현입니다. 그런데 그다음의 말은 우리를 무섭게 합니다. "죄가 장성한즉 사망을 낳느니라". 우리는 "욕심이 잉태한즉 죄를 낳고"까지는 쉽게 이해할 수 있습니다. 욕심을 부리면 잘못된 '에피뚜미아'(ἐπιθυμία)를 가지게 되며 죄를 향해 나가게 됩니다. 그다음에 죄가 장성하면 어떻게 됩니까? "사망을 낳느니라"라고 합니다. 여기 이 성경이 말하는 사망은 지금 이 땅에서 살다가 죽는 것 정도가 아닙니다. 우리는 모두 죽게 되어 있습니다. 그러니까 이 이야기는 그 정도의 말이 아닙니다. 이것은 '사망의 온전한 의미'에 관한 것입니다. 안 믿는 사람은 기본적으로 자기의 욕심을 자기를 위해서 사용합니다. 이 자기가 대아(大我)일 수도 있습니다. 국가와 민족을 위해서, 인류를 위해서, 인류의 평화와 발전을 위해서 무엇을 하려고 할 수도 있습니다. 아무리 그래도 그것이 결국 자기를 위한 일인 한 계속해서 그것은 죄입니다. 그런 죄를 '빛나는 악'이라고 합니다. 사람들은 죄라고 생각하지 않는 일, 예수님을 믿는 사람만 죄라고 하는 그런 것입니다. 빛나는 악은 남을 위해서 희생을 합니다. 그러나 하나님과는 상관이 없습니다. 그럴 때 결국은 사망에 이른다는 것을 성경은 아주 분명하게 말씀합니다. 죽을 뿐만 아니라 죽은 다음에 영원한 형벌에 처하게 된다는 것입니다.

## 나가면서

여기서 예수님을 믿는 사람의 기본적인 마음을 배우게 됩니다. 자기 욕심에 끌려 미혹되어 죄를 짓지 않는 것이 예수님을 믿는 사람의 기본적인 마음입니다. 이에 대해서 "그런 사람이 어디 있어요? 없잖아요. 그러니까 나를 위해서 살아도 괜찮아요"라고 하면 안 됩니다. 이 말씀을 해주신 이유는 그렇게 살아가는 소위 예수님을 믿는 사람이 있기 때문입니다. 예수님을 믿는 사람이 이렇게 살아서는 안 된다는 것입니다. 하나님의 백성으로서 세상을 살아갈 때는 자기 욕심이 하나도 없는 사람으로 살아야 한다는 것입니다. 그런데 열심히 사는 것입니다. 하나님이 나를 부르시는 순간까지는 세상에서 사는 일에 충실해야 합니다. 나이를 많이 먹은 다음에도 그래야 합니다. 세상에 대한 애정이나 집착이 전혀 없는 상태로 가는 것이 좋은 것이 아닙니다. 하나님이 불러 가실 때까지는 열심히 사는 것입니다. 그러다 하나님이 부르실 때는 아무런 미련 없이 기뻐하며 가는 것입니다.

우리는 삶에 대한 '에피뚜미아'가 있습니다. 주님과 주님의 나라를 위해서 그리하는 것입니다. 주님과 더 만나고, 더 교제하고, 주님을 더 알고 싶기에 그렇게 하는 것입니다. 그래서 주님이 나를 불러 가실 때도 기뻐합니다. 그것이 예수님을 믿는 사람입니다. 예수님을 믿는 사람은 항상 이런 마음의 경계 가운데 사는 것입니다. 자기 자신을 위한 욕심이 하나도 없는 사람, 그러나 주를 위해서 열심을 내는 그런 사람입니다. 부디 우리가 이런 삶을 살아갈 수 있기를 바랍니다.

7 강 야고보서 1장 16-18절

# 빛들의 아버지께로부터 오는 모든 좋은 선물들

"내 사랑하는 형제들아 속지 말라. 온갖 좋은 은사와 온전한 선물이 다 위로부터 빛들의 아버지께로부터 내려오나니, 그는 변함도 없으시고 회전하는 그림자도 없으시니라. 그가 그 피조물 중에 우리로 한 첫 열매가 되게 하시려고 자기의 뜻을 따라 진리의 말씀으로 우리를 낳으셨느니라"(약 1:16-18).

본문 말씀은 맑고 밝은 날에 적절한 말씀이라고 생각됩니다. 그러나 전체 맥락 속에서 살펴보면 맑고 밝은 날만 이야기하는 것이 아니라는 것을 알 수 있습니다. 우리는 이중적인 측면을 생각해야 할 것입니다.

## 빛들의 아버지이신 하나님

첫째, 이 본문에는 다 좋은 이야기만 있습니다. "온갖 좋은 은사와 온전한 선물이 다 위로부터 빛들의 아버지께로부터 내려오나니"(약 1:17)라는 말씀은 얼마나 좋습니까? 하나님을 가리켜 "빛들의 아버지"라고 표현합니다. 그러니까 하나님은 빛나는 분이라는 것입니다. 날씨가 좋을 때보다도 훨씬 더 빛나고 찬연한 영광을 하나님과 연관해서 생각할 수 있습니다. 하나님을 빛과 연관해서 생각하는 것은 매우 자연스러운 일입니다. 성경 전체는 늘 하나님을 빛과 연관해서 생각합니다. 더 근원적으로 가면 하나님은 빛보다 더 먼저 계신 분이라고 합니다. 하나님이 만드신 최초의 피조물이 빛이었습니다. 디모데전서 6장 16절에서는 하나님은 "가까이 가지 못할 빛에 거하시고"라고 말씀합니다. 이런 것이 인간이 사용하는 언어의 제한성을 알게 해 줍니다. 성경이 그렇게 표현한 것을 우리가 그대로 말할 수밖에 없습니다. 성경의 표현을 무시하고 갈 수 없습니다. 그러나 더 중요한 것은 하나님은 빛 이전에 존재하신다는 것입니다. 빛으로도 하나님을 다 표현할 수 없습니다. 그래서 본문에 표현한 대로 하나님은 "빛들의 아버지"라고 말할 수 있습니다. 그 "빛들의 아버지"가 가지고 있는 풍성한 의미를 생각해야 합니다. 그 빛들의 아버지로부터 '온갖 좋은 은사와 선물'이 옵니다. 온전한 선물이 우리에게 내려옵니다. 이것은 참으로 좋은 이야기입니다. 그래서 맑고 밝은 날 이야기하기에 아주 좋다고 이야기한 것입니다.

그런데 이것을 어떤 맥락에서 이야기하고 있는지 잘 살펴야 합니다. 지금까지 야고보서의 전체적인 분위기는 커다란 시험과 핍박이 오는 상황에서 이야기가 진전되고 있다는 것을 기억해야 합니다. 지금 야고보가 편지를 쓴 대상은 큰 핍박 가운데 있는 교회들입니다. 생각하지도 않았던 무수한 시험들과 어려움이 있습니다. 어려움 가운데 있습니다. 먹구름이 드리운 상황입니다. 맑고 밝은 날이 아닙니다. 야고보는 그런 것들이 올 때 하나님으로부터 시험을 받는다고 생각하지 말라고 했습니다. 야고보는 그럴 때 우리에게 그래도,

먹구름이 드리운 상황에서도 하나님은 빛 가운데 계시는 빛들의 아버지시라고 말합니다. 그리고 하나님에게서는 좋은 것들이 내려올 것이라고, 각종 좋은 은사와 온전한 선물이 내려올 것이라고 합니다.

우리가 어떤 상황 속에서 그 이야기를 하느냐에 따라서 의미가 달라집니다. 편안함과 행복을 느끼고 있는 어떤 사람이 "온갖 좋은 은사와 온전한 선물이 하나님으로부터 내려온다"라고 말할 때 느끼는 것과 어둠 속에서 환난과 핍박 가운데 있는 사람이 "하나님으로부터는 온갖 좋은 은사와 온전한 선물이 내려온다"라고 말하는 것은 깊이가 다릅니다. 상당한 차이가 있습니다.

성경은 이렇게 높은 차원으로 우리를 이끌어가기 원합니다. 본문의 말씀은 이렇게 맑고 밝은 날에도 이야기하기에 좋은 말씀이지만, 우리는 이런 날만 본문을 이야기할 것이 아니라 가장 어려운 순간에도 이야기할 수 있어야 합니다. "이 상황 가운데서는 나를 구원해 줄 수 있는 것이 아무것도 없는 것 같다"고 말할 만한 상황에도 이렇게 이야기할 수 있어야 합니다. 최악의 상황에도 그것을 잊어버리지 않고 이 말씀을 이야기할 수 있는 사람은 야고보가 가졌던 신앙과 같은 신앙을 가진 사람입니다.

## 우리가 믿는 하나님은 어떤 하나님이신가?

기독교는 인간 스스로 하나님을 찾는 것이 아니라, 참으로 존재하는 하나님이 가르쳐 주신대로 하나님을 믿는 것입니다. 하나님은 어떤 분입니까? 불변하시는 하나님입니다. 세상은 항상 변합니다. 이 세상이 어떤 때는 우리를 행복하다고 느끼게 합니다. 어떤 때는 불행하다고도 느끼게 합니다. 그것이 세상 속에서 그냥 살아가는 사람들입니다. 기독교 신앙과는 상관없이 사는 것입니다. 우리는 예수님을 믿는 사람들인데도 때때로 기독교 신앙과는 상관없이 살 때가 있습니다. 그것이 기독교인답지 않은 것입니다. 이럴 때는 세상 사람과 같이 잘되면 행복합니다. 뭐가 잘못되면 불행합니다. 그렇게 생각하면서 삽니다. 옛날 어떤 사람은 자기를 자기가 입은 옷으로 판단하는 사람이라고 표현했습니다. 좋은 옷을 입으면 자기가 좋은 사람이고 행복하다고 합니다. 후줄근한 옷을 입으면 불행하다고 생각하는 것입니다. 이것을 '직접성'(immediacy)이라고 표현할 수 있습니다. 스스로 착각하는 것입니다.

그러나 성경은 이 모든 것 배후에 있는 근원적인 존재이신 하나님을 생각하도록 합니다. 그 하나님은 어떤 분입니까? 본문 17절의 뒷부분에 하나님을 표현해주는 말이 나옵니다. "그는 변함도 없으시고 회전하는 그림자도 없으시니라". 하나님은 불변하시는 분이라는 말입니다. 불변하시기 때문에 하나님을 굳건하게 믿을 수 있습니다. 사람들은 세상에 있는 어떤 것을 불변하는 것의 상징으로 표현하기도 합니다. 큰 바위가 있으면 그 바위는 변하지 않는 것처럼 보입니다. 물론 우리는 그것이 변하고 있다는 것을 다 압니다. 그러나 옛날 사람들은 바위는 변하지 않는 것이라 여겼습니다, 그래서 그것에 비유해서 "여호와는 나의 반석이시요"(시 18:2)라고 표현한 것입니다. 심지어는 인간들이 만든 건조물과 비교해서 "하나님은 나의 견고한 요새시며"(삼하 22:33)라고 말하기도 합니다. 하나님을 큰 성채에 비교했던 것입니다. 물론 시대마다 성채의 개념이 달라졌을 것입니다. 그런데도 공통점이 있으니까 성경에서도 하나님은 나의 성채이시다, 우리 성경에는 대개 "나의 요새이시다"라고 표현하는 것입니다. 마틴 루터도 "내 주는 강한 성이요"라고 했습니다. 하나님은 의지할 만하다는 뜻입니다. 하나님은 이런 것보다도 훨씬 강하게 우리를 보호해주시는 분이시라는 말입니다.

물론 본문도 비유적으로 이야기합니다. 하나님이 변하지 않으심을 그는 "변함도 없으시고 회전하는 그림자도 없다"라고 표현한 것입니다. 이 말을 잘 이해하기 위해서는 해시계를 생각해보면 됩니다. 해시계는 그림자 때문에 시간을 알 수 있습니다. 그것은 세상이 변한다, 세상이 돌아간다 하는 것을 이야기해줍니다. 그런데 하나님은 변함이 없으시다는 말입니다. 이것을 문자적인 의미로 생각하면 안 됩니다. 하나님은 몸이 없으시니까 당연히 그림자도 없으십니다. 그런 이야기입니까? 그것이 아닙니다. 이것은 앞에서 이야기한 대로 하나님은 변함이 없으시다는 것을 말하는 것입니다.

우리는 무엇인가 잘못했다고 깨닫는 순간 하나님이 멀리 계시다고 느낍니다. 그것도 좋은 감정입니다. 자기가 잘못해 놓고도 하나님이 가까이 계신다고 생각한다면 그 얼마나 이상한 사람입니까? 내가 하나님과 멀리 있다고 느껴질 때가 있습니다. 그러나 바로 그런 순간, 즉 내가 하나님께 잘못했다고 느끼는 그 순간에도 우리는 하나님 앞에 있습니다. 그것을 생각해야 합니다. 이 점을 잘 생각하고 깨달으면 잘못했다가도 바로 회개하는 것입니다. 하나님 앞에 있음을 인정하는 것입니다. 이런 생각을 하지 않기 때문에 문제가 생깁니다. 그러므로 앞에 언급했던 내가 무엇을 잘못한 다음에 하나님에게서 멀리 있다고 느끼는 감정이 어떤 의미에서는 좋은 감정이지만, 그것도 극복해야 할 감정입니다. 이것은 뻔뻔한 것과는 다릅니다. 잘못해 놓고도 하나님 앞에 있으니까, 예수님의 십자가로 다 용서해주셨으니까 별문제 없다고 생각한다면, 그것은 뻔뻔한 것입니다. 그것 말고, 내가 도무지 주 앞에 있을 수 없는데 주께서 나를 주 앞에 두신 것을 의식해야 합니다. 성경은 참으로 그러하다고 가르쳐 주십니다.

창세기 3장은 사람이 잘못하고 난 후 하나님을 두려워하여 피하고 숨는 모습을 묘사해 주고 있습니다. 우리는 그것이 어리석은 일임을 압니다. 숨는다고 한들 하나님 앞에서 숨을 수 있겠습니까? 그런데 가서 숨습니다. 인간의 어리석음을 잘 드러내 주는 것입니다. 여기서 내가 하나님 앞에 잘못한 순간 하나님으로부터 멀리 있다고 느끼는 감정이 옳은 감정이 아님을 알아야 합니다. 그렇게 생각해서는 안 됩니다. 그 순간에도 하나님 앞에 있다는 것을 인정했었어야 합니다. 만일 그랬다면 아담과 하와는 어떻게 했었어야 합니까? 그냥 하나님 앞에 나아가서 "하나님, 잘못했습니다"라고 진정으로 회개했어야 합니다. 성경은 사람들이 잘 이해할 수 있도록 하나님이 찾아오시는 것처럼 이야기합니다. 하나님이 찾아오실 때 그 앞에 가면 됩니다. 지체할 필요가 없습니다. 어느 순간에도 주 앞에 있으니, 그저 그 자리에서 하나님 앞에 있음을 인정하면서 자기 죄를 고백하기만 하면 됩니다. 주께서 받아주신다고 하시니 우리가 그렇게 하는 것입니다.

말을 바꾸어 보겠습니다. 우리가 하나님 앞에서 무엇인가를 잘 했다고 느끼는 순간들이 있습니다. 언제 그렇습니까? 주일날 저녁 예배까지 마치고 집으로 돌아갈 때 사람들은 어떻게 생각합니까? 온종일 주님 앞에 열심히 예배하고 여러 가지 활동을 했으니 참으로 착한 일을 했다고 생각합니다. 그때는 다른 날보다 좀 더 하나님 앞에 가까이 있는 것처럼 생각합니다. 그러나 그것이 얼마나 어리석은 것입니까? 그때도 똑같이 하나님 앞에 있는 것이지 뭐가 더 가까이 있는 것입니까? 그런데도 우리는 그렇게 생각하는 일이 많습니다.

이것이 우리가 느끼는 심리적인 거리입니다. 우리 스스로 하나님과 가까이 있다고 느꼈다가 멀리 있다고 느꼈다가 합니다. 하나님은 한 번도 그러시지 않는데 말입니다. 이런 점에서 하나님은 우리 육신의 부모님과는 다릅니다. 아이들이 잘못하면 부모님도 거리가 조금 멀어졌다고 느낄 수 있습니다. 잘하면 좀 더 가까울 것 같고, 잘못하면 좀 더 먼 것 같은 느낌을 느낍니다. 그런데 하나님은 그러시지 않습니다. 예수 그리스도의 구속 안에 있다고 한다면 한순간도, 그러니까 1㎝라도 혹은 1㎜라도 하나님께 더 가까이 가거나 더 멀어지거나 하지 않습니다. 이것을 위해서 하나님의 불변성을 가르쳐주는 것입니다. 하나님은 불변하시니 우리가 굳게 믿을 만한 분입니다. 물론 이것을 잘못 이해하거나 이용하면 안 됩니다. 잘못 이해하면 사람이 뻔뻔스러워집니다. "하나님, 제가 잘못했지만, 하나님은 똑같이 계신다면서요, 그러니 이 문제도 그냥 넘어가 주세요"라고 할 수는 없습니다. 그것은 안 되는 것입니다. 그렇게 하지 말고 정말 하나님의 불변성을 신뢰하고 나아가야 합니다.

하나님의 불변성이라고 하는 이 굉장한 사실은 우리에게 큰 도움이 됩니다. 이 사실을 깨달은 우리의 옛 선배들은 하나님의 여러 성품 가운데 이 불변성을 매우 중요시하고, 그 사실을 생각하면서 아주 기뻐했습니다. 이러한 하나님의 불변성을 다른 말로 표현하면 “하나님의 신실하심”입니다. 하나님은 안 변하시니까 믿을 만한 분이라고 생각한 것입니다. 불변성과 신실성은 이웃과 같은 개념입니다. 안 변하니까 믿을 만하다는 것입니다. 여기서 하나님을 믿는 우리도 신실해야 한다는 것을 생각해야만 합니다. 물론 우리는 하나님처럼 완벽하지 않으므로 계속해서 변합니다. 우리는 피조물의 수준을 유지합니다. 그러나 하나님이 계속 신실하시니까 우리도 신실한 성품을 가지고 변하지 말아야 합니다. 우리가 하나님 앞에서 어떤 때는 사랑한다고 했다가 어떤 때는 아니라고 할 수 있겠습니까? 변하지 말아야 합니다. 그것을 다른 말로 “신실함”(faithfulness)이라고 합니다. 하나님이 우리를 보실 때 “참으로 믿음직하다”라고 말씀할 수 있어야 합니다. 옛날 우리말로는 “미쁘다”라고 표현했었습니다. 이 말은 “믿을만하다, 신실하다”라는 뜻입니다. 아마 조선 시대 때 쓰던 말 같습니다. 그때의 말을 지금까지 사용하고 있습니다. 오늘날 그 말을 썼다가는 “밉다”라는 말로 오해할 것입니다.

이제 우리에게 적용해 보겠습니다. 어떤 상황에서 이 말을 하는 것이라고 했습니까? 먹구름이 몰려오는 상황, 환난과 핍박이 오는 상황, 시험이 닥쳐오는 상황, 심지어 ‘내가 시험을  받는 것이 하나님께 받는 것이 아닌가?’라고 잘못 생각할만한 상황에서 이 말씀이 주어진 것이라고 했습니다. 이런 어려운 상황에서 절대로 ‘내가 하나님께 시험을 받는다’라고 생각하면 안 된다고 앞에서 이야기했습니다. 오히려 하나님은 어떤 분이라고 생각해야 한다고 했습니까? 하나님에게서 모든 선한 것이 내려온다, 모든 좋은 것이 우리에게 내려오는 것이라는 생각을 해야 한다고 했습니다.

## 신앙의 수준

우리는 이제 두 단계로 생각해야 합니다. 우리가 살면서 피상적으로 좋은 것이라고 느끼는 것이 있습니다. 예를 들어, 아침에 일어날 때 날이 맑으면 마음도 좋다고 느낍니다. 이렇게 우리가 생각할 때 좋은 것이라는 것에 접촉할 때마다, 그것이 물리적이고 자연적인 것이든, 인간관계에서 좋은 것이든 아니면 어떤 것이든 정말 좋은 것이 나타날 때마다 이것은 하나님으로부터 내려온 것이라는 사실을 생각할 수 있어야 합니다. 정말 이렇게 생각한다면 우리는 발전하는 좋은 기회를 가지는 것입니다. 우리가 정말로 좋은 상황 속에 있을 때 예수님을 믿는 사람은 그것이 하나님으로부터 내려오는 것이라 여겨야 하는데 대개는 "내가 그동안 얼마나 고생했는데, 열심히 노력했으니 이것은 자연스러운 결과다"라고 생각하는 일이 믿는 사람들에게도 자주 나타납니다. 그러나 참으로 믿는 사람이라면 그렇게 하면 안 됩니다. 우리의 생애 가운데 좋은 일이 있으면 그것이 무엇이든 정말로 "주님으로부터, 빛들의 아버지로부터 우리에게 내려오는" 것이라고 생각해야 합니다. 참으로 그렇게 되면 우리는 참된 감사를 하게 되고, 자기 자신에게 사로잡히지 않을 수 있습니다. 자기가 무엇을 잘했다고 전혀 생각하지 않는 것입니다. 그러면 자랑하지 않게 되는 것입니다.

그런데 우리가 이런 수준에 머무른다면 (물론 이것도 상당한 신앙적 수준입니다만), 아직 피상적인 수준에 머무르는 것입니다. 더 깊은 수준은 시험이 왔을 때 "이 시험이 주님에게서 오는 것이 아니다"라고 생각하고, 어려움이 왔을 때도 그 어려움을 통해서 더 나은 데로 나아가게 한다고 생각하도록 합니다,

어려움이 우리를 어떻게 만들어 갑니까? 앞에서 본 말씀을 다시 보겠습니다. "내 형제들아 너희가 여러 가지 시험을 당하거든 온전히 기쁘게 여기라" (약 1:2). 시험에 직면해서도 기쁘게 여기니, 이것은 한층 더 수준 높은 상태임이 분명합니다. 왜 기쁘게 여겨야 합니까? "이는 너희 믿음의 시련이 인내를 만들어 내는 줄 너희가 앎이라"(약 1:3). 여기 피상적인 것을 넘어서는 수준에 대한 인식이 있습니다. 어려움이 오고 있습니다. 그때 예수님을 참으로 믿는 사람은 그것을 기뻐합니다. 그것에 감사도 합니다. 이런 상태는 그냥 심리적으로

자기가 만들어 내는 것이 아닙니다. 불교에서 말하는 일체유심조(一切唯心造), 즉 "모든 것은 다 생각하기 나름이다, 마음이 만들어 내기 나름이다"라는 이야기가 아니라는 말입니다. 실제로 그렇다는 이야기입니다. 세상 전체를 주께서 주관하시고 계심을 진짜로 안다면 혹시 어려움이 오더라도 그 배후에 계시는 불변하시는 하나님의 손길을 생각할 수 있기 때문입니다. 그래서 어려움조차도 우리는 선한 것으로 받아들일 수 있습니다. "각종 좋은 은사"라고 받아들일 수 있습니다. 우리가 이 수준까지 갈 수 있을 때 진정한 그리스도인이라고 말할 수 있습니다. 물론 그렇게 한다는 것이 쉬운 일은 아닙니다. 그러나 거기까지 가야만 합니다. 또 한 번 그런 생각을 했다고 해서 항상 그런 생각을 하리라고 보장해주는 것도 아닙니다.

그러므로 그리스도인들은 어떤 일에 따라서 좋아했다가 슬퍼했다가 할 수 없습니다. 그래서 예수님을 믿는 사람들은 '항상성'을 지닌다고 이야기했습니다. 어떤 일이 일어나든지 늘 똑같은 반응을 보이는 것입니다. 그렇다고 해서 감정이 없는 사람이라는 말은 아닙니다. 참된 그리스도인들은 풍부한 감정을 나타냅니다. 그 풍부한 감정은 어떤 것이겠습니까? 예수를 진짜로 잘 믿는다면 어떤 일이 나타났을 때, 좋은 일이 나타났을 때 하나님께 늘 감사하는 감정을 나타냅니다. 하나님께 감사할 뿐만 아니라 일이 이렇게 되기 위해서 주변에 노력한 여러 사람에게 감사가 나타납니다. 그러면 그 감사의 마음은 사람들에게 사랑의 감정을 키워나갈 것입니다. 참된 그리스도인은 좋을 때만 그렇게 하지 않고, 어려움이 올 때도 하나님께 감사합니다. 어려움이 오는 데도, 심지어 우리에게 직접적인 어려움을 주는 당사자에게도 감사합니다. 하나님의 관점으로 생각하여 이것이 결국 나를 성숙시키기 위한 것이라 여기면서 그에게도 감사합니다. 우리는 이렇게 되어야 합니다. 물론 그것은 어렵습니다. 그러나 사실 이것이 진정한 그리스도인이 마땅히 가져야 할 마음입니다. 어떤 상황 속에서도 감사와 사랑을 잊어버리지 않는 사람, 그 사람은 빛들의 아버지인 하나님과의 관계성을 늘 의식하는 사람입니다.

한번 생각해보시기 바랍니다. 먹구름이 낀 상황을 생각해보겠습니다. 우리에게 그렇게 보입니다. 그런데 비행기를 타고 하늘로 올라갑니다. 올라가면 어떻게 보입니까? 먹구름 위로 올라가면 찬연한 빛이 비칩니다. 물리적으로 그렇단 말입니다. 그러니까 우리는 그 수준에서 사는 방식을 늘 연습해야 합니다. 밑에는 먹구름이 있지만, 위에는 찬연한 빛 가운데 있습니다. 우리가 그것을 늘 누리면서 살아갈 수 있어야 합니다. 이것이 예수를 믿는다는 것의 진정한 의미입니다.

그러므로 참된 그리스도인은 사실 세상이 어떻게 되든지 전혀 상관이 없습니다. 세상에 어떤 일이 있든지 그것을 극복해 나갈 힘이 우리에게 있습니다. 정말 세상의 그 어떤 빛보다도, 어떤 빛을 가지고도 묘사할 수 없는 하나님의 그 영광스러우심, 그 찬연(燦然)함, 그것을 생각해야 합니다. 엄밀히 말해서 우리가 주일날이나 수요일에 모여서 예배할 때 그 예배는 그 찬연한 빛 가운데 계신 하나님 앞에 나아가는 것입니다. 잊어버렸다가도 예배를 통해서 우리는 그것을 상기하는 것입니다. 안타까운 일은 예배를 하고 나서도 상기가 안 되는 것입니다. 예배하는 것은 비행기를 타고 하늘 위로 올라가는 것과 비슷합니다. 그래서 예배 중에 찬연한 빛을 경험하는 것입니다. 그리고 우리는 다시 땅으로 내려옵니다. 그리하여 늘 찬연한 빛 가운데 살아가는 하나님의 백성다움이 우리 속에 있어야 합니다.

18절에서는 무엇을 말씀합니까? "그가 그 피조물 중에 우리로 한 첫 열매가 되게 하시려고 자기의 뜻을 따라 진리의 말씀으로 우리를 낳으셨느니라". 여기 '낳으셨다'라고 하는 것은 어머니 뱃속에서 나온 것을 이야기하는 것이 아니라 우리를 중생시키신 것을 이야기하는 것입니다. 그가 우리를 낳게 하셨다는 것입니다. "아버지가 날 낳으시고"라는 말과 비슷한 말입니다. 이것을 소위 "부성적(父性的) 낳으심"이라고 합니다. 그분이 우리를 낳으셨다. 그것이 우리가 경험하는 가장 좋은 선물 중에 첫 번째입니다.

때때로 우리의 삶 가운데 맑고 밝은 날처럼 그것을 물리적으로 느끼게 해주는 것도 있습니다. 그러나 그 자체가 중요한 것이 아닙니다. 왜 그렇습니까? 우리는 맑고 밝은 날에만 감사할 것이 아니라 흐린 날에도 감사해야 합니다. 비 오는 날에도 감사해야 합니다. 그것이 우리가 주님 앞에 살아가는 삶입니다. 그러니까 바깥에 있는 것들이 우리에게 그렇게 중요하지 않습니다. 그런 것들에 사로잡혀 살지 않는다는 말입니다.

우리는 하나님께서 우리를 하나님의 백성으로 삼아 주신 일, 그 일을 우리에게 있는 가장 좋은 은사라고 생각합니다. 그리고 우리를 "첫 열매"라고 했습니다. 구약 성경에서 첫 열매는 무엇을 의미합니까? 첫 열매를 주께 드린다고 하는 것은 다른 것도 주께 드린다는 것을 뜻합니다. 우리는 헌상(獻上)이 그런 것이라고 했습니다. 우리가 얻은 것 가운데 일부를 주께 드렸습니다. 그러나 일부만 드린 것이 아니라 우리 존재 전체, 일주일 동안 살아온 삶 전체, 우리 생애 전체를 다 주께 드리는 의미로 헌상하는 것입니다.

### 나가면서: 첫 열매인 우리의 사명은?

우리가 첫 열매입니다. 그 말은 다른 사람들이 이 속에 들어올 것이란 말입니다. 그 일을 주께서 하십니다. 주께서 하시는 그 일에 우리를 동역자로 삼으시기를 원하십니다. 아주 단순하게 이야기하면 주께서 우리의 생명을 그런 의미에서 낳으신 것입니다. 그들이 정말로 주의 백성으로 살아가도록 우리를 동역자로 삼으시는 것입니다. 마찬가지로 우리 주변에 예수님을 안 믿는 친구들을 이런 식으로 주의 백성으로 만드십니다. 그런 의미에서 우리는 첫 열매입니다. 첫 열매는 나머지 것이 반드시 온다는 것을 우리에게 이야기해주는 것입니다. "주님, 다른 사람은 예배도 안 하는데 우리는 예배하러 왔으니 참 착하지요?"라고 생각하는 것은 참 어리석은 것입니다. 우리는 첫 열매로 주 앞에 예배하는 것이라고 했습니다. 세상에 있는 모든 피조계가 하나님 앞에 예배해야 합니다. 그러나 현재는 그렇지 않습니다. 우리는 안타까움을 가지고 늘 주 앞에 예배해야 합니다. 우리가 첫 열매로 주 앞에 나왔습니다. 하나님의 일이 반드시 이루어질 것입니다. 주님의 뜻이 우리 가운데서 열매를 맺기 원합니다.

그런 생각을 할 때 아주 적절하다고 생각되는 찬송이 있습니다. "빛이시며 사랑인 하늘의 아버님", 하나님을 빛으로 묘사합니다. "원수의 궤휼을 헛되게 하소서", 이 세상에 주의 백성들이 제대로 걸어가지 못하도록 하는 여러 가지 일이 있으나 주께서 그것을 없애주실 것입니다. "거룩하신 예수여 서희들의 길 앞에 장애되는 모든 것을 제거해주옵소서", 문제와 어려움이 있을 것입니다. 그러나 주께서 제거해주시기를 원합니다. "거룩하신 주의 몸이 전진할 길은", '주의 몸'은 교회를 이야기합니다. "교회가 전진할 길은" 그리고 우리 개개인은 그 교회의 지체로서 "기묘한 손안에" 있다고 합니다. 주님의 손안에 있습니다. "찬란히 빛나는 거룩한 목적지에 빗기는 일이 없이 이르게 하여 주옵소서". 이런 찬송을 주 앞에 드릴 때 우리는 정말로 주께서 이 일을 하실 것이라고 하는 것을 생각합니다. 맨 마지막에 '빗기는 일이 없이'라는 말, '거기에서 빗겨나가는 것'이라는 말은 우리가 또 다른 것을 생각하게 합니다. 빗겨나가는 것을 성경에서는 늘 죄라고 합니다. 죄는 가야 할 목적지를 벗어나 딴 곳으로 가는 것입니다. 마땅히 할 일을 하지 않고 다른 것을 하는 모든 것은 죄입니다. 하나님의 백성이 마땅히 해야 할 생각, 해야 할 일을 하지 않고 다른 것을 할 때, 인생 전체를 놓고 보면 주께서 하라고 한 일은 안 하고 다른 것을 하는 것입니다. 해야 할 일을 열심히 안 하는 것도 문제이지만, 열심히 하는데 다른 것을 열심히 하는 것도 문제입니다.

주님이 원하시는 그 목적이 무엇인지를 알고, 그분과의 관계성 가운데 이 일을 바르게 감당해야 합니다. 정말 그리스도의 거룩한 몸, 주의 몸이 전진하는 그 모습을 이 땅에서 제대로 이루어나기를 바랍니다.

# 2부

# 중생자의 성품과 경건

8강 야고보서 1장 18-20절

# 중생자에게 주어진 명령 세 가지

"그가 그 피조물 중에 우리로 한 첫 열매가 되게 하시려고 자기의 뜻을 따라 진리의 말씀으로 우리를 낳으셨느니라. 내 사랑하는 형제들아 너희가 알지니 사람마다 듣기는 속히 하고 말하기는 더디 하며 성내기도 더디 하라. 사람이 성내는 것이 하나님의 의를 이루지 못함이라"(약 1:18-20).

우리는 앞에서 모든 선한 것, 이 세상의 모든 좋은 것들은 다 빛들의 아버지이신 하나님으로부터 우리에게 내려온다고 이야기했습니다. 그것이 우리가 늘 생각해야 하는 가장 기본적인 것입니다. 세상에서 진정한 의미의 선한 것은 다 빛들의 아버지이신 하나님으로부터 우리에게 오는 것이라고 했을 때, 그중에 첫 번째 것으로 우리에게 제시해주는 것이 야고보서 1장 18절 말씀입니다. "그가 그 피조물 중에 우리로 한 첫 열매가 되게 하시려고 자기의 뜻을 따라 진리의 말씀으로 우리를 낳으셨느니라". 이것을 중생(重生)이라고 말할 수 있습니다. 우리를 중생하게 하셨다는 말입니다. 그러므로 우리를 낳으셨다고 하는 것은 우리가 하나님의 백성, 즉 하나님의 자녀가 되게 하셨다는 것을 이야기하는 것입니다.

## "첫 열매가 되게 하시려고"라는 어귀의 함의

본문은 첫 열매가 되게 하시려고 우리를 낳으셨다고 말합니다. 우리만 하나님 앞에서 하나님의 백성으로 살라고 하는 것이 아니라 세상의 다른 사람들도 그런 사람으로 있도록 해야 한다는 것입니다. 우리는 주께서 우리를 사용하셔서 복음을 전할 때 복음을 듣고 믿게 될 다른 사람들이 신성 하나님의 백성이 될 것이라고 믿는 마음이 있어야 합니다. 그런 의미에서 우리가 "첫 열매"라고 합니다. 우리가 "첫 열매가 되게 하시려고 우리를 낳으셨다"라고 했으니까 후에는 다른 사람들이 열매로 있게 된다는 것입니다. 그것이 우리가 해야 할 일의 하나임을 시사해 줍니다. 우리는 다른 사람들도 하나님의 백성이 되게 하도록 하는 사람들이라는 뜻입니다. 이것이 우리가 "첫 열매"가 되었다는 말의 뜻입니다.

## 중생과 중생한 사람의 의식

우리를 낳으셨다는 말씀이 우리에게 적용되었다면, 우리는 하나님의 놀라운 역사로 말미암아 하나님의 백성이 된 사람이라는 의식이 있어야 합니다. 물론 대개는 자신이 언제 중생하는지 모릅니다. 그러나 중생한 사람은 하나님의 놀라운 역사로 말미암아 점차 하나님의 백성이 된 사람이라는 의식(意識)이 있게 됩니다. 그런데 주의해야 할 것은 이에 대한 '가짜 의식'도 있을 수 있다는 것입니다. 사실은 중생하지 않았는데 자신이 중생했다고 생각하는 것입니다. 성경에서는 그것을 "자기를 속이는 것"이라고 이야기합니다. 교회 안에 있는 사람들은 반드시 중생했어야 합니다. 물론 교회 공동체 안에 중생하지 않은 사람이 있을 수 있습니다. 그렇기에 우리는 늘 우리 자신을 돌아봐서 중생한 사람다운가를 살펴봐야 합니다.

또 다른 예를 들면, 우리 가운데 아직 혼인하지 않은 사람이 나중에 혼인해서 아이를 낳게 되면 그 아이를 우리는 "언약의 자녀"라고 생각합니다. 그래서 어느 특정한 시점에 그 아이도 성령님이 중생하게 합니다. 우리는 그 시점이 언제인지는 모릅니다. 그러나 중생의 결과로 예수 그리스도를 정말로 믿는다고 하고, 예수 그리스도를 구주로 고백해야 중생한 사람다운 의식이 있는 것입니다. 그러니까 중생한 것과 중생한 의식이 있는 것은 같은 것이 아닙니다. 어린아이는 중생했을 수도 있지만, 중생했다는 의식이 없을 수도 있습니다. 우리는 언제 중생했는지 알 수가 없습니다. 그러나 아이가 자라서 성인이 되면 다 중생한 사람의 의식이 있어야 합니다.

### 중생한 사람의 의식, 중생을 점검하는 시금석?

중생한 사람의 의식은 첫째, 가장 기본적으로 '예수 그리스도의 십자가 사역이 아니고서는 내가 구원함을 받을 수가 없다'라는 의식입니다. '다른 식으로는 구원을 받을 수 없다'라고 생각하는 것이 정말로 절실하게 있어야 합니다. '예수 그리스도의 십자가로만 우리가 구원함을 얻는다'는 것입니다. 그리고 둘째, 중생한 사람은 '예수 그리스도의 사역으로 우리를 하나님의 백성으로 만들어 주셔서 이 세상 가운데 하나님의 백성으로 살게 하신다'는 의식이 있게 됩니다. '내가 살아갈 때 하나님에게 속한 사람으로 사는 것이다'라고 인식하는 것입니다. 그러니까 이 두 가지로 우리의 중생에 대해서 점검할 수 있습니다.

특별히 교회 공동체 안에서 자라는 우리 자녀들은 이런 것을 스스로 생각해보아야 합니다. 첫 번째로 정말 '예수 그리스도의 십자가 사건이 아니고서는 도무지 구원이 없다고 내가 절실히 느끼는가?' 나뿐만 아니라 세상 모든 사람도 다 그렇다는 의식이 있어야 합니다. 그리고 이 점에서 아주 철저해야 합니다. 예를 들어서, 우리 친구들 가운데 어떤 사람이 예수님을 아직 안 믿고 있을 때 "그래, 너는 잘 안 믿어라, 나는 믿는다"라고 하며 그냥 있는 것이 아니라, 친구들 가운데 안 믿는 사람을 바라보며 '참 큰일이다, 이렇게 친한 친구가 예수님을 안 믿으면 도무지 안 되겠다'라는 안타까운 마음이 들어서 그 친구에게 복음을 전한다든지 해야 합니다. 그것이 내가 중생한 사람의 의식이 있다는 기본적 표식입니다.

그리고 두 번째는 내가 하나님의 백성이라는 의식을 가지고 살아야 합니다. 하나님의 백성으로 사는 것을 한마디로 요약하면 "하나님을 사랑해서"(*amor Dei*) 사는 것입니다. 중생하지 않은 사람은 하나님을 사랑하지 않습니다. 당신은 왜 사느냐고 할 때 중생한 사람에게는 "나는 하나님을 사랑하기 때문에 산다"라는 대답이 나와야 합니다. 물론 교회 공동체 안에서 자라다 보면 늘 그런 이야기를 들으니까 그렇게 말하기는 쉽습니다. 그러나 말로만 하는 것 말고, 정말 심령 깊은 곳으로부터 '내가 하나님을 사랑하기 때문에 산다, 내가 무슨 일을 하든지, 학교에 가서 공부하든지, 집에 앉아서 무엇을 하든지 하나님을 사랑하기 때문에 한다'라는 의식이 있어야 합니다. 그것이 중생한 사람의 의식이 있는 것입니다. 그러니까 예수님을 믿는 사람은 항상 그렇게 살아가야 합니다.

어느 날 깊이 생각하며 나의 삶을 요약하면 (1) 나는 예수님의 십자가와 부활 때문에 살아났고, (2) 그렇기에 이 세상에서 하나님을 사랑하기 때문에 산다는 것이 내 마음을 지배하고 있어야 합니다. 우리의 의식에 '내가 하나님께 속해 있다'라는 것은 늘 분명해야 합니다.

## 중생의 수단을 표현하는 경우와 표현하지 않는 경우

주께서 우리를 그의 진리의 말씀으로 낳으셨다고 했습니다. 여기에 중생의 독특한 한 측면의 교훈이 있습니다. 성경에서 중생을 이야기할 때 어떤 때는 하나님이 아무 도구도 사용하지 않으시고 우리를 중생하는 것으로 이야기하기도 합니다. 예를 들어 "물과 성령으로 우리를 중생시키신다"(요 3:3, 5 참조)고 이야기합니다. 이때 "물"이라고 하는 것은 성령님이 하시는 사역을 언급하는 것입니다. 성령님이 우리 안에서 우리를 깨끗하게 하시고, 우리를 새롭게 하시는 것을 물이라는 표상을 사용해서 표현하는 것입니다.■ 그렇기에 중생시킬 때 어떤 도구가 사용되지 않습니다. 왜 그렇습니까? 성령 하나님께서 친히 우리를 중생하게 하시기 때문입니다. 그것이 아주 본질적인 이야기입니다.

"물과 성령으로"라는 말을 이렇게 중언(重言)법(hendiadys)으로 해석해야 한다는 주해적 논의로 이승구, 『기독교 세계관이란 무엇인가?』. 개정 증보 4판 (서울: SFC, 2018), 41-43을 보십시오.

중생의 과정 전체를 놓고 볼 때 어떤 측면에서는 하나님이 전혀 도구를 사용하지 않고 중생시키십니다. 그러나 또 다른 측면에서는 어떤 수단을 사용하여 중생시키기도 하십니다. 그래서 성경에서는 가끔 중생 때 무슨 수단을 사용하는 경우를 이야기합니다. 우리는 이 두 측면을 다 잘 살펴볼 수 있어야 합니다. 어떤 사람에게 복음이 선포되었는데 그 사람은 아직 중생하지 않았다고 가정해 보겠습니다. 중생하지 않은 이 사람은 복음의 말씀을 도무지 받아들일 수 없습니다. 왜 그렇습니까? 그 사람은 그것을 미련하다고 판단하기 때문입니다(고전 1:18, 23 참조). 타락한 인생은 언제나 그렇습니다. 어느 순간에 성령님이 사람의 마음을 바꿔주시면, 그 사람은 선포된 말씀이 옳다고 생각하게 됩니다. 중생의 결과로 '그 말씀이 옳다'라고 하는 것입니다. 그 말씀이 진리라고 판단합니다. 이 중생의 과정 첫째 부분을 생각하면 중생하는데 사용된 어떤 수단도 없습니다. 성령님께서 친히 중생시키시는 것입니다. 이 처음 측면을 이야기할 때는 오직 성령님이 직접 역사하십니다. 그러나 결과적으로 볼 때 중생한 사람이 중생의 말씀에 반응하고 나올 때는 항상 말씀을 사용하신다고 할 수 있습니다.

그래서 여기 "진리의 말씀으로 우리를 낳으셨느니라"라고 말씀합니다. 진리의 말씀은 기본적으로 천국 복음의 말씀입니다. 이 복음의 말씀을 우리가 세상에 있는 사람들에게 전달해야 합니다. 우리가 가서 사람들에게 이 진리의 말씀을 잘 전해야 합니다. 이것이 우리가 할 일입니다. 우리는 어떠하든지 이 말씀을 잘 전해서 성령님께서 그 말씀을 사용하여 사람들을 중생시키도록 해야 합니다.

## 중생자들에게 주어지는 명령

그러면 중생한 사람들은 어떻게 해야 합니까? 본문이 대표적인 하나를 이야기합니다. 야고보서 1장 19절은 "내 사랑하는 형제들아!"라는 말로 시작합니다. 야고보서에서 "내 사랑하는 형제들아"라는 말이 열다섯 번 나옵니다. 이 말 나온 다음에는 대부분 명령이 나옵니다. 이 명령은 벌써 우리를 하나님의 백성으로 간주했다는 것을 뜻합니다. 하나님의 백성이기 때문에 나에게 이런 명령이 주어지는 것입니다. 하나님의 백성이 아닌 사람에게는 이것이 그냥 무시됩니다. 이것은 무시무시한 이야기입니다. 우리가 중생한 사람이라면 주께서 주신 명령이 심각하게 들려야 합니다. 그중에 하나가 "너희가 알지니 사람마다 듣기는 속히 하고 말하기는 더디 하며 성내기도 더디 하라"(약 1:19)는 말씀입니다. 여기서 문제가 되는 것이 세 가지인데, 그 모든 것이 기본적으로 듣는 것과 말하는 것, 그리고 그 배후의 생각에 관한 것입니다.

## "들을 때는 속히 하고, 말할 때는 더디 하라"는 두 명령에 대한 포괄적 이해

첫째, 들을 때는 "속히 들으라"라고 합니다. 이 말은 무슨 뜻입니까? 이것을 제한적으로 보려는 사람들이 있습니다. 앞에서 "진리의 말씀으로 우리는 낳으셨느니라"라는 말씀을 보았습니다. 그것도 "말"과 연결이 되니까 진리의 말, 복음의 말을 속히 들으라고 보려는 것입니다. 복음의 말이 우리에게 전해질 때는 빨리 알아들으라고 해석하는 것입니다.

그다음에 "말하기는 더디 하라"라고 하니까, 그것도 "너희가 다 선생이 많이 되지 말아라"라는 말씀과 연결해서 제한적으로 이야기합니다. 그러나 그런 것 같지 않습니다. 본문의 문맥을 전체로 보면 잠언이나 지혜 문학들에서 나오는 표현을 그대로 가져오는데, 그런 표현은 굉장히 일반적인 것입니다. 그러므로 문맥은 중생한 사람들이 세상에서 어떤 방식으로 살아야 하는가를 말하는 것입니다. 굉장히 현실적입니다. 누군가 내게 무슨 이야기를 할 때 어떻게 해야 합니까? 그것이 어떤 상황이든지 빨리 알아들으라는 것입니다. 우리가 어떤 때 잘 알아듣지 못합니까? 대개는 어떤 한 가지 생각에 사로잡혀 있을 때 그렇습니다. 다른 것이 우리를 지배하고 있을 때 그렇습니다. 특히 누군가 우리에게 권면의 말을 한다고 생각해보겠습니다. 권면의 말을 직설적으로 하는 경우는 참 드뭅니다. 대개는 내용을 순화하여 돌려서 이야기하지 않겠습니까? 그럴 때 그것을 다 알아채고, 빨리 들으라는 것입니다.

그런데 그다음이 중요합니다. 금방 알아챘다는 것을 티 내지 말라고 합니다. "말하기는 더디 하라"라고 말씀합니다. 예를 들어 어떤 이야기를 하는데 그 사람이 이야기하려는 내용을 뻔히 아는 경우가 있습니다. 그런데 그 사람은 할 말이 있습니다. 그럴 때 어떻게 해야 하겠습니까? 끝까지 다 들어줘야 합니다. 그러고 나서 말을 하라는 것입니다. 이렇게 하는 일이 쉽지 않기에 우리에게 명령하는 것입니다. 중생하면 자동으로 이렇게 된다는 것이 아닙니다. 만일 그렇다면 명령할 필요가 없을 것입니다. 그런데 성경은 아주 구체적으로 명령합니다. "말하기는 더디 하는데, 듣기는 속히 하라"는 것입니다.

상대방이 말하는 것을 다 알아들었는데도 티를 내지 말고 끝까지 들어야 합니다. 이것을 하는 좋은 방법은 그 말에 수긍해 주는 것입니다. 영어로 표현하면 "테이크 사이드"(take side or take sides)라고 하는 데, 편들어주는 것입니다. 뭐라고 이야기하면 "그래, 그래서 어떻게 됐는데?" 이렇게 하는 것입니다. 대개 이것을 할머니들이 잘합니다. 누가 무슨 이야기를 하면 거기에 대해서 그냥 듣는 것이 아니라, 그것에 집중해서 생각하는 것입니다. 우리는 이것을 잘 해야 합니다. "말하기는 더디 하고 듣기는 속히 하라". 그래서 그 사람의 이야기 속에 내가 들어가서 같이 이야기하는 것입니다.

이때 한 가지 주의해야 할 것이 있습니다. "남 험담하는 것"을 그렇게 하기 쉽습니다. 남을 험담하는데 같이 편들어주는 경우가 있습니다. 그것은 어리석은 것입니다. 그런 상황에서는 아주 지혜롭게 다른 이야기로 전환되도록 분위기를 잘 유도해야 합니다. 제 선생님 중에 한 분이 그것을 참 잘하셨습니다.■ 그분과 이야기하다 보면 다른 사람들의 험담을 하다가도 분위기상 그 이야기를 계속할 수 없게 됩니다. 험담이 나오는 상황이 되면 아주 자연스럽게 다른 이야기를 꺼내시는 것입니다. 참 지혜롭게 대처하셨습니다. 그렇게 하는 것이 우리에게도 필요합니다. 하여튼 남의 이야기를 잘 들어주어야 합니다. 끝까지 잘 들어주어야 합니다. 하고 싶은 이야기를 다 할 수 있도록 해줘야 합니다. 그런 사람을 세상은 굉장히 좋은 상담자라고 합니다.

■ 지금은 하나님에게 가셔서 안식을 누리시는 은사(恩師)이신 신복윤 교수님(1926-2016)과의 대화를 늘 기억합니다.

### "말하기는 더디 하라"는 두 번째 명령의 의미: 잠언에 비추어서

그다음에는 "말하기는 더디 하라"고 합니다. 말하기를 더디 하려면 어떻게 해야 합니까? 잘 생각하고 말해야 합니다. 그러니까 성경의 이야기를 진짜 잘 봐야 합니다. 조금 뒤에 잠언 말씀을 볼 텐데, 그 말씀을 보면서 오해하는 분들이 있습니다. "이제 말을 안 하면 되겠구나"라고 하면서 말을 안 하는 것입니다. 옛날 우리의 선배들 가운데 그렇게 하신 분들이 있습니다. 그것이 정말 하나님의 백성다운 것입니까? 본문에는 어떻게 되어 있습니까? "말하기는 더디 하며"라고 했지 "말하지 말라"고 하지 않았습니다.

잠언 몇 곳을 보겠습니다. 우선 잠언 10장 19절은 "말이 많으면 허물을 면하기 어려우나 그 입술을 제어하는 자는 지혜가 있느니라"라고 말씀합니다. 왜 말을 더디 하라는 것입니까? 말을 많이 하다 보면 언제나 잘못 말하는 것이 나옵니다. 그렇기에 지혜로워지는 첩경은 남의 말을 잘 듣고 아주 깊이 생각하고 말하는 것입니다. 이 말은 '말하지 말라'는 것이 아닙니다. 말을 하는데 잘 생각해서 하라는 것입니다. 전체적인 맥락에서 보면 무엇을 파악해서 이야기하라는 것입니까? '하나님의 뜻이 무엇인가? 이 시점에서 하나님은 우리에게 무엇을 요구하시는가?' 이런 것을 잘 생각해서 말하라는 것입니다. 사람들의 이야기를 들으면서 우리는 어떤 상황에서든지 그에 대한 하나님의 뜻을 생각해야 합니다. '이 시점에서 하나님의 뜻이 무엇인가?'를 잘 생각해서 정말 지혜롭게 자기 의견으로 말해야 합니다.

잠언 10장 20절은 "의인의 혀는 순은과 같거니와 악인의 마음은 가치가 적으니라"라고 말씀합니다. 순은과 같다는 것은 아마도 그 뒤의 말과 대조하기 위해 사용된 말 같습니다. "악인의 마음은 가치가 적으니라", 가치가 적다고 했으니, "순은과 같다"라는 말은 그것과 반대되는 뜻으로 "가치가 크다"라는 뜻으로 사용되었을 것입니다. 그것은 그 안에 정말 지혜로운 것이 있다는 것입니다. 사용할 만한 것이 있다는 말입니다.

잠언 17장 27절은 "말을 아끼는 자는 지식이 있고 성품이 냉철한 자는 명철하니라"라고 말씀합니다. 이것에 근거해서 다음 절인 28절에서는 "미련한 자라도 잠잠하면 지혜로운 자로 여겨지고 그의 입술을 닫으면 슬기로운 자로 여겨지느니라"라고 합니다. 본문은 바로 이런 배경 가운데 나오는 이야기 같습니다. 만일 이것을 잘못 이해하면 어떻게 됩니까? 내가 미련해도 잠잠하면 지혜롭게 여기니 이야기를 일단 안 하는 것입니다. 그러나 그것은 하나님의 말씀을 따르는 것이 아닙니다. 하나님의 말씀을 따르려면 어떻게 해야 합니까? 잘 생각해야 합니다. 물론 말할 때 꼭 "하나님의 뜻이 어떻다"고 이야기를 할 필요는 없습니다. 그냥 자기 의견을 말하는 것입니다. 그렇지만 자기 의견을 말할 때 늘 하나님의 뜻을 생각하면서 이야기하는 것입니다. 그렇게 하는 것이 우리가 세상에서 중생한 사람답게 살아가는 것입니다.

## 세 번째 명령: "성내지 말라"

마음속의 분노가 모든 행위의 바탕에 있는 경우가 너무 많습니다. 사람들이 말을 급하게 하는 이유를 본문은 그 마음속에 있는 "악" 때문이라고 합니다. 그래서 "성내기를 더디 하라"라고 합니다. 이것도 악용하면 안 됩니다. "성내기를 더디 하라고 했으니까 참다가 나중에는 성을 내도 되지 않습니까?"라는 식으로 생각하지 말라는 것입니다. 성내기를 더디 하라는 것은 성내지 말라는 것입니다. 그것을 어떻게 알 수 있습니까? 다음 절에 "사람이 성내는 것이 하나님의 의를 이루지 못함이라"(약 1:20)라고 말씀하고 있기 때문입니다.

정말 중생한 사람의 마음은 항상 하나님의 마음에 부합해야 합니다. 그것을 "거룩하다"고 표현합니다. 거룩하다는 것은 하나님께 "구별된" 것입니다. 우리는 항상 '이 상황에서 하나님이 원하는 것이 무엇인가?'를 생각하게 되어 있습니다. 우리는 궁극적으로 왜 산다고 했습니까? 하나님을 사랑하기 때문에 사는 것이라고 했습니다. 그리고 하나님의 의를 세상에 드러내기 위해서 사는 것입니다. 그런데 화내는 것으로는 하나님의 의를 이룰 수 없다고 단언(斷言)합니다. 화를 내어서 하나님의 뜻이 이루어진 일이 없습니다.

## 나가면서: 중생한 사람의 삶의 모습 정리

우리는 중생한 사람이 세상에서 살아가는 방식 중 한 측면을 배웠습니다. 듣는 것, 말하는 것 그리고 그 배후의 동기와 관련된 가르침을 받았습니다. 이것만 잘 생각하고 살아도 세상에서 하나님의 백성으로 살아가는 모습이 잘 드러날 것입니다.

예수 그리스도의 구속함을 받은 사람, 하나님 나라 백성의 바른 모습은 "듣기는 속히 하고, 말하기는 더디 하는" 것이고, "화내지 않는 것"이라고 합니다. 성경이 말하는 이런 삶의 원리가 우리 삶 가운데서 잘 구현되어야 합니다.

완전하게 체화(體化)되어야 합니다. 그래서 체화된 진리가 우리의 자녀들을 모범으로 가르쳐질 수 있어야 합니다. 하나님은 그러한 사명을 우리에게 주셨습니다.

이 땅 가운데 하나님의 백성으로 산다는 것은 이렇게 구체적인 상황에서 주의 백성다움을 나타내는 것입니다. 우리는 세상에서 많이 듣고 말하며 삽니다. 그때 어떻게 해야 합니까? 우리의 마음속에 어떤 움직임이 있어야 합니까? 분노가 말과 행동을 움직이게 해서는 안 됩니다. 분노는 하나님의 뜻을 이루지 못합니다. 하나님은 우리 마음에 분노가 없기를 원하십니다. 그렇게 우리를 부르셨다는 것을 분명히 알아야 합니다.

중생한 삶은 거룩함을 향해서 나아가는 것일 수밖에 없습니다. 모든 그리스도인의 이야기가 다 그렇습니다. 우리의 모든 이야기는 중생(重生)에서 시작합니다. 하나님이 우리를 그의 진리의 말씀으로 새로운 사람으로 낳는 것으로부터 시작됩니다. 그렇게 중생한 사람은 거룩한 모습을 향하여 나아가게 되어 있습니다. 그러한 모습 중 한 측면을 배웠습니다. 만일 이것을 무시하고 나간다면, 정말 끝까지 무시한다면 '내가 과연 중생했는가?' 하고 스스로 생각해 봐야 합니다. 그런 의미에서 우리가 말하고 듣는 일, 또한 아주 사소해 보이는 일에서도 성화에 힘쓰기 바랍니다.

9강 야고보서 1장 21-25절

# 또 하나의 대조, 그 목적은 무엇일까?

"그러므로 모든 더러운 것과 넘치는 악을 내버리고, 너희 영혼을 능히 구원할 바 마음에 심어진 말씀을 온유함으로 받으라. 너희는 말씀을 행하는 자가 되고 듣기만 하여 자신을 속이는 자가 되지 말라. 누구든지 말씀을 듣고 행하지 아니하면 그는 거울로 자기의 생긴 얼굴을 보는 사람과 같아서, 제 자신을 보고 가서 그 모습이 어떠했는지를 곧 잊어버리거니와 자유롭게 하는 온전한 율법을 들여다보고 있는 자는 듣고 잊어버리는 자가 아니요 실천하는 자니, 이 사람은 그 행하는 일에 복을 받으리라"(약 1:21-25).

본문에는 뚜렷하게 대조되는 두 사람이 언급됩니다. 각기 다른 사람일 수도 있으나 한 사람이 어떻게 선택하느냐에 따라서 대조되는 행동을 할 수 있기에 이는 굉장한 도전을 주는 본문이라고 여겨집니다. 기독교는 항상 선택을 요구합니다. 하나님은 당신님의 뜻을 잘 보여 주시고, 더 나아가 인간을 구원하는 일을 이루셨습니다. 그 후에 인간이 어떤 선택을 하느냐에 따라서 얼마나 놀라운 대조적인 결과가 우리에게 나타날 수 있는지를 보여 주면서 올바른 선택하기를 요청합니다.

사실 이 선택의 요청은 이미 주께서 큰 은혜를 베푸신 사람에게만 의미 있는 것입니다. 하나님의 은혜와 관련이 없는 사람들은 이것이 선택으로 주어졌다고 생각하지도 않기 때문입니다. 복음이 언급하는 것들은 말이 안 되는 것이라 여기면서 자기 길로 가는 것이 세상의 반응입니다. 그러나 주님의 은혜 안에 있는 사람들은 우리에게 이러한 선택이 놓여있다는 것을 알고, 잘못된 선택을 하면 그것이 얼마나 무서운 결과를 가져올 것인지를 깊이 느끼면서 바른 선택지를 찾아갑니다. 하나님은 바로 그런 의도로 이 말씀을 우리에게 전하게 하셨습니다. 이것이 대조적인 선택으로 제시되었음을 의식하는 사람들은 이미 하나님의 은혜 안에 있기에 반드시 하나님이 원하시는 방향으로 나아가야만 합니다.

이 구조를 잘 의식하지 않으면 마치 우리가 선택해서 우리에게 좋은 결과가 주어지는 것이라고 오해할 수 있습니다. 이런 오해를 근거로 해서 신학을 정립하고 교회를 세우는 사람들도 있습니다. 잘못된 길로 간 것입니다. 그러나 성경을 전체적으로 배우면 이것이 우리에게 선택인 것으로 보이고, 이 말씀에 도전받는 것 자체가 이미 하나님의 특별하신 은혜 가운데 있음을 분명히 드러내 보여 줍니다. 특별 은총 안에 있는 사람만이 '주님의 뜻을 따라가지 않을 때 그것이 얼마나 무서운 것인지'를 제대로 느끼게 됩니다. 이런 특별 은총 안에 있는 우리는 과연 어떤 삶의 길이 우리에게 제시되고 있는지를 살펴보도록 하겠습니다.

### 대안 A: 참 하나님 백성의 길에 대한 거부

하나님의 은총 안에 있는 우리는 하나님의 백성이 되지 않는 두 가지 방식이 있음을 알게 됩니다. 하나는 복음의 말씀을 처음부터 끝까지 거부하는 것입니다. 대개는 주어진 말씀을 거부하다가도 하나님의 특별 은혜가 작용하면 그 말씀이 진리이고 우리가 살아갈 참된 길임을 깨닫게 됩니다. 이런 것을 통해서 하나님의 특별 은총이 얼마나 놀라운 것인지를 절감하게 됩니다. 바울은 복음의 말씀을 거부하다가 다메섹 도상에서 승천하여 하늘에 계신 예수님을 만난 후 그의 사유 방식과 사상, 삶의 방식이 완전히 바뀌었습니다. 어거스틴은 어느 순간 오직 성경적 가르침만이 옳다고 고백하면서 마니교적 대안이나 심지어 신플라톤주의적 기독교에서 벗어나 성경적 기독교로 돌아선 순간이 있었다고 말합니다. 무신론자였던 C. S. 루이스가 1929년 Trinity 학기에 유신론으로,▪ 그리고 1931년에 마침내 기독교로 돌이킨 것, 알리스터 맥그라스가 옥스퍼드 대학교 신입생이었던 1971년 11월에 참으로 기독교를 받아들이기로 했던 것▪ 등을 보면 하나님의 특별 은총만이 사람을 바꿀 수 있다는 것을 확언할 수 있습니다. 어떤 사람들은 끝까지 무신론을 고집해 갑니다. 아마도 생이 마쳐지면 하나님과 직면해서 그것이 얼마나 잘못한 것인지를 알게 되겠지만 그때는 기회가 없습니다. 그러므로 "오늘"이라는 날이 주어질 때 우리의 생각을 신속하게 하나님께로 돌이킬 수 있기를 원합니다.

C. S. Lewis, *Surprised by Joy: The Shape of My Early Life* (London: Harvest Books, 1955, 2nd edition, 1966), 228, 229.

옥스포드 대학교 위덤 칼리지(Wadham College) 시절을 생각하면서 맥그라스가 하는 다음 말을 참조해 보십시오: Alister McGrath, *Mere Theology* (London: SPCK, 2010), 81: "나는 내가 상상하던 것 이상으로 기독교가 훨씬 지적으로 견고하다(intellectually robust)는 것을 발견하였다. 몇 가지 중요한 생각을 해야 했고, 드디어 1971년 11월말에 나는 결단하였다. (무신론이라는) 하나의 신앙에 등을 돌리고 (유신론이라는) 다른 신앙을 받아들이게 된 것입니다."

그런데 어떤 사람들은 이런저런 경로로 교회 공동체와 직간접으로 접촉하면서, 심지어 교회 공동체 안에서도 하나님 백성이 마땅히 나아가야 하는 길과는 반대 방향으로 나아가기도 합니다. 어떤 의미에서는 더 안타까운 일입니다. 복음의 빛이 주변에서 비취고 있음에도 그것을 거부해 가는 것이 되기 때문입니다. 본문은 바로 그런 사람을 제시하고 있습니다. 그 사람에 대해 본문이 이야기하는 세 가지 말이 있습니다.

첫째, "말씀을 듣기만 하는 자"라고 말씀합니다(22절). 말씀이 그에게 작용하고 있음이 도무지 나타나지 않는 것입니다. 물론 이런 사람은 교회 공동체 안에 있는 사람들입니다. 중세 이후로는 소위 기독교권(Christendom) 안에 있는 사람들입니다. 야고보가 이 말을 할 때는 아직 기독교권이라는 것이 없었던 시대입니다. 그러나 성경 말씀은 그 적용성이 아주 놀랍습니다. 그래서 야고보가 그 당시 교회 공동체 안에 있으면서 하나님의 진정한 뜻에 마음을 기울이지 않고, 주님의 뜻대로 나아가지 않던 사람들에게 했던 말이 현재 온 세상이 다 예수님을 믿는 것 같은데 사실은 믿는 사람들이 소수인 상황, 곧 기독교권 안에 있는 사람들에게 아주 잘 맞는 말일 수 있습니다. 상당히 많은 사람은 19세기 유럽과 같은 사회, 외적으로는 누구나 교회에 나가는 것 같고 사회에 기독교적 양식이 넘쳐 나는 것 같은데, 진정한 제자들은 소수뿐인 그런 상황을 기독교권(Christendom)이라고 표현해 왔습니다.■ 우리나라는 한 번도 기독교권을 형성한 일이 없음에도 불구하고 그런 착각을 하는 분들이 가끔 있습니다. 우리는 외적으로 기독교인들이 대다수인 사회를 이루어 본 일이 없습니다.

그러므로 한국 교회 안에서 야고보서의 이 말을 들을 때는 야고보가 편지를 써서 보낸 대상자들과 같은 정황에 있다고 생각해 볼 수 있습니다. 세상 사람들 대부분은 도무지 하나님 말씀을 들으려고 하지 않고, 교회 공동체로 모이지도 않으려고 합니다. 몇몇 사람들이 함께 모여서 예배도 하고, 하나님의 말씀을 듣는다고 하고 있습니다. 그런데 문제는 이 사람들 가운데도 그저 말씀을 듣기만 하는 사람

■ 이와 연관하여 S. Kierkegaard, *Attack upon Christendom, 1854-1855* (Princeton: Princeton University Press, 1944)를 보십시오. 사실 이는 "순간"(Moment)이라는 이름으로 발간된 키에르케고어의 마지막 팜플렛들 전체를 번역한 Walter Lowrie가 이를 한 권의 책으로 내면서 붙인 제목입니다. 그러나 키에르케고어의 의도와 부합한다고 할 수 있으니, 그가 참으로 기독교권을 비판하여 신약성경이 말하는 기독교가 다시 있도록 하는 일을 목적했었기 때문입니다. 이 마지막 글들에 대한 근자의 번역으로는 *The Moment and Late Writings*, trans., Edna Hatlestad Hong & Howard Vincent Hong (Princeton: Princeton University Press, 1998)를 보십시오.

들이 있는 것입니다. 야고보는 이런 사람들이 있는 상황을 매우 안타까워하고 있습니다. 우리도 이와 같은 안타까움으로 이 말을 듣고 또 이것에 대해서 비판적으로 말해야 합니다. 말씀을 듣기만 하면 안 된다고 말입니다. 이것은 야고보서에서 계속해서 나오는 말이고, 반복적으로 비판하고 있으니, 야고보서의 중요한 주제어 중 하나라고 할 수 있습니다.

이렇게 말씀을 듣기만 하는 사람들에 대해서 야고보서 본문은 "제 자신을 보고 가서 그 모습이 어떠했는지를 곧 잊어버리거니와"(약 1:24)라고 묘사합니다. 앞에서 말한 듣기만 하는 자라는 표현은 야고보서에서 자주 등장하지만, 잊어버리는 사람이라고 묘사한 것은 본문이 유일합니다. 여기에 펀치라인(punch line)이 있다고 할 만큼 정곡을 찌르는 정확한 표현이 아닐 수 없습니다.

이런 표현은 성경과 성경을 읽고 공부하고, 그것을 설명하는 설교를 듣는 것은 마치 거울을 보는 것과 유사하다는 것을 배경 이미지로 하는 표현입니다. 이 구절 때문에 성경이 거울이라고 생각하는 일은 기독교 역사에서 항상 기억되었습니다.■ 성경을 제대로 읽는 사람은 성경에 비추어 자신을 제대로 발견해야만 한다고 생각해 왔습니다.■ 그러나 성경을 읽을 때 그리하였다가 곧바로 잊어버리는 사람을 앞서 말한 성경의 말씀을 듣기만 하는 사람 같다고 하는 것입니다. 하

Cf. Kierkeggard, *For Self-Examination* (1851), in *For Self-Examination* and *Judge For Yourself*, trans. Howard and Edma Hong (Princeton: Princeton University Press, 1990), 25; Kevin J. Vanhoozer and Daniel J. Treier, *Theology and the Mirror of Scripture: A Mere Evangelical Account* (Downers Grove: IVP Academic, 2015); Abp. Lazar Puhalo, *The Mirror of Scripture: The Old Testament Is About You* (CreateSpace Independent Publishing Platform, 2018).

오늘날 대부분의 사람들은 성경을 읽으면서도 자신의 모습을 제대로 찾지 못하는 경우가 많습니다. 마치 거의 한 세기 전에 알버트 슈바이처가 역사적 예수에 대한 첫째 탐구에 대해서 했던 말과 비슷한 말을 하게 됩니다. 즉, 오늘날 많은 사람은 성경을 읽으면서 깊은 우물 속에 비친 자신의 상에 근거하여 자신이 얼마나 문제가 많은 가를 발견하고 고칠 것을 요구하는데, 전혀 하나님과의 대화가 이루어지지 않고 그저 자신과의 대화만 무수하게 일어나는 현상을 많이 봅니다.

나님은 무엇이 문제라고 말한 것을 다 잊어버리고, 이전 자신의 모습대로 돌아가는 것은 실질상 하나님의 백성이 보일 마땅한 모습이 아니라는 것입니다. 본문은 그런 사람을 향하여 “자신을 속이는 자”라고 하고(22절), 뒤에는 “자기 마음을 속이는” 사람이라고도 표현합니다(26절). 결국 하나님이 어떻게 말씀하시는지 심령 속에서 알면서도 그것을 억눌러서 제대로 반응하지 못하게 하며, 그것을 억누른 부산물을 만들어 내니(롬 1:18, 21-23 참조) 자신을 속이는 것이 된다는 말입니다.

이 세 가지로 묘사된 사람은 각기 다른 사람이 아니라 하나님의 백성답지 않게 반응하는 한 사람을 그렇게 표현한 것입니다.

### 대안 B: 참 하나님의 백성의 길

참 하나님의 백성들은 이와는 대조적인 다음 세 가지 특징이 드러납니다. 첫째, “모든 더러운 것과 넘치는 악을 내버리고”(약 1:21). 타락한 인간들은 온갖 더러운 것과 넘치는 악을 낸다는 것을 인정하고, 그것을 내어 버립니다. 타락한 인간의 이런 특성은 우리 하나님을 빛들의 아버지라고 묘사하는 바와 참 대조적입니다. 하나님으로부터 각종 좋은 은사와 온전한 선물이 내려온다고 했습니다(약 1:17). 그런데 하나님의 형상인 우리는 타락한 형상(deformed image)으로 존재하여 “모든 더러운 것과 넘치는 악”이 나오는 존재가 되었습니다. 이런 야고보의 이해는 구약의 가르침을 받은 것도 작용하지만, 특히 예수님이 가르치셨던 말씀이 반영된 것일 수 있습니다.

> 무엇이든지 밖에서 들어가는 것이 능히 사람을 더럽게 하지 못함을 알지 못하느냐? 이는 마음으로 들어가지 아니하고 배로 들어가 뒤로 나감이라 … 모든 음식물을 깨끗하다 … 사람에게서 나오는 그것이 사람을 더럽게 하느니라. 속에서 곧 사람의 마음에서 나오는 것은 악한 생각 곧 음란과 도둑질과 살인과

간음과 탐욕과 악독과 속임과 음탕과 질투와 비방과 교만과 우매함이니 이 모든 악한 것이 다 속에서 나와서 사람을 더럽게 하느니라(막 7:18-23).

이런 것으로 우리는 타락이 얼마나 무서운 것이며, 그 결과 인간의 모든 것은 죄로 물들게 되었다는 전적 부패와 전적 타락의 가르침이 참으로 바른 것임을 더 확신하게 됩니다. 그러므로 참된 하나님의 백성들은 언제나 모든 더러운 것과 넘치는 악을 버려야 합니다. 한 번 버렸다고 다 끝나는 것이 아닙니다. 이미 구속함을 받은 사람들 안에도 타락한 인간성인 "육체"(σάρξ)가 작용하므로 계속해서 더러운 것과 넘치는 악이 나오는 것입니다. 날마다, 매 순간 악과 더러운 것이라고 언급된 죄를 버려야 합니다. 하나님의 말씀을 제대로 듣는 사람들은 반드시 그렇게 하게 되어 있습니다. 그러므로 나 자신이 과연 하나님의 말씀을 제대로 듣는지 아니면 그저 듣기만 하는지를 알 수 있는 시금석 중 하나가 이렇게 회개를 제대로 하느냐 하는 것입니다. 한번 회개한 사람은 계속해서 회개한다고 했습니다. 죄를 끊어 버리기까지 계속되는 회개는 참 하나님 백성의 특성입니다.

둘째, 참 하나님의 백성은 "마음에 심어진 말씀을 온유함으로 받으라"(약 1:21)라는 명령을 받으니 참으로 그리합니다. 이 말씀도 예수님이 씨 뿌리는 자의 비유에서 말씀하신 "좋은 땅에 있다는 것은 착하고 좋은 마음으로 말씀을 듣고 지키어 인내로 결실하는 자니라"(눅 8:15)라는 말씀을 반영하는 것일 수 있습니다. 예수님은 "착하고 좋은 마음으로 말씀을 듣고"라고 한 것을 야고보는 "온유함으로 받으라"라고 한 것일 수 있습니다. 예수님은 처음에 받는 것을 중심으로 말씀하셨다면, 야고보는 이미 주어져 마음에 심긴 도에 대해서 어떤 태도로 있을 것인지 말하는 것에만 차이가 있습니다. 그리고 그 두 가지는 서로 연관되는 것입니다. 참 하나님의 백성들은 주어진 말씀을 의심하거나 낮추어 보지 않습니다. 그것은 우리의 영혼을 능히 구하는 능력 있는 말씀이기 때문입니다. 따라서 우리는 그 말씀에 대해서 온유한 마음을 가지게 되고, 그 말씀을 존중하면서 순종하게 되어 있습니다.

여기서 잠시 우리가 듣는 이 말씀이 어떻게 묘사되고 있는지를 생각해 보도록 하겠습니다. (1) "영혼을 구원할 바 마음에 심긴 도"(21절), (2) "도" (22절), (3) "자유하게 하는 온전한 율법"(25절). 이 세 가지 표현이 다 같은 것을 가르치고 있다는 것을 주목해 보아야 합니다. "도"를 듣고 행한다고 했으니 그것은 말씀을 듣고 행하는 것을 말하는 것이고, 그것이 우리 마음에 심긴 것이라고 했으니 복음의 말씀이 우리 안에서 역사하는 것을 지칭하는데, 그 내면적으로 역사하는 복음의 말씀이 능히 우리 영혼을 구할 수 있다고 했습니다. 흥미로운 것은 그것을 율법이라고도 표현한 것입니다. 그런데 그저 율법이라고 하지 않고 "온전한 율법"이라고 했는데, 그것도 자유하게 하는 온전한 율법이라고 했습니다. 이것은 넓게는 성경 전체를 지칭하는 것이고, 좁게는 성경을 요약한 복음의 말씀이라고 할 수 있습니다. 천국 복음의 말씀이 결국은 성경의 가르침을 요약한 것이기에 참 하나님의 백성들은 그것을 다 연관하여 사용하게 됩니다. 우리는 하나님의 말씀을 참으로 온유함으로 받아야 합니다.

셋째, 참 하나님의 백성은 말씀의 도를 따라 행하게 됩니다. 이것은 매우 자연스러운 일입니다. 후에 여러 번 논의되겠지만, 그것을 따라 살아서 구원받는다고 말하지 않습니다. 그러나 구원함을 받은 사람들은 당연히 말씀에 따라 행합니다. 그래서 야고보는 매우 자연스럽게 말씀을 듣기만 하지 말고 "도를 행하는 자가 되라"고 명령합니다(22절). 하나님 백성에게는 이런 열매를 드러내는 것이 매우 당연한 일이기 때문입니다.

### 나가면서: 이 두 대안 앞에서 우리는 어떻게 할 것인가?

이 모든 이야기를 듣고 나면 우리가 어떻게 해야 하는지 너무 분명합니다. 앞으로도 이런 두 가지 길에 관한 이야기가 나올 때 우리의 반응은 항상 같은 것이어야 합니다. 우리는 참 하나님의 백성다운 길을 선택해야 합니다. 야고보도 우리에게 그렇게 권면합니다. "그러므로 모든 더러운 것과 넘치는 악을 내버리고 너희 영혼을 능히 구원할 바 마음에 심어진 말씀을 온유함으로 받으라. 너희는 말씀을 행하는 자가 되고 듣기만 하여 자신을 속이는 자가 되지 말라"(약 1:21-22).

부디 우리가 이런 권면을 무시하지 않는 사람이 될 수 있기를 바랍니다. 그를 무시하지 않고, 이 권면을 온유함으로 받아 그대로 나아가는 것은 우리가 참 하나님의 부르심을 받았다는 증거입니다.

10강 야고보서 1장 26-27절

# 참된 경건이란 무엇인가?

"누구든지 스스로 경건하다 생각하며 자기 혀를 재갈 물리지 아니하고 자기 마음을 속이면, 이 사람의 경건은 헛것이라. 하나님 아버지 앞에서 정결하고 더러움이 없는 경건은 곧 고아와 과부를 그 환난 중에 돌보고, 또 자기를 지켜 세속에 물들지 아니하는 그것이니라"(약 1:26-27).

본문은 1장 전체의 말씀을 요약하고 있습니다. 이것은 또한 야고보서 나머지 부분에서 반복되는 주제이기도 합니다. 그런 의미에서 본문은 야고보서를 고찰하는데 중요한 부분 중 하나라고 할 수 있습니다. 한마디로 말하면 참된 기독교란 어떤 것인지를 말해 줍니다. 그것을 '경건'이라는 용어로 요약할 수 있습니다. '경건'이라고 표현된 이 말은 매우 중요한 말입니다. 다른 말로 표현하면 '종교'라고도 말할 수 있습니다. 성경적인 의미로는 '경건'과 '종교'는 같이 갑니다. 그 둘은 서로 떨어져 있지 않습니다. 같은 것을 지칭하는 것입니다.

우리를 예수님을 믿는 사람, 기독교인, 또는 기독교회에 속해 있는 사람이라고 이야기하는데, 이 본문은 우리가 과연 진성한 그리스도인인지, 참으로 기독교회에 속해 있는지, 기독교를 세상에 드러내는 일에 과연 이바지하고 있는지를 점검해볼 수 있는 좋은 본문입니다. 이 말씀 앞에서 우리 자신을 잘 살펴보아야 할 것입니다.

## "스스로 경건하다고 생각한다"는 것은 무엇인가?

본문 26절은 "누구든지 스스로 경건하다 생각하며"라는 말로 시작합니다. 이 사람은 겉으로는 종교적인 일을 하는 사람입니다. 이 본문이 문제 삼고 있는 사람은 좁은 의미의 종교적인 것은 다 하고 있는데, 무엇인가가 부족한 사람입니다. 그 사람을 위해서 이야기합니다. 마치 자신은 종교적인 것을 아주 잘 하고 있다고 생각하는 사람이 예수님께 와서 자신은 모든 것을 어려서부터 행했다고 말하지만, 예수님 보시기에는 그렇지 않았습니다. 그에게 예수님은 "너한테 한 가지 부족한 게 있다, 그러니까 이렇게 해라"라고 말씀하셨던 이야기와 비슷합니다.

간단하게 이야기하면 이 사람은 공적인 예배와 사적인 예배 시간을 철저히 지키는 사람입니다. 공적인 예배라는 것은 교회에서 정해 놓은 시간의 예배, 그 시간 예배에 다 참여하는 것을 뜻하는 것이고, 사적인 예배라는 것은 일상생활을 해나가면서 하나님과 자기만 있는 시간을 갖도록 늘 힘써 나가는 것을 말합니다. 공적인 예배와 사적인 예배의 형식적인 것에만 집중하는 사람은 '나는 종교적이다'라고 생각할 수 있습니다. 하지만 그러한 외적인 모습이 없으면 종교적이라고 생각할 수도 없습니다. 외적인 모습뿐만 아니라 내면에도 바른 예배의 모습을 갖는 사람을 "경건하다"라고 표현하는 것입니다.

그런데 예배에 철저한 사람 가운데 어떤 사람은 사실 경건하지 않다고 말합니다. 26절은 "누구든지 스스로 경건하다 생각하며 자기 혀를 재갈 물리지 아니하고 자기 마음을 속이면 이 사람의 경건은 헛것이라"고 합니다. 이 사람은 소위 종교적인 것을 열심히 하는 사람입니다. 열심히 해나가는데 하나님은 그것을 헛것이라고 이야기하는 것입니다.

### 경건에 대한 첫 번째 시금석: 언어 사용

첫 번째, 외적인 공적 예배를 힘쓰지만, 자기 혀를 재갈 물리지 않는 사람들은 그 사람의 소위 경건이라는 것은 헛것이라고 합니다. 우리가 앞에서 이야기할 때 “너희는 말씀을 행하는 자가 되고, 듣기만 하여 자신을 속이는 자가 되지 말라”(약 1:22)라는 말씀을 보았습니다. 더 앞에서는 “내 사랑하는 형제들아 너희가 알지니 사람마다 듣기는 속히 하고 말하기는 더디 하며”(약 1:19)라는 말씀도 보았습니다. 이것은 앞에서도 언급했지만, 잠언의 배경을 가지고 있는 말씀입니다.

잠언 15장 1절을 보면 “유순한 대답은 분노를 쉬게 하여도 과격한 말은 노를 격동하느니라”라고 말씀합니다. 사람들이 분노할 때 유순하게 대답하면 사람들의 분노를 가라앉힐 수 있는데, 과격한 말은 노를 더 격동시키는 것입니다. 우리는 싸움할 때 이러한 것을 잘 느낄 수 있습니다. 그런데 성경은 그렇게 하지 말라고 합니다.

잠언 15장 23절은 “사람은 그 입의 대답으로 말미암아 기쁨을 얻나니 때에 맞는 말이 얼마나 아름다운고”라고 말씀합니다. 그러므로 때에 맞는 말을 해야 한다고 합니다. 그러면 어떻게 해야 합니까? 때에 맞는 말을 하기 위해서는 어떻게 해야 합니까? 하나님의 뜻을 잘 생각하면서 ‘지금 내가 이야기를 해야 하나?’라는 생각을 해야 합니다.

모든 일을 열심히 하는 사람이 가끔 이상한 소리를 해서 문제가 일어나는 경우가 있습니다. 오랜 신앙생활을 하다 보면, 교회 안에서 그런 일이 발생하는 것을 보게 됩니다. 바로 그런 것을 염두에 두고 야고보가 이야기하는 것입니다. 어떤 사람이 스스로 경건하다고 생각할 정도로 주어진 일을 열심히 합니다. 그런데 아주 중요한 순간에 상황에 맞는 말을 못 하는 것입니다. 그렇게 되면 그 사람의 경건은 헛것이라고 합니다. 그러니까 이것이 말하는 것은 수준이 아주 높은 것이라는 것을 보여 줍니다. 이 말씀의 의도를 알아야 합니다. 앞에서부터 이야기했지만, 이것은 우리가 주님 앞에서 열심히 신앙생활을 하고 있다는 것을 전제로 말하는 것입니다. 열심히 하는데 너에게 이것 하나가 부족하다고 이야기하는 것입니다. 성경은 굉장히 구체적입니다. 우리가 세상을 살아갈 때 어떻게 말하고 살아야 하는가도 구체적으로 이야기해 줍니다.

잠언 25장을 한번 보겠습니다. "너는 이웃과 다투거든"(잠 25:9)이라고 말씀하는 것은 그런 일이 있을 수 있다는 것입니다. 안 다투면 훨씬 더 좋을 것입니다. 그런데 안 다투려고 노력해도 다투는 상황이 있을 수 있습니다. 그럴 때 신약 성경의 용어로 말하면 "옳다 옳다, 아니라 아니라 하라"(마 5:37)라고 합니다. "그것은 맞다, 그것은 아니다"라는 것만 이야기하라는 것입니다. 그것만 하고 "남의 은밀한 일은 누설하지 말라"(잠 25:9)라고 합니다. 만일 누설한다면 어떻게 된다고 합니까? "듣는 자가 너를 꾸짖을 터이요 또 네게 대한 악평이 네게서 떠나지 아니할까 두려우니라"라고 말씀합니다. 물론 다른 방법의 하나는 "옳다, 옳다, 그르다, 그르다"라고도 안 하고 그냥 남들이 이야기하는 대로 어려움을 당하는 방법이 있습니다. 그러나 그것도 오해를 일으킬 수 있으니까 그냥 "옳다, 옳다, 아니다, 아니다"라고만 하라는 것입니다.

그리고 "경우에 합당한 말은 아로새긴 은쟁반에 금 사과니라"(잠 25:11)라고 말씀합니다. 이것은 가장 아름다운 표현 중 하나입니다. "아로새긴 은쟁반에 금 사과"라는 말씀은 어떤 분위기에서 나오는 것입니까? "아로새긴 은쟁반에 금 사과가 있으면 얼마나 아름다운가?" 하는 것을 이야기합니다. 그렇게 우리가 해야 한다는 것입니다. 무엇을 할 수 있어야 합니까? 경우에 합당한 말을 할 수 있어야 합니다. 성령님이 우리 심령을 잘 주관하여 주시고 내 마음속에서는 성령님께 순종하려는 마음이 늘 있어서, 그러니까 매일 매일의 삶에서 경우에 합당한 말을 하는 것은 참 아름다운 것이라고 하는 것입니다.

이것과 직접적으로는 연관되어 있지는 않지만, 어느 정도 연관성이 있는 사무엘 선지자에 대한 성경의 평가를 생각해 보겠습니다. 사무엘 선지자에 대해서 "여호와께서 그와 함께 계셔서 그의 말이 하나도 땅에 떨어지지 않게 하시니"(삼상 3:19)라고 성경은 표현합니다. 그 말은 다양한 의미를 지니고 있는데, 예언적인 의미의 말을 했다면 (그것은 우리가 할 수 없는 것인데) 그가 한 말이 반드시 이루어지고야 말았다는 뜻입니다. 마치 하나님이 말씀하시면 이루어지듯이, 사무엘이 하나님의 뜻을 받들어서 예언하는 것이 이루어졌다는 말입니다. 그러나 그것은 예언적인 말만 이야기하는 것이 아니라 그의 일상생활의 여러 가지 말에 관해서도 이야기하는 것입니다. 그것도 땅에 떨어지지 않았다는 말입니다.

그렇다면 한번 생각해 보겠습니다. 사무엘이 어떻게 말하며 살았겠습니까? 자기가 말하는 것을 잘 생각하면서 늘 하나님의 뜻을 말하려고 노력했을 것입니다. 여기에서 우리는 지혜가 필요한 것입니다. 야고보서는 우리에게 누구든지 지혜가 부족하거든 후히 주시고 꾸짖지 아니하시는 하나님께 구하라고 했습니다. 왜 지혜를 구해야 합니까? 지혜가 필요하기 때문입니다. 경우에 합당한 말을 할 수 있도록 주께서 우리에게 지혜를 주시면 우리도 헛되지 않은 경건을 드러낼 수 있습니다.

이것이 주께서 우리에게 요구하시는 첫 번째 것입니다. 우리는 이 말씀을 마음에 새겨야 합니다. 그리고 다음에 또 이 말씀을 들을 때, 우리가 그렇게 살고 있는지 아닌지 점검해야 합니다.

## 경건의 두 번째 시금석: 구제하는 심정과 그 시행

두 번째, 주께서는 무엇을 이야기하십니까? "하나님 아버지 앞에서 정결하고 더러움이 없는 경건은"(약 1:27)이라고 말씀합니다. 우리의 종교, 경건을 표현하는데 하나님 아버지 보시기에 "깨끗하고, 더러움이 없다"는 이 두 마디는 사실 한 말씀입니다. 두 가지 표현을 써서 한 가지 사상을 우리에게 전달하는 것입니다. 우리의 경건, 우리의 종교라고 하는 것은 '하나님 보시기에 깨끗해야 한다, 하나님 보시기에 더러움이 없어야 한다'고 합니다. 그리고 이와 연관해서 두 가지를 이야기합니다.

하나는 고아와 과부를 그 환난 중에 돌아보는 것이라고 합니다. 앞에서는 우리의 혀가 경우에 합당한 말을 하라고 권면했다면, 두 번째는 고아와 과부를 그 환난 가운데서 돌아보아야 한다고 합니다. 이는 세상에는 어려움을 당하는 사람들이 언제나 있음을 전제로 하는 말입니다. 세상에서 고아와 과부가 되면 오늘날에도 쉽지 않지만, 옛날에는 훨씬 더 어려움이 컸습니다. 경제적인 어려움이 심했습니다. 옛날에는 주로 남자들이 경제 활동을 하기에 과부가 되면 경제력이 없습니다. 그러니까 하나님의 백성들에게는 누구도 돌보지 않는 사람들을 잘 돌봐 주도록 하는 책임이 부여되어 있습니다. 이것이 교회의 큰 책임입니다. 교회는 교회 공동체 전체로나 개인적으로나 그것을 힘써야 합니다. 이것을 늘 생각해야 합니다. 이것이 교회 공동체가 세상에 있는 이유 중 하나입니다. 교회 공동체의 규모가 커지면 커질수록 공동체 유지를 위한 비용이 많이 들어서 밖에 있는 사람들을 신경 쓰기가 어려워집니다. 교회 건물이 크고 화려할수록 그것을 유지하는 비용이 상당히 많이 든다는 것을 우리는 잘 알고 있습니다. 유지하는데도 많은 힘이 들기에, 세상에서 어려움을 당하는 사람들을 위해 사용하는 것에 제한을 받게 됩니다.

그래서 성경은 이것을 아주 강조하고 있습니다. 시편 68편 5절에는 "하나님은 고아의 아버지시며 과부의 재판장이시라"라고까지 표현했습니다. 하나님을 고아의 하나님, 과부의 재판장이라고 표현한 것입니다. 일부러 하나님이 자신을 그렇게 표현하신 것입니다. "나는 세상에서 어려움을 당하고 있는 사람들의 하나님이다"라고 이야기하는 것입니다. 그러니까 하나님을 이렇게 표현하는 의미를 우리가 생각해야 합니다. 또한 시편 68편 5절-6절에서는 어떻게 말합니까?

> 그의 거룩한 처소에 계신 하나님은 고아의 아버지시며 과부의 재판장이시라. 하나님이 고독한 자들은 가족과 함께 살게 하시며 갇힌 자들은 이끌어 내

사 형통하게 하시느니라. 오직 거역하는 자들의 거처는 메마른 땅이로다(시 68:5-6).

하나님을 어떻게 표현했습니까? "고아의 아버지, 과부의 재판장"이라고 표현했습니다. 우리 하나님이 그들을 돌보는 분이시라는 것입니다. 그러면 이 땅 가운데 하나님의 백성은 어떻게 살아야 합니까? 아버지 하나님을 본받아서 사는 것입니다. 하나님이 세상에서 그분의 뜻을 이루시려고 하는 바를 우리가 생각해야 합니다. 따라서 교회 공동체도 신경을 거기에 써야 합니다. 다른 것에 쓰면 안 됩니다. 물론 그렇게 하는 것은 어려운 일입니다. 우리 주변에 어려운 사람들을 돌아보는 것에 신경 쓰기보다는 우리 자신을 유지해 나가는 것에 더 신경을 쓰게 됩니다.

교회 공동체가 어떻게 하느냐가 개개인에게도 영향을 미칩니다. 만일 교회 공동체가 자기를 유지하는 것에 훨씬 더 관심을 쓴다면 개개인들도 다른 사람들을 신경 쓰기 보기는 자신에게 더 많은 관심을 쏟게 됩니다. 그래서 성경의 용어로 고아와 과부에 관해서 관심을 가질 여유가 없어집니다. 어떤 경우는 고아와 과부를 도울 마음은 있는데, 그럴 능력이 없을 수도 있습니다. 그러니까 아예 분명하게 마음먹어야 합니다. 능력이 없을지라도 우리는 항상 고아와 과부를 돌보는 일에 힘쓴다고 마음먹는 것입니다. 그것에 늘 신경을 써야 합니다. 우리는 세상에서 어려움을 당하는 사람들 중심으로 살아가야 합니다.

### 경건의 세 번째 시금석: 세속에 물들지 않음

세 번째, "자기를 지켜 세속에 물들지 아니하는 그것이니라"(약 1:27)라고 말씀합니다. 자기를 지켜 세속에 물들지 않는다는 것은 세상의 가치, 세상의 사고방식 등이 나를 주관하지 않도록 한다는 것입니다. 우리가 정신을 차리지 않으면, 교회도 세상의 질서에 영향을 받아 갈 수 있습니다. 교회 안에서도 세상이 원하는 사고방식을 가지고 활동하는 일이 있을 수 있습니다. 그것이 "세속에 물들어 가는" 것입니다. 세상의 영향을 받은 교회의 모습이 나타나는 것입니다. 그것이 교회의 세속화입니다. 그러므로 개인과 교회 공동체가 세속화된 사고방식에 물들지 않는 것이 매우 중요합니다. 여기에 교회의 진정한 모습이 나타납니다.

세상 속에 있으나 세상에 속하지 않은 사람다움이 우리에게 어떻게 나타나야 합니까? 그것은 세상의 가치가 아니라 하나님 나라의 가치가 우리를 주관해가는 것입니다. 교회도 그렇고, 개인도 마찬가지입니다. 세상에서 멋있다고 하는 것, 세상에서 괜찮다고 하는 것, 그런 것을 향해서 나아간다면 우리는 세속에 물드는 것입니다. 그러니까 세속화는 아주 다양한 형태로 우리 가운데 있을 수 있습니다. 제일 어려운 것은 "교묘한 세속화"입니다. 가장 교묘한 세속화는 자신이 전혀 세속적이지 않다고 생각하는데 사실은 세속에 물들어 있는 것입니다. 한국 교회 안에서 아주 흔하게 발견하는 교묘한 세속화는 주님께 열심히 충성하면 세상에서 세속적 의미에서 잘된다는 사고방식과 그러한 잘못된 신념을 가지는 것입니다. 그것이 세속화라면 다른 의미의 세속화는 얼마나 더 심각한가 하는 것을 우리가 생각해 볼 수 있습니다. 이런 것을 우리 마음속에 새겨야 합니다.

### 나가면서: 경건에 대한 세 가지 시금석

본문은 우리에게 아주 중요한 세 가지 요청을 하고 있습니다. 첫 번째는 우리의 혀를 어떻게 사용할 것인가와 연관하여 우리의 언어생활에 관한 것입니다. 두 번째는 우리가 경제생활을 할 때 고아와 과부를 돌아보는 식으로 경제생활을 해야 한다는 것입니다. 내가 쓸 것 다 쓰고서는 구제할 수 없습니다. 그러니까 우리는 검소하게 살아야 합니다(simple life!). 그래야만 고아와 과부를 위해서 사용할 수 있는 것이 있게 됩니다. 예수님을 믿는 경제학자들과 늘 논쟁하는 것이 있습니다. “우리가 그렇게 검소하게 살면 어떻게 경제가 돌아가느냐?”라고 질문합니다. “소비를 해줘야 경제가 좀 돌아갈 것 아니냐?”라고 묻습니다. 그러면 걱정할 필요가 없다고 말씀드립니다. 이 말씀대로만 하면 된다고 말씀드리는 것입니다. 우리가 우리를 위해서는 안 쓰지만, 고아와 과부를 위해서는 열심히 사용하는 것입니다. 우리가 더 많이 쓰게 됩니다. 누구를 위해서? 고아와 과부를 위해서 말입니다. 물론 언제 쓰느냐 하는 것은 주께서 주시는 지혜대로 하는 것입니다. 내가 있는 대로 그때그때 남을 위해 사용하는 방식도 있고, 좀 모아서 사용할 수도 있습니다. 방식은 주께서 주시는 지혜대로 하는 것이지만 이것 때문에 경제가 안 돌아가는 일이 있을 수는 없습니다.

성경 말씀은 매우 구체적입니다. 우리의 구체적인 삶의 모습을 보기라도 하듯이 이야기해줍니다. 어떻게 그럴 수 있을까요? 주님은 과거나 오늘이나 동일하게 우리의 구체적인 삶에 관심이 있었기 때문입니다. 그래서 1세기에 야고보가 했던 말씀이지만, 그 시대 사람들에게만 주는 말씀이 아니라 현재 우리에게도 주시는 말씀이라는 것을 절실하게 느끼게 됩니다. 하나님의 놀라운 은혜 가운데 어느 시대에 살든지 그 백성들에게도 적합한 말씀이 됩니다. 이 말씀이야말로 우리 종교의 참된 모습을 세상에 드러내도록 합니다. 참 기독교를 세상에 있게 하려면 우리가 이 말씀에 주의해야 합니다.

세속에 물들지 않는다는 세 번째 요구는 어쩌면 첫 번째와 두 번째 요구를 실현하려고 참으로 애쓸 때 만족할 수 있을 것입니다.

이제 정리해 보겠습니다. 진정한 그리스도인들은 세상에서 어떻게 나타납니까? 어디에서나 여기서 이야기하는 세 가지 강조점이 나타나야 합니다. 그것은 우리에게 있는 하나님과의 내면적인 관계성이 바깥으로 표현되는 것입니다. 동시에 좁은 의미의 종교적인 표현도 늘 나타나야 합니다. 그것이 진정한 기독교인의 모습입니다. 그리고 진정한 기독교인은 자기만 그런 사람으로 있는 것으로 만족하지 않습니다. 다른 사람들도 그런 모습이 되기를 항상 원합니다. 그러므로 그저 개인적 신앙이라는 것은 없습니다. 참된 기독교회가 어떻게 있을 것인가를 생각하면서 그러한 기독교회가 세상 가운데 있도록 힘쓰는 모습을 하게 되어 있습니다. 이것은 다음과 같이 이중적으로 나타나게 됩니다.

하나는 교회와 관련해서 자기가 교회의 지체 역할을 잘 감당하는 것입니다. 교회의 지체 역할을 감당한다고 하는 것의 그 풍성한 의미를 생각하시기 바랍니다.■ 그 일이 우리에게 매우 중요합니다. 또 하나는 아직 예수 그리스도를 믿지 않고 있는 사람들, 그 사람들이 이 빛을 향해 나와야 합니다. 야고보는 그렇게 생각하고 있는데 우리는 "하나님, 우리는 사람이에요, 우리한테 그냥 적절한 요구를 하시지 너무 심한 것을 요구하시면 안 되잖아요?"라고 반응하면 안 됩니다. 이것은 세상의 어떤 특별한 사람들만 하는 것이 아닙니다. 그리스도인이라면 다 이렇게 생각하고 이것을 위해서 힘을 써야 합니다. 이 본문 앞에서 우리 자신을 돌아보면서 정말 주께서 원하시는 참 그리스도인, 참 교회의 모습을 세상 가운데 구현해 나가시기를 바랍니다.

■ 이에 대해서 이승구, 『교회란 무엇인가?』. 재개정판 (서울: 말씀과 언약, 2020), 16-31, 368-80; 이승구, 『성령의 위로와 교회』, 최근판 (서울: 이레서원, 2013), 78-84를 보십시오.

**11강** 야고보서 2장 1-9절

# 사람을 외모로 취하지 말라

"내 형제들아 영광의 주 곧 우리 주 예수 그리스도에 대한 믿음을 너희가 가졌으니 사람을 차별하여 대하지 말라. 만일 너희 회당에 금 가락지를 끼고 아름다운 옷을 입은 사람이 들어오고 또 남루한 옷을 입은 가난한 사람이 들어올 때에 너희가 아름다운 옷을 입은 자를 눈여겨 보고 말하되 여기 좋은 자리에 앉으소서 하고 또 가난한 자에게 말하되 너는 거기 서 있든지 내 발등상 아래에 앉으라 하면, 너희끼리 서로 차별하며 악한 생각으로 판단하는 자가 되는 것이 아니냐? 내 사랑하는 형제들아 들을지어다. 하나님이 세상에서 가난한 자를 택하사 믿음에 부요하게 하시고 또 자기를 사랑하는 자들에게 약속하신 나라를 상속으로 받게 하지 아니하셨느냐? 너희는 도리어 가난한 자를 업신여겼도다. 부자는 너희를 억압하며 법정으로 끌고 가지 아니하느냐? 그들은 너희에게 대하여 일컫는 바 그 아름다운 이름을 비방하지 아니하느냐 너희가 만일 성경에 기록된 대로 네 이웃 사랑하기를 네 몸과 같이 하라 하신 최고의 법을 지키면 잘하는 것이거니와 만일 너희가 사람을 차별하여 대하면 죄를 짓는 것이니 율법이 너희를 범법자로 정죄하리라"(약 2:1-9).

앞에서 생각했던 하나님의 백성들이 이 세상에서 사는 문제와 관련해서 하나님은 우리에게 매우 중요한 것을 야고보서를 통하여 말씀하고 있습니다. 본문 자체는 교회 공동체 안에서 우리의 관계성이 어떠해야 하는지를 말씀합니다. 그러나 그 의미는 결국, 교회 안에서만이 아니라 일상적인 삶에서 사람과 사람 사이의 관계가 어떠해야 하는지를 이야기하고 있는 것입니다. 다시 한번 말하지만, 이 모든 것은 복음 사건이 가져다준 의미 때문에 우리에게 의미가 있습니다.

### 본문의 핵심 주제: "사람을 외모로 취하지 말라"

한마디로 말하면 "사람을 외모로 취하지 말라", 즉 사람을 "차별하지 말라"는 것입니다. 세상 사람들도 상당히 좋은 말씀으로 생각할 것입니다. 만일 이 가르침이 "사람을 차별하지 말고 잘 살아라" 하는 것이라면 그것을 구태여 교회 공동체 안에서 강조할 일은 아닐 것입니다. 세상에서도 그런 이야기를 할 수 있기 때문입니다. 그런데 세상에서도 이런 생각을 할 수 있다는 사실이 이 본문을 대하는 우리에게 더 심각한 도전을 하게 합니다. 하나님의 백성이 아닌 사람들도, 성령님의 구속함이 없는 사람들도 "사람을 차별하면 안 된다"는 생각을 할 수 있습니다. 하물며 구속받은 백성이 사람들을 차별하면 되겠습니까? 만일 교회가 세상 사람들이 말하는 정도에도 미치지 못하는 현실이 나타난다면 어떻게 되겠습니까?

본문의 본래 의도는 이미 구속함을 받은 백성, 예수 그리스도의 십자가 은혜 속에 있는 하나님의 백성들이 일차적으로 교회 공동체 안에서 어떤 태도로 살아갈 것인가를 이야기해 주는 것이고, 부차적으로 세상 속에서 사람과 사람 사이에 어떤 관계성을 가지고 있어야 하는가를 우리에게 이야기해 주고 있습니다. 그러므로 우리는 항상 복음의 빛에서 이와 같은 명령의 말씀들을 이해하는 것이 매우 중요합니다.

### 판단 근거 1: "내 형제들아!"

이것이 구속받은 백성에 관한 이야기라는 것은 "내 형제들아"라고 하는 본문에서 분명히 나타납니다. 구속받은 성도인 야고보가 구속받은 다른 성도들에게 하는 이야기입니다. 그래서 "내 형제들아"라고 말하는 것입니다. 이 말은 단순히 자기 민족이기에 하는 말이 아니라는 것을 알 수 있습니다. 왜냐하면 여기 "회당"이라고 하는 말이 나옵니다. 2절을 보면 "만일 너희 회당에 금가락지를 끼고 아름다운 옷을 입은 사람이 들어오고 또 남루한 옷을 입은 가난한 사람이 들어올 때에"라고 말씀합니다.

### 판단 근거 2: "회당"

말의 뜻만으로 생각할 수 있는 것은 크게 두 가지입니다. 가장 자연스러운 의미는 진짜 "회당"(synagogue)입니다. "회당"은 유대인들이 모여서 예배하는 곳을 말합니다. 이런 의미를 중요하게 여기는 분들은 1장 1절에서 "하나님과 주 예수 그리스도의 종 야고보는 흩어져 있는 열두 지파에게 문안하노라"라고 했을 때 '열두 지파'를 유대인 가운데 예수님을 믿는 사람으로 생각합니다. 그러나 전체적인 맥락으로 봤을 때 그렇게 이야기하는 것이라고 말하기는 어렵습니다. 왜냐하면 유대인의 회당에 있는 거의 모든 사람이 예수님을 믿게 된 예는 상당히 드물기 때문입니다. 여기서 회당은 일반적인 유대인의 회당이 아니라 그것을 본받아서 만든 것으로 예수님을 믿는 사람들이 함께 모여서 예배하게 된 공동체를 지칭하는 것으로 보는 것이 조금 더 자연스러울 것입니다. 그러므로 이 회당은 우리의 예배 모임과 비슷한 것이라고 할 수가 있습니다. 그것이 아주 자연스럽습니다.

우리는 이 서신의 저자가 예수님의 동생 야고보라고 생각하는데, 그는 처음부터 예수님을 믿었던 사람이 아닙니다. 예수님이 미쳤다고 생각하여 잡으러 다니던 예수님의 친형제였습니다. 그러다 어느 순간 예수님이 누구신지를 진정으로 깨닫고 "우리 주 예수 그리스도"라고 말합니다. "우리 형 예수 그리스도"라고 말하지 않습니다. "우리 주 예수 그리스도"라고 이야기하며 예수님을 주님으로 모시고 사는 사람임을 드러내는 것입니다.■ 당시 유대인들도 그렇게 말해야 한다는 의미를 전달하고 있습니다.

이점에 대해서는 앞에서 살펴본 <1 강>의 말씀을 잘 생각해 보십시오.

여기에 유대인의 회당이 있습니다. 그 회당에서 전에는 예수님을 "주"라고 생각하지 않았던 사람 중 상당수가 예수님을 "주"라고 인정하는 상황을 생각해 보겠습니다. 그랬을 경우 유대인의 회당이 나누어지는 현상이 나타날 수밖에 없습니다. 이것은 고린도 같은 곳에서 아주 현저하게 나타났던 현상입니다. 바울이 맨 처음 고린도에서 복음을 전했을 때 유대인의 회당에 가서 복음을 전했습니다(행 18:4-5). 그런 후 고린도에서는 유대인들이 예수님을 믿는 사람들을 핍박하기 시작합니다. 어쩔 수 없이 예수님을 믿는 사람들이 회당에서 나와서 다른 곳으로 가는 경우가 생겼습니다. 고린도에서는 디도 유스도라는 사람의 집으로 갔습니다(행 18:7). 그러니까 회당에서는 유대인들이 모여서 안식일 날 회당 예배를 하고, 회당 옆에 디도 유스도의 집에서는 예수님을 믿는 사람들이 모여서 예배하기 시작합니다. 그 모임도 본문의 용어를 가지고 사용한다면 우리들의 새로운 "회당"이 될 것입니다.

회당이라는 말은 '쉬나고게'(συναγωγη)라는 말인데, 이 단어의 뜻은 "함께 모인다"라는 말입니다. 여기에 교회라는 특성이 나타납니다. 교회는 흩어져 있을 때도 교회입니다. 언약 교회는 어디에 있느냐고 했을 때, 우리가 각자 흩어져서 일주일 동안 생활하는 언약 교회가 있습니다. 그 사람들이 주일날이나 수요일 등 정한 시간에 모이는 것입니다. 그것이 모이는 교회입니다. 물론 우리가 모였을 때만 교회인 것이 아닙니다. 우리는 교회였다가 아니었다가 하는 것이 아니기 때문입니다. 우리는 함께 모여 있을 때도 교회이고, 흩어져 있을 때도 교회입니다. 그러니까 흩어져 살 때 우리의 생활 현장에서 하나님의 백성답게 제대로 살아가면 교회가 튼튼하게 됩니다. 만일 그렇게 하지 못한다면 교회는 비실비실한 교회, 연약한 교회가 됩니다. 주께서 우리에게 튼튼한 교회로 서는 일을 맡겨주셨습니다. 그것이 의미 있게 이루어지려면 함께 모여 있을 때도 그 특성이 잘 나타나야 합니다. '흩어져 있을 때는 주님의 뜻대로 잘 하는데 함께 있을 때는 잘하지 못한다'. 그럴 수는 없습니다. 흩어져 있을 때 잘 한다면 함께 있을 때도 잘 하는 모습이 나타날 수밖에 없습니다. 그 모습이 우리 가운데 나타나야 합니다. 이렇게 함께 모이는 백성들은 어떻게 살아야 합니까?

## 모임에서 발생할 수 있는 사소하지만 심각한 문제 하나

우리가 함께 모인 곳에 어떤 사람들이 처음으로 참석할 수 있습니다. 예를 들면 바울과 같은 사람이 지나다가 유대인의 회당에 갈 때 사람들은 대개는 처음 보는 사람을 무엇으로 판단하기 쉽습니까? 이것은 어느 나라 사람이나 다 비슷합니다. 그 사람의 외모를 보고 판단하기 쉽습니다. 외모를 보고 '저 사람 준수한 사람이다, 괜찮은 사람이다'라고 판단하는 일이 많습니다. 그래서 사람들은 속기도 합니다. 성경에도 그런 이야기가 많습니다. 사울을 왕으로 세울 때 사람들이 어떻게 생각합니까? 사울은 다른 사람들보다도 어깨 하나가 더 있었던 사람이라고 합니다(삼상 9:2). 키도 크고 기골이 장대한 사람입니다. 사람들이 볼 때 괜찮은 사람으로 보였습니다. 그와는 대조적으로 다윗을 왕으로 세우고자 그에게 기름을 부을 때 어떤 일이 생겼습니까? 하나님이 사무엘에게 이새의 집에 가서 왕으로 세울 사람에게 "기름을 부으라"라고 했을 때(삼상 16:1) 사무엘조차도 사람의 모습을 보았습니다. 큰형 엘리압이 왔을 때 '이 사람 참 괜찮겠다'라고 판단하여 그에게 기름을 부으려고 했습니다(삼상 17:6). 그것을 하나님이 막으셨습니다(삼상 17:7). 사람들은 늘 그렇게 겉모습으로 판단하기 쉽습니다. 그래서 사람들은 화려한 옷을 차려입고, 장신구 같은 것으로 치장합니다. 나중에는 사람을 그가 입은 옷으로 판단하는 경우가 빈번합니다. 사람들의 수준이 낮아지면 자신을 자기가 입은 옷으로 판단하는 일이 생기기도 합니다. 그것이 우리에게도 있을 수 있는 일입니다.

3절에는 "너희가 아름다운 옷을 입은 자를 눈여겨보고 말하되 여기 좋은 자리에 앉으소서"라고 말씀합니다. 번역을 아주 잘 한 것입니다. 존댓말로 번역했습니다. 비교적 그 차이를 분명하게 하면서 번역을 했습니다. 아주 좋은 옷을 입은 사람에게는 "좋은 자리에 앉으소서"라고 한 후에 "가난한 자에게 말하되 너는 거기 서 있든지 내 발등상 아래에 앉으라"라고 합니다. 이것은 하대하는 투로 번역했습니다. 그 뉘앙스를 살려서 잘 번역한 것입니다.

사람들이 이렇게 한다면 그것은 무엇을 의미합니까? 4절은 이렇게 말씀합니다. "너희끼리 서로 차별하며 악한 생각으로 판단하는 자가 되는 것이 아니냐"라고 말입니다. 여기서 우리의 문제점이 드러납니다. 하나는 '너희가 차별한다'라는 것입니다. 그가 어떤 사람인지 척 보면 안다고 말하는 사람이 있습니다. 그런데 성경은 "그렇게 하지 말아라, 구별하지 말아라, 사람을 그렇게 차별하지 말아라"라고 합니다. 일단 교회 공동체 안에서 그렇게 하지 말아야 합니다. 여기서는 아주 현저한 부자와 가난한 사람의 차별을 이야기했지만, 그것만을 말하는 것이 아니라 모든 것을 이야기하는 것입니다.

"외모를 본다"라는 것을 직역하면 "얼굴을 본다"라는 말입니다. 얼굴을 보고 판단한다는 것입니다. 얼굴을 보고 그 사람이 어떤 사람인가 판단하고 구별합니다. 우리가 오랜 시간 살아오면서 자기 나름대로 세운 판단 기준이 그것이라는 말입니다. 심지어 어린아이들도 이렇게 판단한다고 합니다. 그런데 성경은 우리에게 그렇게 하지 말라고 합니다. 그렇게 하는 것은 결국 "악한 생각으로 판단하는 자가 되는 것이 아니냐"라고 말씀합니다.

우리는 거듭나고 구속함을 받은 사람들입니다. 그런 사람들도 악한 생각에 의한 판단이 있을 수 있습니다. 우리가 구속함을 받아 중생했으면 그런 악한 생각이 우리 속에 전혀 없었으면 좋겠다고 생각합니다. 그러나 성경은 매우 현실적으로 말하면서, 그렇지 않다고 합니다. 우리가 죽을 때까지 그런 문제는 늘 우리에게 있습니다. 이것을 바울의 용어로 말하자면 "육체"(σάρξ)라고 합니다. 육체는 우리 안에 있는 악한 생각, 부패한 생각, 인간적인 생각으로 우리는 모든 것을 판단하려고 합니다. 그러나 성경은 그것을 하지 말라고 합니다. 사람을 차별하지 말아야 합니다.

## 옛부터 주신 말씀의 교훈과 "영원한 과제"

사실 이런 생각은 이미 구약에서 우리에게 주셨던 하나님의 말씀에 있습니다. 하나님은 그의 백성들에게 "너희의 하나님 여호와는 신 가운데 신이시며, 주 가운데 주시오, 크고 능하시며 두려우신 하나님이시라. 사람을 외모로 보지 아니하시며 뇌물을 받지 아니하시고"(신 10:17)라고 말씀하고 있습니다. 하나님은 이런 분이시기에 너희도 그렇게 해야 한다고 말씀하는 것입니다. 만일 하나님이 우리의 어떠한 모습을 보고 사랑하는 것이라면 우리는 하나님의 사랑을 받을만한 사람이 아닙니다. 하나님은 우리를 외모로 판단하지 않으셨습니다. 하나님께서 사람을 차별하지 않으셨는데 "너희가 차별하면 되겠느냐?"라고 이야기하는 것입니다. 우리는 하나님의 백성이고 하나님의 자녀입니다. 하나님의 자녀는 하나님이 어떠한 분이라는 것을 우리 삶에 드러내야 합니다. 무엇을 판단하거나 어떤 활동을 할 때 하나님의 어떠하심이 드러나도록 해야 합니다. 이것이 우리가 가야 할 길입니다.

하나님은 외모로 판단하지 않으시기에 우리도 그렇게 해야 합니다. 더 나아가, 고아와 나그네를 사랑하라고 말씀하십니다. "고아와 과부를 위하여 정의를 행하시며 나그네를 사랑하여 그에게 떡과 옷을 주시나니, 너희는 나그네를 사랑하라. 전에 너희도 애굽 땅에서 나그네 되었음이니"(신 10:18-19). 하나님은 우리를 그렇게 대해 주셨습니다. 그래서 우리도 차별하지 말고 누구든지 사람으로서 잘 대우해야 한다고 말씀합니다. 만일 교회 공동체 안에 정말 가난한 사람이 왔다면 그 사람은 도움이 절실하게 필요할 것입니다. 그것을 알고 그를 도우려는 마음이 작용해야 할 것이라고 권면하고 있습니다.

물론 하나님만큼 할 수 있는 사람은 세상 어디에도 없습니다. 성경은 "너희는 거룩하라. 이는 나 여호와 너희 하나님이 거룩함이니라"(레 19:2)라고 말씀하시며 우리도 거룩해지기를 요구하십니다. 신약 성경에서도 "하늘에 계신 너희 아버지의 온전하심과 같이 너희도 온전하라"(마 5:48)라고 말씀합니다. 이 말씀의 의미가 우리도 하나님과 같아진다는 것이 아니라는 것은 누구나 알 것입니다. 우리가 모든 힘을 다하여 영원토록 노력한다고 해도 안 되는 일입니다. 그러나 우리는 평생 하나님의 어떠하심을 알아 가며 그것을 본받아 살기를 힘써야 합니다. 그것이 우리의 평생 과제이며 영원한 과제입니다.

하나님은 어떤 분이십니까? 그것을 아는 것은 그 자체가 좋아서이기도 하지만, 다른 한편으로는 하나님의 어떠하심을 사람들과의 관계성 가운데 드러내기 위한 것입니다. 결국 피조물의 한계 내에서 우리 자신이 그런 사람이 되어야 합니다. 교회가 세상에 있는 것은 결국 그것을 위해 있어야만 하는 것입니다. 우리는 모두 문제가 있는 사람들입니다. 교회 공동체 역시 모두 다 문제가 있습니다. 모두가 문제 있는 모습이지만, 우리에게 한 가지 공통된 목적이 있습니다. 우리는 하나님의 어떠하심을 향해서 끊임없이 나아가야 합니다. 우리가 비록 피조물이지만, 시간이 지나면 하나님이 허락하신 범위 안에서 하나님을 닮아가는 사람이 될 것이라는 소망을 바라보며 나아가야 합니다. 세월이 지날수록 우리의 마음 가운데 그런 마음이 더욱더 샘솟아 올라와야 합니다.

### 어떻게 실천할 것인가?
### 사람의 본질을 생각하는 방향으로 나아가야

다시 말하지만, 본문은 외모로 사람을 판단하지 말라고 강조합니다. 교회 공동체 안에서는 누구든지 보이는 것으로 우리의 생각이 좌우되지 않도록 해야 합니다. 그러한 것이 뿌리내리고 자리 잡혀야 합니다. 무엇을 중심으로 판단해야 이것을 실천할 수 있습니까? 무엇이든지 본질을 생각하면 됩니다. 사람의 본질은 무엇입니까? 사람은 하나님의 형상입니다. 성경에 의하면 이 사람도 하나님의 형상이고, 저 사람도 하나님의 형상입니다. 본질적으로 다르지 않습니다. 서로 다른 모습, 어떤 모습으로 나타나든지 하나님 앞에서는 본질적으로 다 하나님의 형상이기에 차별할 수 없습니다. 아주 명확하게 누구든지 같습니다. 외부의 것들을 다 제거하고 나면, 즉 비본질적인 것들을 제거하고 나면 본질이 드러납니다. 이것을 중심으로 판단할 때 우리는 악한 생각으로 마음이 흔들리지 않을 수 있습니다.

우리의 모든 판단에 이런 방식을 적용하면 제일 좋습니다. 그러니까 뭔가 복잡할 때 제일 좋은 방법은 그 상황의 비본질적인 요소들을 다 제거하는 것입니다. 그러면 본질적인 것이 드러납니다. 본질적인 것이 의미 있는 것으로 나타납니다. 그것을 통해 우리가 모든 판단을 제대로 할 수 있게 합니다. 하지만 악한 생각은 비본질적인 것에 영향을 받아 옳지 않은 판단을 하게 합니다. 그러므로 우리의 삶에서 비본질적인 것들을 끊임없이 제거해야만 합니다. 사람과 사람 사이에 있어서 본질은 나도 하나님의 형상이고, 저 사람도 하나님의 형상이라는 것입니다. 그 본질을 제외하면 다른 모든 것들은 다 비본질적인 것입니다. 그런 비본질적인 것들을 제거했을 때 우리가 어떻게 해야 하는지 잘 나타납니다. 일차적으로는 교회 공동체 안에서 이 의미가 나타나야 합니다.

본문의 말씀은 이것을 우리에게 아주 강조하기 위해서 좀 더 심각한 도전을 합니다. 본문은 맨 처음 어떻게 시작합니까? "내 형제들아"라고 1절은 시작합니다. 그런데 5절에서는 "내 사랑하는 형제들아, 들을지어다"라고 합니다. 이렇게 나올 때는 좀 더 무서운 요구가 있습니다. 오래전에 대학원 다닐 때 들었던 어떤 교수님의 이야기가 생각납니다. 그분은 한국에서 교수로 있다가 유학을 떠났다고 합니다. 유학 생활할 때 지도해 주셨던 분이 있었는데 평소에는 아주 친하게 이야기하는 사이였다고 합니다. 그런데 무엇인가 심각한 요구를 할 때는 이분이 이전에 교수였다는 사실을 알고 있기에 "professor"라고 부르며 말을 했다고 합니다. 심각한 것을 말하거나 야단을 칠 때 혹은 무엇인가 지적할 때 그렇게 했다는 이야기를 들었습니다. 본문의 이야기도 조금 비슷합니다. 일반적으로 이야기할 때는 "내 형제들아", 좀 더 심각한 것을 이야기할 때는 "내 사랑하는 형제들아"라고 말하는 것입니다. 이런 이야기를 들을 때 우리는 준비를 해야 합니다.

"들을지어다"라는 말씀은 우리에게 많이 익숙합니다. 신명기 6장 4절 이하에 있는 소위 "쉐마"(שְׁמַע)에 있는 말씀과 같습니다. "이스라엘아, 들으라"라는 말씀과 같습니다. 정말 심각하게 우리에게 도전할 때 하는 말입니다. "하나님이 세상에서 가난한 자를 택하사 믿음에 부요하게 하시고 또 자기를 사랑하는 자들에게 약속하신 나라를 상속으로 받게 하지 아니하셨느냐"(약 2:5)라는 말씀에 대해서 생각해 보아야 합니다. 당시 1세기에 예수님을 믿는 모든 사람을 통계 냈다면, 그 가운데 부요하고 높은 지위에 있는 사람들은 아주 소수였을 것입니다. 당시 상황에서는 정말 가난한 사람들을 택하사 믿음에 부요하게 하신 것입니다. 큰 대조가 아닐 수 없습니다. 당시에 부요한 사람들은 믿음에 있어서 부요한 사람들이 참 적다고 합니다. 물론 이것을 기계적으로 생각하면 안 됩니다. 부자가 되면 '믿음이 있을 수 없구나'라고 생각해서는 안 되는 것입니다. 그 당시 상황에서 그랬다는 말입니다.

하나님이 본래 의도하신 바에 따르면, 우리는 어떤 상황에서 무엇을 하든지 사람을 외적인 근거로 판단하지 말아야 합니다. 사람들을 하나님이 보시는 관점에서 바라봐야 한다는 것입니다. 예수 그리스도 안에서 구속함을 받았다는 것의 한 표현일 수 있는 것입니다. 물론 예수님을 믿어도 그렇게 못하는 사람들이 있습니다. 그것은 신앙의 연약함이며, 아직 온전하지 않다는 말입니다.

## 사람을 외모로 판단하지 않을 수 있는 이유와 근거

"내 형제들아 영광의 주 곧 우리 주 예수 그리스도에 대한 믿음을 너희가 가졌으니 사람을 차별하여 대하지 말라"(약 2:1), 1절은 사람을 차별하지 말아야 할 근거로 무엇을 이야기합니까? 우리가 주 예수 그리스도를 믿는 믿음을 가졌기 때문이라고 합니다. 세상에서 말하는 일반적인 도덕률로 '사람을 차별하면 안 돼'라고 이야기하는 것이 아닙니다. 예수님을 믿는 믿음을 가졌으니 너희가 사람을 외모로 취해서는 안 된다는 것입니다. 그런데 그 예수님을 뭐라고 표현합니까? "영광의 주"라고 이야기합니다.

이 이야기를 할 때 야고보는 자기의 변화를 생각했을지도 모릅니다. 야고보는 처음에 예수님을 영광의 주라고 생각하지 않았습니다. 예수님이 자기 형인데, 형이기 때문에 예수님을 제대로 믿기가 어려웠을 것입니다. '나와 똑같은 사람인데, 저 사람이 하나님이라니' 하는 생각에 쉽게 믿어지지 않았을 것입니다. 그러나 믿고 난 다음에는 예수님을 외모로 취할 것이 아니라고 합니다. 외모로 볼 때 예수님은 그냥 사람입니다. 그러나 본질로 보면 예수님은 "사람인 동시에 하나님이십니다".

그리고 세상에 있는 모든 사람은 다 본질적으로 하나님의 형상이므로, 내가 차별할 수 있는 존재가 아니라고 합니다. 그런 인식 가운데 이 지혜를 우리에게 알려줍니다. 우리는 모두가 이 마음을 가져야 합니다. 예수 그리스도를 믿는 믿음을 가진 사람들은 세상의 모든 사람을 본질로 판단하는 사상을 사람들에게 전해야 합니다. 본질에 따른 판단 근거를 아는 삶이기에 그렇게 하는 것입니다. 이것을 "인격화된 복음화"라고 할 수 있습니다.

'내가 예수를 믿는다'라고 하면 복음화된 사람이지 않습니까? 이렇게 복음화된 사람이라면 그 사람은 다른 사람을 절대로 외모로 판단하지 않고, 모든 사람을 본질에 따라서 판단해야 한다는 것입니다. 그것이 복음이 "인격화된" 것이라고 할 수 있습니다. 그렇게 하지 않는다면 복음에 충실하지 않은 것입니다. 바로 여기에 우리의 죄악이 있습니다. 예수님을 믿으면서도 우리가 다른 것을 기준 삼아서 사람을 판단할 수 있습니다. 그러나 복음이 완전히 인격화되면 다른 모든 외적인 것이 절대로 그 사람을 좌우할 수 없습니다. 사람을 볼 때 하나님의 형상이라는 본질로서 바라보는 독특한 판단이 늘 있게 됩니다. 예수님을 믿는 사람들이 모두 그렇게 살아가면, 세상에 많은 사람이 예수님을 믿는 사람들에게 영향을 받을 것입니다. 그러면 예수님을 믿지 않는 사람들도 사람을 객관적으로 판단해야 한다는 생각을 하지 않겠습니까?

서구 사회에서는 사람을 존중해야 한다는 것이 어느 정도 보편화되어 있습니다. 기본적으로 여성도 존중해야 한다는 생각이 예수님을 믿는 사람들로부터 확산되어 현재의 형태로 사회에 자리 잡을 수 있었습니다. 물론 그저 사회 문화로만 자리 잡으면 그것도 안타까운 면이 있습니다.

본질적으로는 어떻게 되는 것이 최선입니까? 어떤 사람이 예수를 믿는 사람이 되었다고 생각해 보겠습니다. 그 사람이 참으로 복음에 충실하다면 반드시 그 누구도 차별하지 않는 태도로 살아갈 것입니다. 모든 면에서 그렇게 한다는 것이 쉬운 일은 아니겠지만, 그렇게 하는 것이 복음화된 인격입니다.

다음 단계는 예수님을 안 믿는 사람들도 사회 속에서 그렇게 하게 하는 일이 있어야 합니다. 그것이 복음의 확산입니다. 우리가 우려하는 것은 본질은 사라지고 형식만 남는 것입니다. 본질적으로 복음 때문에 이렇게 하는 것이라는 사실을 잊어버린다면 그것은 심각한 문제입니다. 지금 서양 사상이 그렇습니다. 서양 사상에 있어서 본질적으로 인간을 존중해야 한다는 생각이 어디에서 온 것인가를 따지면 그것은 한편에서는 성경에서 온 것입니다. 그러나 나중에는 그러한 성경적 근거, 하나님과의 관계성이라는 근거는 다 없어지고, 그냥 '인간을 존중해야 한다'라는 것만 남게 되었습니다. 나중에는 이것이 스스로 발전해 나갑니다. 하나님조차도 인간을 위해서 있어야 한다는 생각으로 이상하게 발전한 것입니다.

본질적으로는 우리가 앞으로 해 나가야 할 모든 일의 기초가 여기서 나타나야만 합니다. 우리가 예수님을 믿는 사람이라면, 즉 영광의 주를 받아들였다면, 사람을 판단하는 데 있어서 정말 복음에 근거한 판단, 본질에 근거한 판단이 우리에게 있어야 할 것입니다.

12강 야고보서 2장 8-13절

# 그리스도인의 구체적 삶의 모습: 일종의 진자 운동?

"너희가 만일 성경에 기록된 대로 네 이웃 사랑하기를 네 몸과 같이 하라 하신 최고의 법을 지키면 잘하는 것이거니와 만일 너희가 사람을 차별하여 대하면 죄를 짓는 것이니 율법이 너희를 범법자로 정죄하리라. 누구든지 온 율법을 지키다가 그 하나를 범하면 모두 범한 자가 되나니 간음하지 말라 하신 이가 또한 살인하지 말라 하셨은즉 네가 비록 간음하지 아니하여도 살인하면 율법을 범한 자가 되느니라. 너희는 자유의 율법대로 심판 받을 자처럼 말도 하고 행하기도 하라. 긍휼을 행하지 아니하는 자에게는 긍휼 없는 심판이 있으리라 긍휼은 심판을 이기고 자랑하느니라"(약 2:8-13).

지난번에 이어서 야고보서의 제일 핵심적인 부분을 생각해 보겠습니다. 야고보서는 우리가 하나님의 말씀을 듣고 그 뜻을 실행하는 것을 강조하고 있습니다. 이 말씀을 강조하기 위해서 본문은 8절과 9절에서 하나님의 뜻을 행하는 것과 행하지 않는 것을 대조하고 있습니다.

본문은 "너희가 만일 성경에 기록된 대로", 즉 성경에 기록한 대로 "네 이웃 사랑하기를 네 몸과 같이 하라 하신 최고의 법을 지키면 잘하는 것이거니와"라고 말씀합니다. 이 말씀은 그 뒤에 있는 "만일 너희가 사람을 차별하여 대하면 죄를 짓는 것이니 율법이 너희를 범법자로 정죄하리라"라는 말씀과 대조되는 말씀입니다. "잘 하는 것"과 "죄를 짓는 것"을 명확히 대조하고 있습니다. 그런데 이것이 예수님을 믿는 사람에게 하는 말이라는 점을 우리는 잘 생각해야 합니다. 기본적으로 믿지 않는 사람들에게 하는 이야기가 아닙니다.

## 율법에 나타난 하나님의 뜻에 대한 요약

성경이 말하는 바를 어떻게 요약할 수가 있습니까? "무엇이 율법에서 제일 중요한 것입니까?"라고 율법사가 와서 물었을 때 예수님은 율법을 연구하는 그 사람에게 "하나님을 사랑하고, 네 이웃을 네 몸과 같이 사랑하라"라는 말씀으로 율법 전체를 요약해 주셨습니다(마 22:35-40). 그 말씀을 하실 때 예수님은 구약에 있는 말씀을 그대로 인용하셨습니다. 신명기 6장 5절의 말씀과 레위기 19장 18절을 사용하신 것입니다. "네 하나님 여호와를 사랑하라"(신 6:5하). 그리고 "원수를 갚지 말며 동포를 원망하지 말며 네 이웃 사랑하기를 네 자신과 같이 사랑하라 나는 여호와이니라"(레 19:18)입니다. 예수님은 이 말씀을 구약에서 가져와서 율법 전체를 요약해 주셨습니다.

성경에서나 기독교적 논의에서나 하나님을 사랑하라는 이야기는 기본적으로 전제되어 있습니다. 요한일서 3장 14절을 보면 "우리는 형제를 사랑함으로 사망에서 옮겨 생명으로 들어간 줄을 알거니와 사랑하지 아니하는 자는 사망에 머물러 있느니라"라고 합니다. 하나님의 백성들의 큰 특성이 형제들을 사랑하는 것이라고 합니다. 여기서도 하나님 사랑이 전제되어 있습니다. 하나님을 사랑하는 사람은 우리 이웃, 우리 주변에 있는 사람들을 사랑해야 한다고 합니다. 형제 사랑에서 그 어떤 제한을 두려고 하는 것은 모두 다 이 말씀을 따르지 않으려는 회피 수단입니다. 범위가 없습니다. 그와 대조되는 것이 2장 1절부터 살펴본 것입니다. 사람의 모습을 보고 어떤 사람은 "사랑할만하다"라고 하고, 어떤 사람은 "별로 사랑할만하지 않다"라고 판단하는 것입니다. 그것은 사람을 외모를 취하는 것이라고 했습니다. 9절의 말씀은 너희가 만일 사람을 외모로 취하면 그것이 죄를 짓는 것이니 율법이 너희를 범죄자로 정할 것이라고 선언합니다.

### 율법 배후에 있는 것: 하나님의 뜻 그리고 하나님의 본성

10절은 '왜냐하면'으로 시작합니다. 우리말 성경에서는 '왜냐하면'을 번역하지 않았습니다. 그러나 그 말이 여기에 있습니다. "왜냐하면 누구든지 온 율법을 지키다가 그 하나를 범하면", 즉 걸려 넘어지면 율법을 "모두 범한 자가 되나니"라고 합니다. 왜냐하면 율법이 다 연결되어 있기 때문입니다. 율법은 전체로 하나님의 뜻(the will of God)을 요약합니다. 하나님의 뜻은 하나님의 본성(the nature of God)을 반영하는 것입니다. 그러므로 이렇게 생각해야 합니다. 율법의 그 어느 하나를 지키지 않으면, 그것은 결국 전체 하나님의 뜻을 침해해 들어가는 것입니다. 더 나아가 그 바탕에 있는 하나님의 본성을 침해해 가는 것이라는 말입니다. 그것이 성경이 말하고 있는 죄입니다. 사람들은 별로 그렇게 생각하지 않으려고 하지만, 죄는 궁극적으로 하나님을 침해해 들어가는 것입니다. 그래서 죄가 무서운 것입니다.

물론 죄를 범하는 사람이 '내가 하나님을 침해해야겠다'라는 마음으로 죄를 짓는 일은 극히 드뭅니다. 그러나 하나님께서는 항상 그렇게 판단하십니다. 그러니까 율법 전체를 놓고 그중에 아주 사소하다고 생각하는 어느 하나를 범하게 되면 전체를 다 지키지 않는 것임을 알아야 합니다. 그리고 그것이 결국 하나님을 침해해 들어가는 것입니다. 하나님 보시기에 그렇다는 것입니다. 이를 설명하기 위한 예가 11절에 나옵니다. "간음하지 말라 하신 이가 또한 살인하지 말라 하셨은즉", 이 말은 두 가지를 명령하신 분이 같은 분이라는 것입니다. 여기서는 두 가지를 말씀합니다. 간음과 살인, 즉 십계명의 6계명과 7계명을 예로 든 것입니다. 비록 간음하지 아니해도 살인을 하면 율법을 범한 자가 된다는 말입니다. 성경은 그것을 우리에게 아주 분명하게 이야기해 줍니다. 하나라도 범하면 다 범한 것이다. 11절 말씀은 10절 말씀을 확증하려는 의도로 우리에게 이야기하는 것입니다. 물론 야고보의 진정한 의도가 어디에 있는지 정확히 알 길은 없으나, 일단 11절 말씀이 10절 말씀을 예증한다고 보면서 이 말씀을 생각해 봅니다. 그렇게 보면 형제를 외모로 취하는 것이 사실은 아주 심각한 죄이고, 우리 모두를 죄인으로 만드는 것이라는 사실이 아주 현저히 드러납니다.

## 기독교적 진자 운동: 율법과 복음

그러므로 기독교는 다음과 같은 진자 운동을 계속하는 것이라고 생각하면 좋습니다. 맨 처음에 사람들이 율법 앞에 서게 됩니다. 사실 율법으로부터 사람들이 죄를 깨달아야 합니다. 그런데 율법에서 죄를 깨닫는 사람은 극히 드뭅니다. 이것은 바리새인의 경우에 현저하게 나타납니다. 왜 그렇습니까? 율법을 자기 방식으로 해석하기 때문에 율법이 규정하는 바를 어느 정도 행하면 자기는 죄가 없다고 생각하기 때문입니다. 물론 외면적으로 "죄인이다"라고 판단할 만큼 율법을 어기는 사람들이 있습니다. 현저한 죄인들, 예수님 당시에 세리 역할을 해서 당시 모든 사람으로부터 죄인이라고 판단되던 사람들이 있습니다. 율법을 잘 행한다고 스스로 생각하는 사람들도 있습니다. 바리새인들입니다. 이것은 율법을 피상적으로만 파악한 결과입니다. 하나님이 보시는 그 관점에서 보면, 소위 당시의 세리와 현저한 죄인뿐만 아니라 율법으로는 자신들이 의롭다고 생각하는 사람들도 죄인임이 드러납니다.

그것이 언제 드러납니까? 참으로 "예수 그리스도 앞에 섰을 때" 우리의 죄악이 드러납니다. 복음 앞에 섰을 때 그것이 드러납니다. 여기에 한 번의 진자 운동이 있습니다. 율법을 가지고 생각하다가 복음에 이릅니다. 예수 그리스도 앞에 섰을 때, 복음 앞에 섰을 때 예수 그리스도에 의해서 가장 강력한 율법이 등장합니다. 일종의 또 한 번의 진자 운동입니다. 다시 율법으로 왔습니다. 이전에 생각하던 율법으로는 어떤 사람은 죄인이고, 어떤 사람은 죄인이 아니었습니다. 피상적 율법 이해로 인해 세리는 죄인이고, 율법을 열심히 지키는 바리새인은 의인이었습니다. 그런데 그리스도 앞에 서서 복음의 빛에서 본 율법으로는 세상 모든 사람이 죄인임이 드러납니다. 이것을 참으로 느꼈을 때 비로소 기독교적 신앙이 시작됩니다. 예수 그리스도께서 복음의 빛으로 우리의 진정한 모습을 드러내 주었을 때 우리는 모두 다 정죄함을 받아 마땅한 사람으로 드러납니다. 다른 길은 도무지 없습니다. 그래서 우리의 죄 문제를 해결하신 예수 그리스도를 추구하게 될 수밖에 없습니다.

여기 '예수 그리스도가 십자가에서 못 박히심'의 의미가 있습니다. 왜 그분이 죽어야 했습니까? 그것이 아니면 우리에게 희망이 없기 때문입니다. 우리 모두 죄인이기 때문에 예수 그리스도가 십자가에 못 박혀 죽으신 그 사건에 근거해서 '너희는 자유하다'고 선언하는 것입니다. "너희가 다 죄인인데, 십자가를 믿으면 십자가의 구속으로 자유하게 되었다"라고 선언해 줍니다. 복음에 의한 자유 선언입니다.

그 선언이 있으면, 이 복음의 말씀을 받은 사람이 주님 앞에 반드시 질문하게 됩니다. "주님, 제가 아무것도 행한 것이 없는데, 이런 사람을 의롭다고 선언하시니 어떻게 해야 하겠습니까?" 그럴 때 주님은 아주 구체적으로 우리에게 살아갈 방식을 제시해 주십니다. 그것을 요약한 것이 오늘 우리가 읽었던 말씀입니다. "하나님을 사랑하고, 네 이웃을 네 몸과 같이 사랑하라"라고 합니다. 다시 율법으로 왔습니다. 그러니까 복음의 말씀이 다시 우리에게 율법을 이야기합니다. 이때의 율법은 "삶의 규칙으로서의 율법", 소위 말하는 "율법의 제3의 용도"(*tertius usus legis*), 다른 말로 "중생자 안에서의 율법의 용도"(*usus legis in renatis*)입니다.

맨 처음에 율법은 무엇이었습니까? 피상적으로 잘못 이해된 율법이었습니다. 바리새인들이 생각한 율법이었습니다. 오직 예수 그리스도가 해석해 주시는 빛에서 봤을 때 진정한 율법이 나타났습니다. 그것이 우리의 죄를 분명히 밝혀주는 율법입니다(율법의 교훈적 용도, 율법의 신학적 용도, *usus elenchticus legis or usus theologicus legis*). "율법으로는 죄를 깨달음이라"(롬 3:20)라는 말씀이 여기서 잘 드러납니다. 한 사람도 "나는 죄가 없습니다"라고 할 수 없게끔 예수 그리스도 안에서 율법이 우리의 죄를 드러내 줍니다. 그래서 우리는 예수 그리스도께로 갈 수밖에 없습니다. 그런 의미에서 율법은 우리를 예수 그리스도께로 이끄는 몽학 선생의 역할을 합니다. 몽학 선생은 우리를 이끌어가는 가정교사(tutor)입니다. 오늘날 가정교사 말고, 고대 사회에서의 가정교사를 생각해야 합니다. 그리스 로마 사회에서 가정교사는 진짜 선생님에게 아이를 데려다주고 데려오는 사람입니다. 그것이 몽학 선생이라는 말의 의미입니다. 우리의 참된 선생님은 예수 그리스도입니다. 그분에게 우리를 데려다주는 역할을 율법이 감당합니다. 이것을 율법의 교훈적, 신학적 용도라고 합니다.

그래서 우리 죄를 정죄하는 율법을 통해 예수 그리스도께 갔을 때 예수 그리스도는 십자가에서 이루신 구속에 근거해서 우리가 범한 모든 죄의 형벌에서 우리를 해방하시는 역할을 하시고(복음), 복음으로 자유하게 된 우리는 너무 감사해서 주님에게 어떻게 살아야 하느냐고 물으니 다시 우리에게 "삶의 규범으로서의 율법"을 제시해 주십니다(율법의 제3의 용도).

### "자유의 율법대로 심판 받을 자처럼 말도 하고 행하기도 하라"

그러면 이것으로 끝이 납니까? 바로 여기에 본문 같은 말씀의 의미가 있습니다. 구원받은 우리는 삶의 규범으로서의 율법을 잘 지켜나가야 하는데, 어떤 측면에서는 성령님을 의존해서 하나님의 뜻을 지켜나가지만, 또 어떤 측면에서는 잘 지키지 못하는 자신을 발견합니다.

"네 이웃을 네 몸과 같이 사랑하라"라고 말씀하셔서 그렇게 하고 있는데 살다 보니 사람을 또 외모로 판단하는 모습, 삶의 규범으로서의 하나님의 법이 요구하는 대로 하지 못 하는 모습을 또 발견하게 됩니다. 그때 우리에게 주시는 말씀이 12절 말씀입니다. "너희는 자유의 율법대로 심판 받을 자처럼 말도 하고 행하기도 하라". 그렇게 말도 하고, 그렇게 행하기도 하라는 것입니다. '그렇게'라는 말이 두 번이나 나와서 강조되고 있습니다. 물론 우리말 번역에서는 "그렇게"라는 말이 없습니다. 그러나 본래는 "그렇게" 말도 하고, "그렇게" 행하라고 아주 의도적으로 강조하고 있습니다.

### (1) 자유의 율법

"자유의 율법대로 심판 받을 자처럼", 여기 재미있는 말이 있습니다. "자유의 율법"이라는 말이 있습니다. 이것은 흔히 생각하던 구약의 율법이 아닙니다. 자유의 율법이란 앞에서 이야기했던 예수 그리스도 안에서 우리 삶의 규범으로서의 율법의 성격을 표현하는 말이라고 보는 것이 좋습니다. 이전에 예수 그리스도께서 우리에게 밝혀주시는 율법의 의미에서는(즉, 율법의 신학적, 교훈적 용도에 의하면) 우리의 모든 죄는 정죄를 받아 마땅합니다. "너희가 잘못했지, 그러니 정죄를 받아야 한다"고 합니다. 그 정죄는 아주 심각해서 우리가 죽어도 우리의 죄를 다 씻을 수 없을 정도입니다.

그런데 우리가 심판을 받아야 하는 그 심판의 율법을 "자유의 율법"이라고 표현했습니다. 자유의 율법은 우리를 자유롭게 하는 율법입니다. 언제 자유롭게 했습니까? 그것이 아주 풍성한 의미인데, 첫째로, 예수 그리스도 안에서 이미 우리를 자유롭게 하신 율법입니다. 율법이 우리를 정죄하지 아니하고 예수 그리스도 안에서 우리를 자유롭게 합니다. 그러나 또한 나중에 우리를 자유하게 합니다. 나중에 최후의 심판대 앞에 섰을 때 우리가 만일 이 자유의 율법대로 심판을 안 받으면 어떻게 됩니까? 우리는 모두 정죄 될 수밖에 없습니다. 그런데 그 정죄를 예수 그리스도께서 이미 십자가에서 우리를 위해서 받아 주셨기 때문에, 자유의 율법이라는 말을 사용하는 것입니다. 그런 이유로 믿는 우리는 최후의 심판 때 정죄를 받지 않습니다. 예수 그리스도의 구속이 적용되었기 때문입니다. 이것이 "그리스도 예수 안에 있는 자에게는"이라는 말의 참된 의미입니다. 믿는 우리에게는 "결코 정죄함이 없는" 것입니다(롬 8:1).

이 사실을 참으로 아는 사람, 즉 "자유케 하는 율법"을 알고 받아들인 사람은 자기 마음대로 살 수 없습니다. 방종의 가능성이 아예 없는 것입니다. 하지만 우리는 구체적인 삶에서 삶의 규범으로서의 율법을 다 지키지 못했다는 것을 잘 알고 있습니다. 우리의 삶을 생각해 보면 쉽게 알 것입니다. 지난 일주일 동안 우리의 삶이 그래도 하나님의 뜻대로 잘 살았다고 가정해 봅시다. "세상 사람들이 보기에 괜찮은 모습, 하나님의 백성답게 살았다"고 해도 그것이 하나님이 요구하는 수준에 이른 것은 아니지 않습니까? 그러니까 우리가 제대로 살았다고 해도 심판받고 정죄 받아 마땅한 것입니다.

그런데 우리가 정말로 예수 그리스도를 믿고 하나님의 백성답게 살려고 노력했다면 주님은 부족한 것이 많아도 최후의 심판 때 "너는 정죄 받아야 한다"라고 하지 않습니다. 이런 의미가 다 담겨 있는 것이 "자유의 율법대로 심판 받을 자처럼 말도 하고 행하기도 하라"라는 말입니다. 일단 율법대로 심판 받을 사람으로 말도 하고 행동도 해야 하니까 어떻게 해야 합니까? 삶의 규범으로서의 율법이 요구한 대로 우리의 삶을 다 살아야 하겠습니다. 야고보는 사람을 외모로 판단하지 않는 그 일을 예로 들어서 우리에게 구체적인 도전을 줍니다. 그렇게 사람을 외모로 판단해서는 안 된다고 합니다.

### (2) 자유의 율법대로 심판 받는 자처럼 행하는 방식: 긍휼의 행함

진정 성령님이 역사하지 않으면 "나는 이렇게 잘했는데, 다른 사람들은 못합니다"라고 판단하는 사람이 생깁니다. 여기에 또 다른 문제가 나타납니다. 그럴 때 우리를 “주께서 자유의 율법대로 판단하실 것이다”라는 것을 의식해서 말하기도 하고 행동하기도 하라는 것입니다. 다음 절은 아주 구체적으로 이야기합니다. “긍휼을 행하지 아니하는 자에게는 긍휼 없는 심판이 있으리라”라는 말씀은 무슨 뜻입니까? 남들을 판단할 때 어떻게 판단하라는 것입니까? 불쌍히 여기는 마음을 가지고 판단하라는 것입니다. 하나님이 구원 받은 우리에게 기본적으로 요구하시는 것은 성령님을 의지해서 하나님의 말씀대로 살려고 노력하라는 것입니다. 구속함을 받았으니까, 주께서 우리를 자유하게 하는 율법으로 풀어 주셨으니까, 그 자유를 사용해서 하나님의 뜻을 성취하는 삶으로 우리를 불러주신 것이니까 열심히 하나님의 뜻대로 살아야 합니다. 그렇게 사는 사람이 옆에 있는 사람을 봤을 때, 그들이 그렇게 살지 않음을 보면서 그들에게 어떤 마음을 가져야 합니까? 긍휼히 여기는 마음을 가져야 합니다.

예수님을 안 믿는 사람은 하나님의 뜻을 알 수가 없습니다. 그러므로 그들은  하나님의 뜻대로 살 수 없습니다. 그러나 그것이 괜찮은 것은 아닙니다. 그런 사람에게 제일 필요한 것은 무엇입니까? 예수님을 믿는 것입니다. 예수 그리스도만이 우리가 구원받을 수 있는 유일한 길이라는 것을 받아들이고, 그 길로 나아가야 합니다. 이때도 불쌍히 여기는 마음이 우리에게 작용하는 것입니다. 주변에 예수님을 믿지 않기 때문에 잘못된 행위를 하는 사람들을 보면서 그런 마음이 있어야 합니다.

그런데 예수님을 믿는다고 하면서도 잘못하는 사람이 많습니다. “예수님을 믿는데 왜 저렇게 엉터리로 할까?” 하는 마음이 듭니다. 그래서 더 화가 날 것입니다. 그런데 이때에도 긍휼히 여기는 마음이 있어야 합니다. 긍휼히 여기는 마음이 있어야 한다는 말은 잘못한 것을 보며 “괜찮다”라고 하는 것이 아닙니다. 우리가 원하는 수준은 무엇입니까? 주님이 원하시는 대로 열심히 사는 것입니다. 그래서 어떤 사람이 잘못하는 것을 보면 우리도 긍휼히 여기는 마음이 늘 있어야만 합니다. 이것을 좀 강조하기 위해서 과장법을 사용했는데 “긍휼을 행하지 아니하는 자에게는 긍휼 없는 심판이 있으리라”라고 했습니다. 과장법이라는 것을 생각하지 않으면 우리는 큰일입니다. 왜 그렇습니까? 우리가 세상에서 정말 긍휼을 행하면서 살고 있습니까? 바리새인들의 경우에서 잘 드러나듯이, 우리가 주의 뜻을 잘 행하면 행할수록 안 그렇습니다. 그러면 우리는 어떻게 됩니까? 최후의 심판 날에 긍휼 없는 심판을 받을 것입니다. 그러니까 이 표현이 과장법이라고 한 것입니다. 이것이 과장법이 아니라면 우리에게는 희망이 없습니다. 그러므로 성경의 전체적인 맥락에서 전체로 살펴야 합니다. 이것을 이렇게까지 표현하는 것은 무엇을 강조해 주는 것입니까? 하나님의 말씀에 따라서 우리가 얼마나 주의하며 살아야 하는지를 강조하는 것입니다.

그러면 우리는 어떻게 해야 합니까? 남들이 사람들을 외모로 판단하고 구별할 때 우리는 저 사람이 그렇게 하는 것은 다 영적으로 충분히 장성하지 않아서 그런 것이라고 여기면서 받아줄 수 있어야 합니다. 누구든지 받아줄 수 있어야 합니다. 그러나 그 사람이 그런 수준에 계속 있어도 된다는 말은 아닙니다. 하나님의 백성이 어떻게 해야 한다는 것은 성경을 보면 누구든지 다 알 수 있습니다. 그가 장성한 수준을 향해서 갈 수 있도록 우리가 부단히 애를 써야 합니다. 그를 위해서 기도해야 하고, 아주 적절한 때 적절한 말로 그 수준으로 갈 수 있도록 이끌어야 합니다. 이런 것을 일종의 "간접 전달"이라고 말할 수 있습니다. 직접 전달을 하면 그 사람들이 손상될 수 있기 때문입니다. 그렇지 않도록 노력을 해야 합니다. 우리 모두 주님이 원하는 수준까지 갈 수 있어야 합니다.

개인적으로는 그 사람의 수준에 따라 그것을 잘 참아 내는 것이 필요합니다. 우리는 개인적으로나 그룹 간에 교제할 때 서로가 이렇게 해야 합니다. 한편에서는 참아 내고, 긍휼을 가진 판단을 해야 합니다. 이것은 "말하기는 더디 하고 듣기는 속히 하라"는 것과 연관되어 있습니다. 그룹 성경 공부를 하거나 개인적으로 대화할 때 우리의 모습은 늘 그런 특성을 가져야 합니다. 물론 교회의 공식적인 가르침 가운데서는 우리가 무엇을 어떻게 해야 하는지를 아주 분명하게 선포해야 합니다. 공식적 가르침에서는 그 정확한 것을 다 이야기해야 합니다. 그러므로 그룹별 모임에서 그런 말을 안 한다고 해서 우리가 가야 할 길을 모른다고 생각해서는 안 됩니다. 우리가 가야 할 길은 아주 명백합니다. 교회의 공식적 가르침에서 가르치는 성경의 명백한 방향을 향해서 우리가 서로 마음을 써 주는 일이 어떤 때는 말을 안 하는 것으로 이루어질 수도 있습니다. 어떤 때는 다른 이야기를 한참 하는 것으로서 그것이 이루어질 수도 있습니다. 왜 그럴까요? 그 진심이 전해질 수 있도록 하는 일이 있는 것입니다. 이런 것을 "긍휼을 가진 판단"이라고 할 수 있습니다.

맨 마지막에 매우 아름다운 결론이 나타나는데 "긍휼은 심판을 이기고 자랑하느니라"(약 2:13)라고 말씀합니다. 그것은 참으로 이상한 말입니다. 긍휼이 심판을 이긴다, 긍휼이 정죄를 이긴다고 합니다. '심판'이라는 말은 정죄입니다. 긍휼이 정죄를 이긴다고 합니다. 긍휼이 우리들의 관계성을 규정해 주어야 한다는 말입니다.

## 나가면서: 기독교적 진자 운동의 적용

본문은 참 이상하게도 몇 가지 진자 운동이 같이 들어 있습니다. 그래서 우리에게 매우 구체적으로 세상에서 하나님의 뜻을 행하는 방식을 제시해 줍니다. 핵심은 "삶의 규범으로서의 율법"입니다. 그 율법을 다른 말로 "자유하게 하는 율법"이라고 합니다. 이 율법은 그저 구약의 율법이 아닙니다. 구약 율법을 포함해서 하나님의 백성들이 세상에서 어떤 방식으로 살아가야 할지를 이야기해 줍니다. 하나님이 왜 이것을 주셨느냐 하면, 우리가 구속 받았을 때 "구속 받은 사람이 어떻게 살아야 하는지"를 가르쳐 달라는 우리 마음의 소원에 대한 응답으로 주신 것입니다. 이것이야말로 우리가 세상에서 진정한 자유인으로 살게 하는 하나님의 방식입니다.

말씀을 오해하지 않도록 다시 한번 요약합니다. 이것을 다음과 같이 이해해서는 안 됩니다. "우리는 세상에서 다 죄를 범하며 삽니다. 그러니까 죄를 범하는 것도 괜찮아요"라고 하면 안 됩니다. 그것은 복음을 오해한 것이고, 우리를 망치는 것입니다. 성경은 한 번도 "우리가 죄를 범해도 괜찮다"고 말하지 않습니다.

우리는 늘 주의해야 합니다. 예수님을 믿는 사람들은 성령님을 의지해서 하나님의 뜻대로 행하게 되어 있습니다. 하나님의 율법의 요구가 우리 삶 가운데 성령님의 역사로 말미암아 이루어지게 되어 있습니다. 그런데 우리 삶 가운데 잘못하는 부분들이 있습니다. 그때 우리는 단 한 번도 "그래도 괜찮다"라고 반응하지 말아야 합니다. 오히려 하나님 말씀 앞에서 우리의 문제점을 발견하고, 그것을 극복해 가려고 계속 노력해야 합니다. 자기 자신에게는 언제나 철저하게 이렇게 해야 합니다. 나의 삶 가운데, 나의 마음 가운데 하나님의 백성답지 않은 모습들을 끄집어내어 정말 발본색원(拔本塞源)하는데 늘 힘써야 합니다.

다른 사람과의 관계성에서는 그것이 어떻게 나타나야 합니까? 궁극적인 목적은 그 사람들도 나처럼 하나님의 백성으로서 제대로 살아가는 데 목표를 두어야 합니다. 그러나 그것을 이루도록 하는 방식은 "긍휼을 가진 판단을 하는 것"입니다. 긍휼을 가진 판단을 자기에게 적용하면 안 됩니다. 자기에게 자꾸 적용하기 시작하면 우리는 전부 다 방종의 길로 가서 자기 마음대로 살아가려고 합니다. 그래서 기독교회가 기독교회가 아닌 것으로 전락해 버립니다. 우리 시대에 교회의 가장 커다란 문제가 여기에 있습니다. 어느 교회도 여기에서 예외가 아닙니다. 우리가 이 말씀을 마음대로 적용하고 악용하면 우리는 복음의 진정한 자유를 우리의 방종의 방도로 만드는 것이 됩니다. 이것은 매우 심각한 문제입니다. 우리는 하나님의 말씀을 의미 있게 듣고 그의 말씀을 준행하는 일에 힘써야 합니다. 야고보서는 계속해서 그 구체적인 것들을 하나하나 우리에게 알려줍니다. 그 말씀에 주의하면서, 동시에 우리는 다른 사람에게는 언제나 긍휼을 가진 판단을 할 수 있어야 합니다.

# 3부

# 신학적 토대

**13 강** 야고보서 2장 14-17절

# 믿음으로만 의롭다 함을 받게 하는 그 믿음

"내 형제들아! 만일 사람이 믿음이 있노라 하고 행함이 없으면 무슨 유익이 있으리요. 그 믿음이 능히 자기를 구원하겠느냐? 만일 형제나 자매가 헐벗고 일용할 양식이 없는데 너희 중에 누구든지 그에게 이르되 평안히 가라, 덥게 하라, 배부르게 하라 하며 그 몸에 쓸 것을 주지 아니하면 무슨 유익이 있으리요? 이와 같이 행함이 없는 믿음은 그 자체가 죽은 것이라"(약 2:14-17).

## 이신칭의와 교회

오늘 우리가 이야기하려는 말씀은 교회 안에서 과거의 사람들이 "교회가 이것으로 말미암아 서고 넘어지는 가르침"이라고 했던 "이신칭의 가르침"과 관련된 것입니다. 기독교회는 예수 그리스도의 십자가 사건에서 우리 모든 죄에 대한 형벌을 예수님이 다 짊어짐에 따라 이것을 믿는 사람들에게 하나님은 더 이상 그 죄에 대한 형벌을 받지 않게 해주신 대리구속(代理救贖: 代贖)에 근거하고 있습니다. 만약 이것이 없어지면 기독교가 없는 것이고, 이 땅에 그리스도인이 없는 것입니다.

사람들이 때가 되면 모여서 예배하고 찬송하며 기도한다고 하더라도, 그 사람들이 십자가에서 주께서 이루신 대속(代贖)을 믿는 믿음으로 우리를 구원해 주신다는 것을 믿지 않는다면 세상에 진짜 교회는 존재하지 않는 것입니다. 그래서 우리는 이것을 아주 중요하게 생각합니다. "기독교회가 있는가, 없는가?" 하는 것은 십자가에서 주께서 이루어주신 이 일을 믿음에만 근거해서 의롭다 함을 얻고, 하나님 앞에 서서 경배하고 살아갈 수 있다고 생각하느냐, 아니냐에 달려 있습니다. 그러므로 루터가 말했던 이 이신칭의(以信稱義, justification by faith alone) 교리, "이것으로 말미암아 교회가 서고 넘어지는 교리"라고 했던 것은 아주 정확한 것입니다. 만일 우리가 이신칭의를 믿지 않는다면, 주일마다 많은 사람이 모여서 예배를 한다고 해도 진짜 교회는 없는 것입니다. 이신칭의는 그렇게 아주 핵심적인 것입니다. 예수님이 이루어주신 구속으로 말미암아서만 우리가 구원함을 얻는다는 것, 그것을 믿는 믿음으로만 우리가 주 앞에 서 있을 수 있다고 믿는 것이 핵심입니다.

그런데 이렇게 중요한 이신칭의 교리를 오해하는 사람들이 항상 있습니다. 본문은 그 이신칭의를 오해하는 어떤 사람들의 오해를 반박하는 형태로 이야기가 진행됩니다. 26절까지가 이신칭의를 잘못 이해하는 사람들에 대한 반박입니다. "난 믿습니다"라고 이야기는 하는데 믿는 사람에게 마땅히 나타나야 할 그 양상이 있지 않은 것입니다.

미리 전체적인 이야기를 한다면, 가장 정상적인 기독교적인 믿음의 표현은 다음과 같은 것입니다. 첫째, 기본적으로, 그리스도가 십자가에서 이루신 구속을 믿음으로써만 사람이 의롭다 함(稱義)을 얻고, 믿음으로써만 구원함을 얻는다는 것을 믿습니다. 구원의 다른 방식은 없습니다. 둘째, 그렇게 믿는 사람은 복음을 믿기 때문에 반드시 이 세상에서 하나님이 원하시는 대로 행할 것입니다. 이 관계성을 잘 생각해야 합니다. 그러니까 어떤 사람이 진짜로 믿는다면, 그 사람의 마음속에는 첫 번째 관심은 '하나님께서 우리에게 요구하시는 것이 무엇입니까?' 하는 것이 됩니다. 하나님이 우리에게 원하시는 것이 무엇입니까? 그것을 알아 가려는 마음으로 가득 차게 됩니다. 그것이 내가 믿는 결과로 나타나는 것 중 하나입니다.

### 말로만 믿는다고 하면 어떻게 되는가?

"믿는다"라고 말은 하는데, 마음속에 주님의 뜻을 알아 가려는 마음은 별로 없다면, 믿는다고 하면서 하나님의 뜻을 기뻐하거나 즐거워하는 마음이 전혀 없다면, 그러니까 하나님의 뜻을 알아서 그것을 세상 가운데서 수행하는 것에 관심이 별로 없다면 어떻게 됩니까? 우리는 바로 그 문제를 다루고자 합니다.

2장 14절 말씀은 이렇게 시작합니다. "내 형제들아 만일 사람이 믿음이 있노라 하고 행함이 없으면". 행함이 없다는 말을 오해하면 안 됩니다. 여기서 행함이 없다고 하는 것은 "믿는 사람다운 의식의 실현이 없다면"이라는 의미입니다. 만일 그렇다면 그때는 "무슨 유익이 있으리요"라고 합니다. 구원에 관한 이야기입니다. 그러므로 이는 말로만 하는 "그 믿음이 능히 자기를 구원하겠느냐?"라는 수사의문문입니다. "그럴 수 없습니다"라는 대답을 유도하는 말입니다. 그러니까 어떤 사람이 "나 믿어요. 예수님이 십자가에서 나를 위해서 죽으심으로 구원하셨다는 것을 믿어요"라고 말은 하는데, 그것이 함의하고 있는 것이 우리 속에 전혀 있지 않을 때 과연 어떻게 되겠느냐고 하는 것입니다.

이것을 우리 스스로가 생각해 봐야 합니다. 정말 내가 그것을 믿는 사람으로서 온전한 의식이 있느냐? 그것에 따라 나타나야 할 다음 단계의 움직임이 있느냐 하는 것입니다. 여러 번 이야기하지만, 시간이 없으면 자신이 믿는 바를 나타낼 기회는 없습니다. 이것은 무슨 말입니까? 골고다 언덕의 한 편 강도는 죽어가면서 예수 그리스도를 믿는다고 고백했습니다. 그러나 그 사람은 믿는 사람다운 행동을 할 시간이 없었습니다. 신앙을 고백하고 곧 죽었으니 말입니다. 그러니까 시간이 없으면 믿음의 결과를 나타내지 못합니다. 이런 상황에서 어떤 사람이 믿었으나 행동이 없다고 하여 구원을 받지 못한다고 말할 수 있습니까? 그렇지 않습니다. 어떤 사람이 내가 믿는다고 하고는 진짜로 믿었습니다. 진짜로 믿는다는 것을 표현하는 방식은 (우리처럼 시간이 있는 경우에는) 하나님의 진리를 향해서 나아가고, 그 진리를 삶 가운데 구현해내는 것입니다. 우리의 삶 가운데 나타나야 합니다. 그런데 십자가의 한 편 강도처럼 믿음을 외적인 행동으로 나타낼 수 없을 때도 있습니다. 그 강도는 시간이 없어서 비록 외적으로 표현을 못 했지만, 그리스도를 온전히 믿음으로 구원을 받은 것입니다. 여기서 기독교적 구원은 참으로 예수님의 공로를 믿음으로만 된다는 것이 분명해 집니다.

## 믿음으로 구원받음과 믿음의 열매인 삶

그런데 우리는 골고다 언덕의 한 편 강도와는 달리 믿는다는 고백 이후에 '시간이 있는' 사람들입니다. 믿고서 곧바로 죽지 않았으니 말입니다. 우리에게 믿음을 드러낼 수 있는 시간이 주어진 것입니다. 그러므로 우리는 삶으로 하나님을 믿는 믿음을 드러내야 합니다. 물론 하나님의 뜻을 모두 행하여 의롭다 함을 얻을 수 있느냐고 한다면, 한 사람도 그럴 수 있는 사람은 없습니다. 우리만이 아니라 세상의 그 누구도 그럴 수 있는 사람은 없습니다. 그래서 성경을 바르게 믿는 교회는 이에 대해서 "그렇지 아니하다"고 말합니다. 성경의 가르침을 따라서 "오로지 믿음으로만 칭의를 얻는다"는 이신칭의 교리가 세상에 있게 되었고, 그 가르침은 교회가 세상에 있게 하느냐, 없게 하느냐를 결정하는 것입니다. 그러나 세상에서 하나님을 참으로 믿는 사람들은 믿는다는 것을 그들의 삶으로 표현하게 되어 있습니다. 믿음의 열매가 있도록 하신 것입니다.

그렇다면 믿는 우리의 삶이라는 것은 무엇입니까? 믿는 우리는 왜 삽니까? 우리가 세상에 사는 이유는 예수 그리스도를 믿는 믿음을 표현해 내기 위해서입니다. 다른 말로 하면, 하나님이 우리를 구원해 내신 것에 대한 감사를 표현하기 위해서 사는 것입니다. 우리의 삶 전체가 그런 것입니다. 그러므로 이제 믿는 우리는 “왜 사느냐고 묻거든 웃고 말지요”라고 대답하지 말고, 참으로 구원하신 하나님께 감사해서 산다고 해야 합니다. 예수 그리스도의 십자가 사건, 그 구속 사건이 아니면 사람이 하나님 앞에 설 수도 없고, 예배할 수도 없고, 제대로 살아갈 수도 없습니다. 주께서 십자가 사건으로 말미암아 우리를 받아주셨다는 것을 알았을 때 내 마음속에 터져 나오는 감사 때문에 살아야 합니다.

### 믿는 우리는 어떻게 살아야 하는가? (1): 긍휼히 여기는 삶

어떻게 사는 것이 그렇게 사는 것입니까? 본문 가운데서는 이것을 표현하기 위해 두 가지 예를 들고 있습니다. 위로 올라가서 이야기하면 13절에 “긍휼을 행하지 아니하는 자에게는 긍휼 없는 심판이 있으리라. 긍휼은 심판을 이기고 자랑하느니라”고 말씀합니다. 우리가 실행해야 할 일 중에 첫 번째는 긍휼을 행하며 살아가는 것이라고 합니다. 왜 그렇습니까? 그것이 내가 십자가로 말미암아 구원함을 받았다는 것을 표현하는 방식이기 때문입니다. 하나님께서 나를 믿음으로 말미암아 의롭다고 하셨다는 것을 표현하는 방식은 다른 사람에게 긍휼을 행하는 것입니다. 특히 다른 사람이 우리에게 무슨 해를 끼쳤을 때, 우리가 원치 않는 상황이 발생했을 때도 그리해야 합니다. 그때 우리는 그런 사람들을 긍휼히, 즉 불쌍히 여겨야 한다고 말씀하고 있습니다. 내가 그렇게 행하면 그때 나를 의롭게 여긴다는 것이 아닙니다. 여기 그리스도 없이는 의롭다 여김을 받을 사람이 하나도 없다고 하십니다.

### 행함으로 의롭다 함을 받는가?

성경 말씀을 수준 낮게 생각하면, 어떤 일을 하는 사람은 구원함을 받고 그것을 이루지 못하는 사람은 구원함을 받지 못한다는 식으로 이야기가 전개될 수 있습니다. 본문의 이야기가 그런 식으로 오해될 수 있는 위험성이 많습니다. 사실 많은 사람이 이 본문을 그런 식으로 오해합니다. 본문은 무엇이라고 말합니까? "믿음이 있노라 하고 행함이 없으면" 어떻게 되겠느냐는 것입니다. 그러니까 어느 정도 행함이 있어야 할 것 같이 이야기합니다. 어느 정도 행함이 있어야 의롭다 하심을 얻는다고 말하려고 합니다. 그러나 본문이 말하는 바는 그것이 아닙니다.

사람이 하나님 앞에 섰을 때 하나님이 그 사람을 받아주시는 것이 의롭다 하심을 받은 것입니다. 하나님은 의롭지 않은 것은 받아주시지 않습니다. 우리가 예배할 수 있다는 것은 하나님이 우리를 받아주셨다는 표입니다. 여기에 예수 그리스도의 십자가 사건을 믿는 믿음이 작용해야 합니다. 우리는 지금 얼굴에 철판을 깔고 나와서 예배를 하지 않습니까? 이것은 유명한 말입니다. "메타 파레시아스"(μετὰ παρρησίας), 성경에는 "담대히"라고 번역되어 있습니다(히 4:16). "얼굴에 철판을 깔고"입니다. 어떻게 주께서 받아주셨다고 확신할 수 있습니까? 십자가의 공로가 우리에게 있기 때문입니다. 그것에 근거해서 지금 우리가 예배합니다. 주께서 우리를 받아주셔야 합니다. 우리는 의로운 자라고 주께서 생각해 주신다고 합니다. 그것을 내가 진짜로 믿느냐 하는 것이 핵심입니다.

가짜로 믿으면 어떻게 됩니까? 가짜로 믿는 사람은 하나님이 받아주시지 않습니다. 예배도 안 받아주십니다. 똑같이 하는데도 말입니다. 가인과 아벨이 하나님께 나아가서 경배했지만, 아벨과 그의 제사는 받으시고 가인과 그의 제사는 안 받으셨습니다. 우리가 있는 자리에서도 그런 일이 있을 수 있습니다. 똑같이 나와서 예배하고 있지만, 예배에 참석했다고 주께서 다 받으시는 것이 아니라 정말 십자가에 근거해서 나아갈 때 주께서 우리의 예배를 받으십니다.

그런데 만일 내가 내 선함을 진작시켜서 일주일 동안 잘 살았으면 하나님이 내 예배를 받으시겠지, 일주일 동안 잘못 살았으면 죄송해 죽겠는데, 오늘은 안 받아주실 것 같은데, 그래도 받아주시면 안 되나요? 이런 생각을 하는 사람도 있습니다. 그것은 이신칭의를 믿는 것이 아닙니다. 자기가 한 주간 살아온 삶으로 하나님이 받으셨다 혹은 안 받으셨다 하는 것이 아닙니다. 이것을 오해하면 안 됩니다. 일주일 동안 엉터리로 살아도 주께서 받으신다는 이야기를 하는 것이냐? 그것도 아닙니다. 아무리 잘 살았다고 해도, 세상 누구에게도 흠 잡힐 것 없이 잘 살았다고 해도 하나님은 그것만으로 예배를 받으시는 분이 아니라는 것입니다.

어떤 사람은 세계에서 가장 높은 에베레스트산 꼭대기에 있고, 어떤 사람은 땅에 있고, 어떤 사람은 한강 밑에 있습니다. 그런데 저 하늘에서 보면 에베레스트산 꼭대기에 있는 사람이나 땅에 있는 사람이나 한강 밑에 있는 사람이나 오십보백보입니다. 그러니까 하나님께서 우리를 위해서 해주신 일을 제거하고 우리가 한 것만 가지고 하나님께 나아갈 수 없습니다. 우리는 항상 그리스도의 십자가에 의존할 수밖에 없습니다. 오직 십자가의 공로만이 경배를 주께서 받으시게 하는 근거입니다. 그것만이 한 주간의 삶을 주께 드릴 수 있는 근거가 됩니다. 그것을 진짜로 믿음으로 표현하는 것이 앞서 이야기한 긍휼히 여기며 사는 것입니다. 그것이 믿음을 표현한 것입니다.

### 믿는 우리는 어떻게 살아야 하는가? (2): 형제, 자매를 돌보는 삶

두 번째 예는 "만일 형제나 자매가 헐벗고 일용할 양식이 없는데" 입니다. 2장 15절은 아주 구체적인 상황을 이야기해 주고 있습니다. "형제나 자매가"라고 표현했으니 일단 기독교회 공동체 안에 있는 사람들로 생각됩니다. 우리 공동체 안에 누군가가 헐벗고 양식이 없는 이런 상황에서 "너희 중에 누구든지 그에게 이르되 평안히 가라, 덥게 하라, 배부르게 하라 하며 그 몸에 쓸 것을 주지 아니하면 무슨 유익이 있으리요"(약 2:16)라고 말씀합니다. 이 "무슨 유익이 있으리요"라는 말은 앞 14절에서 이야기한 대로 "행함이 없으면 무슨 유익이 있으리요"라는 말씀과 똑같은 말입니다.

이 두 가지 예는 우리 삶 가운데서 드러내야 하는 예들로 제시된 것입니다. 이번에는 우리 안을 돌아보았는데 누군가가 정말 헐벗고 먹을 것도 없습니다. 그런데 그저 "평안히 가라"고 한다면 어떻게 됩니까? 누가 그렇게 했습니까? 교회가 선동적으로 그렇게 해왔습니다. 한국 교회는 그런 말을 안 하지만 대개 예배가 마친 다음에 맨 마지막에 하는 말의 내용이 그렇습니다. 축도가 끝난 다음에 목사님이 "평안히 가십시오" 혹은 "평안 가운데 가십시오"(go in peace)라는 말을 합니다. 이 말을 그냥 제의적으로만 생각하면 참 무책임한 말입니다. 예배를 마치고 난 다음에 사람들에게 선언합니다. "go in peace" 평안히 가라. 하나님께 할 일을 했으니까, 이제 평안을 가지고 가야 한다고 말합니다. 그러면 '하나님 앞에서 할 일을 다 했으니까 이제는 정말 평안할 거야'라고 생각하는 마음이 사람들에게 나타날 수 있습니다.

그러나 사실 그것은 일종의 기원문 같은 것입니다. "평안히 가라" 다음에 "주께서 너희에게 필요한 모든 것을 공급하여 주시리라"라고 합니다. 그러므로 이것을 기원문으로 보아야 합니다. 물론 두 가지 해석의 가능성이 있습니다. 선언으로 볼 수도 있는데, 그렇다면 너무 무자비합니다. 누가 헐벗은 상황에서 예배드리고 있는데 "스스로 더웁게 하라, 그다음에 밥 좀 먹으라"라고 말만 하고 아무것도 도와주지 않는다면 그것은 너무 하지 않습니까? 그러므로 이것은 교회가 같이 기도하는 내용으로 보는 것이 더 좋습니다. "우리에게 이렇게 연약한 사람들이 있습니다. 주께서 돌보아 주시기 바랍니다"라는 것입니다.

그렇게 기도한 사람과 교회에는 뭐가 따라야 하겠습니까? 기도하고 나서 기도한 책임이 따라옵니다. "스스로 더웁게 하라"라고 말하는 것이 아니라, 최소한 뭐라도 하려고 해야 합니다. 이것을 요약해서 하시는 말씀이 그다음 절에 있습니다. "이와 같이 행함이 없는 믿음은 그 자체가 죽은 것이라"(약 2:17).

그래서 유명한 말이 나옵니다. "죽은 믿음", 이 "죽은 믿음"은 "가짜 믿음"이라고 합니다.

### 과연 바울과 야고보는 다른 말을 하는 것인가?

이 말을 오해하면 안 됩니다. 야고보서에 "믿음은 있는데 행함은 없는"이라고 표현되어 있습니다. 우리는 그 뜻이 무엇인지를 잘 보아야 합니다. 만일 믿음은 있는데 행함이 없는 사람이라면 그것이 누구입니까? 우리이지 않습니까? 그러면 우리는 구원을 못 받는다는 이야기입니까? 바울이 이야기할 때는 구원을 받은 것 같다가, 야고보가 이야기할 때는 구원을 못 받은 것 같다가 그렇습니까? 만일 그렇게 생각된다면 그것은 성경을 잘못 해석한 것입니다.

정말 그런지 먼저 바울의 이야기를 보겠습니다. 고린도전서 15장 1절부터 3절까지를 살펴보겠습니다. "형제들아 내가 너희에게 전한 복음을 너희에게 알게 하노니"(고전 15:1). 바울은 이미 고린도 형제들에게 복음을 전했고 그들은 그 복음을 믿었습니다. 그리고 예수 그리스도의 십자가와 부활에 관한 이야기를 합니다. "너희가 만일 내가 전한 그 말을 굳게 지키고 헛되이 믿지 아니하였으면 그로 말미암아 구원을 받으리라. 내가 받은 것을 먼저 너희에게 전하였노니, 이는 성경대로 그리스도께서 우리 죄를 위하여 죽으시고 장사 지낸 바 되셨다가 성경대로 사흘 만에 다시 살아나사"(고전 15:2-4). 이것은 옛날에도 전했던 것이고 지금도 다시 말하는 것입니다. 그런데 2절을 보면 "너희가 만일 내가 전한 그 말을 굳게 지키고 헛되이 믿지 아니하였으면 그로 말미암아 구원을 받으리라"고 말씀합니다. 그러니까 이것을 뒤집어 보겠습니다. 만일 어떤 사람이 믿는다고 하면서 사실은 헛되이 믿는다면 구원을 받지 못한다고 합니다. 왜 그렇습니까? 참된 믿음이 없기 때문입니다. 즉, 예수 그리스도를 진짜로 믿지 않기 때문입니다.

헛되이 믿는다는 것은 무엇입니까? 바울이 전한 그 말을 굳게 지키지 않는 것입니다. '사람이 예수님의 십자가와 부활로만 구원을 얻는다고 이야기할 수가 있는가? 꼭 그것이 아니어도 다른 것이 있을 수 있을 것이다. 그것을 다 살펴봐야 한다'라고 생각한다면 그것은 복음을 굳게 지킨 것이 아닙니다.

또 하나는 믿는다고 하는 그 믿음을 나의 의식 가운데 전혀 드러내지 않는 것입니다. 예수님을 믿는다는 것과 생각이 전혀 연결되어 있지 않은 것입니다. 참으로 믿는다는 것이 생활 감정과 사상에까지 영향을 미쳐가야 하는데 그렇지 않다는 말입니다.

그러면 성경이 이야기하는 것은 무엇입니까? 온전해야 비로소 구원을 받는다고 합니까? 성경은 한 번도 그렇게 이야기한 적이 없습니다. 여기에 우리의 희망이 있습니다. 온전하지 않기 때문에 예수님이 우리를 대신해서 십자가에 달려 돌아가신 것입니다. 그런데 이 사실을 진짜로 믿는 사람은 세상의 어떤 사상이나 도덕적 수준보다도 훨씬 높은 수준의 삶의 방식을 따르게 됩니다. 성경이 요구하는 그 수준에 대한 가르침을 받게 됩니다. 그 가르침을 기억하고 항상 삶에서 그것을 구현해내려고 노력합니다. 하나님이 가르침을 주실 뿐 아니라 성령님이 이것을 수행할 힘과 능력을 주셔야 합니다. 우리가 그분에게 순종함으로 그것이 가능합니다.

### 칭의함 받은 사람들에게 주신 두 가지: 말씀과 성령

하나님께서 칭의를 받은 백성들을 위해서 준비해 두신 것이 두 가지입니다. 하나는 진리의 가르침입니다. 그 가르침은 이미 칭의를 받은 백성에게 주는 것입니다. 그러나 만일 이것만 우리에게 주신다면 우리는 다시 절망하게 될 것입니다. 성령님을 주셔서 우리가 성령님께 근거해서 이 말씀을 알아 가고 깨달아 갑니다. 그것을 알아 가는 것이 너무나 좋습니다. 그뿐만 아니라 그 알아 가는 것이 우리의 삶을 지배하도록 합니다. 우리가 순종하고 헌신하는 사람이 되도록 만듭니다. 그런 사람의 공동체가 교회 공동체로 세상에 있도록 하십니다.

그것이 우리의 삶의 방식입니다.

아주 유명한 말이 있습니다. '믿음은 삶의 방식'(the way of life)이라는 말입니다. 우리의 믿음이 성경에서 말하는 그런 생활 방식으로 살도록 나를 만들어가야 합니다. 우리가 접하는 모든 상황에서 내가 지금 하는 말이 믿음으로 하는 말인가 생각하고, 그것이 나타나게 되어야 합니다. 지금 '사업을 하든지, 공부를 하든지 아니면 다른 무엇을 하든지 이신칭의에 근거한 믿음에서 나오는 것인가? 아니면 그것과 관련 없는 것인가?'를 생각해야 합니다. 본문이 이야기하는 것은 우리의 이러한 생활 감정과 관련된 것입니다. 세상을 살아가는 우리의 사고방식, 생각, 옆에 있는 사람에게 행하는 행동, 말 등 이런 것들이 믿음을 표현해내도록 해야 합니다.

그래서 우리는 항상 이신칭의를 강조할 수밖에 없습니다. 아주 단순하게 생각하면 내가 여태까지 잘못한 것을 생각하면 스스로 하나님 앞에 설 수 없습니다. 예수 그리스도로 말미암아서만 설 수 있다고 믿습니다. 믿는 사람은 가장 고귀한 가르침을 받게 됩니다. 가르침을 받은 대로 살아야 합니다. 그러나 우리는 이것을 다 지키지 못하는 현실을 발견합니다. 그러면 다시 하나님께 예배하기 위해서 주님의 십자가에 근거해서 서게 됩니다. 이렇게 이신칭의가 우리를 움직여 가는 것입니다.

이와는 달리 천주교회는 예수님을 믿고 열심히 살아야 비로소 구원함을 얻는다고 합니다. 만일 우리도 그와 똑같은 생각을 한다면 우리도 교회가 아닙니다. 천주교회처럼 예수 믿고 열심히 살아야 구원함을 얻는다고 한다면, 우리도 참된 교회가 아닙니다. 오직 예수 그리스도께서 십자가에서 이루신 구속을 믿음으로만 구원함을 얻는다는 것을 교회 공동체가 진짜로 믿을 때 우리가 교회입니다. 그 믿음이 매일의 삶을 지배해야 합니다. 그것이 요구하는 가장 수준 높은 "사람과 사람 사이의 관계"를 생각할 수 있습니다. 그러니까 참 이상한 일입니다. 우리는 어떤 면에서는 행동을 무시합니다. 그러나 어떤 의미에서는 그것을 가장 강조하는 것일 수 있습니다.

믿는다고 하지만 사실은 진짜 믿음이 아니면 우리는 구원 받지 못합니다. 그러나 한 주간 내가 어떻게 살았느냐에 따라서 내 믿음이 진짜가 되기도 하고 가짜가 되기도 하는 것이 아닙니다. 이 순간에도 십자가의 은혜만 의존한다면 그것이 진짜 믿음입니다. 진짜로 믿는 사람은 한 주간의 삶을, 또 평생을 주께서 성경 가운데 요구하시는 그 수준에 이르는 모습을 나타내 보이게 됩니다. 참된 믿음은 오직 그리스도만을 의지하는 것입니다. 그런 사람은 열심히 행하지만, 자신이 행하는 것을 전혀 의지하지 않습니다. 이것이 바로 야고보서가 말하려고 하는 바입니다. 그리고 바로 그것이 바울이 가르친 것이기도 합니다. 부디 바라기는 우리가 성경에서 요구하는 대로 성령님이 주시는 힘으로 열심히 행하지만, 우리가 행하는 것을 전혀 의지하지 않고, 오직 그리스도만을 참으로 믿는 진짜 그리스도인으로 살 수 있기 바랍니다.

14강 야고보서 2장 14-26절

# 믿음과 행위

"내 형제들아 만일 사람이 믿음이 있노라 하고 행함이 없으면 무슨 유익이 있으리요 그 믿음이 능히 자기를 구원하겠느냐? 만일 형제나 자매가 헐벗고 일용할 양식이 없는데 너희 중에 누구든지 그에게 이르되 평안히 가라, 덥게 하라, 배부르게 하라 하며 그 몸에 쓸 것을 주지 아니하면 무슨 유익이 있으리요. 이와 같이 행함이 없는 믿음은 그 자체가 죽은 것이라. 어떤 사람은 말하기를 너는 믿음이 있고 나는 행함이 있으니 행함이 없는 네 믿음을 내게 보이라 나는 행함으로 내 믿음을 네게 보이리라 하리라. 네가 하나님은 한 분이신 줄을 믿느냐 잘하는도다 귀신들도 믿고 떠느니라. 아아 허탄한 사람아! 행함이 없는 믿음이 헛것인 줄을 알고자 하느냐? 우리 조상 아브라함이 그 아들 이삭을 제단에 바칠 때에 행함으로 의롭다 하심을 받은 것이 아니냐. 네가 보거니와 믿음이 그의 행함과 함께 일하고 행함으로 믿음이 온전하게 되었느니라. 이에 성경에 이른 바 아브라함이 하나님을 믿으니 이것을 의로 여기셨다는 말씀이 이루어졌고 그는 하나님의 벗이라 칭함을 받았나니, 이로 보건대 사람이 행함으로 의롭다 하심을 받고 믿음으로만은 아니니라. 또 이와 같이 기생 라합이 사자들을 접대하여 다른 길로 나가게 할 때에 행함으로 의롭다 하심을 받은 것이 아니냐. 영혼 없는 몸이 죽은 것 같이 행함이 없는 믿음은 죽은 것이니라"(약 2:14-26).

앞에서 2장 14절-17절까지 살펴보았는데 이 말씀과 연관해서 야고보는 우리에게 참으로 하나님을 믿는 신앙이 있다면 반드시 하나님의 백성으로서 열심히 살아가는 것으로 그 참된 신앙이 나타나야 한다는 것을 강조했습니다. 이것은 예수님을 믿는 사람들에게 아주 당연한 일입니다.

## 오늘의 문제: 믿는다고 말은 하나 참으로 믿지 않는 경우

야고보는 어떤 사람이 예수님의 십자가 사건을 안다고 하고, 믿는다고 말하지만, 실제로 믿지 않는 경우 그 사람은 과연 구원을 받았는가 하는 문제를 제기합니다. 이 문제를 다루는 것이 본문의 내용입니다.

예수님을 처음 믿는 사람에게는 이런 일이 발생하지 않습니다. 이 사람에게는 예수님을 믿는다는 것 자체가 새로운 일이기 때문입니다. 그래서 복음을 제대로 제시하면, 예수님을 처음 믿는 상황에서는 본문과 같은 상황이 발생하지 않습니다. 반면에 예수님을 믿은 지 오래되면 당연히 자신이 예수님을 믿는다고 생각합니다. 그것이 특정한 방식의 교회 생활이라는 양태로 굳어질 수 있습니다. '주일 아침에는 주일 예배에 참석한다'와 같은 그런 양식으로 굳어질 수도 있습니다. 아주 심각한 경우에는 주일 아침뿐만 아니라 교회에서 정해 놓은 예배 시간에는 다 참석한다는 양식으로 굳어질 수도 있습니다. 이런 사람은 겉으로 볼 때는 믿음이 있는 것으로 보입니다. 그런데 실제로는 믿음이 없는 경우, 이것이 오늘의 문제입니다.

야고보서에서는 이 문제를 강조하기 위해서 어떤 사람이 "믿음이 있노라 하고 행함이 없으면" 어떻게 되느냐고 합니다. 이것은 결국 "예수님을 믿으면 구원을 얻는다. 그리고 내가 예수를 믿는다"라고 생각은 하는데 진짜 믿음은 없는 경우를 말하는 것입니다. 오랫동안 교회 안에서 생활하고 가르침을 받았으니 성경의 많은 부분을 알고 있습니다. 그리고 자기는 믿는다고 생각합니다. 그런데 하나님이 보실 때 믿지 않는 것이라면 어떻게 되느냐 하는 것입니다.

먼저 원칙적으로 말합니다. 주일에 빠지지 않고 예배에 참석해도, 주일 아침뿐만 아니라 교회에서 정해 놓은 모든 예배에 참석해도 참된 믿음이 없으면 구원을 받지 못합니다. 이것은 아주 중요한 사실입니다. 그러니까 예배에 참석한다고 해도 구원을 보장받을 수 없습니다. 야고보는 이 사실을 강조하기 위해서 일단은 "믿음이 있다"라고 표현을 합니다. 그러나 그것은 믿음이 진짜로 있는 것이 아닙니다. "이와 같이 행함이 없는 믿음은 그 자체가 죽은 것이라"라고 17절에서 말씀합니다. 그러니까 행함이 없는 믿음도 일단은 믿음이라고 하는 듯합니다. 그런데 전체적으로 보면 야고보도 이것을 진짜 믿음이라고 이야기하지 않습니다. 야고보는 어떻게 말합니까? "행함이 없는 믿음은 그 자체가 죽은 것이라"라고 17절에서 말씀하고, 26절에서도 마찬가지입니다. "영혼 없는 몸이 죽은 것 같이 행함이 없는 믿음은 죽은 것이니라". 그래서 야고보서도 맨 처음에는 믿음이 있는 것처럼 표현하지만 사실은 믿음이 없는 것이라고 말합니다.

그러므로 잘 살펴보면 결국 야고보서의 핵심도 믿음으로 구원을 얻는다는 것입니다. 다른 것으로 구원을 얻는다고 말하지 않습니다. 이것을 잘 살펴보아야 합니다. 물론 표현은 다르게 하고 있다는 것은 주목해 보아야 합니다.

## 구원의 큰 원칙

다시 말하지만, 야고보서의 핵심도 진짜 믿음이 있어야 구원을 얻는다고 합니다. 바울의 이야기도 마찬가지입니다. 따라서 교회는 항상 이 이야기를 해야 합니다. "진짜 믿음이 없이는 구원을 받지 못한다". 믿음으로 구원을 받는다는 가르침이 없으면 교회가 아닙니다. 세상에 교회라는 이름을 가진 모임들이 많이 있을 수 있습니다. 그러나 이런저런 교회 공동체 안에 있다고 해서 그것으로 구원을 받았다고 할 수는 없습니다. 우리는 이것을 분명히 해야 합니다. 종교 개혁이 일어난 시대를 생각해 보겠습니다. 종교 개혁 바로 전에 사람들이 예배당에 출석하지 않는 사람들은 아니었습니다. 다 예배당에 모여서 예배를 하는데 믿는 내용이 성경적이지 않았습니다. 그 예배가 성경적이지 않았습니다. 사람들은 늘 참석합니다. 그런데 무엇을 믿는지도 모르고 그냥 늘 예배에 참석합니다. 적어도 세 번은 예배당에 와야 합니다. 아이가 태어나면 무조건 세례를 받으니까 예배당에 오는 것이고, 결혼식을 예배당에서 해야 하니까 예배당에 옵니다. 그리고 돌아가시면 예배당에 와서 장례식을 합니다. 루마니아 같은 곳에는 지금도 약 90%가 동방 정교회의 교인이라고 합니다. 이런 사람들은 자기가 뭘 믿는지도 모르고 그리스도인이라고 생각합니다. 우리도 세월이 한참 지나면 우리 마음 가운데 그런 생각이 있을 수 있습니다. '나는 예배에 참석하니까', '나는 교회에 관여하고 있으니까', '나는 교회에서 직분을 가지고 있으니까' 나는 믿는다고 생각할 수 있는데 성경에서는 그것으로 구원받으리라고 전혀 생각할 수 없다고 합니다. 참된 믿음이 있어야만 한다는 것입니다.

그러면 참된 믿음이 없이 교회의 여러 가지 일에 참여하는 것은 무엇입니까? 본문은 그것을 "죽은 믿음"이라고 합니다. 여기서 우리가 같이 사용할 수 있는 유명한 말이 있습니다. 그것은 '죽은 정통'(dead orthodoxy)이라는 말입니다. 우리가 가지고 있는 신앙을 정통 신앙이라고 합니다. 성경이 말하는 대로 믿는 것입니다. 그러니까 우리가 말하는 것은 천주교회나 동방 정교회보다 훨씬 더 정통적인 것입니다. 교회에서 계속해서 가르칠 테니까 말입니다. 우리는 가르치는 교회이지 않았습니까? 개신교회는 "항상 가르치는" 교회입니다. 그런데 우리가 이 이야기를 할 수 있는지에 대해서는 자신이 없습니다. 왜냐하면 우리가 그것을 비판하고 나왔더니 천주교회도 가르치기 시작했기 때문입니다. 그들도 열심히 하는 데는 이제는 가르칩니다.

그런데 오늘날 개신교회에서 다른 일을 합니다. 잘못된 방향으로 가는 것입니다. 그러므로 우리는 정체성을 분명히 해야 합니다. 우리가 교회로 모여서 무엇을 합니까? 크게 두 가지를 합니다. 첫 번째는 삼위일체 하나님께 예배하면서, 하나님의 말씀을 제대로 가르치고 배우는 일을 합니다. 두 번째는 훨씬 더 중요한 것인데, 우리가 왜 가르치고 배우려고 합니까? 그것대로 살기 위해서입니다. 우리 삶이 하나님의 백성답게 되기 위해서 성경을 체계적으로 가르치기 시작했었습니다. 그것이 개신교입니다.

그 목표는 무엇입니까? 성경이 말하는 교회의 모습을 잘 드러내는 것입니다. 가르침 자체가 효과를 내는 것이 아니라, 성령님께서 말씀을 사용하셔서(*cum verbo*) 우리에게 은혜를 베풀어 주시고 변화시키실 것이라는 사실을 우리는 믿습니다. 그래서 우리는 가르칠 때 성령님을 의존하여 가르칩니다. 목회자가 설교할 때 성령님을 의존하여 설교합니다. 성령님께서 우리의 심령을 꿰뚫고 하나님의 뜻을 우리 심령 가운데 새겨주시기를 원합니다. 그것이 우리의 목표입니다. 그래서 궁극적으로는 그렇게 사는 결과가 우리 가운데 나타나야 합니다. 그것이 안 나타나면 "죽은 믿음"입니다.

이것을 강조하기 위해서 19절이 언급하고 있는 재미있는 비유를 봅니다. "네가 하나님은 한 분이신 줄을 믿느냐 잘하는도다(정통 신앙이라는 뜻입니다). 귀신들도 믿고 떠느니라". 어떤 사람은 하나님을 믿는다고 하는데 사실 하나님 앞에서 두려워하는 마음이 없습니다. 그냥 자기 마음대로 살아도 되는 것처럼 합니다. 그런데 타락한 천사들인 악한 영들은 믿고 떱니다. 타락한 천사들은 하나님께 저항하는 존재들입니다. 그러나 하나님에 대해서는 두려움을 가지고 떠는 존재들입니다. 그런데 하나님으로 말미암아 두려워서 떤다고 해서 구원을 받는 것이 아닙니다.

하나님의 이야기를 들어도 안 떠는 사람들이 있습니다. 그리고 여기 하나님을 믿고 두려워하고 떠는 귀신들("타락한 천사들")이 있습니다. 둘 다 구원을 못 받습니다. 그러면 어떤 사람들이 구원을 받습니까? 하나님의 말씀을 듣고 떨 뿐만 아니라, 예수 그리스도께서 이루신 구속을 믿는 사람이 구원을 받습니다. 이렇게 믿는 사람들은 그 믿음의 열매로 하나님의 말씀을 통해서 하나님의 뜻을 잘 배우고 그것을 제대로 수행하려고 애씁니다. 그것이 아주 자연스러운 것입니다. 그러니까 어떤 사람이 하나님 앞에서 두려워하는 마음을 전혀 안 가질 때 이것은 문제가 있습니다. 떠는 것만으로도 안 됩니다. "나는 죄가 너무 많은데 죄 때문에 죽겠습니다" 하면서 평생 울기만 한다고 구원을 받는 것이 아닙니다. 주께서 우리를 위해서 어떻게 놀라운 일을 해주셨는지 생각하면서 십자가의 구속을 참으로 믿어야 구원을 받습니다. 그런 사람들이 하나님의 뜻을 구현해 나아갈 때, 실제적으로 그 일을 해 나갈 때, 그런 사람들의 모습이 구원을 받은 사람다운 모습입니다.

구원을 어떻게 받는가? 우리가 다 따져보면 결국은 믿음으로 구원받습니다. 예수님을 믿은 다음에 열심히 행해서 그 행한 것으로 구원받는 것이 아닙니다. 오직 믿음으로 구원받습니다. 물론 이렇게 믿음으로 구원을 받은 그 사람은 열심히 할 수밖에 없습니다. 참된 믿음으로 구원받는다는 것을 강조하기 위해서 본문은 구약의 두 사람을 예로 들고 있습니다.

### 아브라함의 예에서 나타난 원리

첫 번째 예는 아브라함입니다. 21절을 보겠습니다. "우리 조상 아브라함이 그 아들 이삭을 제단에 바칠 때에 행함으로 의롭다 하심을 받은 것이 아니냐?" 이어서 22절은 "네가 보거니와 믿음이 그의 행함과 함께 일하고 행함으로 믿음이 온전하게 되었느니라"고 말씀합니다. 이 말을 오해하면 아주 심각한 오해를 낳을 수 있습니다. 믿음만으로는 안 되고 행함도 있어야 한다고 오해하기 쉽습니다. 야고보가 말하는 "구원할 수 없는 믿음"은 무엇이었습니까? 그냥 머리로만 인정하는 것입니다. 진짜 믿음이 아니었습니다. 참된 믿음으로 구원함을 받는다는 것이 야고보의 강조입니다. 이 말을 가장 오해하는 사람들이 천주교 사람들입니다. 지금까지도 천주교에서는 이 말씀을 오해합니다. 그분들뿐만 아니라 야고보서는 행함으로 구원을 받는다는 것을 말한다고 오해하는 사람들이 많이 있습니다. 그래서 우리는 아주 분명하게 말해야 합니다. 믿음으로 아브라함이 이삭을 드리려고 했습니다. 어떻게 그 일을 행할 수 있겠습니까? 이삭은 하나님의 언약이 걸려 있는 자녀입니다. 그냥 내 자녀 하나 없어진다는 것 정도가 아니라, 하나님의 언약이 이루어지느냐, 아니냐의 문제가 걸려 있는 자녀를 드리는 것입니다. 아브라함은 이삭을 주 앞에 드리면서 주께서 다시 주시리라고 믿었습니다. 물론 하나님께서 어떤 식으로 다시 주실지를 아브라함이 아는 것은 아니었습니다. 그러나 믿음 때문에 하나님께 드리는 그 일을 하려고 했습니다. 믿음이 없이는 그것이 도무지 이해될 수 없는 일입니다. 그러니까 하나님 앞에서 의롭다 함을 받는다는 것은 오직 믿음뿐이라는 것이 명백한 사실입니다.

### 신약 시대에는 무엇을 믿어야 하는가?

이 땅에 오신 예수 그리스도는 사람인 동시에 분명히 하나님이시라는 것을 우리에게 믿으라고 하십니다. 이것이 믿어야 할 내용입니다. 또한 예수 그리스도께서 십자가에 달려 돌아가심으로 우리 죄에 대한 형벌을 예수님이 대신 받으셨다는 것을 믿으라고 하십니다. 이것을 온전히 다 믿어야 합니다. 예수님께서 사람이신데 동시에 하나님이시라는 것은 천주교회도 믿습니다. 동방 정교회에서도 믿습니다. 그런데 예수님이 십자가에 달려 돌아가심으로써 우리 죄가 구속되고, 그것을 믿음으로써만 구원함을 받는다는 것에 대해서는 천주교와 동방 정교회에서는 계속해서 "믿은 다음에 자기가 어떻게 하느냐 하는 것을 보시고 하나님이 죽은 후에 곧바로 하늘에 있게 할 수도 있고, 오랜 후에 그리하실 수도 있다"라고 합니다. 그 근거 구절의 하나로 이 말씀을 사용합니다. "네가 보거니와 믿음이 그의 행함과 함께 일하고 행함으로 믿음이 온전하게 되었느니라"(약 2:22). 그러니까 "네가 믿은 다음에 행함이 따라 나와야 하지 않느냐?"고 주장합니다.

### 이렇게 이해하는 것에서 '행함'은 무엇인가? 그렇게 보는 이유는?

이 구절의 바른 이해는 어떤 것입니까? 행함은 믿음 다음에 오는 문제가 아니라, 행함은 믿음의 열매로 표현되는 것이라고 했습니다. 내가 믿는다고 하는 것이 행함으로 열매 맺는 것입니다. 그러므로 내가 구원받는 것은 행함으로가 아니라 "믿음으로"라는 것이 분명합니다.

우리가 예수님을 믿은 후 하나님 앞에서 열심히 행한다고 했을 때 그 행함의 성격을 성경적으로 잘 분석해보면 그럴 수밖에 없습니다. 만일 여기에 하나님을 열심히 믿는 사람이 있다고 해 보겠습니다. 그 사람은 진정한 그리스도인이어서 우리와는 비교가 안 되는 사람입니다. 그는 진짜 그리스도인입니다. 이 사람은 예수 그리스도와 그가 이루신 구속을 정말로 믿습니다. 철저하게 믿습니다. 목숨을 다해서 믿습니다. 그리고 주님의 뜻대로, 가르쳐주시는 대로, 성경을 통해서, 교회를 통해서 가르쳐주시는 대로 열심히 행합니다.

그런데 그 행하는 모든 것을 하나님의 관점에서 살펴보겠습니다. 그의 행위가 완전합니까? 그렇지는 않습니다. 구약 성경 이사야는 "우리의 의는 다 더러운 옷 같으며"(사 64:6)라고 말씀하고 있습니다. 하나님의 눈으로 보면 우리가 행하는 의는 다 떨어진 누더기 같다고 하시는 것입니다. 이 완벽한 그리스도인은 아마도 그렇게 고백할 것입니다. "주님 앞에서 의롭게 행하면서도 자신이 행하는 그 일이 정말 다 떨어진 누더기 같습니다. 주님이 받을 만한 것이 아닙니다. 그러나 주님이 받아주신다면 감사하겠습니다"라고 할 것입니다. 그러면 실상은 어떻게 되는 것입니까? 예수 그리스도의 십자가의 온전하신 의로 싸서 하나님께서 받아주시는 것입니다. 이 일이 우리가 주일에 헌상할 때마다 일어나는 일입니다. 물론 우리는 한 주간 동안의 삶을 열심히 하나님의 뜻에 부합하게 살려고 해야 합니다. 완벽하게 살려고 노력합니다. 이 완벽한 그리스도인, 죄를 거의 짓지 않는 이 완벽한 그리스도인이라도 자기 스스로 행한 것을 가지고 "주님께서 이것은 받을 만한 것입니다"라고 생각하지 않습니다. 그러니까 그는 "주님의 십자가의 온전하신 의로 나를 싸서 받아주시기를 원합니다"라고 말합니다. 예배를 시작할 때도 "우리 스스로 이를 수 없는 경지로 성령님이 나를 인도하여 주옵시며"라고 기도함으로 시작합니다. 그럴 수밖에 없습니다. "주님 제가 예배하러 나왔습니다. 나오지 않은 사람도 있는데 저는 예배에 나왔으니 참 착한 사람이라고 생각합니다. 그러니 당연히 받아주셔야 합니다"라고 할 수 없습니다. 주께서 온전한 피로 싸 주시지 않는다면 받으실 수 없다는 의식이 있는 것입니다.

그렇다면 그 완전한 그리스도인의 수준에 아직 못 미치고 있는 우리는 어떻게 해야 합니까? 절망적입니까? 여기에 우리의 문제가 있습니다. 우리는 더욱 힘을 내야 합니다. 성령님을 더욱더 의지하여 더욱더 주님의 뜻대로 행하려고 노력해야 합니다. 우리의 한 주간 동안의 삶을 살펴보았을 때 하나님의 뜻대로 열심히 했어야만 했는데, 안 한 부분도 있어서 헌상할 때 마음속에 안타까운 마음도 있지 않습니까? 주께서 이것도 용서해 주셔야 합니다. 다람쥐 쳇바퀴 돌듯이 매주 이러면 안 되니까, 다음 주에는 좀 더 제대로 된 삶을 드릴 수 있게 해달라는 그런 마음이 있어야 합니다. 이렇게 제대로 의식하면서 예배를 하게 되면 우리 삶 전체가 주님이 원하시는 모습을 드러낼 수밖에 없습니다. 예배를 예배답게 드리고 나면 하나님의 뜻의 실현이 우리 가운데 나타나야 합니다. 그것이 믿음의 열매요 결과입니다.

## 라합의 경우에 나타난 원칙

이 점을 강조하기 위해서 또 한 분의 예를 든 것이 라합의 이야기입니다. 라합에 대해서는 25절에서 이렇게 이야기합니다. "또 이와 같이 기생 라합이"라고 말하고 있으니 이 여인은 스스로 의롭다 함을 받을 수 있는 사람이 아니지 않습니까? "사자들을 접대하여 다른 길로 나가게 할 때에", 여기서 "사자"는 이스라엘의 정탐꾼들입니다. 왜 그렇게 했습니까? 라합이 판단할 때 "하나님이 여리고성을 이스라엘 백성들에게 준다, 그러니 나는 이스라엘하고 같이 해야겠다"라는 믿음이 작용하고 있었던 것입니다. 이 사람은 다른 일을 행한 것이 아닙니다. 그 믿음을 드러내는 일을 한 것입니다. 그래서 "다른 길로 나가게 할 때에 행함으로 의롭다 하심을 받은 것이 아니냐"라고 말씀합니다. 이런 예를 들면서 이제 우리의 믿음은 반드시 결과가 나오게 되어 있다는 것을 강조하고 있습니다.

## 나가면서: 믿음과 행위

여러 가지 예를 종합해서 이야기의 핵심을 찾으면 어떻게 됩니까? "사람이 행함으로 의롭다 하심을 받고 믿음으로만은 아니니라"(약 2:24)라는 말씀, 이 말씀을 가지고 요약해 보겠습니다. 이 말씀을 해석할 때 주의해야 합니다. 야고보서에서 믿음은 무엇이었습니까? "그냥 말로만 믿는다고 하는 것"이었습니다. 살 때는 그것과 상관없이 사는 것입니다. 그것이 야고보서에서 이야기하고 있는 믿음입니다. '행함으로'라고 하는 것은 내가 믿는다는 것의 열매를 낸 것입니다. 우리는 하나님이 하시는 구원을 참으로 믿어야 합니다. 야고보서의 의도를 놓치면 이 말씀을 오해할 수 있습니다.

종교 개혁 시대에 종교 개혁 운동에 반(反)해서 트렌트 종교회의(1545-1563)라고 하는 천주교회의 공의회가 열렸습니다. 북이탈리아의 트렌트(Trent) 또는 "트렌토"(Trento)라는 지역에 모여서 종교회의를 진행했습니다. 종교 개혁 운동에 대해 반동(反動) 운동을 했던 것입니다(Counter-Reformation). 여기에서 야고보서의 말씀을 사용해서 자신들의 입장을 표현했습니다. "이로 보건대 사람이 행함으로 의롭다 하심을 받고 믿음으로만은 아니니라". 겉으로는 이 말씀을 그대로 인용하면서, 사실은 이 말씀의 의미와는 다르게 해석하여 "사람이 행하지 아니하고 오직 믿음으로만 구원을 받는다고 주장하는 자들에게는 저주가 있을지어다"라고 선언한 것입니다.■ 어떻게 보면 야고보서의 이 말씀과 똑같은 이야기로 들립니다. 오직 믿음으로만 구원을 받는다고 하면 안 된다 합니다. 루터와 그를 따르는 개혁자들은 모두 "오직 믿음으로만 구원함을 받는다"고 주장했습니다. 겉으로 볼 때는 트렌트 종교회의가 야고보서의 말씀에 부합한 말을 하는 것처럼 보이지 않습니까? 그러나 사실은 그런 것이 아닙니다.

다시 생각해 보겠습니다. 야고보서가 말하는 믿음은 무엇입니까? 루터가 말하는 진짜 믿음이 아닙니다. 그냥 말로만 하는 동의입니다. "그래, 그냥 믿어. 그렇다고 알아". 그래서 주일 예배에 참석하고, 기독교를 종교로 하는 그런 것입니다. 그러나 루터와 개혁자들은 그것으로는 구원받을 수 없다고 하는 것입니다. 내 존재 전체를 가지고 진짜로 믿어야 구원받는다고 주장합니다. 내 존재 전체가 믿는다면 첫 번째, 내 지성이 믿어야 합니다. 내가 무얼 믿는지 알아야 하지 않겠습니까? 두 번째, 내 감정이 믿어야 합니다. 주께서 이루어주신 그것을 볼 때 내가 기쁘고 즐거워야 합니다. 주께서 나를 구원해 주셨다는 것 때문에 정말 구원의 감격이, 그런 감정이 있습니다. 그리고 내 의지가 믿어야 합니다. 그래서 주님의 뜻대로 행해나가야 합니다. 이런 것을 전인적 믿음, 또는 참된 믿음, 좀 더 구체적으로 "구원에 이르는 믿음"이라고 했고, 그런 믿음으로 의롭다 칭함을 얻는다고 한 것입니다. 그러니까 오직 믿음으로 칭의를 받는 것입니다.

이때 그 믿음이라는 것에는 존재 전체가 관여합니다. 한 사람의 깊이 전체가 관여해야 할 뿐만 아니라 존재 전체가 관여하여 믿습니다. 이 믿음으로 구원함을 받습니다. 이런 사람은 당연히 세상 가운데 살면서 하나님의 백성다운 열매를 나타냅니다. 바울이 이야기하는 것이 바로 그것입니다. "할례나 무할례가 아무 것도 아니로되 오직 새로 지으심을 받는 것만이 중요하니라"(갈 6:15). 그런데 믿음이 무엇으

Council of Trent, Sixth Session [1547], Decree concerning Justification, Canon IX, available at http://www.thecounciloftrent.com/ch6.htm.

로 나타납니까? 사랑으로 나타난다고 합니다. 세상 가운데서 살아갈 때 우리의 진짜 믿음은 바깥에 있는 사람들에 대한 진정한 사랑으로 나타날 수 있어야 합니다. 그것이 우리의 행함을 말하는 것입니다. 그런데 그것은 믿음의 열매일 뿐입니다.

만일 이런 식이 아니고 천주교에서 이야기하고 있는 대로 예수를 믿은 다음에 어느 정도 행위가 있어야만 그것에 근거해서 구원함을 받는다고 한다면, 그분들이 지금 야고보서가 이야기하고 있는 행함을 찾아보려고 노력을 하지만, 그런 식으로 구원을 받을 수 있는 사람이 이 세상에 아무도 없다는 것을 알게 될 것입니다. 성경으로도 그렇고 우리의 경험으로도 그렇습니다.

물론 진정한 신앙은 정말 사랑으로 넘치는 사람을 세상에 있게 합니다. 그 일을 위해서 우리가 주 앞에 기도해야 합니다. "주님 나의 이 믿음으로 진정한 사랑이 넘치는 사람이 되게 해주십시오". 그것은 우리가 진정으로 의존하는 바의 열매일 뿐입니다. 살아서 역동적으로 역사하는 믿음은 세상 가운데서 믿음의 열매가 있게 합니다. 교회 공동체는 항상 그런 믿음으로 넘쳐나는 공동체여야 할 것입니다. 다시 정리합니다. 우리는 오직 믿음으로만 구원함을 얻습니다. 우리가 참 하나님 백성의 모습으로 드러나는 것은 그 참된 믿음의 열매입니다.

# 4부

## 중생자의 언어생활

THE CHURCH WORSHIPS HERE, TODAY!

**15강** 야고보서 3장 1-6절

# 우리는 과연 어떻게 말해야 할까? (1)

"내 형제들아 너희는 선생된 우리가 더 큰 심판을 받을 줄 알고 선생이 많이 되지 말라. 우리가 다 실수가 많으니 만일 말에 실수가 없는 자라면 곧 온전한 사람이라 능히 온 몸도 굴레 씌우리라. 우리가 말들의 입에 재갈 물리는 것은 우리에게 순종하게 하려고 그 온 몸을 제어하는 것이라. 또 배를 보라 그렇게 크고 광풍에 밀려가는 것들을 지극히 작은 키로써 사공의 뜻대로 운행하나니, 이와 같이 혀도 작은 지체로되 큰 것을 자랑하도다. 보라 얼마나 작은 불이 얼마나 많은 나무를 태우는가. 혀는 곧 불이요 불의의 세계라. 혀는 우리 지체 중에서 온 몸을 더럽히고 삶의 수레바퀴를 불사르나니, 그 사르는 것이 지옥 불에서 나느니라"(약 3:1-6).

본문은 온전한 사람이 되도록 우리가 지향해야 하는 하나님의 뜻을 보여주는 중요한 부분이라고 할 수 있습니다. "예수 그리스도 안에서 구원함을 받은 사람들은 과연 어떤 모습이어야 하는가?"에 대한 답을 주시는 것입니다. 이 말씀은 야고보서 3장 1절부터 12절 전체에 나타나 있는데 몇 번에 나누어서 그 내용을 살펴보려 합니다.

이 말씀은 기본적으로 우리의 언어와 관련된 것입니다. 여기에 '혀'라는 말이 나옵니다. 우리는 혀로 여러 가지 일을 합니다. 그 가운데 "우리가 언어생활을 어떻게 해야 할 것인가?"를 이야기하고 있습니다. 한마디로 언어생활도 주님의 뜻대로 행해야 한다는 것입니다. 이것은 예수 그리스도 안에서 구원함을 받은 사람이 이루어야 하는 '온전함'의 한 측면을 이야기하는 것입니다. 언어에 대한 것은 우리가 이루어야 할 온전함의 한 가지를 대표적인 예를 들어서 설명하는 것입니다.

### 오해하지 말아야 할 것 (1): 야고보서 3장 8절에 대한 오해

야고보가 언어에 대해서 언급하는 이유는 이것이 매우 어려운 일이기 때문입니다. 그래서 야고보는 경고로부터 시작합니다. 3장 1절은 "내 형제들아 너희는 선생된 우리가 더 큰 심판을 받을 줄 알고 선생이 많이 되지 말라"라고 말씀합니다. 이렇게 경고로 시작합니다. 이것을 경고로 안 받아들이면 오해가 생깁니다. 만일 어떤 사람이 이것을 그냥 받아들인다고 생각해 보겠습니다. 그러면 성경에 선생이 되지 말라고 했으니까 우리는 남들에게 하나님의 말씀을 가르치는 일을 하지 말아야 하겠다고 오해하기 쉽습니다. 이것은 마치 8절과 같은 말씀을 오해하는 것과 같습니다. "혀는 능히 길들일 사람이 없나니 쉬지 아니하는 악이요 죽이는 독이 가득한 것이라"(약 3:8)라고 말씀합니다. 혀는 능히 길들을 사람이 없다. 어떤 사람들은 이 말씀을 자명한 진술로 받아들입니다. 그래서 이렇게 말합니다. "내가 왜 언어생활을 못하는 줄 아십니까? 하나님이 성경에 말씀하시기를 혀를 능히 길들일 사람이 없다고 했잖아요. 그러니까 이렇게 못 하는 것이 당연합니다". 만일 이렇게 말하고 생각한다면 그것은 성경의 의미를 훼손시키는 것입니다. 성경을 오해해서 성경의 의미를 훼손하는 것입니다.

8절의 말씀을 했을 때 하나님의 의도는 "그것이 매우 어려운 것이지만 너희는 노력해야 한다"라는 의미에서 이 말씀을 주셨던 것입니다. "너희는 아무리 노력해도 안 되니까 혀를 길들일 생각하지 말아라"는 뜻으로 말씀하신 것이 아닙니다. 누구나 알 수 있는 문장이지만, 성경을 읽을 때는 아주 이상하게 생각하고 오해하는 일이 우리 주변에 많이 있습니다.

### 오해하지 말아야 할 것 (2): 야고보서 3장 1절에 대한 오해

그와 비슷하게 오해하는 것이 바로 1절에 나타난 예입니다. 만일 세상에 있는 모든 그리스도인이 1절 말씀을 그냥 문자적으로 생각한다면 아주 이상한 결과가 나타날 것입니다. 우선 우리가 이 말씀을 오해하지 않기 위해서 기본적으로 예수님을 믿는 사람들이 반드시 해야 할 일을 살펴보겠습니다. 예수님을 믿는 사람들은 그가 어떤 사람인가 하는 것과는 상관없이 모두가 자기가 깨달은 범위에서 하나님의 말씀을 다른 사람들에게 가르쳐야 합니다. 적어도 자기 수준에 이르도록 해야 합니다. 이런 일은 누구든지 해야 합니다. 내가 예수님을 진짜로 믿는 사람이라면 예수 그리스도를 믿지 않는 사람을 보며 "당신은 안 믿습니까? 그럼 그렇게 하세요"라고 하며 그냥 방관하는 것이 아니라, 모든 방법을 사용해서 그 사람이 예수님을 믿도록 복음을 전하고 권면해야 합니다. 그것도 하나님의 말씀을 가르치는 것입니다. 그런데 어떤 사람이 "선생된 자가 더 큰 심판을 받을 줄 알고 선생이 되지 말라고 그랬으니까 그렇게 하는 것이 아닙니다"라고 이야기를 한다면 그 생각 자체가 잘못된 것입니다.

### 오해 방지를 위한 작업: 그리스도인들이 항상 해야 하는 일 두 가지

일단 이 말씀을 오해하지 않기 위해서는 먼저 모든 그리스도인이 당연히 해야 할 일 두 가지를 살펴보겠습니다. 우리가 잘 안 하고 있기에 강조하는 것입니다. 하나는 예수님을 안 믿는 사람이나 예수님을 믿는다고 하면서 신앙생활을 제대로 안 하는 사람들에게 예수님을 소개하고, 예수님을 제대로 믿게 하는 일을 해야 합니다. 이것은 누구든지 해야 합니다. 초등학생이라도 상관없고, 어른이라도 상관없습니다. 모든 그리스도인이 그렇게 해야 합니다. 이것을 '전도한다'라고 말합니다. 말씀을 선포하는 것입니다. 이것을 하지 않는 것이 이상한 일입니다. 예수님을 오래 믿다 보면 전도하지 않는 것에 아주 익숙해져 버리기도 합니다. 전도는 특별한 사람들이 하는 것, 나와는 상관없다고 생각하는 것입니다. 그러나 예수님을 믿는 모든 사람은 반드시 전도해야 합니다. 물론 내가 깨닫는 수준만큼 복음을 이야기할 수밖에 없습니다. 예수님을 믿는 도리, 하나님을 믿는 도리에 대해서 알지 못하는 것을 남들에게 전할 수는 없습니다. 내가 깨닫고 아는 만큼 하는 것입니다. 그러니 하나님에 대해서 많이 아는 사람은 더 많은 내용을 잘 전할 수 있습니다. 그런데 내가 많이 안다고 해서 전도를 더 잘하는 것은 아닙니다. 대개는 예수님을 믿은 지 얼마 안 되는 분들이 제일 열심히 전도합니다. 그것이 참 이상한 일입니다. 예수님을 오래 믿은 사람들은 이상하게 전도를 별로 안 합니다. 물론 오래 믿고 열심히 전도하는 분들도 많습니다. 하지만 오랜 시간 믿음 생활을 하면서 속으로 이렇게 말하는 경우가 있습니다. "나도 옛날에는 잘 했었지, 그러니까 지금은 좀 쉬어도 돼". 마치 이 세상 사람들이 왕년에 뭐 했다고 하는 말과 비슷합니다. 안타까운 일입니다. 우리는 항상 복음을 열심히 전해야 합니다.

우리는 복음 전도를 열심히 해야 할 뿐만 아니라 또 하나 해야 할 것이 있습니다. 전도한다고 해서 다 끝난 것은 아닙니다. 전도는 예수 그리스도를 믿도록 잘 전달하는 것입니다. 우리가 잘 전하고 노력했어도 대상자가 믿지 않을 수도 있습니다. 그럴지라도 우리는 계속해서 여러 가지 방법을 사용해서 지혜롭게 전도해야 합니다. 그렇게 여러 명에게 전도하면 그중에 예수님을 믿는 사람이 있습니다. 그러면 그 사람이 스스로 신앙생활을 할 수 있도록 성경을 알려주는 일을 해야 합니다. 이것을 일반적으로 양육(follow-up)이라고 합니다.

이 두 가지가 모든 예수님을 믿는 사람들이 해야 하는 일입니다. 이것을 참으로 명심(銘心)해서 실천해야 합니다. 이런 말씀을 굉장히 부담스럽게 생각하는 사람이 많습니다. '신앙생활을 꼭 그렇게 해야 합니까?'라고 생각하는 사람들이 많습니다. 그러나 전도와 양육은 누구든지 해야 할 일입니다. 예수님을 믿는 사람은 누구든지 이 일을 감당해야만 합니다. 이를 감당하지 않을 때 세상에는 아주 이상한 결과가 나타나게 됩니다. 예수님을 믿는데 다른 사람에게 전도하지 않고, 다른 사람의 신앙을 성숙시키는 일을 하지 않는다면 '나는 스스로 그냥 서겠다'는 생각을 하는 것입니다. 다른 사람은 어떻게 되든지 상관없이 살려고 하는 것입니다. 그런데 재미있는 현상은 그렇게 계속해 나가면 자기 혼자 스스로 서는 것이 아니라, 결국은 자기도 못 서게 됩니다. 대개 다른 사람에게 열심히 전도하고, 다른 사람을 양육하는 사람들은 자기도 제대로 서게 되는 경우가 많이 있습니다. 그러므로 전도와 양육은 다른 사람들을 위해 하는 일일 뿐만 아니라, 자신을 위해서 하는 일이기도 합니다. 그러니 전도와 양육은 예수님을 믿는 사람들이 다 하는 일이라고 생각해야 할 것입니다. 기본적으로 예수님을 믿는 사람들이 있고, 그런 사람들이 모인 교회 공동체가 있다면 그들은 항상 전도와 양육을 하게 되어 있습니다.

### 교회에서 가르치는 자

그러면 본문이 이야기하는 '선생된 자'라는 것은 무엇입니까? 신약 성경에서 선생된 자라고 했을 때는 주일 학교 선생님을 이야기하는 것이 아닙니다. 교회 안에서 공식적으로 말씀을 가르치는 역할을 하는 분을 이야기하는 것입니다. "가르치는 자"(διδάσκαλος)인데 우리는 그 일을 하는 사람을 신약 성경의 다른 용어를 사용하여 '목사'(ποιμήν)라고 부릅니다. 그러므로 목사의 기본적인 일은 하나님의 말씀을 잘 가르치는 것입니다. 앞에서 언급한 대로 예수님을 믿는 사람은 누구든지 다 예수님을 전하고 자기 수준만큼 알게 하는 것입니다. 목사님은 모든 성도가 이 일을 제대로 하도록 가르치는 역할을 하는 것입니다. 그것이 말씀을 가르치는 자(διδάσκαλος)입니다. 그러니까 목사님이 일을 제대로 하면 할수록 성도들이 제대로 남을 가르칠 수 있습니다.

본문 1절이 말하는 것은 그 일을 전체적으로 주관하는 사람입니다. 교회 안에서 하나님의 말씀을 가르치는 일을 하는 그 일입니다. 이 일은 여러 가지 이유로 어려운 일입니다. 그러나 본문에서는 한 측면만을 강조합니다.

이런 이야기를 할 때 우리 마음속에 떠오르는 몇몇 사람이 있습니다. 예수님께서 세상에 계실 때 당시 선생으로 자처하는 사람들에게 하신 말씀이 있습니다. 예수님이 바리새인들에게 "외식하는 자여 너희가 천지의 기상은 분간할 줄 알면서 어찌 이 시대는 분간하지 못하느냐"(눅 12:56)라고 하셨습니다. 너희는 세상이 어떻게 된다는 것은 다 알면서 왜 세상이 실제로 어떻게 될 것에 대해서는 아무 생각도 하지 않느냐고 말씀하신 일입니다. 마찬가지로 마가복음은 "예수께서 가르치실 때에 이르시되 긴 옷을 입고 다니는 것과 시장에서 문안 받는 것과 회당의 높은 자리와 잔치의 윗자리를 원하는 서기관들을 삼가라 그들은 과부의 가산을 삼키며 외식으로 길게 기도하는 자니"(막 12:38-40)라고 말씀합니다. 그다음에 "그 받는 판결이 더욱 중하리라"고 말씀합니다. 예수님이 바리새인과 서기관들에게 '판결이 더욱 중하리라'라고 말씀하신 것과 본문의 "선생된 우리가 더 큰 심판을 받을 줄 알"라는 말씀은 연관성이 있음을 알아야 합니다.

어느 시대든지 하나님의 백성들이 가야 할 길을 인도해가는 사람들, 그 사람들이 결국 잘못 인도해갈 때 그들이 받는 판결이 아주 심하다고 말씀합니다. 여기서 말하는 선생도 그런 일을 하는 사람입니다. 만일 교회 안에서 하나님의 말씀을 가르치고 인도하는 사람들이 하나님의 백성 전체를 이상한 데로 이끌어 간다면 결국은 교회 전체를 어려움에 빠뜨리는 것입니다. 그렇기에 주님은 그들이 받는 판결이 더욱 심할 것이라고 말씀하셨습니다.

이런 말씀을 보면 우리는 이중적인 반응 나타나야 합니다. 하나는 "이것은 보통 사람이 하는 일이 아니구나" 하는 생각이 들어야 합니다. 그런데 그것이 우리를 너무 압도하면 안 됩니다. 그러면 세상에서 그런 역할을 하는 사람이 아무도 없을 것입니다. "주께서 말씀하시기를 선생이 되지 말라고 하셨으니 목사가 되지 말아야겠다"라고 하면서 아무도 이 일을 감당하려고 하지 않는 것입니다. 시대가 매우 악해지면 하나님의 말씀을 잘 맡아서 하나님의 백성들에게 가르치는 일을 전체적으로 주관하는 그 일, 즉 참된 목사의 역할을 하는 사람들이 점점 줄어들게 됩니다. 물론 그와 함께 거짓된 목사가 증가하는 일이 동시에 나타납니다. 그러나 기본적으로 목사를 하겠다는 사람들이 심각하게 줄어들게 됩니다. 이것은 시대가 악하여졌을 때 나타나는 현상 중 하나입니다.

그러므로 우리 마음에 항상 하는 기도가 있어야 합니다. 어느 시대나 하나님께 이 문제를 기도해야 합니다. '하나님의 말씀을 제대로 가르쳐서 교회 전체가 바른 방향으로 갈 수 있도록 하는 사람, 오늘의 본문이 말하는 선생된 자들을 우리 가운데 일으켜 주시옵소서' 하는 간절한 기도가 있어야 합니다. "나는 그런 일 안 하니까 나하고는 상관없다"라고 생각할 것이 아닙니다. 이것은 교회적으로 모두가 기도해야 할 일입니다. 그 일이 우리에게 매우 중요합니다.

### 미래 교회를 위한 기도의 필요성

지금으로부터 한 50년이나 60년 뒤를 생각해 보겠습니다. 물론 그 전에 예수님이 오신다면 우리는 이런 생각을 안 해도 됩니다. 그런데 우리는 예수님이 언제 오실지 모르기 때문에, 50년이나 60년 뒤에 교회는 과연 어떻게 될 것인가를 생각해야 합니다. 그저 '하나님이 알아서 하시겠지, 목사님들이 알아서 하시겠지, 장로님들이 알아서 하시겠지'라는 막연한 생각을 해서는 안 됩니다. 본문 말씀은 우리에게 늘 그것을 바라보면서 기도하도록 합니다. 그렇게 기도하는 성도들이 있을 때 주께서 필요한 사람들을 세우셔서 다음 세대의 교회를 제대로 인도해 나가도록 하실 것입니다.

### 혀의 중요성

그러므로 항상 정상적인 상황을 생각해야 합니다. 왜 이 문제를 이처럼 심각하게 이야기합니까? 이는 사람들이 사용하는 혀, 즉 언어 사용의 문제이기 때문입니다. 이것을 강조하기 위해서 본문은 예를 들어서 이야기합니다. 작은 것인데 큰 것 전체를 주관하는 것들의 예를 이야기하고 있습니다.

### 첫 번째 예증: 말과 재갈의 예

첫 번째 예는 3절에 나옵니다. "우리가 말들의 입에 재갈 물리는 것은 우리에게 순종하게 하려고 그 온 몸을 제어하는 것이라"(약 3:3)고 말씀합니다. 말의 입에 재갈을 물려서 그 몸 전체를 제어하는 것에 대해 말씀합니다. 말에게는 무척이나 귀찮은 일일 수 있습니다. 자기 마음대로 살아야 하는데 사람들이 입에 재갈을 물려서 제어하기 때문입니다. 재갈을 물려서 말 전체를 사용하는 것입니다. 물론 우리 같은 사람은 아무리 재갈을 물렸다 해도 말을 마음대로 제어할 수는 없습니다. 능숙한 사람이 재갈 물린 말을 원하는 대로 움직입니다. 재갈은 작은 것인데 큰 것을 움직입니다.

### 두 번째 예증: 배와 키의 예

두 번째 예는 4절입니다. "또 배를 보라 그렇게 크고 광풍에 밀려가는 것들을 지극히 작은 키로써 사공의 뜻대로 운행하나니"(약 3:4)라고 말씀합니다. 작은 키로 큰 배 전체를 운전하는 것입니다.

혀도 우리 몸의 작은 지체 가운데 하나입니다. 혀는 작은 것이지만 전체를 주관하기에 매우 중요하다는 것입니다. 혀를 어떻게 사용하느냐에 따라서 어떻게 될 것인가? 언어생활을 어떻게 하느냐에 따라서 온전한 사람으로 나타나는가, 아닌가? 하는 것이 결정될 수 있다는 말입니다. 그러니까 혀를 어떻게 할 것인가 하는 것은 매우 중요합니다. 마치 말에 재갈을 물리는 것이나 배의 키를 가지고서 전체를 주관하는 것이나 마찬가지라는 것입니다.

## 말의 실수와 온전함

이것이 우리에게 말하려고 하는 것은 무엇입니까? 2절은 "우리가 다 실수가 많으니, 만일 말에 실수가 없는 자라면 곧 온전한 사람이라, 능히 온 몸도 굴레 씌우리라"라고 말씀합니다. 이 말도 오해하면 안 됩니다. 성경을 전체적으로 보면 하나님은 우리를 하나님이 원하시는 온전한 모습을 향해서 가도록 합니다. 성경은 한 번도 "지금 있는 상태로 살라"고 말씀하지 않습니다. 우리에게 중요한 것은 매일 그렇게 되려고 노력하는 것인데, 성경은 그렇게 노력을 한다고 해도 이 땅에서 완전함에 도달할 수 없다고 말씀합니다. 이 세상에서 하나님의 뜻대로 살고자 노력하는 모든 사람도 결국 하나님이 요구하는 수준에는 다 미치지 못했음을 발견하게 됩니다. 이것이 성경의 귀중한 교훈입니다. 만일 이것을 무시하게 되면 우리는 소위 완전주의(perfectionism)를 향해 나아가게 됩니다. 예수님을 열심히 믿으려고 했던 사람 중에서 그런 노력을 했던 사람들이 극히 소수지만 있기는 있었습니다. 이 사람들은 노력하는 사람들이었습니다. 그러나 한 가지 놓치고 있는 것은 그렇게 노력해도 인간적인 수준에서는 어느 정도 도달했다고 이야기할 수 있고, 인간이 볼 때는 굉장한 수준까지 올라갔다고 할 수 있을지 모르지만, 성경이 말하는 주님께서 원하시는 그 온전함에는 이르지 못한다는 사실입니다. 죽기까지 그러합니다.

물론 우리는 끝까지 노력해야 합니다. 여기에 우리와 불교의 차이가 있습니다. 우리는 예수 그리스도 안에서 예수님이 이미 우리를 위해 이루신 구원에 근거하여 노력한다는 것입니다. 불교는 그냥 끊임없이 노력하는 것입니다. 자기 스스로 끊임없이 노력해야 합니다. 기독교도 잘못하면 그렇게 변질될 수 있습니다. 우리가 끊임없이 노력해서 무언가를 이루어보려고 하는 것이 대표적인 변질의 예가 됩니다. 그것은 기독교가 아닙니다. 기독교적인 형태를 가졌다 해도 그것은 기독교가 아닙니다. 기독교는 예수 그리스도가 이루신 구원에 근거해서 믿고, 그것에 근거해서 노력해 나가는 것입니다. 또한 정말 많이 노력한 사람이라고 해도 온전함에 이를 수 없다는 것을 인정하는 것이 참으로 기독교적인 것입니다.

## 언어생활의 온전성

참 기독교는 온전함을 항상 우리에게 제시합니다. 그중 하나가 언어생활에 관한 것입니다. 말의 실수가 없는 것은 결국 무엇입니까? 우리가 하나님이 원하시는 대로 말하는 것입니다. 이것을 잘 표현해 주는 말씀이 시편 139편의 말씀입니다. "나의 모든 길과 내가 눕는 것을 살펴보셨으므로 나의 모든 행위를 익히 아시오니 여호와여 내 혀의 말을 알지 못하시는 것이 하나도 없으시니이다"(시 139:3-4)고 말씀합니다. 내가 무슨 말을 하려고 할 때, 그리고 실제로 말을 했을 때 하나님이 모르시는 말이 하나도 없다는 것입니다. 이것을 잘 생각하면 우리는 어떻게 말을 해야 합니까? 정말 깊이 있게 생각하면서 이 순간 하나님께서 나에게 어떻게 말하도록 하는가를 분별해서 말해야 합니다. 그런 수준에 이른 사람이 본문이 말하는 온전한 사람입니다. 이 수준을 낮추면 그저 내가 생각하기에 적절한 말만 하는 것입니다.

여기에 하나님이 원하시는 지혜가 필요합니다. 하나님이 원하시는 지혜는 그것이 없을 때 하나님이 원하시는 것을 이룰 수가 없습니다. 내 수준에 맞추어서 수준을 결정하려고 하면 안 됩니다. 우리가 처한 모든 정황, 가족이나 교회 안, 사회 속에서도 어떻게 말해야 가장 효과적으로 하나님의 뜻을 이루어낼 수 있을 것인가? 하는 것을 염두에 두고 말해야 합니다. 우리는 그것을 파악하여 표현해내려고 노력해야 합니다. 그러니까 말 한마디를 하더라도 그냥 내 마음대로 하면 안 됩니다. 하나님의 뜻을 생각하고, 하나님의 뜻을 나타내려는 자세를 가져야 합니다.

물론 이것은 쉽지 않습니다. 그렇기에 말에 실수가 없는 사람은 온전한 사람이라고 하는 것입니다. '말의 실수'라는 것은 하나님이 의도하지 않은 말을 하는 것입니다. 그 말이 그 상황에 맞는 말일 수도 있습니다. 대표적으로 욥의 친구들이 했던 말이 있습니다. 어떤 면에서 그들이 하는 말은 옳은 말입니다. 하나하나 생각하면 다 괜찮은 말입니다. 그러나 욥이 처해 있는 상황에서 욥의 친구들이 하는 말은 어떤 것입니까? 고난 가운데 있는 욥의 상처를 다시 파는 것입니다. 그 사람을 더 괴롭히는 말입니다. 어떤 면에서 욥의 친구들이 우리보다 낫습니다. 그들은 처음부터 "네가 잘못했다"라고 말하지 않습니다. 일주일 동안 아무 이야기도 하지 않고 그와 함께 앉아 있었습니다. 그의 고난에 동참하고 있습니다. 그 후에 말하기 시작한 것입니다. 우리보다 훨씬 나은 점이 있습니다. 그러나 문제는 욥기 전체의 상황을 보면 그들의 말이 어리석다는 것을 알 수 있습니다. 욥기 맨 마지막에 하나님은 욥과 그 친구들에게 무엇이라고 말씀합니까? "너희가 나를 가리켜 말한 것이 내 종 욥의 말 같이 옳지 못함이니라"(욥 42:7, 8)고 말씀합니다.

욥기 전체를 아는 사람으로서 우리는 언어생활을 어떻게 해야 합니까? 말을 할 때 '이 순간에 이 말을 하는 것이 하나님 나라를 위해서 과연 필요한 것일까?'하고 생각하면서 말해야 합니다. 하나님의 때에 맞추어서 말하지 않는다면 우리는 말의 실수를 하는 사람입니다. 우리는 대개 남을 비난하는 말, 비밀을 누설하는 말 혹은 거짓으로 하는 말 정도를 말의 실수라고 생각합니다. 물론 그것도 잘못한 것입니다. 그러나 성경이 말하는 것은 그보다 더 높은 수준입니다.

우리는 어떤 사람이 되어야 합니까? 하나님은 정말 내 입의 말을 하나도 알지 못하는 것이 없다고 했습니다. 내가 말하기 전에도 다 알고 계십니다. 이것을 생각해야 합니다. 우리의 궁극적인 목적은 어디에 있습니까? 하나님의 마음에 내 마음을 맞추는 것입니다. "하나님, 이 시점에서 이 이야기를 해야 합니까? 말아야 합니까?"라는 질문을 마음속에 늘 하면서 언어생활을 해야 할 것입니다.

이러한 권면의 말씀을 잘못 적용하면 입을 딱 다물고, 아무 소리도 안 하는 사람이 됩니다. 그러면 우리 주변에 있는 사람들이 전부 다 떨어지게 됩니다. '뭐가 문제가 있나? 뭐 섭섭한 것이 있나?' 이런 생각을 하면서 주변에 있는 사람들을 매우 어렵게 할 수도 있습니다. 그러므로 적절하게 말을 해야 합니다.

### 나가면서: 그러면 어떻게 해야 할까?

중요한 것은 하나님이 뜻하시는 것을 헤아리는 일입니다. 전체적으로 하나님 나라와 관련하고, 주변과 관련하고, 처한 상황과 관련하고, 하나님의 뜻을 헤아려서 하나님의 뜻이 가장 효과적으로 실현될 수 있는 것을 찾아서 말해야 합니다. 바로 그렇게 하는 것이 말의 실수를 하지 않는 방식입니다. 주님께서는 이 작은 혀가 전체 방향을 움직이되 올바르게 사용되기를 원하십니다.

마음속에 이 말씀을 새기고, 이 마음으로 평생을 살아야 합니다. 우리의 언어가 하나님의 뜻을 헤아리는 말이 되기 원합니다. 주께서 우리의 혀를 아름답게 사용하여 주시기 원합니다.

16 강 야고보서 3장 1-6절

# 우리는 과연 어떻게 말해야 할까? (2)

"내 형제들아 너희는 선생된 우리가 더 큰 심판을 받을 줄 알고 선생이 많이 되지 말라. 우리가 다 실수가 많으니 만일 말에 실수가 없는 자라면 곧 온전한 사람이라 능히 온 몸도 굴레 씌우리라. 우리가 말들의 입에 재갈 물리는 것은 우리에게 순종하게 하려고 그 온 몸을 제어하는 것이라. 또 배를 보라 그렇게 크고 광풍에 밀려가는 것들을 지극히 작은 키로써 사공의 뜻대로 운행하나니, 이와 같이 혀도 작은 지체로되 큰 것을 자랑하도다. 보라 얼마나 작은 불이 얼마나 많은 나무를 태우는가. 혀는 곧 불이요 불의의 세계라. 혀는 우리 지체 중에서 온 몸을 더럽히고 삶의 수레바퀴를 불사르나니, 그 사르는 것이 지옥 불에서 나느니라"(약 3:1-6).

지극히 작은 것들이 전체를 주관하는 것을 말하며 혀의 중요성, 언어생활의 중요성을 강조합니다. 첫 번째는 말을 예로 들었습니다. 말에게 재갈을 물려서 원하는 방향으로, 말 타는 사람이 이끄는 데로 나아가는 예를 보았고, 두 번째 큰 배를 움직이고 있는 키를 보았습니다. 선장들이 작은 키로 전체를 움직이는 것입니다. 이제 세 번째 예를 들고 있는 것이 본문의 마지막 부분에 있는 말씀입니다.

## 세 번째 예증: 불이 많은 나무를 태우는 예

"보라 얼마나 작은 불이 얼마나 많은 나무를 태우는가"(약 3:5)라고 말씀합니다. 이것은 번역이 아주 잘 되어 있는 말입니다. 작은 불이 전체를 휩쓸어서 전소(全燒)해 버리는 것을 생각하게 합니다. 큰 산불이 난 상황을 생각해 보겠습니다. 그런 일이 일어나면 안 되겠지만, 이해를 돕기 위한 예로 생각해 보겠습니다. 산림이 울창한 곳에서 산불이 나면 사람이 손 쓸 도리가 없습니다. 작은 불이 전체를 태우고, 바람에 불이 막 날아다니는 것을 경험합니다. 우리의 혀도 그와 같다고 합니다. 우리의 언어생활도 그와 같다는 것입니다. 그래서 6절에서는 "혀는 곧 불이요"라고 말씀합니다. 왜 불이라고 이야기합니까? 혀는 불과 같이 전체를 사를 수 있다는 것입니다. 잘못 사용하면 전체를 태워버릴 수 있다는 것입니다. 그러면서 "혀는 우리 지체 중에서 온 몸을 더럽히고 삶의 수레바퀴를 불사르나니"(약 3:5)라고 말씀합니다. 작은 것인데 온몸을 더럽힐 수 있다고 합니다. 작은 혀가 전체를 더럽힐 수 있다는 것입니다.

마찬가지로 우리 "삶의 수레바퀴를 불사르나니"라고 말씀합니다. 여기에 아주 재미있는 표현이 있는데 '삶의 수레바퀴'라는 표현입니다. 이것은 좀 낯선 말입니다. 이 말은 도대체 어디서 온 말일까요? 이와 비슷한 말을 옛날 사람들이 사용했습니다. 동양이나 서양이나 옛날 사람들은 일반적으로 사람의 삶이라는 것을 돌아가는 것처럼 생각했습니다. 그것을 가져와서 말하는 것입니다. 삶 전체를 표현할 때 삶의 수레바퀴, 생의 수레바퀴라고 표현하는 것입니다. 그것, 삶의 모든 것을 지극히 작은 혀가 다 사를 수 있다는 것입니다.

## 잠언 12장 18절

구약 성경을 보면 사람의 언어가 어떤 결과를 나타내는가에 대해서 여러 가지 예를 들었습니다. 특별히 언어를 잘못 사용하는 경우의 예를 살펴볼 텐데, 가장 기본적인 것은 아무 생각 없이 말하는 경우입니다. 하나님이 사람에게 언어의 기능을 주신 것은 여러 가지 일을 하라고 주신 것입니다. 물론 아무 생각 없이 나오는 말도 있습니다. 그런데 여기서 말하는 것은 그 정도의 말이 아닙니다. 잠언 12장에서는 "칼로 찌름 같이 함부로 말하는 자가 있거니와 지혜로운 자의 혀는 양약과 같으니라"(잠 12:18)라고 말씀합니다. 아주 전형적인 대조법입니다. A와 B가 전혀 다른 상황입니다. 지혜로운 혀는 양약과 같다고 했습니다. 사람들의 마음을 잘 치료해줄 수 있다는 것입니다. 그런데 어떤 사람은 칼로 찌름같이 함부로 말한다는 것입니다. 그 말의 결과가 칼로 찌름과 같다는 것입니다. 함부로 말할 때 그렇다는 것입니다. 아무 생각 없는 말이 그런 결과를 낸다는 것입니다.

어떨 때 그런 일이 발생합니까? 조심스러운 자리에서는 그렇게 하는 경우가 별로 없습니다. 조심스러운 자리에서는 되도록 말을 아끼기 때문입니다. 그러나 마음이 풀어져 있을 때, 대개는 친한 사람들과 같이 있을 때 그러기가 쉽습니다. 그렇기에 말로 인해서 상처를 받는 사람은 아무래도 가까운 사람일 경우가 많습니다. 물론 멀리 있는 사람들도 말로 인해서 상처를 받을 수 있겠지만, 가까이 있는 사람들도 그럴 수 있다는 것을 생각해야 합니다.

이것을 잘 보면서 우리는 여러모로 대비해야 합니다. 우선 말을 하는 사람 편에서 어떻게 해야 할 것인가를 생각해야 합니다. 그리고 말을 듣는 편에서 어떻게 해야 할 것인가도 생각해야 할 것입니다.

### 그저 도덕적 해석을 하지 않기 위해 명심해야 할 두 가지 관점

우리는 전체적인 정황을 알고 말씀을 들어야 합니다. 그렇지 않으면 "우리가 세상에서 잘 살려면 언어생활을 어떻게 해야 하는가?" 하는 도덕적 교훈으로 이해하기가 쉽습니다. 야고보는 지금 그것 때문에 말하는 것이 아닙니다. 세상에서 평안하고 행복하게 살려면 어떻게 말해야 하는가? 하는 이야기를 하는 것이 아니라는 말입니다.

야고보는 무엇을 말합니까? 크게 두 가지 관점이 중요합니다. 하나는 구원받은 백성, 예수 그리스도의 십자가로 인해서 구속함을 받은 백성의 삶이 온전해져야 한다는 것입니다. 처음부터 야고보는 우리가 온전하게 되도록 이런 교훈을 말하는 것입니다. 그 전제는 십자가 사건을 통한 구원입니다. 그러니까 우리가 구속을 전제로 하지 않고 이 이야기를 한다면 그것은 도덕적 교훈입니다. 물론 그 자체만으로도 괜찮다고 생각할 수도 있습니다. 나쁜 이야기를 하는 것은 아니니까 말입니다. 그러나 그것은 기독교와 상관없는 이야기가 될 수 있습니다. 우리가 전체 맥락을 살피면서 생각하지 않으면 성경 말씀을 들으면서도 그저 도덕적인 교훈으로 듣고 말 수도 있습니다. 그것은 사실 의미 없는 일입니다. 구속함을 받은 사람들에게 하나님이 원하시는 바는 모든 면에서 온전해지는 것인데, 가장 온전해지기 어려운 부분인 혀의 사용, 즉 언어생활에 관한 문제를 논하고 있다는 것을 생각해야 합니다. 이 이야기가 나온 맥락을 잊어서는 안 됩니다.

또 하나, 야고보서에 직접적으로 나타나지는 않지만, 간접적으로 그리고 암묵적으로 나타나는 것은 하나님 나라의 관점입니다. 예수님을 믿는 사람들의 가정생활이나 교회 생활, 사회생활은 하나님의 백성으로서 사는 삶입니다. 그 삶을 제대로 살기 위해서는 어떻게 해야 하는가 하는 관점으로 언어생활을 이야기하는 것입니다. 그러므로 우리는 이 두 가지 맥락, 즉 첫째, 하나님의 백성으로서의 온전해짐, 둘째, 하나님의 백성들의 공동체, 특별히 교회라는 "하나님 나라의 공동체"가 세상에서 어떻게 나타나야 하는가에 관심을 가지고 언어생활을 생각해야만 합니다. 그러니까 하나님의 백성으로서 온전해지기 위해서는 아무 생각 없이 말을 내뱉는 일을 하지 말아야 합니다. 이것은 참 어렵습니다. 이를 제대로 하지 못하는 우리의 현실을 바라보면서 우리는 설교를 진짜로 의미 있게 듣는 것인지 자문해야 합니다. 예수님을 믿는 사람들이 가장 많은 문제를 일으키는 것이 언어생활에 관한 부분이니 우리가 설교를 그냥 요식행위로 듣는 것은 아닌가 하고 심각하게 생각해야 합니다. 그러므로 오늘 이 말씀 앞에서 스스로 잘 생각해야 합니다. 사려 없는 말, 생각 없이 하는 말이 우리에게서 나오는 것을 조심해야 합니다.

## 잠언 12장 19절

잠언 12장은 "진실한 입술은 영원히 보존되거니와 거짓 혀는 잠시 동안만 있을 뿐이니라"(잠 12:19)라고 말씀합니다. '거짓 혀'는 거짓말을 하는 혀를 이야기하는 것입니다. 이것은 정말 눈 깜짝할 동안만 있을 뿐이라고 합니다. 아주 짧은 순간을 이렇게 말하는 것입니다. 독일어에서 그 뜻이 가장 잘 살아나는데, 그것이 순간이라는 말입니다. 영어나 한글에서 순간은 다양한 순간이 있을 수 있습니다. 독일 사람들이 쓰는 '순간'이라는 말은 정말 '눈 깜짝할 사이'(*Augenblick*)를 이야기합니다. 그들은 잠시 있을 뿐이라고 합니다. 그러니까 거짓말이 있어서는 안 된다는 것입니다.

사람들이 왜 거짓말을 합니까? 대개는 어떤 유익을 얻거나 어떤 순간을 모면하기 위해서 합니다. 그러나 결과적으로 보면 그것은 아무런 의미가 없다는 말입니다. 그 순간은 모면이 된다고 해도 그 모면하는 것이 눈 깜짝할 순간이라는 것이기 때문입니다. 우리가 그것을 안다면 언어생활에 거짓이 없도록 분명하고 진실하게 해야 할 것입니다.

## 잠언 18장 12절

언어생활의 잘못된 예로 잠언 18장은 "사람의 마음의 교만은 멸망의 선봉이요 겸손은 존귀의 길잡이니라"라고 말씀합니다. 마음의 교만이 멸망의 선봉이라고 합니다. 이것이 언어생활로 나타나면 무엇이 되겠습니까? 바로 교만한 말이 됩니다. 사람들이 말하는 것을 들어보면 그런 것을 느낄 때가 있습니다.

아주 어리석은 사람은 자신의 교만을 남들이 아주 잘 알아차리게 말합니다. 조금 지혜로운 사람은 (진짜 지혜로운 것은 아닌데) 교만한 것을 남이 잘 알아차리지 못하게 말합니다. 이런 것이 다 어리석은 것입니다.

우리는 명시적으로나 비유적으로나 교만한 마음이 들어간 말을 해서는 안 됩니다. 자녀들에 대한 이야기를 할 때도 참 감사하다고 이야기하는데 가만히 들어보면 교만한 말이 들어가 있을 때가 많습니다. 자신도 모르는 사이에 그렇게 말할 수도 있습니다. 우리는 어떻게 해야 합니까? 교만한 마음이 없도록 하고, 교만하게 말하지 않도록 애를 써야 합니다.

### 잠언 10장 18절

잠언 10장 18절은 "미움을 감추는 자는 거짓된 입술을 가진 자요, 중상하는 자는 미련한 자이니라"(잠 10:18)라고 말씀합니다. 이 말씀은 우리가 참 깊이 생각하게 하는 말입니다. '중상하는 자'가 어떤 것이냐 하면 남들에 대해서 함부로 이야기하는 것입니다. 이야기하는 중 다른 사람의 나쁜 이야기를 하는 사람들이 있습니다. 좋은 이야기를 하는 것을 "중상(中傷)한다"라고 하지는 않습니다. 그러니까 남을 이야기할 때 나쁜 의미로 이야기하는 것을 중상한다고 합니다. 중상하는 자는 미련한 자라고 했습니다. 그것보다 조금 지혜로운 사람이 (그러나 진짜 지혜로운 것이 아니라고 했습니다) 그 앞에 나옵니다. 자기 마음속에 미워하고 있는데 미워하는 말을 전혀 안 하는 사람입니다. 속으로는 미워하는데 겉으로는 미워하는 표현을 하나도 안 합니다. 그럴 때 그것을 "거짓된 입술을 가진 자"라고 했습니다. 거짓의 입술을 가진 사람이라는 말입니다.

그러니까 하나님의 백성인 우리에게 요구하시는 것은 무엇입니까? 만일 화가 날 때 어떻게 해야 합니까? 만일 화를 다 쏟아부으면 그것은 미련하고, 어리석은 것이라는 말입니다. 화가 나지만 그냥 막 참는 것은 위선이라는 것입니다. 주께서 원하시는 것은 무엇입니까? 두 가지 다 하지 말아야 한다는 것입니다.

### 어떻게 해야 하나님 백성다운 언어생활을 할 수 있을까?

그러면 어떻게 해야 합니까? 이것이 가장 중요한 질문입니다. 여기서 우리는 주님의 말씀을 기억해 보아야 합니다. 마태복음 15장에는 예수님의 제자들이 손을 씻지 않고 무엇을 먹는 장면이 있습니다. 바리새인들은 "어찌하여 장로들의 전통을 범하나이까? 떡 먹을 때에 손을 씻지 아니하나이다"(마 15:2)라고 하면서 예수님을 공격하는 상황이 있습니다. 이때 예수님은 "무리를 불러 이르시되 듣고 깨달으라. 입으로 들어가는 것이 사람을 더럽게 하는 것이 아니라 입에서 나오는 그것이 사람을 더럽게 하는 것이니라"(마 15:10-11)라고 말씀합니다. 여기 말이 이중적인 의미로 사용되었음을 잘 관찰해야 합니다.

우선은 먹는 것을 생각해 보겠습니다. 손을 씻지 않고 먹으면 더러운 것이 입으로 들어갑니다. 의학적으로도 옳은 이야기입니다. 그런데 여기는 지금 먹는 것을 이야기하는 것이 아닙니다. 바리새인들이 왜 우리들의 유전, 즉 우리 조상들로부터 지켜오던 유전을 안 지키느냐는 말에 예수님이 반어적(反語的)으로 말씀하신 것입니다. 입에 들어가는 그것이 사람을 더럽히는 것이 아니라는 말입니다. 오히려 입으로 들어가면 나중에 소화가 되어서 나오는데 그것이 더럽다는 것입니다. 그것이 일차적인 의미입니다. 예수님께서는 "입으로 들어가는 모든 것은 배로 들어가서 뒤로 내버려지는 줄 알지 못하느냐"(마 15:17)라고 말씀합니다. 나중에 배설된다는 말입니다. 그것은 중요한 것이 아니라는 말입니다.

그러나 "입에서 나오는 것들은 마음에서 나오나니 이것이야말로 사람을 더럽게 하느니라"(마 15:18)라고 말씀합니다. 마음에서 나오는 것이 무엇입니까? "마음에서 나오는 것은 악한 생각과 살인과 간음과 음란과 도둑질과 거짓 증언과 비방이니 이런 것들이 사람을 더럽게 하는 것이요"(마 15:19-20)라고 말씀합니다. 씻지 않는 손으로 먹는 것은 궁극적으로 사람을 더럽게 하지 못한다는 말입니다.

입에서 나오는 것은 언제나 마음으로부터 나오는 것이라고 합니다. 혀는 결국 마음의 표현인데, 잘못하는 말은 다 마음을 단속하지 못해서 나타나는 것이라고 하십니다. 혀를 이야기했지만, 예수님의 이야기는 혀에 관한 이야기로 끝나지 않습니다. 혀에 관한 이야기는 결국 마음의 이야기입니다.

그러므로 이 모든 일을 제대로 하기 위해서는 우리의 마음이 변해야 한다는 것, 그래야 혀가 제대로 된다는 것입니다. 마음이 변하는 것은 사람이 애쓴다고 되는 것이 아닙니다. 성령님이 우리의 마음을 변화시켜 주어야 합니다. 왜냐하면 마음속에 가득한 것을 입으로 내보내는 것인데, 우리 마음이 변화되지 않았으니까 잘못된 말을 하는 것입니다. 그러니 예수님을 믿지 않는 사람들이 잘못된 말을 하는 것은 당연한 일입니다. 그럴 수밖에 없다는 것을 우리는 알고 있습니다.

## 듣는 사람 편에서

이것을 듣는 사람 편에서 다시 한번 살펴보겠습니다. 예수님을 안 믿는 사람들이 우리에게 아주 교만한 말을 한다든지 아니면 거짓말을 한다든지 했을 때 기분 나빠하지 말라는 것입니다. 성경을 아는 사람답게 저분들은 당연히 그렇다고 생각하는 것입니다. 왜 그런지 우리는 다 압니다. 그래도 누가 함부로 말을 하면 기분이 나쁩니다. 그래서 우리는 누가 함부로 말해도 전혀 상처를 받지 않을 수 있도록 준비해야 합니다. 무장해야 합니다. 어떻게 해야 무장할 수 있습니까? 십자가의 복음을 진정으로 믿음으로 무장하는 것입니다. 사람들의 언어생활은 진정으로 십자가를 만나기 전까지는 잘못될 수밖에 없다는 것을 알 때는 우리는 나쁜 소리를 들어도 전혀 문제가 안 되는 것입니다. 그것을 문제 삼는 사람은 십자가를 안 믿는 것입니다. 그런데 그것을 믿고 안다고 하면서도 누군가가 나에게 욕하면 화가 난다든지 분노가 치밀어 오르는 것은 내가 진정으로 십자가를 안 믿는 것입니다. 그것을 분명히 해야 합니다. 우리는 예수님을 믿는 사람들입니다. 예수님을 믿는 사람으로 성령님을 의존해서 노력을 해왔지만 안 되는 것이 있습니다. 그것을 염두에 두고, 교회 공동체의 형제자매들이 하는 말을 받아들일 수 있어야 합니다.

대개 교회 모임에 열심히 참여하는 사람이 성경을 공부하게 됩니다. 우리가 열심히 해야 하지만, 열심히 하는 것 자체가 아무것도 아니라는 사실을 깨달아야 합니다. 그런데 문제는 열심히 하다 보면 주변에 열심히 안 하는 사람들이 있을 때 "저 사람들보다는 우리가 낫다"라는 생각을 하게 됩니다. 그것은 정말로 나은 것이 아닙니다. 이러한 마음이 없어져야 합니다. 우리는 끊임없이 성령님께 근거하여서 열심히 성경을 알아가려는 노력을 지속해가야 합니다.

우리의 언어생활이 정말 주님이 원하시는 대로 나타날 수 있도록 하려면 어떻게 해야 합니까? 본문 다음에는 세상에 있는 각종 동물을 길들이는 예를 말씀하고 있습니다. 세상의 모든 것은 다 그렇게 길들였다는 것입니다. 사람은 언어를 길들이는 일을 게을리해서는 안 된다고 하십니다. 우리는 온 세상을 다스리고 지배해야 할 사명이 있습니다. 그런데 그것보다 훨씬 어려운 것이 무엇입니까? 혀를 길들이는 일입니다. 앞에서 우리가 생각한 바에 따르면 언어생활을 길들이는 것은 무엇을 길들이는 것입니까? 우리의 마음을 길들여야 합니다. 우리의 마음이 하나님의 의도를 잘 파악해서 하나님의 의도에 맞게 할 것이냐 하는 것에 모든 생각을 집중해야 합니다. 그랬을 때만 우리는 제대로 말을 할 수가 있습니다. 그것이 우리의 가야 할 방향입니다.

"이 상황에 하나님은 우리에게 무슨 생각을 하게 하시는 것일까?" 그것을 생각하는 방향으로 가야 합니다. 그래서 하나님께서 하게 하시는 생각을 우리가 말로 표현해야 합니다. 그것이 우리의 가야 할 방향이고, 우리가 해야 할 언어생활입니다. 그것이 궁극적인 출발점이 되어야 합니다. 우리에게 주어진 문화적 사명을 의미 있게 감당하기 위해서는 이 일을 해야만 합니다.

## 나가면서: 왜 우리를 살게 하시는지를 생각하면서

여기서 나타나는 몇 가지 결론이 있습니다. 우리는 아무 생각 없이 세상을 살아갈 수 없습니다. "하나님은 우리가 왜 세상에 살게 했는가? 그 삶 가운데, 이 세상에 왜 내가 살게 하셨는가? 지금 이 시기에 주께서 나에게 주시는 뜻은 무엇인가?" 하는 점들을 잘 생각해서 그것에 맞는 말을 하며 하나님의 뜻을 세상에 드러낼 수 있도록 해야 합니다. 그렇게 하지 않는다면 세상에서 가장 작은 것으로 인하여 우리 자신을 망가뜨리는 결과를 가져올 수 있습니다.

이것을 강조하기 위해서 야고보서의 말씀을 다시 한번 살펴보겠습니다. "혀는 곧 불이요 불의의 세계라. 혀는 우리 지체 중에서 온 몸을 더럽히고 삶의 수레바퀴를 불사르나니"(약 3:6)라고 말씀합니다. 삶의 모든 것을 다 불태운다는 것입니다. 그런데 그것이 어디에서 나온다고 합니까? "그 사르는 것이 지옥 불에서 나느니라"(약 3:6)고 말씀합니다. 이것은 굉장히 상징적인 의미입니다. 야고보가 예수님의 말씀을 생각하면서 예수님을 믿지 않는 사람들, 하나님의 백성이 아닌 사람들이 결국 처하게 될 상황을 생각하면서 세상에서 우리가 잘못하는 모든 것들이 사실 지옥 불에서 나오는 것이라고 비유적으로 이야기하는 것입니다.

우리는 세상을 살면서 지옥 불과는 상관없다고 생각하며 삽니다. 그런데 우리가 사는 삶의 모든 것들이 다 지옥 불로부터 나오는 것이라면 어떻게 해야 합니까? 우리의 언어생활이 제대로 되어 있지 않으면 그 모든 것, 삶 전체를 불사른다고 했습니다. 우리의 삶을 특징짓는 것이 지옥 불로부터 나오는 것이라면 그 얼마나 불행한 것입니까? 그러나 예수님을 믿지 않는 사람에게는 그것이 당연할 수밖에 없습니다. 지옥 불에서 나온 것으로 인해 어려움을 당하다가 결국 지옥 불로 가는 것입니다. 앞에 나오는 지옥 불은 비유적인 의미입니다. 나중의 지옥 불은 실질적으로 있을 것입니다. 지옥 불에서 나온 것으로 자신의 삶을 다 태우다가 나중에 죽은 다음에 지옥 불로 갈 것입니다. 끝없이 타는 것입니다. 그와는 상관없다고 말하는 우리의 삶이 지옥 불로부터 나오는 불로 태워진다면 이 얼마나 끔찍하고 안타까운 일이겠습니까?

예수님을 믿는 사람도 자칫 잘못하면 지옥 불에서 나오는 불로 생의 바퀴를 다 태우는 그런 삶 가운데 있을 수 있습니다. 우리는 그러한 불을 끄는 사람들입니다. 주께서 우리에게 그렇게 하라고 하십니다. 그래서 우리는 기도해야 합니다. "주여, 우리의 심령을 주관하여 주시옵소서. 우리들의 마음을 주관하여 주시옵소서. 그리하여 우리의 언어생활을 주관하여 주시옵소서". 우리가 그런 삶을 살아갈 수 있기를 바랍니다.

17강 야고보서 3장 7-12절

# 우리는 과연 어떻게 말해야 할까? (3)

"여러 종류의 짐승과 새와 벌레와 바다의 생물은 다 사람이 길들일 수 있고 길들여 왔거니와, 혀는 능히 길들일 사람이 없나니 쉬지 아니하는 악이요 죽이는 독이 가득한 것이라. 이것으로 우리가 주 아버지를 찬송하고, 또 이것으로 하나님의 형상대로 지음을 받은 사람을 저주하나니, 한 입에서 찬송과 저주가 나오는도다. 내 형제들아 이것이 마땅하지 아니하니라. 샘이 한 구멍으로 어찌 단 물과 쓴 물을 내겠느냐? 내 형제들아 어찌 무화과나무가 감람 열매를, 포도나무가 무화과를 맺겠느냐? 이와 같이 짠 물이 단 물을 내지 못하느니라"(약 3:7-12).

계속해서 야고보서 말씀을 통해서 하나님의 백성, 구속함을 받은 백성, 하나님의 나라에 들어와 사는 하나님의 백성이 어떻게 살아야 하는가에 대한 지침을 생각하고 있습니다. 특별히 언어생활을 하는 "혀"가 그냥 세상에 있는 일반 사람들의 "혀"가 아님이 현저하게 드러나 있습니다. 9절은 "이것으로 우리가 주 아버지를 찬송하고 또 이것으로 하나님의 형상대로 지음을 받은 사람을 저주하나니"(약 3:9)라고 말씀합니다. 그러므로 이 "혀"는 찬송하는 사람의 혀입니다. 세상의 안 믿는 사람들의 혀가 아닙니다. 지금 야고보가 혀를 잘 사용하지 못하고, "혀는 능히 길들일 사람이 없나니, 쉬지 아니하는 악이요, 죽이는 독이 가득한 것이라"(약 3:8)라고 야단을 치는 대상이 교회 공동체에 속해 있는 사람들일 가능성이 매우 큼을 시사해줍니다. 찬송하고, 다음 순간에 사람을 저주하는 이것의 문제점을 말하고 있습니다.

### 왜 사람을 욕하거나 저주하면 안 되는가?

본문은 사람을 표현할 때 "하나님의 형상대로 지음을 받은"(약 3:9) 사람이라고 합니다. 누군가를 저주하는 것은 "하나님의 형상대로 지음을 받은" 사람을 저주하는 것이라는 점을 지적합니다. 그러므로 "사람을 저주하는 일이 있어서는 안 된다"는 것이 가장 기본적인 출발점입니다. 대개 어떤 때 이런 상황이 발생합니까? 누군가가 나에게 나쁜 일을 할 때, 그때 잘못하면 우리 마음속에는 저주의 생각이 듭니다. 가장 낮은 수준의 저주로 욕하는 것을 생각해 보면 됩니다. 사람들을 욕하는 일이 있을 것입니다. 옛사람들은 그것을 저주의 형태로 바꾸었습니다. 왜냐하면 그들은 인간의 말이 가지고 있는 마력적인 힘에 대해서 조금 더 의식했기 때문입니다. 현대인들은 이것을 비신화화 합니다. 서구인들이 쓰는 욕을 한번 생각해 보겠습니다. 그들이 쓰는 가장 무서운 욕은 "하나님이 너를 저주하시기 원한다"라는 말입니다. 현대에 와서는 그저 욕으로 이 말을 합니다. "하나님이 그렇게 하시기를 원한다"라는 말은 의미가 없어져 버렸습니다. 그래서 이제는 "God damn it"이라는 말을 잘 안 쓰고 그저 "Damn it"이라고 씁니다. 맨 처음에 이 말이 사용되었을 때는 그렇게 말하면 정말 하나님이 저주하신다고 실제로 생각했던 것입니다. 그래서 말하는 사람이나 그 말을 듣는 사람이나 다 두려워했습니다. 모두가 다 말이 가지고 있는 힘을 무섭다고 생각했던 것입니다.

현대에 와서는 그런 의식이 전혀 없습니다. 이것은 서구에도 마찬가지고 우리나라도 마찬가지입니다. 사람들이 중고등학생 때부터 욕하는 것에 익숙해 져서, 말하는 것이 거의 욕으로 구성되는 경우도 많습니다. 우리나라 젊은이들이나 서양의 젊은이들이 친구들끼리 하는 말을 들어보거나, 영화 속의 대사를 잘 들어보면 욕으로 구성된 경우를 많이 봅니다. 욕하는 이들에게 왜 그렇게 욕을 하느냐고 물어보면 욕하는 것이 아니라, 그냥 말하는 것이라고 답합니다. 이상하게 변질된 문화이고, 언어도 변질되어 가고 있습니다. 또래가 비슷한 말을 쓰지 않으면 끼워주지도 않는 상황이 되어 버렸습니다.

그런데 성경은 욕하거나 저주하지 말 것을 요구합니다. 왜 그렇습니까? 사람은 하나님의 형상대로 지음을 받은 사람이기 때문이라는 것입니다. 타락한 사람도 하나님의 형상이라고 성경은 아주 강조합니다. 그것 때문에 세상에 있는 모든 사람에게 인권(人權)이 있습니다. 인권은 결국 하나님 형상으로서 갖는 권리입니다. 그래서 사람들에게 욕하거나 저주해서는 안 된다는 것입니다. 또한 사람을 죽이거나 해할 수도 없습니다.

이것을 잘 깨닫고 있는 사람은 남들이 나에게 욕하거나 저주를 한다고 해도 그 사람을 하나님의 형상대로 지음을 받은 사람으로 여기고 존귀하게 대합니다. 남들이 나에게 욕하고 저주할 때 너희는 욕하고 저주하지 말고 "오히려 축복하라"라고 말씀한 성경을 따르는 것입니다. 가만히 생각해보면 우리는 마땅히 그래야만 합니다. 왜 그렇습니까? 믿지 않는 사람들은 하나님의 형상을 무시하고 훼손합니다. 만일 우리도 그렇게 하면 하나님의 형상을 다 짓밟아버리는 것이 됩니다. 그러니까 우리라도 하나님의 형상을 존귀하게 여겨야 합니다. 누군가가 하나님의 형상으로서의 사람을 무시한다고 해도 우리는 하나님의 형상을 높여야 합니다. 그래서 누가 우리에게 욕을 해도 그 사람을 오히려 축복해야 합니다. 예수님을 믿는 사람이든 믿지 않는 사람이든 모두 하나님의 형상으로 생각하고 그렇게 해야 합니다.

## 본문의 대조: 저주(κατάρα)와 찬양과 축복(εὐλογία)

야고보서 3장 10절에 재미있는 대조가 나옵니다. 하나는 '저주', '카따라'(κατάρα)라는 말입니다. 그런데 남들이 이렇게 우리에게 저주해도 우리는 좋은 말을 해주라고 합니다. 일부러 좋은 말이라고 표현합니다. '율로기아'(εὐλογία)라는 말은 "좋은 말"입니다. 본문에서는 하나님께 대한 찬송의 뜻으로 쓰였습니다. 이 말이 가장 많이 사용되는 용례는 누가 죽었을 때 '조사(弔詞)'를 하는(εὐλογέω) 것입니다. 누가 죽었을 때 "그 사람은 못된 사람이었다"라고 말하는 사람은 별로 없습니다. 조사(弔詞)에서는 다 좋은 말을 합니다. 그것이 '율로기아'(εὐλογία)입니다. 여기 이 두 단어가 대조되어 있습니다.

우선 우리는 하나님을 찬송합니다(εὐλογία). 그리고 만일 누가 우리에게 저주(κατάρα)를 해올 때 우리는 어떻게 해야 합니까? 우리는 하나님의 백성이니까 하나님의 의도를 아는 사람들입니다. 사람에 대한 하나님의 의도를 아는 것입니다. 심지어 나를 저주하는 사람일지라도 그 사람은 하나님의 형상대로 지음을 받은 사람이기 때문에 그 사람을 축복하고 하나님의 형상으로 높여야 합니다. 그래서 그 사람들에게도 "좋은 말"(εὐλογία)을 하는 것입니다.

어떤 사람이 하나님의 형상을 무시하고 저주하는 것은 사람에게만 그렇게 하는 것이 아니라, 사람을 지으신 하나님을 비방하는 것임을 우리는 압니다. 그렇기에 우리는 사람을 저주하지 않고 높이는 이야기(εὐλογία)를 합니다. 왜 그렇습니까? 우리는 하나님을 높여야 하기 때문입니다. 사람을 진정으로 높이는 사람은 결국은 하나님의 형상을 높이는 사람입니다. 그런데 그렇게 해야만 되는 것을 어느 정도 알 만한 사람들은 예수 그리스도를 믿는 사람들입니다. 그 사람들이 그렇게 살지 않고 세상 사람들처럼 사는 것을 보고 야고보는 매우 안타깝게 여깁니다. 이 사람들은 이것을 아는 사람들입니다. 그러니까 하나님을 찬양(εὐλογία)합니다. 이렇게 하나님을 찬양하고 동시에 사람을 저주(κατάρα)합니다. 이것은 마땅하지 않은 일, 즉 있을 수 없는 일이라고 합니다.

## 두 가지 비유를 통한 강조

이것이 얼마나 심각한 문제인지를 알려주기 위해서 야고보는 자연으로부터 한 가지 비유를 끌어와서 씁니다. 마치 예수님이 자연을 끌어와서 비유하셨던 것과 같습니다. 10절은 "한 입에서 찬송(εὐλογία)과 저주(κατάρα)가 나오는도나. 내 형제들아 이것이 마땅치 아니하니라"라고 말씀합니다. 또한 11절은 "샘이 한 구멍으로 어찌 단 물과 쓴 물을 내겠느냐"라고 하면서 또 다른 자연의 비유를 듭니다. 한 구멍으로 단물이 나오는데 동시에 쓴 물이 나올 수는 없습니다. 단물은 우리가 마실 만한 물입니다. 그 말은 정말 단 것을 말하는 것이 아닙니다. 마실 만한 물이라는 것입니다. 쓴 물은 물이 쓰다는 이야기가 아니라 마실 수 없는 물을 말하는 것입니다. 아마도 야고보는 사해(死海)를 염두에 두면서 이 말을 썼던 것 같습니다. 사해의 물은 보통 바닷물보다 염분이 아주 강하기 때문에 훨씬 짭니다. 그러니까 마실 수 없습니다. 이 상황을 생각하면 의미가 훨씬 생생해집니다. 한 샘물에서 먹을 수 있는 물과 먹을 수 없는 물이 동시에 나올 수는 없지 않겠느냐고 하는 것입니다. 이것은 일종의 수사적인 질문입니다. "그럴 수 있겠느냐?" 그러면 "그럴 수 없는데요"라고 대답하지 않겠습니까?

야고보는 또 다른 비유도 듭니다. 12절에 "내 형제들아 어찌 무화과나무가 감람 열매를, 포도나무가 무화과를 맺겠느냐"라고 묻습니다. 여기 세 나무가 나왔습니다. 무화과나무, 감람나무(올리브 나무), 포도나무입니다. 이 세 나무는 팔레스타인과 근동에서 흔하게 볼 수 있는 나무들입니다. 만약에 우리나라에서 비유했다면 사과나무, 밤나무, 감나무 등을 이야기했을 것입니다. 예수님께서 사셨고, 야고보가 살고 있던 곳에서 가장 일반적인 것이 무화과나무 같은 것이니 이런 예를 든 것입니다. 예수님도 길을 가다가 무화과나무를 보시고 그것을 저주하신 적이 있습니다. 일반적으로 이야기하시는 것입니다. 예수님께서 기도하신 곳은 얼마나 올리브나무가 많은지, 이름이 겟세마네, 즉

'올리브 동산'입니다. '올리브 동산'이라고 하면 우리는 예수님의 고난을 자꾸 생각하게 되는데, 그곳은 기본적으로는 올리브나무가 많은 동산입니다. 그리고 포도나무가 일반적입니다. 그런데 그것이 막 섞여 나오지 않지 않느냐 하는 것입니다.

## 비유의 강력한 효과

이런 일반적인 비유를 들어서 이야기할 때 사실 그것이 무서운 것입니다. 이것이 주는 효과를 생각하기 위해 우리가 잘 아는 구약의 이야기를 한번 살펴보겠습니다. 다윗이 하나님 앞에서 밧세바를 취했을 때 나단 선지자가 찾아와서 비유를 들어서 이야기합니다. 한 사람은 매우 부유한 사람이고, 한 사람은 딱 양 한 마리밖에 없는 매우 가난한 사람이라는 예를 듭니다. 가난한 사람은 양을 딸처럼 키우고 있는 사람입니다. 부유한 사람에게 손님이 왔습니다. 그런데 이 부자가 자기의 많은 양을 내버려 두고 가난한 사람이 애지중지하는 양을 가져다가 요리를 해서 손님을 대접했습니다. 그 이야기가 끝나기도 전에 다윗은 화를 냈습니다. "어찌 그런 놈이 있느냐? 그런 놈이 내가 다스리는 이 나라 안에 있느냐?" 하는 식으로 말합니다. 이런 것이 아이러니(irony)입니다. 다윗이 화를 내고 그 사람을 처형하려고 할 때 나단이 "그 사람이 바로 당신입니다"라고 합니다. 생각해보니까 자기 자신입니다. 다윗은 자신의 잘못을 인정합니다. 그런데 만일 우리였다면 아마도 이것을 바꾸었을 것입니다. 갑자기 돌변해서 자기를 정당화하고 합리화하려고 했을 것입니다.

이와 비슷하게 야고보는 여기서 자연으로부터 끌어 온 비유를 통해서 우리에게 적용합니다. 한 구멍에서 단물과 쓴 물이 못 나옵니다. 무화과나무가 감람 열매를 낼 수 없습니다. 포도나무가 감람 열매를 맺을 수 없습니다. 그렇다는 것을 누구든지 다 인정합니다. 그랬다면 우리는 하나님을 찬송하는 사람이니 찬송하는 그 입으로 남들을 저주할 수 없습니다. 누구든지 그렇게 생각을 할 것입니다. 그런데 실제는 그런 일이 비일비재합니다. 스스로 잘 믿는다는 사람들이 다른 사람들을 저주하는 것입니다. 야고보가 말하는 핵심은 이와 같은 것은 마땅하지 않다는 것입니다. 그런 일이 있어서는 안 되는 것이라는 말입니다.

## 바르게 하기 위해 기억해야 할 두 가지

어떻게 해야 이 말씀이 주는 교훈답게 세상을 살 수가 있습니까? 궁극적으로 따지면 우리가 어떤 사람인가를 아주 명백히 생각하면 됩니다. 우리가 누구입니까? 우리는 기본적으로 하나님을 찬송하는 사람입니다. 예수 그리스도로 인해 구속함을 받고 하나님을 찬송하는 사람들입니다. 하나님을 찬송하는 사람은 그 입에 항상 하나님을 찬송하는 말, 즉 율로기아(εὐλογία)가 있으니 다른 사람에게도 율로기아(εὐλογία), 즉 좋은 말만 해야 합니다. 누가 나를 핍박해도 우리는 저주하지 않고 축복합니다. 마음속에 율로기아(εὐλογία)가 있어야 합니다. 우리가 어떤 사람인가 하는 것이 그 입으로 나타납니다. 그렇게 못 하는 것은 내가 어떤 사람인가를 생각하지 않고 대충 살기 때문입니다. 정신을 차려 생각하면 우리는 당연히 찬송하는 사람입니다. 좋은 말(εὐλογία)을 하는 사람입니다. 그러니 우리 입에서는 항상 좋은 말만 나와야 합니다.

또한 우리는 누구입니까? 하나님의 형상입니다. 내가 하나님의 형상인데, 하나님의 형상인 다른 사람에게 나쁜 말을 하면 하나님의 형상을 훼손시키는 것입니다. 저 사람이 하나님의 형상이 아닌 것처럼 저주하고, 욕했기 때문입니다. 그렇게 함으로 동시에 내가 하나님의 형상됨을 제대로 드러내지 못한 것입니다. 성경은 그렇게 하지 말라고 합니다. 우리는 진정한 하나님의 형상이고, 형제들을 바라볼 때 하나님의 형상으로 바라보아야 한다고 합니다.

## 독한 말?

야고보가 썼던 "독한 말"이라는 말과 관련해서 한 구절을 살펴보겠습니다. 어떤 악한 사람이 있습니다. 이 사람은 하나님의 백성이 아닌 사람입니다. 그런데 가만히 생각해 보면 우리도 여기에 해당할 수 있습니다. 시편 64편은 "그들이 칼 같이 자기 혀를 연마하며 화살 같이 독한 말로 겨누고 숨은 곳에서 온전한 자를 쏘며 갑자기 쏘고 두려워하지 아니하는도다"(시 64:3-4)라고 말씀합니다. 이 사람은 어떤 사람입니까? 매복해 있는 사람입니다. 그런데 무엇으로 공격을 합니까? 자기의 혀로 공격한다고 합니다. 화살 같이 독한 말로 겨누고 있다가 사람을 쏘고서는 기분 좋아합니다. 기분 나빠하거나 미안하다고 생각하지 않습니다. 세상에서 악한 사람의 모습을 정확하게 표현합니다. 그런데 그 사람이 하는 '독한 말'이라고 번역된 말이 야고보서에서 사용한 말과 의미가 거의 같습니다. 그것을 마음속에 준비하는 것입니다. 기회를 봤다가 이야기해서 통쾌하게 무너뜨리려고 하는 것이 사람들의 마음속에 있다는 것입니다. 그러나 우리는 그렇게 해서는 안 된다고 합니다. 우리는 늘 하나님의 말씀 앞에 있습니다. 늘 주 앞에서 이런 말씀을 들으면 이러한 말씀이 우리의 삶을 지배하게 해야 합니다. 하나님이 우리를 어떻게 하셨는가를 생각해야 합니다. 그래서 이렇게 매복하고 준비해서 사람들의 마음을 상하게 하는 말을 던지며 공격해나가는 것, 그것을 우리는 그만두어야 합니다. 하나님의 백성으로서 세상을 살아가는 방식 중에 가장 어려운 것 중 하나가 언어라고 야고보가 이야기하고 있습니다. 야고보의 이야기를 의미 있게 듣는다면 우리는 성령님을 따라서 사는 연습을 해야 합니다.

그러면 어떻게 하면 됩니까? 두 가지를 아주 철저하게 해야 합니다. 우리가 누구인가를 잘 생각해야 합니다. 우리는 하나님의 백성입니다. 하나님을 찬양하는 사람입니다. 그러니까 내 입에서는 항상 좋은 말만 나오는 것입니다. 똑같이 율로기아(εὐλογία)인데 그것이 하나님을 향해서는 찬양이고, 사람에게는 축복입니다. 유대인들은 하나님을 찬양하는 데 아주 익숙해 있습니다. 우리도 마찬가지입니다. 유대인들은 하루에 축복의 말, 소위 열여덟 가지 축복의 말을 하게 되어 있습니다. 하루에도 몇 번씩 하게 되어 있습니다. 축복의 말을 하는데 '하나님은 찬송을 받으시옵소서'라는 말이 열여덟 번 반복되는데, 그것을 하루에 세 번씩 합니다. 대개 아침 점심 저녁으로 합니다. 우리는 그렇게 하지 않는다고 해도 기도할 때 "하나님 감사합니다"라는 말을 합니다. 식사할 때도 그렇게 하고, 자기 전에도 그렇게 해놓고는 그 입에서 사람을 향한 저주의 말이 나온다면 그것이 마땅하지 않다는 것입니다. 우리 스스로 정체성을 부인하는 행동을 해서는 안 된다는 것입니다.

여기서 우리가 주의해야 합니다. 우리는 위트 있는 말을 한다고 하면서 자칫 잘못하면 남들의 마음을 상하게 하는 말을 할 수 있습니다. 많은 사람이 그런 경험을 했을 것입니다. 맨 처음 그렇게 해놓고 나면 속은 통쾌합니다. 그러나 내가 참 하나님의 백성이라면 이것이 잘못되었다는 것을 알 것입니다. 하나님의 백성이 아니거나 영적으로 병들어 있다면 계속해서 통쾌하기만 합니다. 그래서 다음에는 어떻게 통쾌한 말을 할까 하는 것을 준비하는 것입니다. 그것이 어떤 사람입니까? 앞에서 말했던 자기의 혀를 연마하는 사람입니다. 그러니까 아예 그런 생각이 안 나는 것이 좋은 것입니다.

세상에 있는 모든 사람이 어떤 사람인가를 잘 생각해야 합니다. 본문과 성경에 의하면 우리가 다 하나님의 형상대로 지음을 받은 사람이라고 합니다. 사람을 바라볼 때 하나님의 형상으로 보여야 합니다. 하나님이 사람을 하나님의 형상으로 고귀하게 지었기 때문에 우리는 사람을 존귀하게 여겨야 합니다. 예수님을 믿는 사람이든 안 믿는 사람이든 누구든지 존귀하게 여겨야만 합니다.

### 좋은 말 배후에 있는 선한 마음: 한마음에서 나오는 말

우리의 입에서는 늘 좋은 말(εὐλογία), 즉 그 사람을 어떻게 세워줄 것인가를 생각하는 말, 내 이야기를 듣고 그 사람이 하나님 보시기에 더 좋은 방향으로 나아갈 수 있도록 하는 말이 나오도록 해야 합니다. 그러려면 지혜가 필요합니다. 지혜가 있는 사람은 야고보서 전체가 이야기하는 것에 의하면 마음이 나뉘어 있지 않습니다. 그런데 언어생활이 잘못되면 한 입으로 찬송과 저주가 나옵니다. 그것이 두 말입니다. 한 입으로 두 말이 나오는 것입니다. 그것이 두 마음의 표현입니다. 우리가 두 마음을 가지고 있다는 것을 표현하는 것입니다.

사람이 기도할 때도 두 마음을 가지고 기도하면 안 된다고 했습니다. 그와 똑같이 우리의 입으로 나오는 말이 우리의 마음을 반영하는 것이므로, 한 입으로 찬송이 나오는 동시에 저주가 나타나면 마음이 나뉘어 있는 것입니다. 두 마음을 품은 자, 즉 '디푸쉬코스'(δίψυχος)가 되는 것입니다(약 1:8 참조). 지금 야고보가 특별히 하지 말라고 하는 것이 두 마음을 품지 말라는 것입니다. '디푸쉬코스'(δίψυχος)가 되지 말라는 것입니다. 우리 마음이 나뉘어 있으면 안 됩니다. 그러면 우리의 언어도 나뉘어 있지 않은 마음을 나타내야 합니다.

그러므로 첫째로 마음이 나뉘어 있지 말아야 합니다. 다른 사람에게 좋은 말을 하면서 속으로는 안 좋아하는 말을 하는 것, 이것은 결국 우리 마음이 나뉘어 있는 것입니다. 속에서 이것이 나뉘어 있으면 안 됩니다. 속으로부터 누구나 하나님의 형상이라고 생각해야 합니다. 만일 어떤 사람이 하나님의 형상답지 않게 행할 때 우리는 안타까운 마음이 들어야 합니다. '하나님의 형상에게 저러면 안 되는 데, 저 사람 스스로 하나님의 형상을 막 대하고 그러면 안 되는데' 하는 마음이 있어야 합니다. 그래서 그 사람을 위해서 기도하고, 그 사람이 하나님이 원하는 대로 갈 수 있도록 최선의 노력을 다해야 합니다. 그것을 위해서 나오는 것이 우리의 말이어야 합니다. 따라서 우리의 말은 나누어져 있는 말이 아니라 사람의 발전과 제대로 됨을 위한 마음의 표현이어야 합니다.

## 나가면서: 그러면 어떻게 말해야 하는가?

우리는 여러 번 "언어생활과 관련해서 어떻게 해야 하는가? 하나님의 백성으로서, 구속함을 받은 자로서 어떻게 해야 할 것인가?" 하는 것을 생각을 해왔습니다. 이런 말씀을 잘 듣고 나서도 우리는 계속해서 같은 습관 속에 있을 수는 없습니다. 물론 우리의 문제점을 잘 알고 있기에 하나님은 야고보서를 통해서 아주 구체적으로 이야기해 주고 있습니다. 하나님은 이처럼 매우 구체적이고 현실적인 분이십니다. 우리의 문제점을 잘 아시는 분이십니다. 그래서 우리의 문제점을 적나라하게 지적해주십니다. 우리는 이것을 의미 있게 받아들여야 합니다. 하나님의 백성으로서 세상에서 어떤 방식으로 살아가야 하는지 주께서 이렇게 구체적으로 말씀하여 주실 때, 이 말씀이 우리 속에 살아나서 가정생활에서, 교회 공동체에서, 회사에서 혹은 친구와의 관계에서 늘 이것을 실천하는 사람이 되어야 합니다. 그러므로 우리의 입에서는 늘 축복하는 말이 나타나야 합니다. 저주의 말을 축복의 말로 바꾸는 일이 나타나야 합니다. 그것이 악을 악으로 갚지 않고, 오히려 선으로 악을 이기는 길입니다. 그것이 하나님의 백성들이 세상을 살아가는 삶의 방식입니다.

# 5부

## 중생자와 성경이 말하는 지혜

THE CHURCH
WORSHIPS
HERE,
TODAY!

18강 야고보서 3장 13-18절

# 성경이 말하는 지혜 (1): "이 세상 지혜"

"너희 중에 지혜와 총명이 있는 자가 누구냐? 그는 선행으로 말미암아 지혜의 온유함으로 그 행함을 보일지니라. 그러나 너희 마음 속에 독한 시기와 다툼이 있으면 자랑하지 말라. 진리를 거슬러 거짓말하지 말라. 이러한 지혜는 위로부터 내려온 것이 아니요, 땅 위의 것이요, 정욕의 것이요, 귀신의 것이니 시기와 다툼이 있는 곳에는 혼란과 모든 악한 일이 있음이라. 오직 위로부터 난 지혜는 첫째, 성결하고, 다음에 화평하고, 관용하고, 양순하며, 긍휼과 선한 열매가 가득하고, 편견과 거짓이 없나니, 화평하게 하는 자들은 화평으로 심어 의의 열매를 거두느니라"(약 3:13-18).

## 맥락에 대한 이해: 이미 구속함을 받는 사람들에게 주시는 명령

본문의 말씀은 거듭 이야기하지만, "이미 십자가로 우리를 구속하셨다"라는 속죄의 빛에서 보아야 합니다. 그렇지 않으면 또 하나의 율법으로 나타날 수 있습니다(신율법주의의 위험성). 이런 말씀은 그저 이 세상 사람들이 어떻게 살아야 한다는 의미로 주신 것이 아닙니다. 세상에 하나님이 원하시는 뜻을 온전히 수행하는 사람이 없기에 사람들에게는 십자가의 피로 우리의 죗값을 대신 치르셔서 형벌로부터 자유하게 하신 구속(救贖)이 필요합니다. 본문의 용어로 말하면 위로부터 난 지혜를 잘 구현하고 있는 사람이 하나도 없기에 우리 주 예수 그리스도께서 세상에 오셔서 십자가에서 형벌을 대신하여 받음으로써 우리가 죄의 형벌에서 다 벗어나게 해주셨습니다. 이렇게 제대로 된 하나님의 백성으로 살도록 해주신 것이 "구속(救贖)"입니다. 그러므로 우리는 구속받은 사실에 감사하는 마음으로 본문을 보아야 합니다.

우리 주의 십자가와 부활의 빛에서 삶을 사는 백성들은 본문이 요구하는 삶으로 나아갑니다. 본문은 우리에게 성경이 말하는 참된 지혜를 추구하도록 합니다. 이 말씀은 세상에 있는 누구에게나 "너희가 지혜를 추구하라"라고 말씀하는 것이 아니라는 것을 알아야 합니다. 왜냐하면 아무리 말해봐야 세상 사람들이 그렇게 할 수 없기 때문입니다. 세상이 낼 수 있는 것은 본문의 첫 번째 부분에서 말하는 "세상의 지혜"(3:14)입니다. 세상의 지혜라는 것은 일종의 유사품입니다. 타락한 인간이 스스로 지혜로우려고 하는 것입니다.

## 참된 지혜와 그 희귀성

이것과 대조되는 지혜가 '위로부터 난 지혜'입니다(17절 참조). 본문은 그런 지혜를 추구하라고 합니다. 하나님이 세상 가운데 드러내기 원하시는 삶의 모습을 구현하기 위해 구속받은 백성들이 할 수 있는 모든 방도를 찾는 것, 그것이 위로부터 난 지혜입니다. 지혜와 지식의 근원이 되시는 하나님에게서 오는 것이기 때문에 '위로부터 오는 지혜'라고 말합니다.

교회 공동체 안에도 이런 지혜를 잘 드러내고 있는 사람이 참 드뭅니다. 그래서 야고보는 본문에서 이렇게 말하기 시작합니다. "너희 중에 지혜와 총명이 있는 자가 누구냐?"(약 3:13) "그런 사람이 별로 없지 않느냐?" 하는 분위기입니다. 지혜와 지식이 있는 자, 즉 지혜와 이해가 있는 자가 없다는 것입니다. 이 두 말은 같이 가는 것입니다. 근원적으로 하나님에게는 지혜와 지식이 떨어져 있지 않습니다. 세상에서는 이 둘이 떨어져 있는 경우가 많습니다. 어떤 사람은 지식이 많습니다. 그런데 지혜롭지 못한 사람이 있을 수 있습니다. 또 어떤 사람은 지식이 없을 수도 있습니다. 여러 가지 여건으로 공부할 기회를 놓친 사람들이 많이 있습니다. 그러나 매우 지혜로운 사람이 있습니다. 세상에서는 그와 같을 수 있지만, 하나님에게는 지혜와 지식이 떨어져 있지 않습니다. 아마 예수 그리스도의 재림 이후에는 우리도 지혜와 지식이 서로 분리되어 있지 않을 것입니다. 그때는 우리가 모든 것을 제대로 알게 될 것입니다. 그것을 표현해서 바울은 "얼굴과 얼굴을 대면해 보는 것 같이 알 것"(고전 13:12 참조)이라고 했습니다. 그 시대에 청동 거울로 보는 것과 얼굴과 얼굴이 대면하여 보는 것은 상당히 달랐을 것입니다. 아주 분명하게 모든 것을 알게 되는 상태를 이렇게 표현한 것입니다. 그때는 우리가 가장 지식이 많을 것이고 동시에 지혜로울 것입니다. 그것이 정상적인 것입니다.

## 참된 지혜가 드러나는 방식: "지혜의 온유함"

본문은 참된 지혜를 추구하도록 말씀하고 있습니다. 그런 사람들은 어떻게 하라고 합니까? 13절은 기본적인 것을 말하고 14절부터 16절은 잘못된 형태가 어떤 것인가를 보여줍니다. 그리고 17절과 18절은 제대로 된 지혜의 형태가 무엇인지를 보여주고 있습니다. 그러니까 가장 기본적인 말씀은 13절에서 시작합니다. "너희 중에 지혜와 총명이 있는 자가 누구냐?" 이 사람들은 "선행으로 말미암아 지혜의 온유함으로 그 행함을 보일지니라"라고 말씀합니다. 이 말은 무슨 뜻입니까? 쉽게 말하면, 지혜가 있다고 하는 사람은 지혜로운 열매를 세상 가운데 드러내어야 한다는 것입니다. 열매를 드러내어야 한다, 즉 지혜롭게 행하는 결과가 있어야 한다는 것입니다. 그것을 '행함'이라는 말로 표현한 것입니다.

그러므로 여기서 말하는 지혜는 그저 머릿속에 있는 것이 아니라 실천되는 것입니다. 지혜가 있느냐? 그렇다면 그것을 드러내라는 것입니다. 그런데 본문 가운데 아주 독특한 표현이 하나 나타나는데 '지혜의 온유함으로 그 행함을 보일지니라'라고 했습니다. '지혜의 온유함', '온유한 지혜'라는 말입니다. 참된 지혜는 세상에서 반드시 '온유함'의 형태로 드러나게 되어있다는 뜻입니다. 이것은 서구 사람들, 헬라 사람들에게는 낯선 개념입니다. 그들에게 지혜는 온유하지 않습니다. 헬라 사람들이 추구하는 지혜는 강한 것과 연관되어 있습니다. 그래서 자랑할 수도 있고, 남들보다 높다는 것을 드러내어 사람들이 따라오도록 하고 있습니다. 헬라사람들이 생각하는 지혜는 스스로 매력을 가지고 있습니다. 남들을 끌어모으는 능력이 있습니다. 사람들은 그런 것을 따라가기 좋아합니다. 사람들은 거기에 끌려가는 것입니다.

그런데 본문이 말하는 '온유한 진리'는 그 성격이 다릅니다. 이것은 헬라 사람들이 도무지 생각하지 못했던 것입니다. 이런 참된 지혜가 세상에서 나타날 때 온유함을 나타낼 수밖에 없다고 합니다. 세상적인 지혜가 있는 사람은 자신의 능력 많음을 드러내어 사람들이 자기를 따라오도록 만듭니다. 그런데 참된 지혜가 세상에 나타날 때는 온유함으로 나타나게 된다는 것입니다.

왜 그렇습니까? 두 가지 측면에서 생각해 볼 수 있습니다. 우선은 하나님 아버지와 관련해서 이것을 생각해 보고, 나중에는 예수 그리스도와 관련해서 생각해 보겠습니다. 하나님과 비교하면 인간은 어떻습니까? 우리가 정말 지혜롭다면, 하나님과 비교하여 우리가 무가치하다는 것을 느껴야 합니다. 하나님과 비교해서 '나도 좀 가치가 있는데요'라고 생각하면 안 됩니다. 이런 것에서 헬라적인 생각과의 차이가 드러납니다. 헬라적인 생각은 자신이 가치 있다고 스스로 생각하고 좀 더 가치 있는 것을 추구해 갑니다. 그런데 성경에 의하면 우리는 무가치한 존재입니다. 하나님이 인간을 창조하셨을 때 사람을 아주 고귀한 존재로 창조하셨지만, 하나님과 비교하면 무가치합니다. 더구나 그 사람이 타락한 상태에 있을 때는 참으로 완전히 무가치한 존재입니다. 그러니까 무가치한 사람이 자신을 나타낼 때는 결국 온유하고, 겸손하게 드러낼 수밖에 없습니다. 이것이 자연스러운 것입니다. 하나님 앞에서 자신이 무가치하다고 생각하는 사람은 다른 사람과의 관계에서도 반드시 자신을 겸손하고 온유하게 나타냅니다.

"온유함"이라는 단어는 두 가지 개념을 같이 가지고 있습니다. 기본적으로 겸손하다는 것과 영어의 "젠틀"(gentle)이라는 단어를 같이 생각해 보아야 합니다. 겸손하다는 말은 자신을 낮추는 것입니다. 거기에다 "젠틀"(gentle)하다는 말을 넣어서 생각하면 성경이 말하는 온유의 뜻이 잘 나타납니다. 할 수 있다면 결과적으로 남들을 기분 좋게 해주는 것입니다. 그냥 비굴한 의미의 낮아짐이 아닙니다. 사실 이는 "비굴(卑屈)"이라는 말과 대조되어야 합니다. 성경이 말하는 겸손은 힘이 있습니다. 하나님 아래 있다는 것을 알기 때문에 온유함을 나타내는 것입니다. 비굴함은 힘이 없어서 남들 앞에 굽신거리는 상황을 말하는 것입니다. 사람들은 대개 힘이 있는 사람 앞에서는 굽신거리고, 힘이 없는 사람 앞에서는 힘이 있는 척합니다. 그러나 성경이 말하는 것은 그런 것이 아닙니다. 하나님이 우리에게 보여주신 모든 지혜와 능력이 있는데, 그것을 하나님의 의도대로 잘 통제하여 사용하니까 밖으로 나타날 때 언제나 온유한 모습으로 지혜가 드러나는 것입니다. 참된 지혜가 세상에 나타나는 방식이 항상 그런 것입니다.

그러므로 어떤 사람이 본문이 말한 대로 정말 지혜롭게 하면 모든 사람이 '하나님의 의도대로 지혜롭게 한 것'임을 알 수 있습니다. 그것이 다음에 생각해 보려는 "지혜의 열매"의 한 의미입니다. 그뿐만 아니라 그것을 드러내는 과정에 온유함이 나타납니다. 이 두 가지가 제대로 나타났을 때 본문이 말하는 지혜와 총명이 있는 사람으로 나타납니다. 우리에게 요구하시는 것이 바로 이것입니다.

다시 한번 생각해 보겠습니다. 이 말씀을 하시는 이유는 무엇입니까? 세상에서 힘 있고 지혜 있는 사람으로 만드시기 위해 이 말씀을 하시는 것이 아닙니다. "예수 그리스도의 십자가 사건이 우리를 어떻게 만들어 가는가?" 하는 것을 드러내는 것입니다. 즉, 우리가 예수님을 진짜로 믿는다면 결과적으로 우리가 본문이 말하는 지혜로운 사람으로 나타나게 되어 있습니다. 이것으로 우리가 예수님을 진짜로 믿는가, 믿지 않는가 하는 것을 검증할 수 있습니다. 이런 모습이 자꾸 나타난다면 예수님을 진짜로 믿는다는 사실이 삶에 나타나는 것입니다.

그런데 아무리 생각해도 이런 지혜를 드러내지 못하고 있다는 사실을 우리는 발견합니다. 그래서 야고보서 앞부분에서 이야기한 "너희 중에 누구든지 지혜가 부족하거든 모든 사람에게 후히 주시고 꾸짖지 아니하시는 하나님께 구하라 그리하면 주시리라"(약 1:5)라는 말씀의 현실적인 의미를 깨닫고 참으로 지혜를 구하게 됩니다. 그러므로 우리는 끊임없이 지혜를 추구하는 사람이 되어야 합니다. 예수님을 믿는 우리는 지혜를 찾는 사람들입니다. 우리는 그렇게 할 수밖에 없습니다.

## 참된 지혜의 유사품: 세상적인 지혜

참된 지혜의 유사품이 있습니다. 세상에서 지혜롭다고 하는데 지혜가 아닌 것들을 생각해 보도록 하겠습니다. "그러나 너희 마음속에 독한 시기와 다툼이 있으면 자랑하지 말라. 진리를 거슬러 거짓말하지 말라"(약 3:14)라고 말씀합니다. 자기 속에 있는 두 가지 특성을 먼저 말합니다. 첫 번째는 '독한 시기'(ζῆλος πικρὸς)입니다. 여기서 '시기'라는 표현은 우리에게 좀 나쁜 의미를 줍니다. 그러나 원래는 나쁜 의미가 아닙니다. 원래는 '열심'(ζῆλος)이라고 번역하면 좋은 말입니다. 그러니까 열심 중에 어떤 것은 좋은 '열심'이 있는 것입니다. 우리는 강조하기를 예수님을 믿는 사람은 늘 열심히 살아야 한다고 합니다. 그런 '열심'은 나쁜 것이 아닙니다. "열심당원"이라고 표현할 때도 이 말을 사용했습니다. 이스라엘 백성들 가운데 이스라엘을 로마로부터 독립시키는데 열심인 사람들이 있었습니다. 그중에 무력을 사용해서라도 독립하려고 애쓴 사람들을 "질로트"(zealot)라고 합니다. 그 마음에 열심(ζῆλος)을 가진 사람입니다. 그와는 달리 "하나님 앞에서 하나님의 뜻대로 살아가겠다" 또는 본문이 요구하는 대로 "하나님은 우리가 지혜롭게 행하기를 원하시니까 지혜로워져야겠다"라고 하면서 열심을 낸다면, 그런 열심(ζῆλος)은 좋은 것입니다.

본문이 말하는 것은 좋은 열심이 아닌 열심입니다. '독한 시기'(ζῆλος πικρὸς)라고 표현했습니다. "독한 열심, 나쁜 열심"입니다. 이 "나쁜 열심"은 우리말로 번역된 '시기'라는 말이 함의하는 바와 같이 대개 두 가지를 우리 마음속에 만들어 냅니다. 하나는 남이 잘되는 것을 부러워하는 마음입니다. 그리고 다른 하나는 남이 하는 것을 비판하는 마음입니다. 이것이 시기의 마음입니다. "나쁜 열심"입니다. 좋은 열심은 그런 것이 없습니다. 그저 묵묵히 내가 주님 앞에서 해야 하는 일을 할 뿐입니다. 남이 하는 것을 보고 부러워한다든지 비판한다든지 하는 것이 없습니다. 비판하려고 하면 나름대로 지혜로워야 하지 않습니까? 그것이 세상적인 지혜의 표현입니다. 이것이 첫 번째 특성입니다.

두 번째는 '다툼'(ἐριθεία)입니다. '다툼'이라는 말은 기본적으로 이기심(selfishness)과 이기심으로 다른 이들과 경쟁하는 것을 지칭할 때 쓰던 말입니다. 사람들을 자기의 편으로 끌어들이려는 것을 표현하기도 합니다. 분파를 만드는 일도 포함합니다. 내가 나쁜 열심을 가지고 사람들을 내 편으로 끌어들이는 것입니다. 사실 이것은 정치적인 단어입니다. 만약 좋은 일을 위해서 사람들을 내 편으로 끌어들이는 것이 아니라 나쁜 일을 위해서 끌어들인다면 그것이 여기서 말하는 다툼입니다. 그것이 기본적인 마음입니다.

우리말로 번역한 그대로 말한다면 "독한 시기"와 "다툼"입니다. 이와 같은 것이 있을 때 그것을 자랑하지 말라고 합니다. 자랑하지 말라고 하시는 이유는 사람들은 그런 것이 있을 때 자랑하기 때문입니다. 왜 그렇습니까? 남들을 나에게로 끌어들이려면 계속해서 좋다고 말해야 하지 않겠습니까? 이것이 누구에게서 나타나는가를 생각하기 위해, 먼저 이단에 속한 사람들을 생각해 보겠습니다. 이단에 속한 사람들은 대개 열심인 경우가 많습니다. 여호와 증인들, 몰몬교 등 다 열심을 보입니다. 대개 자기편으로 사람들을 끌어들이려고 열심을 냅니다. 이런 것을 생각하면서 그것을 자랑하지 말라고 합니다. "진리를 거슬러 거짓말하지 말라"(약 3:14)라고 말씀합니다. 진리를 거슬러 거짓을 말하는 것은 마음에 있는 독한 시기와 사람들을 끌어들여서 자기의 파를 만들려고 하는 것이기에 그것이 문제라는 것입니다.

그것은 어떤 결과를 나타냅니까? "시기와 다툼이 있는 곳에는 혼란과 모든 악한 일이 있음이라"(약 3:16)라고 말씀합니다. '시기와 다툼'(ζῆλος καὶ ἐριθεία)은 앞에서 살펴본 단어입니다. 시기는 잘못된 열심이라고 했고, '다툼'은 사람들을 나에게 끌어들이려고 하는 것이라고 했습니다. 그것이 만들어 내는 것은 '혼란'이라고 16절에 말씀합니다. 혼란이라는 것이 잘 번역되어 있는데 이것은 무질서를 만들어 내는 것입니다(ἀκαταστασία). 세상에 무질서를 만들어 내고, 맨 마지막에 "모든 악한 일"(πᾶν φαῦλον πρᾶγμα)이 나타난다는 것입니다. 이러한 네 가지 특성을 주의해서 보아야 합니다. 이것들은 서로 연결되어 있습니다. 기본적인 것은 "독한 시기"(ζῆλος πικρὸς)가 있고, 그다음에 사람들을 우리에게 이끌어 들여서 자기의 파를 만드는 것입니다. 그러니까 다른 사람들하고 "다툼"(ἐριθεία)이 생깁니다. 이 두 가지가 있는 곳에 나타나는 결과는 요란함, 즉 "혼돈과 질서가 없어지는 것"입니다. 그로부터 "모든 악한 일들"이 나타나게 됩니다.

그런 것에 대해서 15절은 "이러한 지혜는 위로부터 내려온 것이 아니요"라고 말씀합니다. 악한 사람도 다른 사람을 자기편으로 끌어들이려면 나름대로 지혜로워야 합니다. 예를 들어, 정치권에서 경선하는 과정에 아주 악한 사람이 있다고 생각해 봅시다. 그 사람은 아주 악하지만, 사람들을 내 편으로 끌어들이려고 노력을 할 것입니다. 이것은 세상적인 의미에서 지혜로운 것입니다. 사람이 하나님께 불순종하도록 맨 처음 유혹한 사탄을 생각해 보면 쉬울 것입니다. 하나님이 아름답게 만드신 세상에서 그 피조물인 사람을 죄악에 빠지도록 유혹할 때 사탄이 무엇을 사용합니까? 세상에 만들어 놓은 피조물 가운데 가장 똑똑한 존재, 가장 지혜로운 존재인 뱀을 사용하지 않습니까? 뱀이 지혜롭기에 사용된 것입니다. 여기서 우리가 잘 생각해야 합니다. 세상에 있는 어떤 형태의 지혜는 우리가 추구해야 하는 지혜와는 아주 다른 성격을 지니고 있다는 것입니다.

그러므로 우리에게 "잘못된 열심"이 있어서는 안 됩니다. 예를 들어 성경에 대한 어떤 잘못된 이해가 있다고 가정해 보겠습니다. 그런 잘못된 열심은 사람들을 꼭 잘못된 이해로 끌어들이려고 합니다. 그렇게 되면 그리스도의 교회에 어떤 일이 나타나게 됩니까? 전체적으로 요란함과 혼돈과 무질서가 나타나기 시작합니다. 그 결과로 이 세상에 모든 죄악이 성행하게 됩니다. 왜 그렇습니까? 기독교의 바른 도리에 대해서 사람들이 추구하는 것을 억압하고 막기 때문입니다. 이것이 세상적인 지혜가 발현되는 양상입니다.

## 세상적인 지혜의 성격들

세상적인 지혜를 아주 독특한 세 가지 용어를 써서 규정하고 있습니다. "이러한 지혜는 위로부터 내려온 것이 아니요, 땅 위의 것이요 정욕의 것이요 귀신의 것이니"(약 3:15)라고 말씀합니다. 첫째, "땅 위의 것"(ἐπίγειος), 즉 "세상적"이라는 것입니다. 세상적인 지혜는 무엇을 추구하는 것입니까? 궁극적으로 세상의 어떤 것만을 추구한다는 것입니다.

둘째, "정욕의 것이요"라고 번역을 했습니다. '정욕'이라고 번역한 '퓨쉬키케'(ψυχική)는 영어로 흔히 '소울리쉬'(soulish)라고 번역합니다. '소울리쉬'라는 것은 영적인 것이 아닌가 하고 생각하면 안 됩니다. 우리말로 "정욕"이라고 잘 번역된 이 말은 영적인 것과는 반대되는 것입니다. 세상에서 육체적인 것을 추구하는 일이라 생각하는 것이 좋습니다. 자신의 유익만을 추구해가는 것입니다. 세상에서는 그런 것을 지혜롭다고 합니다. 그런데 이런 세상적인 지혜는 어디를 향해서 갑니까? 세상에서 자기의 유익을 향해서 나아갑니다. 사람이 그런 식으로 지혜로울 수 있습니다. 그러나 그것을 좋은 것이라고 말하지 않습니다.

셋째, "귀신의 것이니"(δαιμονιώδης)라고 합니다. 성경에서 말씀하는 것처럼 귀신적인 지혜가 있습니다. 여기 나타나는 세 가지 단어가 세상적인 지혜를 특징 짓는 말입니다. 우리가 세상에서 싸우는 대상을 우리의 선배들은 대개 세 가지로 언급했습니다. 우리 선배들은 구원받은 우리는 평생 이 세 가지와 싸워야 한다고 했습니다. 첫 번째는 세상과 싸워야 한다고 합니다. 이때 세상이라는 것은 하나님을 반역하고 자기 방향으로 나아가는 것입니다. 진짜 하나님의 백성은 세상과 싸워야 합니다. 그런데 이 사람은 세상적인 지혜를 가지고 있습니다. 세상과 싸워야 할 사람이 세상에서 말하는 것을 추구해 나간다 합니다. 자기 자신의 유익만을 추구해 나간다는 것입니다.

두 번째는 우리 육체(σάρξ)와 싸워야 한다고 우리 선배들은 말했습니다. 이 육체라는 것은 영적인 것과 반대되는 것이라고 했습니다. 본문에서 "정욕의 것이요"라고 말한 것, 바로 그것이 우리가 싸워야 할 대상입니다. 육체를 따른다는 말은 한마디로 자기 추구입니다. 자기 이윤을 추구하든지, 자기가 세상에서 높아짐을 추구하든지, 남들에게 괜찮은 사람으로 보이는 것을 추구하는 등 모든 자기 추구는 육체를 따르는 것입니다. 이것은 다양한 형태로 나타날 수 있습니다.

세 번째는 마귀와 싸워야 한다고 했습니다. 예부터 하나님의 백성들은 이것들과 싸워야 한다고 했습니다. 여기 본문에서 세상적인 지혜를 말할 때 아주 흥미롭게 "땅 위의 것이요, 정욕의 것이요, 귀신의 것"을 세상적인 지혜로 언급하고 있습니다. 이와 같은 세상적인 지혜가 있을 수 있다는 것입니다.

그러나 우리는 성경이 추구하도록 하는 다른 지혜를 추구하는 사람들입니다. 이런 지혜는 예수님을 믿는 사람들의 삶의 방식을 나타내는 지혜입니다.

우리가 세상에서 사는 방식을 가만히 들여다보면 이런 영적인 지혜가 나타나야 합니다. 이것이 나타나지 않을 때는 둘 중의 하나라고 했습니다. 예수님을 안 믿는 사람이거나 예수님을 믿기는 하지만 지혜가 부족한 사람입니다. 지혜가 부족할 때는 "하나님께 구하라"고 이미 말씀하고 있습니다(약 1:5).

### 나가면서: 우리가 갈 방향은?

우리가 주님이 원하는 참 지혜가 있을 때 우리 안에 무엇이 있을까요? 앞에서 말했던 나쁜 특성 네 가지, 시기와 다툼, 혼란과 악한 일을 뒤집어 생각하면 됩니다. 우리 안에 독한 열심, 독한 시기가 아니라 좋은 열심이 있습니다. 이것은 굉장히 중요한 것입니다. 하나님의 뜻을 세상에서 이루어야겠다는 열심이 있습니다. 믿는다고 하면서도 열심을 내지 않는 사람이 있을 수 있습니다. 무기력하게 세상을 살기도 합니다. 그것은 지혜롭지 않은 것입니다. 우리에게는 정말 좋은 것에 대한 열심이 있어야 합니다. 예수님을 진짜로 믿는 지혜로운 사람은 다른 사람이 잘될 때 그것을 같이 기뻐합니다. 그렇게 하면 참 신앙인은 모든 사람을 끌어안을 수 있습니다. 그리고 다른 사람을 잘못된 길로 이끄는 것이 아니라 좋은 데로 이끕니다. 그러면 다툼을 만들지 않고 참된 진리의 길로 사람들을 이끌어 갈 것입니다. 이것이 우리가 추구해가야 할 삶의 방향입니다. 주께서는 우리에게 그런 삶을 살기를 원하십니다.

다음에는 17절과 18절 말씀을 통해서 이것을 적극적으로 어떻게 표현하시는지 생각해 보겠습니다. 이 모든 말씀은 우리를 향한 하나님의 의도를 잘 알려주고 있습니다. 하나님이 사람을 창조하셨을 때 어떤 사람이 되기 원하셨는지를 우리에게 보여주는 것입니다. 그런데 인간은 죄악에 빠져서 하나님의 뜻을 벗어나 어리석음을 드러냅니다. 하나님의 뜻에는 무지하고 전혀 마음을 두지 않으며 하나님의 뜻을 추구하지 않습니다. 그렇지 않으면 자기 스스로 지혜롭다고 하는데 그것은 결국 "땅 위의 것이요, 정욕의 것이요, 귀신의 것"인

지혜를 드러내는 것입니다. 그것에 대해 하나님은 "스스로 지혜 있다 하나 어리석게 되어"(롬 1:22)라고 말씀합니다. 이 얼마나 안타까운 모습입니까? 이런 비참한 상황에서 우리를 건져주신 것이 예수 그리스도의 보혈입니다. 그런데 우리가 계속해서 그 가운데 머물러 있다면 얼마나 어리석은 일을 주 앞에서 행하는 것입니까?

야고보서의 이 메시지가 의미 있습니다. 야고보서의 이 말, 즉 너희가 "땅 위의 것이요, 정욕의 것이요, 귀신의 것"인 지혜에서 벗어나야 한다는 말은 예수님을 안 믿는 사람에게 하는 말이 아닙니다. 교회 공동체 안에 있는 사람에게 하는 말입니다. 왜 그렇게 말씀하십니까? 교회 공동체 안에 있는 사람들도 그런 모습을 드러내는 일이 있기 때문입니다. 그 시대에도 마찬가지고, 우리 시대에도 마찬가지입니다. 믿는 우리도 정신 차리지 않으면 그렇게 될 수 있습니다. 정말 주님께서 원하시는 온유한 지혜를 세상에 드러내야 합니다. 이것이 우리의 삶의 특성이어야 합니다.

19강 야고보서 3장 17-18절

# 성경이 말하는 지혜 (2): "우리가 추구해야 할 지혜"

> "오직 위로부터 난 지혜는 첫째, 성결하고, 다음에 화평하고, 관용하고, 양순하며, 긍휼과 선한 열매가 가득하고, 편견과 거짓이 없나니, 화평하게 하는 자들은 화평으로 심어 의의 열매를 거두느니라"(약 3:17-18).

앞에서 세상적인 지혜가 어떤 것인가를 생각해 보았습니다. 그것을 아주 잘 요약해주는 말씀인 15절은 세상 지혜가 "땅 위의 것이요, 정욕의 것이요, 귀신의 것"이라고 했습니다. 그것과 대조되는 것이 우리가 보려고 하는 "위로부터 오는 지혜", 즉 하늘로부터 오는 지혜입니다. 아주 자연스럽게 그런 지혜가 우리 속에 있기를 바라는 것입니다. 바로 그런 의도에서 야고보가 이 말을 우리에게 합니다.

## 문맥을 통해 본 야고보의 의도

야고보의 의도는 하나님의 구속함을 받은 자들, 즉 하나님께 재창조함을 받은 사람들이 이 땅에서 어떤 모습으로 있어야 하는지를 드러내려는 것입니다.

그 사람들은 그리스도의 십자가 은혜가 적용되는 사람들입니다. 구원에 있어서 우리가 이바지한 것은 하나도 없습니다. 주께서 우리를 하나님의 백성으로 만드실 때 우리는 아무런 기여도 하지 못했습니다. 오히려 하나님의 백성이 안 되려고 애쓰던 사람들입니다. 그런데 하나님은 놀라운 구속의 역사 가운데 일으켜 주시고, 은혜로 우리에게 구속을 적용해 주셨습니다. 이렇게 오직 하나님의 은혜만으로 구원받은 사람들은 하나님의 명령을 진지하게 받아들이고, 그런 방향으로 나아가게 됩니다. 그중에 한 부분이 우리가 살펴보고 있는 교훈입니다. 하나님의 은혜로 구원받은 사람들은 "위로부터 오는 지혜"를 추구한다고 했습니다. 이것이 무엇인지 알기 위해서는 세상 지혜가 나타났을 때 어떤 결과가 나타났는지와 대조가 필요합니다. 세상의 지혜는 "땅 위의 것이요, 정욕의 것이요, 귀신의 것"인데, 그것을 구성하는 두 가지 동기가 있었다고 했습니다.

### 세상 지혜의 특성 재정리

하나는 열심인데 나쁜 열심(ζῆλος πικρὸς)이라고 했습니다. 마음속에 열심이 있는데 나쁜 열심인 것입니다. 다음에는 다툼입니다. 사람들이 분파를 나누어 "나는 이쪽에 속한다, 저쪽에 속한다"라고 하는 것입니다. 이것이 세상적인 지혜의 배후에 있는 두 가지입니다. 세상은 여러 가지 이유로 사람들이 자꾸 나누어집니다. 이것은 예수 그리스도와 상관없고 성령님과 상관없는 사악한 인간들의 모습입니다. 우리도 정신이 없게 되면 이런 방향으로 마음이 끌려갈 수 있습니다. 예수님을 믿는 사람들도 그 안에 부패한 인간성, 즉 성경에서 "육체"(σάρξ)라고 하는 것이 남아 있기에 우리가 정신을 차리지 않으면 이런 것이 나타납니다. 예를 든다면 우리에게도 시기, 즉 나쁜 열심이 있습니다. 나쁜 열심이 우리가 세상일에 힘쓰게 하고, 놀라운 일을 이루게 할 수도 있습니다. 그러나 그것과 우리가 지금 생각하는 진짜 참된 열심은 전혀 다른 것입니다. 우리는 세상에 나아가서 열심히 살아야 한다고 했습니다. 하나님의 백성이기 때문에 그래야 합니다. 하지만 그것과 내가 나를 위해서, 우리 가족을 위해서 열심히 사는 것은 성격이 다릅니다. 겉모습은 똑같아 보입니다. 그러나 하나님이 보실 때 다르다는 말입니다. 그러므로 우리는 항상 내가 무엇 때문에 지금 열심을 내는가 하는 것을 생각해야 합니다. 이 말을 할 때 우리는 기본적으로 열심을 안 내는 사람들에 대한 것도 같이 말해야 합니다. 나태함 가운데 빠져 있는 것은 기본적인 죄악입니다. 그러나 나태하지 않고 열심히 하면 다 됩니까? 어떤 것은 그것이 죄악인 열심이 있습니다. 세상 사람들이 볼 때는 나쁜 것이라고 여기지 않습니다. 그러나 하나님 앞에서 보면 자기와 자기의 유익을 위해서 내는 열심, 그것이 나쁜 열심이라는 것이 드러납니다.

그런 방향으로 가면 결국 사람과 사람 사이에 분리가 나타납니다. 우리 편과 다른 편으로 나누는 것입니다. 어린아이가 쓰는 말에서 "네 편은 나쁜 사람이고, 우리 편은 항상 좋은 사람"이라는 것입니다. "우리나라는 좋은 나라이고, 네 나라는 나쁜 나라"라고 생각합니다. 이것은 결국 다툼(ἐριθεία)입니다. 세상 지혜는 항상 그것을 부추깁니다. 다툼을 효과적으로 잘 할 수 있게 해줍니다. 그래서 우리 편의 세력을 확장합니다. 이것이 나중에는 종교적으로도 작용할 수도 있습니다. 기독교 세력을 확장해서 우리 편을 많이 늘리자고 생각한다면 그것은 세상과 같은 생각을 하는 것입니다. 우리 편을 늘리려는 마음이 중요한 것이 아닙니다. 우리가 생각하는 것을 위해서 무엇을 하려고 하는 것, 그것이 전부 다 없어져야 합니다. 그것이 위로부터 오는 지혜로 충만한 것입니다.

이렇게 다툼으로 해 나가면 어떻게 됩니까? 16절은 "시기와 다툼이 있는 곳에는 혼란과 모든 악한 일이 있음이라"라고 말씀합니다. 혼란이라는 것은 요동치는 것입니다. 불안한 것입니다. 조화롭게 있는 것이 아니라 혼돈이 일어나는 것입니다. 왜 그런 것이 일어납니까? 나쁜 열심, 그 열심을 가지고 사람들이 나누어서 싸우려 하기에 세상에 불안한 것이 나타납니다. 이것을 우리가 의식해야 합니다. 그러니까 결과적으로 나타나는 것은 무엇입니까? 분쟁이 나타납니다. 그것과 연관해서 "모든 악한 일들"(πᾶν φαῦλον πρᾶγμα)이 나타난다고 했습니다. 사람의 행위라는 것이 '프라그마'(πρᾶγμα)입니다. 그런데 어떤 '프라그마'냐 하면 나쁜 프라그마(φαῦλον πρᾶγμα)입니다. 나쁜 일들이 나타납니다. 즉, 온갖 죄악들이 나타납니다.

이런 것을 정확히 아는 것이 결국 "위로부터 오는 지혜"입니다. 그 요점을 말하면 세상을 살아갈 때 우리 마음에 가장 근원적으로 두 가지가 없어져야 합니다. 하나는 나쁜 열심으로 자기의 유익을 위해서 열심을 내는 것입니다. 자기의 이익을 위해서 열심을 내다보니까 우리 편과 상대편을 자꾸만 갈라놓는 다툼이 있는 것입니다. 사람들이 그렇게 할 수 있다는 것입니다. 그래서 세상은 온갖 불안 속에서 소동이 일어납니다. 사람들이 불안해서 살 수 없게 되고, 이로부터 온갖 악들이 나타나게 되는 것입니다.

### 위로부터 오는 지혜의 특성들: 덕의 목록

위로부터 오는 지혜는 하나님의 백성들에게 있는 것입니다. 이를 묘사하는 것을 '선의 목록'이라고 말할 수 있습니다. 위로부터 오는 지혜의 특성들을 말하는 것입니다. 공교롭게도 7가지입니다. 아마 의도적으로 7가지를 언급했을 가능성이 매우 큽니다. 이는 지혜의 특성이 꼭 7가지만 있는 것은 아니라는 말입니다. 유대인의 사고방식에는 온전한 것을 7과 관련해서 말합니다. 그래서 의도적으로 7가지를 말한 것으로 보입니다.

이것들이 다 조화를 이루어서 하나님이 원하시는 사람이 이 땅에 있도록 하신 것입니다. 이것은 구속받은 사람은 과연 어떤 사람인가 하는 것을 알려 주는 것입니다. 이미 이런 상태를 우리에게 주셨다는 것, 즉 은혜의 상태로 이 말을 이해해야 합니다. 우리가 예수님을 진짜로 믿는다면 하나님의 은혜로 이 7가지 특성의 위로부터 오는 지혜를 가지고 있다고 믿어야 합니다. 믿는 우리는 일종의 "지혜의 씨앗"을 가지고 있습니다. 우리 안에 있는 그것을 싹 틔우고 성장시켜야 할 필요가 있습니다. 그래서 구체적으로 그것을 가르쳐줍니다. 너희들 안에 있는 지혜의 씨앗이 이런 것인데, 이것이 나타날 때는 이런 모습으로 나타날 수밖에 없다는 것입니다. 이것을 잘 보여주기 위해서 그것과 대조되는 안 믿는 사람들의 마음속에 있는 상태를 먼저 말했던 것입니다. 믿는다고 하는 우리도 정신을 안 차리면 그런 상태에 빠질 수 있기 때문입니다. 우리도 나쁜 열심과 다툼의 모습을 가질 수 있다는 말입니다. 이 모든 것이 없는 상태가 위로부터 오는 지혜를 갖춘 것인데, 이제 그것의 성격을 하나씩 생각해 보겠습니다.

17절은 "오직 위로부터 난 지혜는 첫째 성결하고"라고 말씀합니다. "성결하다"(ἁγνή)는 말은 거룩하다는 말입니다. 거룩하다는 말은 두 가지를 같이 생각해야 하는데, 우선은 구별되었다는 뜻입니다. 세상의 것과는 구별되어 있다는 것입니다. 대개 성경에서 구별되었다는 것은 하나님께 속한 것을 지칭합니다. 우리를 성도(聖徒)라고 하는 것은 하나님께 속했다는 말입니다. 무엇이든지 하나님께 속해 있는 것은 거룩하게 된 것입니다. 그러므로 위로부터 난 지혜의 첫 번째 특성도 하나님과 관련이 있습니다. 세상의 다른 것과는 달리 하나님과 연결되어 있다고 합니다. 그리고 실제적으로는 이것을 "순결한"이라고 생각합니다. 거룩하다는 말씀으로부터 순결하다는 것이 나오는 것입니다. (그래서 많은 영어 성경에서는 이를 순결하다는 뜻의 "pure"로 번역하기도 합니다). 순결하다는 것은 "다른 것에 물들어 있지 않은" 것입니다. 어떻게 하는 것이 세상에서 하나님의 뜻을 가장 잘 드러내는 것일까요? 모든 것을 말씀에 비추어 나아가는 것입니다. 오해하지 말아야 하는 것은 그렇다고 해서 세상의 모든 문제에 무관심하게 행동하라는 것이 아닙니다. 그렇게 오해하는 사람들이 가끔 있습니다. 그래서 남들에게 무례하게 행합니다. 왜 그렇게 행하느냐고 물으면 "나는 하나님만 신경 쓰니까 이렇게 해도 됩니다"라고 말하기도 합니다. 우리는 결코 그렇게 할 수 없습니다. 하나님께 속해 있는 사람은 모든 면에서 순결함을 드러내야 합니다. 이것이 위로부터 오는 지혜의 첫 번째 속성입니다.

두 번째 특성은 "화평하고"라고 말씀합니다. "화평하고"(εἰρηνική)라는 것은 누구든지 아는 의미로 세상에서 화평을 만들어내는 것입니다. 예수님이 말씀해 주신 "화평하게 하는 자들"(οἱ εἰρηνοποιοί) 하고 비슷한 것입니다(마 5:9). 화평하게 하는 자는 자기도 마음의 평화가 있을 것입니다. 그것 때문에 다른 사람과의 관계도 화평합니다. 이때 우리가 생각해야 할 것은 여기서 말하는 마음속의 평화는 세상에서 말하는 평화와 그 성격이 다르다는 것입니다. 예수님이 말씀하시기를 내가 "평안을 너희에게 끼치노니 곧 나의 평안을 너희에게 주노라 내가 너희에게 주는 것은 세상이 주는 것과 같지 아니하니라"(요 14:27)라고 하셨던 그 말을 생각해야 합니다. 세상이 주는 평화는 내가 원하는 것이 이루어졌을 때 평안하다고 느끼는 것입니다. 그러니까 내가 원하는 대로 이루어지지 않으면 평안하지 않습니다. 그래서 노심초사하게 되고, 결국 그 일이 이루어질 때까지는 아무것도 못 하게 됩니다. 그것이 세상이 주는 평안입니다. 예수님을 믿는 사람들도 정신을 차리지 않으면 그렇게 될 수 있습니다.

성경은 예수님을 믿는 사람은 내가 원하는 일이 이루어지든 안 이루어지든 상관없이 근원적인 평화가 우리 안에 있다고 합니다. 근원적인 평화는 무엇 때문에 있는 것입니까? 예수 그리스도의 십자가 때문입니다. 복음은 "네가 하나님 앞에 받아들여질 수 있는 존재가 아닌데 십자가의 구속으로 너를 받아주셨다"라고 합니다. 십자가의 구속에 근거하여 하나님이 받아주신 존재라는 것을 깨닫고 나면, 우리는 동시에 "십자가의 구속이 적용되지 않은 상태는 하나님이 받아줄 수 없는 상태"라는 것이 이해됩니다. 이것이 진짜로 그렇다는 것을 느끼고, 그 사실에 참으로 동의해야 내가 그것을 참으로 믿는지 안 믿는지가 나타납니다. 우리의 죄 문제를 예수님이 십자가의 구속으로 해결하셨고, 하나님께서 우리를 받아주셨다는 것을 생각할 때 우리 마음속에 근본적인 평화가 있게 됩니다. 혹시 지금 죽는다고 해도 그것이 나에게 해가 되지 않는다는 것, 지금 물리적으로 죽어도 그것이 나의 본질을 해치지는 않는다는 것을 알게 되기 때문입니다. 이처럼 가장 근원적으로 하나님이 우리에게 이루어 주신 구원에 근거한 평강이 있습니다. 참 성도의 마음속에는 근본적인 평강이 있고, 그 평강의 빛 가운데 세상의 모든 것을 대하게 됩니다. 우리 삶에 발생하는 문제들도 하나님이 나를 받아주셨다는 근원적인 사실에 근거해서 생각하게 됩니다. 하나님이 원하시는 뜻을 이루기 위해 애쓰는 중에 생각지도 않은 문제가 생길 때도 있습니다. 그 문제가 하나님 원하셔서 해결되면 좋은 것이고, 혹시 문제가 해결되지 않는다 할지라도 괜찮은 것입니다. 계속해서 그 문제에 집착하지 말아야 합니다. 여기에 세상 사람과 우리의 다른 점이 있습니다.

물론 세상 사람들 가운데도 집착하지 말고 살자는 사람들이 있습니다. 실제로 그런 사람들은 매우 드물지만, 그것을 가르치는 가르침은 있습니다. 동양의 불교 사상이 그렇고, 서양의 스토아 사상이 그렇습니다. 그 사람들은 세상이 자기가 원하는 대로 안 된다는 것을 잘 알기 때문에 아예 마음을 닫도록 가르치는 것입니다. 그래서 세상에 대한 모든 집착을 스스로 끊으라고 합니다. 집착하지 말라는 것입니다. 그러니까 슬프지도 않습니다. 집착이 있을 때 슬픈 것이라고 불교가 말합니다. 관계를 다 끊으면 괜찮다고 합니다.

이것과 지금 우리가 말하는 주님이 주시는 평안은 그 성격이 다릅니다. 첫째는 그 집착이라는 것을 사람들이 스스로 끊을 수 있는가? 하는 것에서 다릅니다. 또 말은 그렇게 하는데 실제로 끊을 수 있는가 하는 문제도 있습니다. 그리고 스스로 끊었다고 해도 궁극적으로 문제가 해결되는 것은 아닙니다. 남는 것은 무엇입니까? 남는 것은 아무것도 없습니다. 그래서 불교에서는 결국은 공(空)이라고 말합니다.

스토아 사상은 세상이 자연에 의해서 그냥 흘러가는 것이니까, 그저 자연에 순응해서 사는 것이 최선이라고 합니다. 스토아 사상에서는 더 이상 어떻게 된다는 것은 의미가 없습니다. 그냥 자연에 순응해서 사는 것뿐입니다. 우리가 말하는 것처럼 하나님이 그것을 의미 있게 생각하여 그것으로 무엇을 하는 것이 전혀 없습니다. 그렇기에 주의해야 합니다.

우리는 세 종류의 사람을 생각할 수 있습니다. 첫 번째는 세상에 집착해서 사는 사람이 있습니다. 이런 사람은 세상에서 어떤 일이 잘 되면 좋아하고, 안 되면 실망하고 낙심하는 모습을 보입니다. 두 번째는 나름대로 정신적인 훈련을 받아서 집착을 끊으려고 하는 사람들이 있습니다. 대표적으로 불교에서 그렇게 하려고 노력합니다. 그리고 세 번째는 세상에 살고 있지만, 하나님이 주신 새로운 실재로 들어가는 사람입니다. 하나님이 구원해 주셔서 하나님 나라에 있게 하셨다는 것을 받아들이고 사는 사람입니다.

이 사람들에게 중요한 것은 그것뿐입니다. 두 번째 사람처럼 세상 바깥으로 나가서 살려고 하는 것이 아니라 세상 속에서 삽니다. 세상에서 열심히 사는데 세상에 대한 집착이 없습니다. 성경에 말씀하시는 대로 먹고, 마시고, 장가가고, 시집가면서 삽니다. 그러나 거기에 집착하지 않습니다. 그렇게 사니까 자기와 관계하는 모든 일에 평화의 관계를 유지하는 것입니다. 마음속에 있는 근원적인 평강이 자신의 존재 전체를 지배합니다. 모든 것을 그렇게 하기에 사람들과의 관계에서도 그 근원적 평화가 우리를 지배합니다. 이 사람의 주변에는 항상 평화의 관계성이 나타날 수밖에 없습니다. 자신이 구속받은 사람이라면 그렇게 갈 수밖에 없습니다.

이 사람이 나타내는 지혜와 세상적인 지혜를 비교해 보면 좋겠습니다. 세상적인 지혜는 어떻습니까? 나쁜 열심으로 충만합니다. 그리고 사람을 나누는 다툼으로 충만합니다. 그러니까 내가 남들보다 더 잘되어야 한다고 생각합니다. 경쟁적이게 되고, 누가 나를 조금이라도 무시하면 견딜 수 없게 됩니다. 그런데 하나님이 주시는 평안을 가진 사람들에게는 그것이 아무런 문제가 되지 않습니다. 사람들이 나를 어떻게 보든지 그것은 중요하지 않습니다. 하나님이 나를 어떻게 보시는가 하는 것이 중요합니다. 남들이 보는 것에 신경을 쓰지 않기 때문에 세상에서 열심히 살게 됩니다. 주님을 위해서 열심히 사는 것입니다. 세상에서 평화를 누릴 뿐만 아니라 평화가 넘쳐나는 상태를 만들어 냅니다. 이것이 위로부터 오는 지혜가 세상에 나타나는 방식입니다.

세 번째는 "관용하고"(ἐπιεικής)라고 말씀합니다. 지혜가 있으면 거룩하고, 거룩하면 반드시 평화적이라고 합니다. 평화를 나타낸다는 말입니다. 그 다음에 "관용하고"(ἐπιεικής)라고 했습니다. "관용"이라고 번역된 말은 기본적인 뜻이 싸우지 않는다는 것입니다. 어떤 상황에서 이런 특성이 나타납니까? 남들로 인해 화가 나는 상황에서 내 안에 화가 안 나는 것입니다. 싸우지 않고 나를 방어하려고 방어기제를 작동하지 않는 것입니다. 어떻게 그럴 수 있습니까? 내가 하나님께 속해 있다는 것을 알기 때문입니다. 하나님이 나를 도와준다는 것을 알기 때문에 스스로 보호하지 않아도 됩니다. 모든 것은 결국 어디에 달려 있습니까? 내가 전적으로 하나님을 신뢰하느냐? 아니면 신뢰하지 않느냐? 하는 것입니다. 하나님을 반쯤만 신뢰하면 반쯤은 방어기제를 작동하게 됩니다. 하지만 여기서 말하는 '관용하고'는 그렇게 하지 않는 것입니다. 그러니까 모든 것을 받아들일 수 있습니다.

그것은 다음에 나오는 말하고도 연관이 됩니다. 우리말로는 "양순하다"로 번역되어 있는데, '양순하다'라고 하면 마음이 선량하다고 생각합니다. 그런데 그 정도가 아닙니다. 이것은 "쉽게 설득 되어진다"(easily entreated)라는 뜻입니다. 그래서 "합리적이다"(reasonable)라고 번역한 영어 성경도 있습니다. 무엇에 대해서 그렇습니까? 거짓에 대해서라고 생각한다면 속기 쉬운 사람이 됩니다. 그런 말을 하는 것이 아닙니다. 무엇에 대해서 쉽게 설득된다는 말입니까? 참에 대해서, 진리에 대해서 그렇다는 말입니다. 여기에 있는 "양순하다"라는 말은 그런 의미로, 즉 진리에 대해서 순종적이라는 의미로 표현된 말인 것을 알아야 합니다(εὐπειθής). 우리가 하나님의 말씀을 잘 공부할 수 있다는 것은 은혜입니다. 우리는 말씀을 늘 읽어야 하는데 하나님의 말씀에 설득을 당하지 않으려고 합니다. 그렇게 하면 안 된다는 것입니다. 위로부터 오는 지혜는 어떤 것이 "옳다"는 것을 깨닫게 되면, 거기에 쉽게 설득됩니다. 그래서 진리를 쉽게 믿습니다. 진리의 말씀을 쉽게 받아들일 수 있습니다.

다섯 번째는 두 가지가 섞여 있는데 우리말로는 "긍휼과 선한 열매가 가득하다"(μεστὴ ἐλέους καὶ καρπῶν ἀγαθῶν)는 말씀합니다. '긍휼', 자비(mercy)와 선한 열매가 가득한 것은 우리가 세상을 살아가면서 나타나야 하는 결과들입니다. 그런 결과가 나타나야 한다고 말합니다. 남들에게 긍휼을 베푸는 마음으로 늘 살펴보고, 내 마음에 있는 하나님의 평화 때문에 남들을 긍휼히 여기는 것입니다. 자기 마음에 여유가 없는 사람은 도무지 다른 사람을 긍휼히 여길 수 없습니다. 마음에 여유가 있으면 남들을 품어줄 수 있습니다. 그러니까 긍휼과 선한 열매가 가득합니다.

여섯 번째는 "편견이 없다"(ἀδιάκριτος)라고 말씀합니다. 이 말은 어려운 말인데 잘 번역한 것입니다. 왜냐하면 편견이 없다는 말은 치우침이 없다는 뜻입니다. 내가 어떤 사람은 좋아하고 어떤 사람은 싫어하는 그런 것이 없다는 것입니다. 이것이 기본적인 의미입니다. 가장 기본적으로 사람에 대해서 그런 것입니다. 이것을 확장하면 모든 사람에 대해서 똑같이 하는 것입니다. 또한 어떤 때는 좋았다가 어떤 때는 싫었다가 하는 것이 아니라 늘 똑같은 것입니다. 움직이지 않는(unwavering) 것입니다. 그러니까 그것을 '의심하지 않는다'고 번역하기도 합니다. 똑같은 단어인데 다른 말로 자꾸 확장되어 갑니다. 그것을 '마음이 나뉘어 있지 않다'라고 하기도 합니다. 그래서 맨 나중에는 '조화롭다'는 의미까지 갑니다. 편견이 없다는 말과 조화롭다는 말은 전혀 다른 것 같습니다. 그런데 단어의 의미가 풍성하게 변해가는 것입니다. 많은 의미가 있습니다. 우리의 마음이 위로부터 오는 지혜를 가지고 있을 때 사람을 나누지 않고(without partiality) 늘 조화로운 마음을 가지고 있습니다.

일곱 번째 있는 말은 "거짓이 없다"라는 말씀입니다. 이것은 헬라어로 '안히포크리토스'(ἀνυπόκριτος)입니다. '히포크리토스'(ὑποκριτος)는 "위선적이다"는 말입니다. 그러니 '안히포크리토스'(ἀνυπόκριτος)는 위선적이지 않다는 뜻입니다. 위선적인 것은 겉과 속이 다른 것입니다. 참된 지혜에는 그런 것이 없다는 것입니다. 우리는 어떻게 해야 합니까? 다른 사람에게 어떤 영향력을 미치기 위해서 가장하지 않는 것입니다. 그런데 이것을 오해하는 사람이 있습니다. 화가 나면 화를 내는 것이 옳은 것이라고 주장하는 사람들입니다. 그러나 그것은 옳지 않습니다. 우리의 목표는 무엇입니까? 그 화나는 것 자체를 없도록 만드는 것입니다. 그래서 겉으로도 화내지 않는 것입니다. 그런 모습이 우리에게 나타나야 합니다.

## 전체 정리: 의의 열매

이 모든 것을 전체적으로 "의의 열매"(καρπὸς δικαιοσύνης)라고 합니다. 위로부터 오는 지혜는 "의의 열매"를 나타냅니다. 야고보서에서는 의의 열매라고 그랬습니다. 유대인들은 "지혜의 열매"라는 말도 사용합니다. 그리고 늘 단수를 사용합니다. 바울은 그것을 갈라디아서에서 "성령의 열매"(ὁ καρπὸς τοῦ πνεύματός)(갈 5:22)라고 표현했습니다. 그것도 단수입니다. 흥미롭게도 다 단수로 사용됩니다. "의의 열매", "지혜의 열매", "성령의 열매"는 결국 다 같은 말입니다. 왜냐하면 이것은 모두 성령님으로 말미암아 우리에게 나타나는 것이기 때문입니다. 우리에게서 의의 열매가 맺혀져야 합니다.

"의의 열매"는 무엇입니까? 우리 삶을 통해서 의가 맺혀지는 것입니다. 의(δικαιοσύνη, 義)라는 것은 하나님이 옳다고 여기시는 바입니다. 세상에서 말하는 정의를 뛰어넘어서 하나님이 옳다고 여기시는 바가 성경이 말하는 '의'입니다. 그러니까 우리 삶의 열매는 무엇이어야 한다는 말입니까? 하나님이 옳다고 여기시는 바가 나타나야 한다는 것입니다. 앞에서 언급했던 특성을 가진 삶이 우리에게서 나타나는 것입니다. 그런 삶을 경건한 삶이라고 합니다. 진짜 그리스도인의 삶이라고 합니다. 우리는 이 덕의 목록에서 자신을 비춰보아야 합니다. 이 말씀에 비추어보았을 때 우리는 "주님, 제게 그렇지 못한 모습이 있습니다"라고 말하지 않을 수 없습니다. 여기서 완전주의가 제거되는 것입니다.

이런 상황에서 우리에게는 다음 두 가지 반응이 있을 수밖에 없습니다. 첫째는 내가 진짜로 십자가를 믿는다면 내가 그렇지 않은 모습이 있음에도 불구하고 나를 은혜가 있는 사람으로 선언해주셨다는 하나님에 대한 무한한 감격과 감사입니다. 부족한 모습에도 받아주시고 주의 자녀로 만들어 주셨다는 사실에 무한한 감사가 일어나야 합니다. 은혜에 대한 감사입니다. 동시에 이것이 진짜라면 어떻게 되겠습니까? 나의 그렇지 않은 모습들을 잘 찾아내서 주님이 원하시는 바가 우리 속에 나타나도록 끊임없이 노력하는 것입니다. 문제가 있을 때 "다 그렇잖아요, 주님, 다 아시지 않습니까? 이렇게 살도록 내버려 두세요" 하는 반응을 할 수 없습니다.

그래서 18절에서는 전체적인 결론을 맺는데, 그 말이 좀 어렵습니다. 그래서 우리말로 아주 쉽게 번역을 하고 그 특성을 살려놓았습니다. "화평하게 하는 자들은 화평으로 심어 의의 열매를 거두느니라"라고 번역했습니다. 성경에 '거두느니라'라는 말이 작은 글씨로 되어 있는 것을 볼 것입니다. 큰 글씨로 되어 있는 것도 있지만, 작은 글씨로 되어 있는 것이 맞습니다. 왜 그렇습니까? 그것은 원문에는 없는 말이기 때문입니다. 그러니까 원문에는 "의의 열매는 화평케 하는 자들에 의해서 화평으로 심어진다"라는 말까지만 있고, '거두느니라'라는 말은 없습니다. 화평으로 심었으니 의의 열매가 나타나야 합니다. 그래서 우리말 성경에는 "의의 열매를 거두느니라"라고 번역한 것입니다.

화평하게 하는 자들은 화평으로 심는다는 것입니다. 예수 그리스도의 사건으로 말미암아 우리 마음에 화평을 주셨기 때문에 이것이 가능합니다. 내가 화평을 만들어내는 것이 아닙니다. 이것을 명심해야 합니다. 우리 마음은 스스로 자가발전(自家發電)을 할 수 없습니다. 우리가 스스로 화평을 만들어낼 수 없습니다. 우리는 이 일에 있어서 철저히 하나님을 의존합니다. 십자가만 의존합니다. 내 마음속에 그 십자가로 말미암아 화평이 있기에 예수님을 진짜로 믿는다면 세상에 살 때 화평하게 하는 자가 됩니다. 이것이 예수님을 믿는 것입니다. 예수님을 믿는 사람은 싸우지 않습니다.

그것이 기본적으로 어디에서 나타나야 합니까? 교회 공동체 안에서 나타나야 합니다. 교회가 세상에 어떻게 나타나야 할 것인가를 우리에게 말해 줍니다. 우리 교회가 참 교회라면 이것이 나타나야 합니다. 이것을 안 하면 우리는 교회가 아닙니다. 교회라는 이름은 있으나 교회가 아닙니다. 이 일이 우리에게 필요하기에 주께서 야고보서를 통해 모든 시대의 교회를 향해 말씀하시는 것입니다. 지금 우리에게도 주신 말씀입니다. 이것을 잘 생각해야 합니다.

## 나가면서

우리는 지금 하나님이 내려주신 평화를 말합니다. 누가 어떤 주장을 할 때 그것에 대해서 "옳습니다", 누가 저렇게 말해도 "옳습니다" 하는 그런 것이 아닙니다. 정말 옳은 것, 주님이 원하시는 것이 참 평화로운 방식으로 우리 가운데 나타나야 합니다. 그런 의미에서 공동체 가운데 평화라는 것이 우리가 의롭게 행하는 것의 총화(總和)라고 말할 수 있습니다. 그러니까 아무 문제를 일으키지 않는 것이 우리의 일이 아니라 정말 주께서 원하시는 마음의 상태를 바깥으로 잘 드러내는 일, 그 일이 우리가 해야 할 일입니다. 우리의 교회가 그런 공동체로 세상에 서 있어야 합니다.

이 말씀에 우리가 순종하지 않으면 우리는 세상에 증언하는 일을 하지 못합니다. 복음을 전한다고 하면서도 실질적으로는 증언하지 못 하는 것입니다. 위로부터 나오는 지혜가 우리를 움직여 갈 때, 오직 그때만 참 교회로 있는 것이고, 참된 그리스도인으로서 세상에서 살아가는 것입니다. 이 말씀에 순종해야 합니다. 이것을 무시하고 우리 마음대로 무엇을 한다면 주님의 뜻을 세상에서 실현해 나갈 수 없다는 것을 유념하며 들어야 할 것입니다.

20강 야고보서 4장 1-3절

# 세상 사람들과 다른 새로운 삶의 목적과 기도

"너희 중에 싸움이 어디로부터 다툼이 어디로부터 나느냐, 너희 지체 중에서 싸우는 정욕으로부터 나는 것이 아니냐. 너희는 욕심을 내어도 얻지 못하여 살인하며 시기하여도 능히 취하지 못하므로 다투고 싸우는도다. 너희가 얻지 못함은 구하지 아니하기 때문이요, 구하여도 받지 못함은 정욕으로 쓰려고 잘못 구하기 때문이라"(약 4:1-3).

야고보서 4장은 3장과 연결되어 있습니다. 오해하지 않기 위해서 우리가 먼저 생각해야 할 것은 믿는 사람들에게 "너희가 이렇게 해야 한다"라고 말한다는 점입니다. 예수 그리스도의 십자가를 통하여 구속함을 받은 사람들이 해야 할 것을 말해 주는 것입니다. 성경 본문이 "너희는 그래서는 안 된다"라고 하는 말은 세상 누구나 이러해야 한다는 것이 아니라, 십자가의 은혜 속에 있는 사람들에게 하는 말이라는 사실을 생각해야 합니다. 그것을 늘 염두에 두어야 합니다. 예수 그리스도와 함께 죽고 살아난 사람만이 이 말씀의 은혜 속에 움직여 갈 수 있습니다. 그것을 잊어버리면 그냥 율법만 듣고 율법에 억눌려 사는 무의미한 일이 되고 말 것입니다. 우리는 예수 그리스도가 이루신 구속 사역에 근거해 있는 사람들입니다. 여기서 요구하는 모든 것은 다 복음의 빛에서 우리에게 명령하고 있다는 것을 유념해야 합니다.

## 세상 사람들의 모습

먼저 본문이 말하는 세상 사람들의 모습, 그 모습이 지금 우리 속에 있을 수도 있습니다. 야고보는 의도적으로 그렇게 말하고 있습니다. 세상 사람들은 어떻게 삽니까? 4장 1절에서 보여주는 대로 "싸움"(πόλεμος)과 "다툼"(μάχη) 가운데 살아갑니다. 그것도 많은 싸움과 다툼이 있기에 다 복수로 표현한 듯합니다(πόλεμοι καὶ μάχαι). 물론 세상에도 평화와 행복이 있습니다. 그러나 그것도 궁극적으로 따져 보면 싸움과 다툼 가운데 있다고 합니다. 그리고 복음의 능력 가운데 있는 사람들은 이런 것이 있어서는 안 된다고 합니다. 그런데 우리 가운데도 그런 싸움과 다툼이 있을 수 있습니다. 세상을 따라가는 우리의 모습이 있습니다.

그런 일이 왜 일어납니까? "너희 중에 싸움이 어디로부터 다툼이 어디로부터 나느냐 너희 지체 중에서 싸우는 정욕으로부터 나는 것이 아니냐?"(약 4:1)고 말씀합니다. 사람들의 마음 가운데, 부패한 인간성 가운데, 잘못된 정욕이 있습니다. 잘못된 정욕이라는 것은 자기가 자기의 모든 문제를 해결하려는 마음입니다. 이것이 타락한 사람의 기본적인 마음입니다. 자기 스스로 모든 것을 다 할 수 있다고 생각하는 것입니다. 여기서 욕심이 나타날 수 있습니다. 기본적으로 타락한 인간성에서 나오는 것입니다. 내가 내 문제를 해결해야 하니까, 또는 어떻게 할 길이 없으니까 시기가 생기고 욕심이 드러나게 됩니다. 이것이 기본적으로 사람들의 마음속에 있습니다.

## 잘못된 욕망의 아이러니

그런데 현실이 어떻습니까? 2절에는 “너희는 욕심을 내어도 얻지 못하여”라고 말씀합니다. 욕심을 내어도 얻지 못한다는 것입니다. 세상의 물건은 제한되어 있고 그것을 모든 사람이 다 가질 수는 없습니다. 갖고 싶은 욕심이 있으나, 가질 수 없으면 여러 방법을 동원합니다. 그 욕심이 끝까지 가면 다른 사람을 죽이고서라도 원하는 것을 차지하려고 합니다. 그렇다고 원하는 모든 것을 다 가질 수는 없습니다. 욕심을 내어도 얻지 못하는 현실이 세상이라는 말입니다.

세상이 타락하지 않았을 때는 하나님이 “(금하신 나무의 열매 외에는) 동산에 있는 모든 나무의 실과를 다 먹으라”(창 2:16 참조)고 말씀했습니다. 그러니까 세상 사람들이 계속해서 그것을 먹는다고 해도 문제가 발생하지 않았습니다. 하나님 나라의 극치 상태에서도 그럴 것입니다. 그러나 타락한 세상에서는 재화가 한정되어 있습니다. 따라서 타락한 이 세상에서는 기본적으로 아무리 욕심을 내어도 다 얻지 못하는 게 현실입니다. 이것은 하나님을 안 믿는 사람들도 인정하는 현실입니다. 욕심을 내어도 다 얻지 못합니다.

옛날 에피쿠로스(Epicuros)학파 사람들은 나름대로 현명한 생각을 했습니다. 행복이란 무엇입니까? 그들은 내가 원하는 것만큼 얻을 때 행복한 것이라고 했습니다. 만일 두 개를 원했는데 네 개를 얻었다면 더 많이 행복한 것입니다. 이것이 세상 사람들의 생각입니다. 행복이라는 것이 어떻게 형성되느냐 하면 원하는 것과 성취한 것을 비교하면 측정할 수 있다고 한 것입니다. 그런데 세상을 살아보니 얻을 수 있는 것은 한정되어 있다는 것을 발견합니다. 그러니까 행복해지는 방법은 딱 두 가지가 됩니다. 원하는 것보다 많이 성취하면 행복한 것입니다. 이것이 안 되니까 현실적으로 원하는 것을 줄이라고 합니다. 원하는 것을 줄이면 조금만 원했는데 실제로는 많이 이루어졌으니 행복한 것이라고 합니다. 이 말을 처음으로 한 사람들은 에피쿠로스학파 사람들이지만, 그 사람들만 이렇게 생각한 것은 아닙니다. 불교에서도 비슷하게 말합니다. 아무리 살아봐도 세상에서 행복해질 수 있는 길은 제한된 것을 성취하기 위해 사는 것이 아니라 원하는 것을 줄이는 것, 욕망을 줄이면 더 행복해진다고 하는 것입니다. 그럴듯합니다. '욕심을 다 버려라, 그러면 행복하다'라는 것이 인간의 생각입니다. 그러나 그 배후에 욕심은 그냥 있습니다. 줄이기는 하지만, 행복해져야겠다는 마음은 계속 그대로 있습니다. 그 자체가 없어지는 것은 아닙니다. 욕심을 줄이면 남들을 해하는 것이 좀 덜하기는 하겠지만, 욕망의 원인이 되는 욕심은 그대로 있기에 세상은 항상 이 원리가 지배하게 됩니다.

본문 2절 중간을 보면 "시기하여도 능히 취하지 못하므로"라고 말씀합니다. 똑같은 원리로 뒷부분을 보면 "그러므로" "너희가 다투고 싸우는도다"라고 말씀합니다. 물론 본문에 '그러므로'라는 말은 없습니다. 그러나 그런 의미가 있습니다. 나도 어떤 사람처럼 잘되고 싶은데 사람마다 능력의 한계가 있으니까 다 얻을 수는 없습니다. 그러니까 결국 다투고 싸우는 것입니다. 저 사람이 못 되도록 만들어야 위로 올라설 수 있습니다. 세상의 현실이라는 것이 그렇게 되어 있습니다. 예수 그리스도가 없으면 세상은 다 그렇게 돌아가게 되어 있습니다.

세상은 "만인에 대한 만인의 투쟁"(*homo homini lupus*)으로 나타납니다. 서로가 먹고 먹히며 남들보다 뛰어나야 한다는 생각이 이렇게 복잡한 세상을 만드는 것입니다. 예수님을 믿는 사람도 엉터리로 믿으면, 자기들의 방식대로 같은 것을 행합니다. 하나님께 구하면서 세상 사람들이 가지고 있지 못한 굉장한 자원을 가졌기 때문에 우리는 그것을 이룰 수 있다고 생각하고 말합니다. 이것이 엉터리 그리스도인의 모습입니다. 근원으로 따지면 세상 사람들과 똑같이 행하는 것이기 때문입니다. 그러므로 이런 이상한 그리스도인들은 어떤 의미에서 에피쿠로스학파보다도 못합니다. 불교도보다도 못하게 자기 욕망을 그대로 가지고 있습니다. 다만 방법을 달리할 뿐입니다. 자기의 욕망을 전능하신 하나님께 구하고, 전능하신 하나님으로부터 모든 것을 얻을 수 있다고 합니다. 하나님께 기도하면 주께서 들어주신다는 것을 믿습니다. 물론 그

면에서는 옳습니다. 그러나 근본적으로 이 사람들도 세상과 똑같은 태도로 사는 것이고, 그것이 가장 큰 문제입니다.

## 인간의 근원적 문제의 하나

본문이 말하는 기도에 관한 가장 기본적인 개념을 생각해 보겠습니다. 2절 뒷부분과 3절이 관련되어 있습니다. 먼저 2절 뒷부분은 "너희가 얻지 못함은 구하지 아니하기 때문이요"라고 말씀합니다. 그런데 '저는 구하는 데요'라고 말하는 사람이 있을 것입니다. 이에 대해서 본문은 "구하여도 받지 못함은 정욕으로 쓰려고 잘못 구하기 때문이라"고 말씀하고 있습니다. 앞에서 언급했던 그리스도인이 왜 엉터리입니까? 그는 바로 야고보서 4장 3절이 말하는 그 사람이기 때문입니다. 구하기는 합니다. 하나님께 구하여 하나님으로부터 무엇을 얻겠다는 마음을 가지고 있습니다. 그러나 3절에 비추어보면 이 사람은 어떤 사람입니까? 정욕으로 쓰려고 잘못 구하는 사람입니다. 그렇게 하면 열심히 구해도 안 들어주시겠다고 성경은 분명히 말씀하고 있습니다. 그러므로 근본적으로는 정욕으로 쓰려는 마음이 없어져야 합니다. 그것이 세상에서 사람들의 다툼을 일으키는 근원입니다. 그런데 믿는다는 우리가 정욕으로 쓰려는 마음으로 기독교적인 방식을 사용하면 되겠습니까? 그렇게 되면 우리도 잘못된 종교의 특성을 가지게 됩니다. 이 말도 안 되는 현실에 하나님을 제대로 믿는다는 우리가 동참하면 안 될 것입니다.

이런 것은 사람들이 무엇을 간절히 원하는 시점에 잘 드러납니다. 대표적인 예가 대학 시험을 치르는 때일 것입니다. 대구 근처 팔봉산에 가면 여러 절이 있는데, 거기에서 '수능기원 100일 기도'라는 글귀를 쉽게 봅니다. 예배당에도 모여서 수능을 위한 100일 기도를 합니다. 분명히 형태는 다릅니다. 그런데 속마음은 똑같습니다. 정욕으로 쓰려고 자신이 원하는 바를 구하는 것입니다. 우리가 그렇게 하면 우리는 기독교의 목적, 즉 예수님께서 세상에 온 목적을 없애는 것입니다. 교회 밖의 사람들이 그렇게 하는 것을 어떻게 하겠습니까? 적어도 교회와 관련된 사람은 "우리가 왜 사는가?" 하는 삶의 이유를 분명히 해야 합니다. 기독교의 이름을 이용해서, 기도라는 방법을 사용해서 내 목적을 달성하겠다고 한다면 우리는 진짜 기독교인이 아닐 수도 있습니다. 지금까지 그렇게 했는데 그러면 나는 기독교인이 아닙니까? 하는 생각이 든다면 이제부터라도 성경이 가르치는 대로 제대로 하면, 과거에 엉터리로 한 것까지 다 수납될 수 있습니다. 그것이 주님의 뜻대로 가는 과정의 한 부분으로 받아들여질 수 있습니다. 물론 "매우 창피한 우리들의 모습"이지만 말입니다.

그러나 만일 지금까지 나는 그렇게 살아왔고, 주변을 보니 예수님을 믿는 사람들도 다 그런 식으로 살고 있는데 "그것이 기독교인이 아니라면 누가 기독교인입니까? 나는 계속해서 이렇게 살겠습니다"라고 하면서 끝까지 버틴다면, 정말 무서운 말이지만 '나는 예수님을 안 믿는 것일 뿐만 아니라, 예수님께서 세상에 오신 진정한 목적, 진정한 기독교가 세상에 있는 목적을 파괴하는 사람'이 되는 것입니다. 참으로 무시무시한 일입니다. 그러므로 우리 마음속에 나를 위하는 정욕이 있어서는 안 됩니다.

## 바른 소욕과 잘못된 소욕

오해하면 안 됩니다. 우리 안에 "원하는 바"가 있습니다. "원하는 바"라는 말이 '에피뚜미아'(ἐπιθυμία)라는 말인데, 예수님을 믿는 사람은 그 욕망의 방향이 달라지는 것입니다. 대개 세상 사람들은 자기가 주장하는 것, 또는 자기를 보존하는 것을 욕망합니다. 그러니까 세상에서 사람들이 하는 것이 다 자기 보존, 또는 자기 발전이라고 하는 것입니다. 어떤 사람이 어떤 사람을 만나서 사랑을 느꼈습니다. "당신 아니면 못 살겠다"라고 하면서 함께 삽니다. 그것은 인류라고 하는 자기와 비슷한 존재를 세상에 보존하고자 하는 목적을 이루는 도구가 될 뿐입니다. 그런데 이것은 진짜가 아닙니다. 그렇게 볼 수 없습니다.

기독교적 관점의 중요성이 여기에 있습니다. 세상 사람들이 대개 다 그렇게 삽니다. 자기의 보존을 위해서 살아갑니다.

## 우리는 무엇을 위해 사는가?

예수님은 오셔서 사람들이 자기가 원하는 것을 열망하는 것이 아니라, 하나님께서 세상에 사람을 창조하신 본래 목적을 열망하도록 사람을 바꾸는 일을 시작하셨습니다. 십자가 사건과 성령님을 보내주시는 일로 우리 안에서 시작하신 것입니다. 여기 기독교회의 의미가 있습니다. 하나님이 사람을 왜 만드셨는지, 무엇을 추구하게 하셨는지 하는 것을 알게 하고, 세상과 정 반대 방향으로 살아가게 합니다. 그래서 우리에게 "그의 나라와 그의 의를 구하라"(마 6:33)라고 말씀합니다. 우리는 참으로 그래야 합니다.

세상 사람들은 다 자기를 위해서 살아가는데 우리는 세상적인 관심보다는 하나님의 나라를 위해서 살아야 합니다. 하나님의 나라를 세상에 드러내는 교회를 위해서 살아가야 합니다. 그 나라를 잘 드러내는 교회의 지체로 살아가야 합니다. 그러면 자기만을 추구하는 경쟁적인 세상에서 우리는 다 도태되고 죽게 될 것입니다. 세상은 그렇게 살면 죽게 되어 있습니다. 하나님의 뜻에 합당한 모습으로 사는 것이 쉽지 않습니다. 자기를 위해서 애쓰며 사는 데도 그것을 다 이루지 못하는데, 그것과 다른 목적과 목표를 가진 사람들이 등장하는 것입니다. 그런데 신기하게도 그렇게 사는 데도 진짜 안 죽는 현실을 우리가 경험합니다. 투쟁하는 마음 없이, 다들 그렇게 사는 다른 사람들의 방식에 신경 쓰지 않고 하나님의 나라를 위해서 사는데도 주께서 보호하시는 현실을 경험합니다.

주님의 교회를 위해서 산다는 말을 오해하면 안 됩니다. 교회를 위해서 산다는 것이 다른 일은 안 하고 주로 예배당에 와서 산다는 말이 아닙니다. 옛날 교회는 그렇게 가르친 일도 있었습니다. 사람들이 맨날 예배당에 오도록 합니다. 직장에 갔다가도 예배당에 오고, 학교에 갔다가도 예배당으로 옵니다. 그러면 무엇인가가 되어지는 것 같습니다. 그러나 주께서 원하시는 것은 그것이 아닙니다. 교회를 위해서 산다는 것은 지금 여기에서 말하는 것처럼 내 삶을 정말 하나님을 위해서 사는 것, 하나님의 뜻을 구현하는 삶을 사는 모습을 가정에서 직장에서 제대로 드러내며 사는 것입니다. 우리는 성경이 가르치는 하나님의 뜻이 온 세상에 드러나도록 하는 존재입니다. 심지어 우리 안에서라도 하나님의 뜻이 아닌 것은 배제되어야 합니다.

## 기도하는 사람

우리는 어떤 사람이 되어야 합니까? 2절 뒷부분을 보면 우리는 하나님께 구하면서 사는 사람들입니다. "너희가 얻지 못함은 구하지 아니하기 때문이요"라고 말씀합니다. 예수님을 진짜로 믿는 사람은 항상 하나님께 기도하는 사람입니다. 기도한다고 하는 것은 무엇을 말하는 것입니까? 스스로 독립적으로 살 수 없음을 인정하는 것입니다. 진짜 기도는 내 존재 자체를 하나님께 의탁하는 것입니다. 삶의 모든 문제를 하나님과 의논하는 것입니다. 그러니까 예수님을 진짜로 믿게 되면 하나님께 기도하는 것이 점점 많아진다는 말이 옳습니다. 그런 사람은 '너무 바빠서 기도합니다'라고 표현합니다. 대개 사람들은 너무 바빠서 기도할 시간이 없다고 합니다. 바쁘다는 것은 할 일이 많다는 말입니다. 할 일이 많다는 것은 하나님과 의논할 것이 많은 것입니다. 하나님과 말할 것이 많은 것입니다. 그러므로 우리는 너무 바빠서 기도해야 합니다. 예수님을 믿는 것은 기도하는 것이고 하나님을 의존하는 것입니다.

의존하는 것은 무엇입니까? 강대상이 크고 힘이 있으면 설교자가 힘이 없을 때 편안하게 기대서 설교할 수 있습니다. 몸을 기대면 이것이 든든히 버텨줍니다. 그런데 그런 큰 강대상보다 훨씬 더 의지할만한 분이 우리 하나님이십니다. 우리가 예수님을 믿는 삶을 산다는 것은 그 삼위일체 하나님, 성부 성자 성령님을 의존하며 사는 것입니다. 그것이 예수님을 믿는 것입니다.

## 기도의 형성적 능력

진짜로 기도하는 사람은 어떻게 되겠습니까? 처음에는 주님의 뜻을 모르고 방황했다고 할지라도 그 과정을 통해서 점점 주님의 뜻을 향해서 나아가는 사람이 됩니다. 기도가 우리를 만들어갑니다. 하나님의 백성다움을 만들어 가는 것입니다. 진짜 예수님을 믿는 사람은 기도할 수밖에 없는 사람입니다. 기도하는 사람은 점점 주님의 뜻을 알고, 그 뜻을 자신의 삶에서 구현해 나가는 모습을 나타내게 됩니다. 내가 원하는 것의 성취가 우리 삶의 목표가 아닙니다. "어떻게 하면 나의 의식 가운데, 나의 꿈 가운데, 나의 모든 것 가운데 하나님의 뜻이 성취되는가?" 하는 것만이 중요합니다. 이런 사람이 예수님을 믿는 사람으로 사는 것입니다. 이것은 우리가 노력해서 되는 문제가 아닙니다. 정말 그분에게 우리의 모든 것을 맡겨야 합니다. 성령님께 모든 것을 맡겨야 합니다. 그러니까 우리는 기도하면서 살 수밖에 없습니다. 이것이 예수님을 믿는 사람의 큰 특징입니다. 모든 것을 기도합니다. 주님의 뜻을 잘 알아가기 위해서 모든 것을 행합니다. 그리고 기도하는 사람은 자기의 욕망을 이루기 위해서 무슨 일을 하지 않습니다.

말씀에 비추어 우리의 모습을 봐야 합니다. 우리는 지금까지 기도를 많이 했습니다. 그중에 상당 부분은 하나님 편에서 보았을 때 정욕으로 쓰려고 잘못 구하는 것이 있을 수 있습니다. 그랬을 때 진짜 기도하는 사람이면 어떻게 되겠습니까? 기도하는 중에 점점 정욕으로 쓸 마음이 없어지게 됩니다. 당장은 어떤 목적으로 기도를 시작할 수 있습니다. 그렇게라도 기도해야 합니다. 그러나 진짜 기도하는 사람이라면 내 생각이 결국 온전히 주의 나라와 그의 의를 위해서 나아가야 합니다. 하나님 나라와 그의 의를 실현하기 위해서 우리의 모든 것을 드리게 되는 것입니다. 물론 이것이 하루아침에 이루어지지는 않습니다. 어떤 사람이 예수님을 처음 믿을 때부터 "여태까지 나를 위해서 살았습니다, 그러나 이제는 나에게 관심이 없고 전적으로 하나님의 나라와 영광을 위해서 살겠습니다"라고 고백하며 온전히 돌이키겠습니까? 그런 일이 쉽지 않습니다. 그러나 참으로 믿게 되면 결국은 그런 모습이 나타나게 됩니다.

## 나가면서: 야고보와 우리의 안타까운 마음

이 본문을 썼을 때 야고보는 안타까운 마음으로 썼을 것입니다. 야고보가 어떤 교회를 봤을 때 이런 말을 하게 됩니다. "너희 중에 싸움이 어디로부터 다툼이 어디로부터 나느냐?"라고 말씀합니다. 그 교회 안에 싸움과 다툼이 있기 때문입니다. 그러므로 말합니다. "너희 지체 중에서 싸우는 정욕으로부터 나는 것이 아니냐? 너희 가운데 정욕이 있지 아니하냐? 너희가 욕심을 내어도 얻지 못하기 때문에 살인하는구나. 너희가 이 세상 사람처럼 똑같이 구는구나. 너희가 시기하여도 능히 얻지 못하기 때문에 너희가 다투고 싸우는구나"라고 말입니다. 이것은 우리가 세상에서 기독교회로 있지 않은 것임을 보여주는 것입니다. 얼마나 무서운 말씀입니까?

우리는 하나님 앞에서 솔직하게 시인해야 합니다. "주님, 우리는 엉터리입니다"라고 말입니다. 설교를 듣고, 하나님의 말씀을 들으면서 우리는 언제나 그렇게 인정해야 합니다. 그러나 우리가 엉터리여도 희망이 없지 않은 것은 하나님께서 이 말씀을 우리에게 주시기 때문입니다. 주께서 말씀을 주신 이유는 우리를 버리기 위해서가 아니라 진정한 하나님의 백성으로 만들기 위한 것입니다. 우리는 이 말씀 앞에서 정말 우리의 문제를 살피고, 말씀을 지향하는 사람이 되어야 합니다. 그런 사람을 "자유롭게 하는 온전한 율법을 들여다보고 있는 자"(약 1:25)라고 표현했습니다. 다른 말로 "성경의 사람"이라고 합니다. 한국 기독교는 그렇게 시작했습니다. 우리는 성경의 사람입니다. 선교사님들이 오기 전부터 성경을 읽었습니다. 선교사님들이 이 땅에 들어오기 전부터 만주와 일본에서 성경을 번역하여 들여오기 시작했습니다. 그래서 성경을 더 잘 알아야겠으니 선교사를 보내 달라고 해서 선교사님들이 오기 시작한 것입니다. 이렇게 성경을 너무 사랑했었습니다. 그래서 선교사님들이 우리를 생각할 때 이 사람들은 "성경을 사랑하는 사람들"(Bible lovers)이라고 선교 편지에서 표현하기도 했습니다.

성경을 보는 사람은 어떤 사람입니까? 하나님은 우리에게 이렇게 말씀하셨습니다. "듣고 잊어버리는 자가 아니요 실천하는 자니, 이 사람은 그 행하는 일에 복을 받으리라"(약 1:25)고 말입니다. 부디 바라기는 우리는 성경이 말하는 예수님을 믿는 사람의 모습을 세상에서 구현하고, 그런 사람들로 이루어진 교회를 세상 가운데 드러내는 책무를 잘 감당할 수 있기를 바랍니다.

21 강 야고보서 4장 4-6절

# 세상과 벗 됨 vs. 하나님과 벗 됨

"간음한 여인들아! 세상과 벗된 것이 하나님과 원수 됨을 알지 못하느냐. 그런즉 누구든지 세상과 벗이 되고자 하는 자는 스스로 하나님과 원수 되는 것이니라. 너희는 하나님이 우리 속에 거하게 하신 성령이 시기하기까지 사모한다 하신 말씀을 헛된 줄로 생각하느냐. 그러나 더욱 큰 은혜를 주시나니 그러므로 일렀으되, 하나님이 교만한 자를 물리치시고 겸손한 자에게 은혜를 주신다 하였느니라"(약 4:4-6).

우리는 앞에서 구속받은 사람으로 사는 삶의 원리가 어떤 것인가를 생각했습니다. 하나님에게 속한 사람들은 하나님만을 의존해서 살아나간다고 했습니다. 세상에서 다른 것 때문에 분노가 일어날 수가 없다고 했습니다. 하나님만을 의존하니 말입니다. 그런데 현실은 그렇지 않은 경우가 많습니다. 그것을 야고보가 잘 압니다. 안타까운 마음에 심하게 말하기도 합니다. 전형적으로 그렇게 말하는 부분이 본문 말씀입니다.

## 간음한 여인들아!

야고보서 4장 4절은 "간음한 여인들아"(μοιχαλίδες)라고 말씀합니다. 이 말은 문자적으로 표현된 간음한 사람만을 말하는 것이 아닙니다. 다른 사람의 배우자와 실제로 간음하거나 또는 마음속에서 간음하는 사람만을 말하는 것이 아니라 영적으로 간음한 것을 말하는 것입니다. 이것은 4절에서 6절 전체를 보면 잘 드러나 있습니다. 물론 외적으로 간음하는 것도 문제입니다. 그런데 그것만이 아니라 하나님의 뜻대로 온전히 행하지 않는 모든 사람이 여기 해당하는 것입니다.

표현은 과거 이스라엘 백성이 하나님의 백성으로 산다고 하면서 하나님의 뜻대로 살지 않을 때 이사야가 "너희 소돔의 관원들아 여호와의 말씀을 들을지어다. 너희 고모라의 백성아 우리 하나님의 법에 귀를 기울일지어다"(사 1:10)라고 했던 것과 비슷한 말입니다. 이스라엘 백성들에게 "너희 소돔의 관원들아, 고모라의 백성들아!"라고 할 때는 그들이 소돔과 고모라의 사람이라는 말이 아니라, 너희가 왜 소돔과 고모라의 백성들처럼 행하느냐고 야단치는 것입니다. 이것을 은유라고 합니다. 예수님도 헤롯에게 "저 여우에게 이르되"(눅 13:32)라고 하신 일이 있습니다. 헤롯이 여우가 아니라는 것은 모두가 아는 사실입니다. 마찬가지로 이스라엘 백성들은 소돔과 고모라 사람이 아닙니다. 그런데 그들에게 "소돔과 고모라의 백성들아!"라고 하면서 강하게 비판했던 것입니다.

여기 "간음한 여인들아!"라고 하는 것도 신약 시대에 사는 하나님의 백성이 하나님의 백성답지 않게 생각하고 살아가는 것을 은유적으로 비판하는 말입니다. 구약 시대에 이스라엘 백성들을 하나님은 마치 신부인 것처럼 표현하기도 했습니다. 어떤 때는 이스라엘 백성들을 향해 자녀들이라고 표현하기도 합니다. 어떻게 한 존재가 신부이기도 하고 자녀이기도 합니까? 이것이 다 은유입니다.

하나님은 이스라엘 백성들에게 자신이 남편이라고 말씀하시면서 하나님 앞에 신실하지 않을 때 선지자들을 통해서 "너희가 간음하였느니라 … 음부를 향해서 나아가느니라"와 같은 표현을 사용해서 그들의 죄악이 크다는 것을 지적했습니다. 이스라엘 백성들이 하나님의 백성답지 않을 때 늘 쓰던 말입니다. 이러한 개념을 가져와서 신약의 구속함 받은 사람들이 제대로 하지 않을 때 주께서는 야고보서를 통해서 "간음한 여인들아!"라고 하며 비판하시는 것입니다. 여기서 신약의 구속함 받은 사람들은 일차적으로는 야고보가 편지하고 있는 사람들이고, 확장하면 우리를 포함하여 예수님이 다시 오시실 때까지 이 땅에 사는 모든 성도가 여기에 포함됩니다.

## 세상과 벗 됨 = 하나님과 원수 됨

왜 이렇게 혹독한 말을 합니까? 이런 표현은 너무나 강한 말이어서 실제로 그런 상황에 있는 사람들, 자기가 진짜 그런 죄를 지었어도 강한 말을 들으면 화를 냅니다. 어떻게 하나님의 백성에게 "간음한 여인들아"라고 하는 것입니까? 왜 그렇게 말합니까? "세상과 벗된 것이 하나님과 원수 됨을 알지 못하느냐"라는 말씀이 큰 원리입니다. 여기 두 가지가 대조되는데 벗 됨과 원수 됨입니다. 하나님과 대조되는 것은 타락한 세상입니다. 이때 세상이라는 말은 하나님이 창조하신 세상이라는 뜻이 아닙니다. 왜냐하면 하나님이 창조하신 세상이라는 의미에서 하나님을 사랑하는 사람은 늘 하나님이 창조하신 세상을 즐기게 되어 있습니다. 그런데 여기에서 말하는 세상은 하나님을 대적하여 하나님을 반항하는 세상입니다. 한마디로 말하면 타락한 세상입니다. 우리가 다 타락한 세상 속에 있습니다. 이 세상은 하나님이 창조하셨고, 하나님의 뜻을 이루어야 하는 것이 정상인데 타락한 세상은 비정상적인 세상입니다. 타락한 세상에서는 타락한 사람으로 행하는 것이 정상입니다. 그렇기에 하나님의 뜻은 타락한 세상과는 전혀 어울리지 않는 듯이 나타납니다. 이런 것을 윤리적인 이원론(ethical dualism)이라고 합니다. 기본적으로 기독교는 형이상학적 이원론(mataphysical dualism)을 배격합니다. 세상에 선의 원리가 있고, 악의 원리가 있어 서로 영원히 대립한다는 형태의 이원론은 기독교가 배격합니다. 이 세상 전체는 하나님이 창조하신 세상이기 때문입니다. 영혼과 물질, 이 모든 것은 하나님이 창조하신 세상입니다. 이것이 기독교적인 관점입니다. 여기에 충실하게 되면 윤리적인 이원론이 나타납니다.

우리가 예배하는 것은 하나님께 속한 것이고, 집에 가서 생활하는 것은 하나님에게서 멀리 떠난 것이라고 여기는 것은 일종의 형이상학적인 이원론을 도입하는 것입니다. 우리는 그럴 수 없습니다. 온 세상이 하나입니다. 늘 하나님 안에 있습니다. 그것이 정상인 것입니다. 그러니까 나의 삶 가운데 무엇이든지, 어느 상황에서든지 하나님과 상관없이 있을 때 그것이 비정상적인 것입니다. 세상 사람들이 다 그렇게 살아도 그것은 비정상적인 것입니다. 그러면 정상적인 것은 어떤 것입니까? 하나님과 연관한 삶을 사는 것입니다. 그래서 참된 하나님의 백성은 모든 상황에서 하나님과 제대로 연관된 것만을 추구하게 됩니다. 그러다 보니 이것과 반대되는 것과는 대립할 수밖에 없는데, 그것을 우리는 '윤리적 이원론'이라고 말해 보기로 하겠습니다. 우리는 하나님 편에 있고 세상 편에 있지 않다는 것입니다. 그러니까 세상과 친구인 사람은 하나님과 원수 관계에 있는 것입니다. 이 둘이 대립적이라는 것은 아주 명확합니다.

하나님을 믿는 사람은 세상과 친구도 아니고, 원수도 아닌 상태로 그냥 세상에 있을 수는 없습니까? 하나님께서 그것은 안 된다고 하십니다. 4절의 앞부분은 "세상과 벗된 것이 하나님과 원수 됨을 알지 못하느냐"라고 말씀합니다. 하나님과 원수 된 세상을 세상 사람들은 좋게 봅니다. 타락한 세상 속에서 하나님과 상관없으면 대개 어떻게 됩니까? 세상에서 출세하고 부를 누려야 한다는 것이 사람들이 흔히 생각하는 방식입니다. 출세는 안 해도 최소한 남들만큼은 살아야 합니다. 그것이 세상 사람들의 생각입니다. 세상에서 남들보다 뛰어나게 되는 것이 목표든지 아니면 내가 원하는 대로 잘 살기를 원합니다. 그런데 성경은 그것을 세상과 친구 되는 것이라 합니다.

### 추구하는 것으로 말미암아 드러나는 가짜 그리스도인

예수님을 믿는 사람이 정신을 못 차리면 예수님을 믿는다고 하면서도 세상과 벗 된 것을 이루려고 합니다. 세상과 벗 되는 것이 무엇입니까? 출세하든지 세상에서 잘되는 것, 남들만큼 사는 것입니다. 그것이 목표입니다. 하나님을 이용해서 그것을 이루려고 합니다. 그런데 하나님이 성경을 통해 원칙적으로 말씀하시는 것은 그것이 하나님과 원수 되는 것이라 합니다. 그러니까 우리가 성경을 따라 생각하지 않으면 신앙이 있다고 하면서도 하나님과 원수 될 수도 있다는 것입니다. 물론 자기는 원수라고 생각하지 않습니다. 여기에 아주 심각한 문제가 있습니다. 많은 사람이 이런 착각에 빠져 삽니다. 소위 신앙이 있으면서 하나님과 원수가 되는 잘못된 신앙입니다.

그래서 4절 뒷부분은 조금 더 강하게 "누구든지 세상과 벗이 되고자 하는 자는"이라고 말씀합니다. 이 사람은 세상과 벗 되고자 하는 열망이 있습니다. 그 사람은 스스로 하나님과 원수 되는 것입니다. 예수님을 믿는 우리가 하나님과 원수 되어서 살 수는 없습니다. 적어도 예수님을 믿는 사람들, 하나님을 섬긴다는 사람들에게 있어서 하나님과 원수라는 것은 있을 수 없는 일입니다. 누군가 "하나님과 원수가 되어도 별문제 없어"라는 마음을 가지고 있다면, 정말로 예수님을 믿는지 심각하게 생각해 보아야 합니다. 만일 삶 가운데 아주 힘겨운 일이 일어나는 것과(상황 A) 하나님과 원수 되는 일이 발생하는 것(상황 B) 중에 어느 것을 피하고 싶습니까? 하고 묻는다면, 상당히 많은 사람이 "하나님과 원수 되는 것은 어떤 것인지 잘 모르니, 힘겨운 일만 안 일어나면 되지 않을까?"하고 생각할 것입니다. 그래서 신앙의 이름으로 세상에서 힘겨운 일이 없어지기를 원합니다. "하나님과 원수 된다"라는 것은 크게 개의치 않습니다. 그런데 이것이 바로 안 믿는 사람들의 생각입니다. 그 사람들은 하나님과 원수 되는 것을 신경 쓰지 않습니다. 물론 하나님과 원수라는 말을 들으면 기분이 나쁠 수도 있습니다. 그러나 별로 신경을 안 씁니다. 예수님을 믿는다는 사람 중에도 하나님과 원수 되는 것이라는 말을 크게 신경 쓰지 않는 사람도 있습니다.

## 세상이나 세상에 있는 것들을 사랑하지 말아라!

본문에 의하면, 세상과 친구가 되고, 친구 되려고 하는 것은 하나님과 원수가 되는 것입니다. 세상과 친구 되는 것이 무엇입니까? 세상에서 내가 드러나게 만드는 것입니다. 호랑이는 죽어서 가죽을 남기고 사람은 이름을 남긴다는 속담처럼 말입니다. 요한일서 2장은 "이 세상이나 세상에 있는 것들을 사랑하지 말라. 누구든지 세상을 사랑하면 아버지의 사랑이 그 안에 있지 아니하니 이는 세상에 있는 모든 것이 육신의 정욕과 안목의 정욕과 이생의 자랑이니, 다 아버지께로부터 온 것이 아니요 세상으로부터 온 것이라"(요일 2:15-16)라고 말씀합니다. 누구든지 세상을 사랑하면 타락한 인간성이 원하는 것, "안목의 정욕", 즉 눈이 원하는 아름다움을 추구합니다. 그리고 "이생의 자랑", 즉 남들 앞에 자신을 잘 드러내려고 합니다. 세상 사람들이 원하는 것이 대개 그런 것입니다. 잘못하면 예수님을 믿는 사람도 거기에 빠져들어 갈 수 있습니다. 예수님을 잘 믿는 것으로 보이는 분들의 이야기를 가만히 들어보면 여러 가지를 자랑합니다. "자녀가 승진하고, 손자가 좋은 학교에 가고" 하는 내용을 자랑합니다. 그것은 다 자신이 기도를 많이 해서 그렇게 되었다는 것입니다. 기도를 많이 해서 넓고 좋은 집에 살고, 많은 재산을 모았다고 하는 것입니다. 그리고 거기에 하나를 덧붙입니다. 죽은 다음에 좋은 데 간다는 것입니다. 이러한 것이 목표가 된 것입니다. 타락한 신앙입니다. 예수님을 믿어서 세상에서 잘되고 죽어서도 잘되는 것을 추구하는 것, 이것이 타락한 신앙의 전형적인 경우입니다.

본문은 그렇게 하는 것은 하나님과 원수 되는 것이라 말씀합니다. 이것은 아주 무서운 것입니다. 신앙의 이름으로 하나님과 원수가 될 수 있기 때문입니다. 이런 말씀 앞에서 우리는 정말 심각하게 생각해 보아야 할 것입니다. 우리는 신앙의 이름으로 하나님과 원수 되는 것이 문제인데, 어떤 경우에는 자신을 돌아보는 것조차도 하려고 하지 않습니다. 신앙 자체에 관심이 없기에 신앙이 있다고 하면서 아무것도 하지 않으려고 합니다. 그러면 우리는 이중으로 문제가 됩니다. 무엇인가를 하려고 하지 않는 사람과 신앙의 이름으로 열심히 한다고 하지만, 하나님과 원수가 되는 사람들 모두 말입니다. 이것이 둘 다 문제입니다.

본문은 우리가 어떻게 되기를 바라는 것입니까? "너희는 세상과 친구가 되지 말아라"라고 말하고 끝나는 것이 아니라, 하나님과 친구가 되라는 것입니다. 우리는 하나님과 원수가 아니라, 본문이 사용하는 용어를 사용해서 표현한다면 하나님과 친구가 되어야 합니다. 구약에서 아브라함을 "하나님의 벗이다, 친구다"(대하 20:7; 사 41:8 참조)라고 표현했습니다. 그 말씀을 들으면서 "그것은 아브라함 같은 사람에게만 해당하는 것이고, 우리는 그렇게 높은 범주에 속하지 못해요"라고 하면서 아예 포기해 버립니다. 그것은 벌써 세상과 친구가 되려고 하는 것일 수도 있습니다. 그러니까 "하나님과 가까워지기 원하는가? 그렇지 않은가?", "하나님과 친구가 되려고 하는가? 그렇지 않은가?" 하는 것이 우리에게 중요하게 생각되어야 합니다.

## 야고보서 4장 5절 말씀 해석

이것은 아주 중요한 문제이기 때문에 야고보는 좀 더 강한 말을 합니다. "너희는 하나님이 우리 속에 거하게 하신 성령이 시기하기까지 사모한다 하신 말씀을 헛된 줄로 생각하느냐"(약 4:5)라고 말씀합니다. 이 말의 앞부분은 어렵습니다. 우선 "말씀을 헛된 줄로 생각하느냐?"라는 질문은 아주 분명합니다. 어떻게 하는 것이 말씀을 헛된 것으로 생각하는 사람이라고 하셨습니까? 세상과 친구로 있으면서도 나는 하나님과 같이 있는 사람이라고 생각하는 것이 말씀을 헛된 것으로 생각하는 사람입니다. 내 생각이 앞서는 것입니다. "이렇게 한다고 설마 하나님과 원수가 되겠어?", "하나님 믿어요. 늘 기도하고 예배도 드리는데 어떻게 하나님과 원수입니까?"라고 하면서 자기 길로 가는 것입니다.

성경은 무엇이라고 합니까? 네가 세상을 향해 끊임없는 열망을 가진 한(限) 너는 하나님과 원수가 된 것이라고 합니다. 예수님은 "너희가 하나님과 재물을 겸하여 섬기지 못하느니라"(마 6:24)라고 말씀합니다. 내 마음이 재물에 있고, 나의 행복에 있는 한(限) 아무리 하나님을 찾아도 그것은 사실 재물을 찾는 것이고, 너의 행복을 찾는 것이지 진짜 하나님을 추구하는 것은 아니라는 것입니다. 하나님의 뜻에서 멀어지며, 말씀을 헛되게 만드는 것이라는 말입니다.

그러면 도대체 어떤 말씀을 헛된 것이라 여긴다는 것입니까? 야고보서에서 가장 어려운 구절 중 하나가 4장 5절입니다. 우선 쉽게 우리 말 성경에 있는 대로 살펴보겠습니다. "하나님이 우리 속에 거하게 하신 성령이 시기하기까지 사모한다"라고 말씀합니다. 그러면 어떻게 됩니까? 하나님이 사모한다는 것입니다. 누구를 사모하시느냐면 우리를 사모한다는 것입니다. 어느 정도까지 사모합니까? 우리 속에 거하게 하신 성령님이 시기하기까지 사모하신다는 것입니다. 우리를 말입니다. 하나님의 백성된 우리를 하나님이 애지중지하신다는 것입니다. 심지어 우리 안에 거하게 하신 성령님이 시기할 정도로 사모한다는 것입니다. 하나님이 그렇게 나를 사모하신다는 것이 사실이라면 어떤 결과가 나타나야 합니까? 하나님이 우리를 그렇게, 우리 안에 거하게 하신 성령님이 시기할 정도로 사모한다면 나도 하나님을 그만큼 사모해야 합니다. 하나님이 그렇게 사모하시는 이 사람이 하나님을 사모하지 않고 다른 것에 정신이 팔려 있다면 하나님은 뭐라고 말씀하시겠습니까? "네가 간음하는구나!"라고 말씀하시는 것입니다. 이것이 하나의 해석입니다. 그것도 괜찮은 해석입니다. 전체적인 맥락을 살펴볼 수 있기 때문입니다. 이런 말을 듣고서도 하나님만을 절대적으로 추구하는 마음이 안 생긴다면 우리는 심각한 문제를 안고 있는 것입니다. 이 말을 듣고도 "적당히 살면 됩니다, 적당히 믿으면 됩니다"라고 할 수 없을 것입니다. 그것은 안 되는 것입니다.

그런데 다른 해석도 있습니다. 우리 말 성경에는 우리 안에 있는 것이 성령님이라고 했습니다. 그런데 '프뉴마'(τὸ πνεῦμα)라는 말이기 때문에 이것이 성령님일 수도 있지만, 사람 안에 있는 영일 수도 있습니다. 우리 말 성경에서는 그냥 하나님의 영, 성령이라고 번역했습니다. 그런데 이것이 우리의 영일 수도 있습니다. 그렇다면 하나님은 우리 안에 있는 영이 시기하도록 한다는 말이 됩니다. 우리 안에 있는 영이 시기할 정도로 하나님이 우리를 사모하신다는 것입니다. 그래서 다른 것을 추구하는 것이 아니라 하나님만을 추구하도록 합니다. 여기서 핵심은 무엇입니까? 하나님이 질투하신다는 것입니다. 이런 표현의 가장 대표적인 말씀이 구약 성경 출애굽기 십계명에 있습니다. "네 하나님 여호와는 질투하는 하나님인즉"(출 20:5)이라 말씀했고, 34장에는 "너는 다른 신에게 절하지 말라 여호와는 질투라 이름하는 질투의 하나님임이니라"(출 34:14)라고 말씀했습니다. 그러니까 네가 만일 다른 신에게 절하면 하나님이 질투하시는데, 하나님의 질투의 불을 끌 수 없다는 것입니다. 하나님이 "질투의 하나님"이라고 말씀하십니다. 하나님은 시기하신다는 것입니다. 그러므로 우리가 다른 것을 추구하는 것을 하나님은 못 보신다는 것입니다. 구원을 받은 백성인 우리가 세상을 추구하며 살아갈 때 하나님은 질투하신다는 말입니다. 그러므로 우리는 질투하시는 하나님 앞에서 세상을 추구할 수 없게 됩니다. 야고보서가 우리에게 말해 주는 것이 그것입니다. 하나님은 질투하는 하나님이라는 것입니다.

그러면 우리는 세상에서 남들보다 뛰어나게 되는 것 자체를 추구하지 말라는 것입니까? 우리는 세상에서 패배자(loser)로 살아야 한다는 말입니까? 평소에 우리가 배웠던 바를 잘 생각해 보아야 합니다. 예수님을 믿는 사람은 세상에서 하나님을 위해서 열심히 살아야 합니다. 뭐든지 열심히 안 할 수 없습니다. 법에 어긋나는 것, 하나님의 뜻에 어긋나는 것이 아니면 우리는 열심히 해야만 합니다. 학생에게 주께서 요구하시는 것이 무엇입니까? 열심히 공부하는 것입니다. 열심을 내야 합니다. 직장에서 일하는 사람이면 주어진 일을 열심히 해야 합니다. 그래서 성경에는 심지어 "누구든지 일하기 싫어하거든 먹지도 말게 하라"(살후 3:10)라고 말씀합니다. 이 말씀의 뜻이 무엇입니까? 이 말씀을 듣고 "일하기 싫으니까 가서 굶어 죽을게요"라고 반응한다면 그 사람은 하나님께 저항하는 사람입니다. 그 말의 뜻을 알아들어야 합니다. 열심히 일하라는 것입니다. "하나님의 나라가 세상에서 잘 진행해 나가는데, 나의 삶을 어떻게 드릴 것인가? 어떻게 하면 세상에서 그 나라를 잘 드러낼 수 있도록 주의 교회가 맡은 책임을 다할 것인가?" 하는 것만을 신경 쓰면서 살아야 합니다. 그것을 잘 하려면 열심히 살아야 합니다. 주의 교회가 세상 가운데 잘 나타나려면 내가 열심히 살아야만 합니다.

그러니 이 사람은 세상에서 내가 편하게 살고, 잘되고, 남들처럼 사는 것에 관심이 없습니다. 이것이 분명해야 합니다. 우리가 자녀들을 야단칠 때도 주의해야 합니다. "왜 너는 남들처럼 못하느냐?"라고 하면 안 됩니다. 우리는 남들과 비슷해지기 위해서 사는 것이 아닙니다. 하나님이 원하시는 것이 무엇인지를 알고 하나님을 위해서 열심을 다 바치라고 해야 합니다. 그 결과가 어떻게 되는지는 우리의 관심사가 아닙니다. 그것은 부차적인 것입니다.

## 하나님만을 추구하는 사람들에게 주시는 더 큰 은혜

"그러나 더욱 큰 은혜를 주시나니"(약 4:6)라고 말씀합니다. 하나님은 질투하시는데 질투하시는 하나님은 제대로 해 나가는 사람에게는 은혜를 주신다고 합니다. "더욱 큰 은혜"라고 했으니 예수님을 믿는 우리는 이미 은혜를 받은 사람입니다. 이미 받은 사람에게 하나님은 더 큰 은혜를 주신다는 말입니다. 사실 이것은 구약 성경 잠언 3장 34절 "진실로 그는 거만한 자를 비웃으시며 겸손한 자에게 은혜를 베푸시나니"라는 말씀을 인용한 것입니다. 여기서 이 사람이 겸손하다는 것은 하나님의 은혜가 작용해서 그렇게 된 것입니다. 은혜가 있으니까 열심히 하면서도 겸손합니다. 이 사람은 자기가 높아진 것에 대해서 전혀 개의치 않는 것입니다.

한번 생각해 보겠습니다. 세상의 권력이라는 것이 참으로 짧습니다. 권력이 있을 때 어디를 가도 사람들이 고개를 숙였는데, 권력을 잃은 후에는 별 볼일 없는 자신의 상황을 견디지 못합니다. 그러니까 이 사람은 과거의 영광에 사로잡혀 삽니다. 전성기 때의 자기를 생각하고, 잘 나가던 옛날 추억에 젖어서 사는 것과 비슷합니다. 그것을 "비현실적"이라고 합니다. 이 모든 것을 가장 정확하게 볼 수 있는 사람들이 바로 예수님을 믿는 사람들입니다. 예수님을 믿는 사람은 하나님의 영광을 보았기 때문에 그렇습니다. 그들에게는 세상의 영광이라는 것이 하찮은 것입니다.

그런데 예수님을 엉터리로 믿으면 종교적인 모습은 있지만, 삶의 목적은 여전히 세상의 영광을 향합니다. 그래서 자신이 그것을 이루게 된다면 교회 공동체 안에서도 사람들이 그것을 굉장히 높게 봐주어야 합니다. 안 그러면 큰일이 납니다. 그것이 세상과 친구 되는 것입니다. 하나님과 원수가 되는 것입니다. 우리는 이것을 명심해야 합니다. 그러니까 늘 겸손할 수밖에 없습니다. 높아질 때도 겸손하고 낮아질 때도 겸손하며, 언제나 겸손해야 합니다. 세상에서 하는 일 자체가 우리에게 중요한 것이 아니라는 것을 잘 알기 때문입니다. 놀라운 것은 하나님은 겸손한 자에게 은혜를 주신다는 것입니다. 겸손한 것, 그 자체도 좋은 것인데 은혜를 주십니다. 하나님 앞에 겸손한 자에게 하나님이 은혜를 베푸신다고 하셨습니다. 받아주신다는 정도가 아니라 은혜를 베푸신다는 것입니다. 반대로 생각하면, 하나님께서는 교만한 자를 물리치신다는 것입니다. 그러므로 우리는 어떻게 해야 합니까? 하나님 앞에 우리 자신을 언제나 순복하는 삶으로 나아가게 해야 합니다.

## 나가면서: 성도들의 바른 태도

우리는 하나님 앞에서 교만할 수 없습니다. 하나님 앞에서 교만하지 않으니까 사람들 앞에서도 교만할 수 없습니다. 교회 생활을 바르게 한다고 해도 교만할 수 없습니다. 우리는 그저 주께서 말씀하시는 것에 따라서 열심히 사는 것입니다. 그것이 참 하나님의 백성들의 모습입니다. 그렇게 하지 않을 때 우리는 4절 맨 앞의 말씀이 우리 귀에 생생하게 들려오는 것을 경험해야 합니다. "간음한 여인들아!"라는 말씀, 이것은 다른 사람에게 하는 말이 아닙니다. 우리가 간음하다 현장에서 잡힌 여인을 끌고 온 바리새인처럼 되어서는 안 됩니다. 세상을 바라보면서 "믿지 않는 저들은 간음하는 사람들입니다"라고 해서도 안 됩니다. 우리는 이것을 잘 생각해서 주님이 말씀하는 간음한 여인들에 해당하는 사람이 되지 않도록 성령님을 의존해서 최선의 노력을 다해야 합니다.

# 열 가지 명령의 핵심: 하나님께 순복하라!

"그런즉 너희는 하나님께 복종할지어다. 마귀를 대적하라 그리하면 너희를 피하리라. 하나님을 가까이하라 그리하면 너희를 가까이하시리라. 죄인들아 손을 깨끗이 하라 두 마음을 품은 자들아 마음을 성결하게 하라. 슬퍼하며 애통하며 울지어다. 너희 웃음을 애통으로, 너희 즐거움을 근심으로 바꿀지어다. 주 앞에서 낮추라 그리하면 주께서 너희를 높이시리라"(약 4:7-10).

우리는 앞에서 세상을 살아가는 사람들에게 주께서 주시는 가장 커다란 교훈을 하나 생각해 보았습니다. 그것은 잠언에 있는 말씀을 인용한 것으로 "하나님이 교만한 자를 물리치시고 겸손한 자에게 은혜를 주신다"라는 4장 6절의 말씀입니다. 이 말씀은 잠언 3장 34절 "진실로 그는 거만한 자를 비웃으시며 겸손한 자에게 은혜를 베푸시나니"라는 말씀을 야고보가 인용하여 제시한 것입니다. 이 말씀의 원칙대로라면 우리는 어떻게 해야 합니까?

## "그런즉 너희는 하나님께 순복하라"

하나님은 교만한 자를 물리치시고 겸손한 자에게 은혜를 주신다고 했을 때 우리는 어떻게 반응해야 하는지 7절에서 말씀합니다. "그런즉 너희는 하나님께 복종할지어다"(ὑποτάγητε οὖν τῷ θεῷ), 이 말씀에서 "복종하다"(ὑποτάσσω)라는 것은 우리의 의지를 완전히 주 앞에 드리라는 것입니다. 그것이 우리에게 요구되는 것입니다. 예수님을 믿는 사람의 큰 특성이 여기에 있습니다. 이것을 명령하고 있다는 사실에 우리는 주목해야 합니다. 본문에서는 사실상 10가지 명령이 나타나고 있습니다. 어떤 분은 악기를 연주할 때 스타카토로 딱딱 끊어서 연주하는 것처럼 아주 급하게 명령한다고 표현한 일도 있습니다(Robert Stein). 열 가지 명령은 모두 다르지 않고 결국 같은 것을 말하고 있습니다.

첫 번째로 7절은 하나님께 복종하라고 말씀합니다. 그리고 맨 마지막 10절은 "주 앞에서 낮추라"(ταπεινώθητε ἐνώπιον κυρίου)라고 했습니다. 사용하는 단어는 달라도 의미는 같은 말입니다. 이것은 앞에서 살펴본 겸손한 자에게 은혜를 베푸신다는 말씀에 대한 반응으로 나오는 것입니다. 그러니까 중간에 있는 것은 잊어버려도 이 두 가지를 알면 다른 것을 충분히 알 수 있습니다. 우리 자신을 주 앞에 복종하는 것, 그것은 다른 말로 주 앞에 우리를 낮추는 것입니다.

믿는다고 하면서 하나님 앞에서 높아지려는 사람은 있을 수 없습니다. 그러나 세상에는 그런 존재가 많습니다. 사탄의 기본적 태도가 그렇습니다. 사탄은 타락 때도 그렇고 지금도 하나님처럼 되려고 합니다. 하나님이 원하는 것과는 정반대되는 일을 합니다. 하나님께 복종해야 하는데 그렇게 하지 않고 자기 자신의 의지를 내세웁니다. 하나님 앞에 낮추지 않습니다. 그러니까 우리가 복종하는 길은 무엇입니까? 하나님 앞에 우리 자신을 낮추는 것입니다. 하나님께 훈수 두려고 하면 안 됩니다. "하나님, 이런 식으로 하면 안 돼요. 그러니까 제 방식대로 해야 합니다. 이게 다 하나님의 나라를 위해서 하는 일이니까 잘 들어주세요" 하는 식으로 일하는 것은 결국 우리가 하나님보다 높아지려는 것입니다. 하나님을 위해서라고 하지만 사실은 하나님과 동급으로 생각하거나 아니면 자신을 하나님보다 더 지혜롭게 여기는 것입니다. 그것이 바로 하나님 앞에서 자신을 낮추지 않는 행동입니다. 그렇기에 우리의 의지를 비롯하여 모든 것을 하나님께 완전히 복속시켜야 합니다. 이것이 예수님을 믿는 사람들의 특성입니다. 완전히 항복하는 것입니다. 자기 자신을 완전히 하나님 앞에 던져놓는 것이 예수님을 믿는 것입니다.

### 둘째 명령: 마귀를 대적하라!

하나님께 순복하는 사람에게 주어진 두 번째 명령은 "마귀를 대적하라"(ἀντίστητε τῷ διαβόλῳ)는 것입니다. 이것도 다른 명령이 아니라, 결국 같은 명령입니다. 하나님께 순복하는 사람은 마귀를 대적합니다. 구약 성경에서 하나님께 대적하는 존재, 이 대적자(adversary)를 히브리말로 사탄(שָׂטָן)이라고 합니다. 내가 무엇을 하려는데 나에게 대적하는 존재도 사탄입니다(그런 용례로 왕상 5:19; 11:14, 23, 25). 그런데 나중에는 하나님께 대적하는 존재를 "그 사탄"(הַשָּׂטָן)이라고 합니다. 히브리말로 '그'가 '하'(הַ)입니다. 그래서 "하 사탄"(הַשָּׂטָן)이라고 합니다. 이것을 헬라어로는 '디아볼로스'(διάβολος)라고 했는데 같은 말입니다. 우리말로는 마귀(魔鬼)라고 표현했습니다. 마귀는 한 존재입니다. 그 밑에 졸개들은 무수하게 많습니다. 성경에서는 그 모든 존재를 통제하고 있는 전형적인 대적자, 하나님의 일을 대적하는 존재가 사탄이고, 그 밑에 있는 졸개들은 사탄의 일을 돕는 존재입니다. 이들을 "귀신(鬼神)들"이라고 번역해 놓았습니다. 사탄은 결국 그 졸개들과 함께 세상에 영향을 미쳐서 사람들이 하나님 앞에 복종하지 못하게 합니다. 그러니까 안 믿는 사람들은 스스로 의식하지 못하지만 결국은 사단의 영향력 아래에 있다고 말할 수 있습니다. 예수님을 믿는 사람들도 정신을 안 차리면 사탄의 영향을 받습니다.

물론 자기가 의식하지 못합니다. 그러니까 예수님을 믿는 사람에게 요구되는 것은 늘 사탄을 대적하는 것입니다. 우리 마음속에 사탄이 주는 여러 가지 잘못된 생각들이 나타날 수 있기 때문입니다.

앞에서 살펴본 3장 15절은 "이러한 지혜는 위로부터 내려온 것이 아니요 땅 위의 것이요 정욕의 것이요 귀신의 것이니"라고 말씀합니다. 세상적인 지혜는 결국 사탄의 지혜요, 마귀의 지혜라는 것입니다. 사람이 곰곰이 생각하다가 결국 악한 꾀를 내어서 뭘 해보려는 것이 다 그런 것입니다. 그러니까 사탄의 영향력 아래 있는 것입니다. 3장 16절에는 "시기와 다툼이 있는 곳에는 혼란과 모든 악한 일이 있음이라"라고 했습니다. 다른 사람을 시기하고, 저 사람보다 내가 앞서야겠다고 자신의 욕망을 추구해나가는 것, 이기적인 욕망, 그것이 극단으로 나타나면 시기하고 다투며, 그래도 얻지 못하면 살인한다고 4장 2절은 말씀하고 있습니다. 결국, 이 모든 것을 요약하면 4장 4절에서 말하는 세상과 친구가 되는 것입니다. 세상과 가까이 사는 것입니다. 이 모든 것의 배후에 있는 것이 사탄입니다.

우리가 이런 일에 자신을 방임하게 되면, 자기도 의식하지 못하는 사이에 사탄의 영향력 아래로 들어가는 것입니다. 그런데 예수님을 믿는 사람들은 이런 가르침을 받기 때문에 이것을 의식하여 마귀를 대항해야 한다는 것입니다. 안 믿는 사람들은 의식하지 못하고 다 이렇게 살아갑니다. 예수님을 믿는다고 해도 아무 생각 없이 살면 이렇게 살게 됩니다. 자기가 사탄의 영향력 아래에 있다는 것을 생각하지 않습니다. 이 말씀의 가르침을 받는 사람들, 야고보서만이 아니라 성경 전체를 잘 배운 사람들은 하나님의 백성답지 않은 생각이 들고, 그것이 바깥으로 표현될 때 이것이 사탄에게서 온 생각이라는 것을 의식할 수 있습니다. 이것을 의식한다는 것은 진전이 있다는 표입니다. 그래서 본문은 사탄을 대적하라고 합니다.

베드로전서 5장 8절은 이것과 비슷하게 "근신하라. 깨어라"라고 말씀합니다. 왜 "깨어라"라고 했습니까? 물리적으로 졸고 있어서 깨라고 한 것이 아닙니다. “근신하라 깨어라! 너희 대적 마귀가 우는 사자 같이 두루 다니며 삼킬 자를 찾나니, 너희는 믿음을 굳건하게 하여 그를 대적하라. 이는 세상에 있는 너희 형제들도 동일한 고난을 당하는 줄을 앎이라”(벧전 5:8-9)고 말씀합니다. 하나님의 백성들이 세상에서는 항상 고난 가운데 있다는 것입니다. 너희들도 그럴 것이고, 다른 사람들도 그럴 것이라는 말입니다. 그것 때문에 많은 사람이 사탄에게 시험을 당하는 일이 있다는 것입니다. 그렇기에 하나님의 백성들에게 깨어 있으라는 것입니다. 깨어 있어야 ‘사탄의 영향력이 이렇게 오는구나’ 하는 것을 알 수 있습니다.

가벼운 예를 하나 든다면 예배 시간에 사탄이 영향을 주어서 설교를 못 듣게 하고, 졸게 할 수 있습니다. 그런 것도 사탄의 영향입니다. 이때 졸지 않고 정신 차려서 잘 들으면 그것은 사탄을 대적하는 것이 됩니다. 그와 비슷합니다. 내 마음에 하나님의 백성답지 않은 생각이 든다면 깨어 있는 사람들은 ‘이것이 사탄의 영향력 때문이구나, 대적해야겠다’는 생각을 하게 됩니다. 세상을 사는 동안에 사탄의 영향력은 이런저런 형태로 항상 우리에게 다가오는 것입니다. 그래서 우리에게 대적하라고 명령하십니다.

그런데 7절에 하나님의 약속이 있습니다. “마귀를 대적하라. 그리하면 너희를 피하리라”(약 4:7)라는 말씀을 믿어야 합니다. 이것은 참으로 감사한 말씀입니다. 마귀가 우는 사자처럼 다가오는데 우리가 마귀를 대적하면 마귀가 “너희들로부터 도망한다”(φεύξεται ἀφ’ ὑμῶν)고 말씀합니다. 사탄은 영적인 존재이기에 눈에 보이지 않습니다. 물론 어떤 형태로 나타날 수도 있습니다. 그러나 그것은 사탄의 진짜 정체가 아닙니다. 안 보이는 영적 존재가 우리의 심령에 영향을 주고 역사하여서 하나님께 복종하지 못하게 하는 것입니다. 하나님의 백성들이 정상적인 하나님의 백성으로 성경이 가르치는 대로 살지 못하게 온갖 수를 씁니다. 사탄이 온갖 방법을 동원한다는 것을 우리는 시대의 변화를 보면서 느낄 수 있습니다. 어떤 때는 하나님의 백성이라는 사람들이 하나님께 순종한다고 하지만 결국은 사탄에게 놀아나는 일이 있습니다. 예수님을 믿는 사람 중에 소위 영적인 사람이 되려고 노력한다고 하지만 성경이 말하는 대로 살지 않는 경우가 너무나 많은 것을 우리는 자주 발견하게 됩니다. 안타까운 일입니다. 왜 그렇습니까? 사탄이 우리의 마음을 다 몰아서 다른 데로 향하도록 하기 때문입니다. 정말로 정신 차려야 합니다. 정신을 차리지 않으면 하나님께 복종하지 못하게 될 수도 있기 때문입니다. 하나님의 약속을 정말로 믿고 따라야 합니다. 우리가 사탄을 대적하면 사탄이 피해 간다고 한 말씀을 믿어야 합니다.

### 세 번째 명령: 하나님을 가까이하라!

구체적으로 어떻게 하면 이길 수 있습니까? 8절은 "하나님을 가까이하라"(ἐγγίσατε τῷ θεῷ)고 말씀하고, 하나님을 가까이하면 하나님께서 "너희를 가까이하시리라"(ἐγγιεῖ ὑμῖν)고 말씀합니다. 마치 조건처럼 언급되어 있습니다. 우리가 먼저 하나님께 가까이하면 하나님께서 가까이하는 것처럼 표현되어 있습니다. 그러나 이것은 조건이 아닙니다. 성경 전체를 보면 하나님은 우리에게 가까이 올 수 있도록 모든 것을 마련해주신 후에 명령하십니다. 하나님의 명령에 대하여 우리는 하나님이 이미 우리에게 그것을 수행할 수 있는 모든 능력을 주셨다는 사실을 믿어야 합니다.

여기에 성령님을 의존하지 않는 사람과 우리의 다른 점이 있습니다. 우리는 성령님을 의존하기에 성령님의 도우심이 없으면 하나님의 명령을 스스로 지킬 수 없다는 것을 압니다. 타락했기에 그렇습니다. 그러나 성령님이 우리와 함께하시면 우리는 할 수 있습니다. 하나님이 해주시기 때문입니다. 그러니까 내 힘으로 하는 것이 아니라 성령님의 힘으로 하는 것입니다.

이런 데서 철학자 칸트와 우리의 분명한 차이가 드러납니다. 칸트는 우리가 말하려는 것과 비슷한 말을 했습니다. 어떤 도덕적 명령이 있다고 해 보겠습니다. 칸트는 명령이 있다는 것은 우리가 그것을 행할 수 있다는 것을 전제로 한다고 했습니다. 행할 수 없는데 어떤 명령이 주어질 수는 없다는 것입니다. 그런데 거기 한 가지 난점은 인간이 타락해서 하나님의 명령은 물론이거니와 일반적인 도덕 명령도 완전하게는 지킬 능력이 없다는 점입니다. 칸트는 인간의 타락을 철저하게 생각하지 못한 것입니다.

그러나 성경은 타락한 우리의 모습을 말씀하며, 하나님의 뜻에 순종하도록 하시는 성령님이 우리에게 주신 하나님의 모든 명령을 우리가 감당할 수 있도록 능력 주신다는 것을 전제로 한다고 말합니다. 그러니까 우리가 성경을 읽다가, 또는 설교를 듣다가 어떤 것이 나에게 주시는 명령으로 들린다면 그것에 감사해야 합니다. 하나님이 성령님을 통하여 그것을 행할 수 있는 능력을 이미 주셨기 때문입니다. 그렇지 않으면 설교를 들어도 명령으로 들리지 않습니다. 막연하게 성경에서 말하는 것이겠지, 성경이 좋은 말 하는 것이겠지 하며, 듣고 흘려버리는 것입니다. 그러나 하나님 앞에 정말 의식적으로 살아 있는 사람은 이것이 이미 구원을 받은 자들에게 주시는 명령으로 들립니다. 그래서 우리는 "하나님을 가까이해야" 합니다. 이것은 참으로 재미있는 말입니다. 우리는 예수 그리스도의 십자가로 인해 이미 하나님께 가까워진 사람입니다. 그러니까 하나님께 가까이하라는 것은 '너희'가 그래야 한다는 것입니다. 왜 그렇지 않은 것처럼 사느냐? 너희는 이미 하나님과 가까이 있는 존재인데, 예수 그리스도의 십자가로 인해 가까워진 사람인데 마치 아닌 것처럼 사는 것을 지적하는 것입니다. 그러므로 너희는 하나님을 가까이해야 한다는 것을 의식하고, 하나님이 해 주신 모든 것에 근거하여 하나님을 가까이하는 은혜 속에 있으라는 것입니다.

하나님을 "가까이한다"라는 표현은 구약 시대에 제사장들이 하나님을 섬기기 위해서 나아갈 때 쓰던 용어입니다. 신약 시대에 있는 모든 성도는 마치 구약 시대의 제사장과 같은 존재가 되어 하나님을 가까이하는 것입니다. 자기의 능력으로 그럴 수 있는 것이 아니라, 오직 예수 그리스도의 십자가로 이루신 구속 때문입니다. 십자가의 구속에 근거하여 우리는 날마다 하나님께 가까이 나아갈 수 있습니다. 그러면 어떻게 하는 것이 가까이 가는 것입니까? 우리가 기도하는 것도 하나님께 가까이 가는 것입니다. 그러나 종교적인 일만이 하나님께 가까이 가는 일이라고 생각하지는 말아야 합니다. 일상적인 일에서 하나님께 가까이하는 의식을 가지고 사는 것, 식사하고, 직장 생활을 할 때도 늘 하나님과 가까이, 하나님을 의식하며 그 일을 해야 합니다. 구약 시대에는 제사장들이 일상적인 생활을 하면서 일상적인 생활과는 다른 삶의 방식을 취하여 하나님께 나아갔었습니다. 진설병을 주님 앞에 놓거나, 제사하는 일, 향을 피우고, 일 년에 한 번씩 지성소 안으로 들어가는 일 등을 통하여 제사장들이 하나님께 나아갔습니다. 이제 우리는 삶의 전 영역에서 하나님께 가까이 나아갈 수 있게 되었습니다. 우리가 그런 삶을 살라는 것입니다. 그러면 하나님이 가까이 해 주신다는 것입니다.

### 네 번째 명령과 다섯 번째 명령

그런데 그것을 우리에게 강조하기 위해서 좀 더 심각한 충격 요법을 가합니다. 8절은 "죄인들아(ἁμαρτωλοί)! 손을 깨끗이 하라"(καθαρίσατε χεῖρας)라고 말씀합니다. 우리에게 "죄인들아"라고 말합니다. 이것은 세상 사람들에게 하는 말이 아닙니다. 예수님을 믿는 사람들에게 하는 말입니다. 우리 가운데 성화가 많이 된 사람이라고 해도 전체로 보면 두 마음을 품지 않은 사람이 없습니다. 그러니까 "죄인들아"라고 말씀하는 것입니다.

죄인들아 "손을 깨끗이 하라"는 말씀은 손을 깨끗이 씻으라는 말이 아닙니다. 너희의 손에 피가 가득함이라는 말이 사람을 죽여서 손에 정말로 피가 있다는 말이 아니라 하나님의 뜻대로 행하지 않은 모든 삶의 행동이 다 죄로 물들어 있다는 것을 말하는 것과 같습니다. 손을 깨끗이 하라는 말씀 뒤에는 "두 마음을 품은 자들"(δίψυχοι)이라고 말씀합니다. 그러니 손을 깨끗이 하라는 말씀은 마음과 관련된 말일 것입니다. 그들에게 "마음을 성결하게 하라, 또는 거룩하게 하라"(ἁγνίσατε καρδίας)라고 말씀합니다. 이는 결국 너희 마음을 하나님께 구별하여 드리라는 뜻입니다. 그것은 손을 깨끗이 하는 것과 같은 것입니다. 마음을 하나님께 드린 사람은 세상에서 하나님이 원하시는 대로 삽니다. 이것은 전인적인 훈계를 우리에게 주시는 것입니다. 우리의 죄를 지적해 주는 것입니다. 우리는 이러한 지적을 통해서 죄를 의식하게 됩니다. 죄를 의식하게 되면 어떻게 되겠습니까?

### 여섯, 일곱, 여덟 번째 명령: "슬퍼하며 애통하며 울지어다"

9절은 "슬퍼하며 애통하며 울지어다"(ταλαιπωρήσατε καὶ πενθήσατε καὶ κλαύσατε)라고 말씀합니다. 이 말을 오해하면 안 됩니다. 예수님을 믿는 사람들은 기쁨이 없는 것입니까? 예수님을 믿는 것은 기쁨을 죽이는 것입니까? 그렇지 않습니다. 성경에서 예수님을 믿는 사람은 진짜 기뻐하는 사람이라고 합니다. 그런데 무엇을 기뻐합니까? 하나님을 기뻐하고, 하나님으로부터 기인하는 모든 일을 기뻐합니다. 우리는 즐거움을 없애버리는 사람들이 아닙니다. 그런데 우리는 무엇을 슬퍼하고 애통하며 우는 것입니까? 우리를 비롯한 사람들의 죄악이 세상에 넘쳐나는 상황을 기뻐할 수 없습니다. 진정한 기쁨을 가진 사람은 세상의 일반적인 기쁨을 기뻐할 수 없습니다. 청교도들은 삶을 참 재미없게 산 사람들이라고 오해하는 사람이 많습니다. 하나님의 말씀을 따라서 살려고 노력하는 사람들이니 재미없었겠다고 생각하는 것입니다. 이것은 진짜 오해입니다. 왜 그렇습니까? 청교도들은 삶의 기쁨을 아는 사람들입니다. 진정으로 예수님을 믿는 사람은 삶의 기쁨을 압니다. 진정으로 삶의 기쁨을 알고, 진정으로 즐거워하는 사람은 자기와 다른 사람의 죄악에 대해서 슬퍼하고 애통하며 웁니다. 스스로 한번 생각해 보면 좋겠습니다. 무엇을 즐거워합니까? 정말로 하나님의 뜻이 온 세상에 가득해지는 것을 즐거워합니까? 아니면 내가 원하는 것이 이루어지면 그것을 즐거워합니까?

### 아홉 번째 명령: "너희 즐거움을 근심으로 바꿀지어다"

야고보를 통해서 하나님은 말씀하십니다. "너희 즐거움을 근심으로 바꿀지어다"라고 9절은 말씀합니다. 즐거워해야 할 일이 생겼을 때 우리는 근심해야 합니다. 이상하게 들립니다. 만일 공돈이 생겼을 때 즐거워했던 사람이 뭐가 잘못되어 돈을 잃어버렸을 때는 마치 하나님 없는 것처럼 생각하기 쉽습니다. 이런 사람들을 가리켜서 앞에서는 '사람을 그가 입은 옷으로 판단하는 사람'이라고 했습니다. 그것이 이상한 것입니다. 옷을 어떻게 입는다고 해서 사람이 달라지는 것이 아니지 않습니까? 그런데 우리가 그렇게 될 수 있습니다. 그런 상황에서야말로 우리의 애통함이 필요합니다. 이것이 정말 우리 시대에 필요한 그리스도인입니다. 우리는 정말 애통해하는가? 우리 시대의 문제를 안고 애통해하는가? 마치 대제사장이 이스라엘 백성들의 문제를 안고 하나님께 기도했듯이 우리도 그렇게 기도해야 합니다. 슬픔과 애통함을 가지고서 하나님께 기도해야 합니다. 그런 사람들이 세상에 가득해야 합니다. 이것이 주께서 우리에게 요구하시는 것입니다.

### 열 번째, 마지막 명령: "주 앞에서 낮추라"

그런 사람들에게 또 강조합니다. "주 앞에서 낮추라"라고 말씀합니다. 하나님께 순복하는 것은 자기 자신을 낮추는 것입니다. 이에 대해서 주께서 한 가지 약속을 해주시는데 "그리하면 주께서 너희를 높이시리라"라는 것입니다. 이 말씀을 오해하면 안 됩니다. 이것은 어느 때 상황을 말하는 것입니까? 종국의 상황에 하나님 앞에서 내가 어떻게 평가되느냐의 문제입니다. 종국의 상황이라고 했을 때 우리는 다시 숙연해집니다. 나중에 우리의 삶 전체를 가지고 하나님 앞에 설 때가 있습니다. 앞에서 살펴본 2장 12절은 "너희는 자유의 율법대로 심판 받을 자처럼 말도 하고 행하기도 하라"라고 말씀합니다. 자유의 율법대로 심판을 받을 자처럼 말도 하고 행하기도 하라는 것입니다. 예로 전제군주가 있는 것과 선거를 통해 지도자를 선출하는 것의 차이점을 생각해 보겠습니다. 전제군주는 백성들이 싫어해도 자기 마음대로 통치합니다. 하지만 선거로 선출하면 어느 때까지는 자기가 통치할 수 있지만, 일정 기간이 지나면 통치하지 못합니다. 백성들이 선택하지 않으면 더 이상 통치할 수 없는 것입니다. 그것을 의식하여 열심히 하지 않습니까? 그런데 우리는 얼마 만에 한 번씩 있는 백성들의 평가 앞에 서 있는 사람들이 아니고, 하나님의 엄정하신 판단이 있음을 아는 사람들입니다. 그러므로 하나님이 우리를 자유의 율법대로 판단하실 것임을 의식하면서 말하고 행동해야 합니다. 어느 상황에서든지 '내 말을 하나님이 어떻게 판단하실까? 나의 행동을 하나님이 어떻게 판단하실까?' 하는 것을 의식하는 사람이 되어야 합니다. 우리 인생 전체를 놓고 평가했을 때 주님은 무조건 '너 정말 잘했구나'라고 하면서 높이실 것이 아니라는 것을 깨달아야 합니다.

최후의 심판 때, 우리가 하나님 앞에 섰을 때 우리의 모습을 하나님의 기준에 비추어 보면 많이 모자랄 것입니다. 하지만 주께서 우리에게 "착하고 충성된 종아"라고 하실 것입니다. 모자라지만 그래도 주의 뜻을 향해서 나아가려고 애썼던 그것에 근거해서 말입니다. 그러나 이 말을 우리에게 최소한의 어떤 공로가 있는 것처럼 생각하게 만들어서는 안 됩니다. 사실은 예수 그리스도의 십자가에 근거해서 우리를 평가해 주시는 것입니다. 그만큼 큰 영광이 없습니다. 그런데 예수님을 믿는 사람은 다 똑같이 이 영광에 참여하니까 우리는 이것이 별로 영광스럽다고 생각하지 않는 경향이 있습니다. 그 얼마나 이상한 것입니까? 우리에게 주시는 영광이 얼마나 큰 것인지 알아야 합니다. 영원히 하나님과 같이 있을 수 있게 하시는 것입니다. 그것이 우리를 높이시는 것입니다. 주님의 은혜 때문에 그렇게 됩니다. 우리가 평소에 낮추었기 때문에 주께서 높여주시는 것이 아니고, 그리스도의 십자가 공로에 의해서 우리를 높이시는 것입니다.

## 나가면서

이와 같은 것을 생각하면 우리는 세상에서 어떻게 살아가야 합니까? 본문이 말하는 대로 하나님 앞에 자신을 낮추어야 합니다. 사탄을 대적해야 합니다. 어떻게 하면 그렇게 할 수 있습니까? 하나님께 복종하기만 하면 됩니다. 매 순간 그래야 합니다. 그것이 우리에게 요구되는 것입니다. 이것은 안 믿는 사람들에게 하시는 말씀이 아닙니다. 분명히 예수님을 믿는다고 하나님 앞에 와 있는 사람들에게 하시는 말씀입니다. 제대로 하지 못하는 모습을 적나라하게 드러내시면서 마땅히 갈 길을 제시해 주시는 것입니다. 하나님은 우리를 사랑하셔서 이런 말씀을 해주시는 것입니다. 이런 말씀이 있을 때 우리는 아직 희망이 있습니다. 부디 바라기는 우리가 이 말씀에 근거해서 날마다 하나님 앞에 복종하는 사람이 되었으면 좋겠습니다. 복음의 은혜 속에 있는 사람은 반드시 그리 하게 됩니다. 우리가 참으로 복음에 합당한 사람이 되기를 소망합니다.

23강 야고보서 4장 11-12절

# 하나님 앞에 자신을 낮추는 것의 사회적 의미

"형제들아 서로 비방하지 말라 형제를 비방하는 자나 형제를 판단하는 자는 곧 율법을 비방하고 율법을 판단하는 것이라. 네가 만일 율법을 판단하면 율법의 준행자가 아니요 재판관이로다. 입법자와 재판관은 오직 한 분이시니 능히 구원하기도 하시며 멸하기도 하시느니라. 너는 누구이기에 이웃을 판단하느냐"(약 4:11-12).

야고보서 4장 11절과 12절 말씀은 따로 떼어내면 그것이 무엇을 말하는 것인지 알기 어려운 부분이 있습니다. 그러나 전체적인 맥락에서 보면 4장은 우리에게 "하나님 앞에서 너희를 낮추어라"라는 것을 말씀합니다. 4장 8절은 "하나님을 가까이하라. 그리하면 너희를 가까이하시리라. 죄인들아 손을 깨끗이 하라. 두 마음을 품은 자들아 마음을 성결하게 하라"라고 하시고, 10절은 "주 앞에서 낮추라"라고 합니다. 그렇게 우리에게 명령하신 것입니다. 구속함을 받은 성도들이 세상에서 보여야 할 모습은 바로 주 앞에서 자기 자신을 낮추는 것입니다. 그것의 사회적인 측면을 본문이 말해 줍니다.

하나님 앞에서 이렇게 자신을 낮춘 사람들이 세상에서 어떻게 살아갑니까? 본문은 세상 사람들 사이에서 정말 하나님께 낮춘 사람들은 세상에서 어떻게 살아야 하는가를 구체적으로 말씀하고 있습니다. 다음에 살펴볼 13절부터 17절까지는 우리의 미래 계획과 인생 계획에 관련해서 하나님 앞에 낮추는 것이 어떤 것인가를 보여줍니다. 이런 점에서 성경은 매우 구체적이고 현실적입니다.

### "서로 비방하지 말라!"

11절은 "형제들아 서로 비방하지 말라"라는 말씀으로 시작합니다. 이것은 포괄적으로 남에 대해서 나쁜 말을 하지 말라는 것입니다. 그 종류는 여러 가지입니다. 없는 말을 만들어서 말하는 경우, 어떤 행동을 보고 추측해서 "아마 이럴 거야"라고 말하는 경우, 사실을 말하지만 결국은 나쁜 말일 경우도 있습니다.

구약 성경 시편 101편 5절 말씀 중 재미있는 표현이 있습니다. "자기의 이웃을 은근히 헐뜯는 자를 내가 멸할 것이요, 눈이 높고 마음이 교만한 자를 내가 용납하지 아니하리로다"라는 말씀입니다. 이것은 전체적으로 눈이 높고 교만하지 말라는 것입니다. 하나님의 백성들은 눈이 높고 교만해서는 안 된다는 것입니다. 그런데 교만의 대표적인 예로 하나님이 말씀하시는 것이 "자기의 이웃을 은근히 헐뜯는 자"입니다. 이것은 아주 묘한 표현입니다. "은근히 헐뜯는" 것이 무엇입니까? 겉으로 볼 때는 나쁜 말을 하는 것 같지 않습니다. 다 좋은 말을 하는 것 같습니다. 그런데 다 듣고 나면 결국 그 이웃에 대해서 나쁜 이미지가 형성되도록 하는 것입니다. 가장 교묘한 형태의 비방입니다. 이것은 부정적인 말입니다. 결국 우리가 힘써 나가야 할 것은 무엇입니까? 세상에서 하나님의 백성으로 살 때 하나님 앞에서 겸손한 사람으로 산다고 했을 때 어떻게 해야 합니까? 여기에서 말했던 것을 다 뒤집으면 됩니다. 남에 대해서 없는 말을 퍼뜨리지 아니하고, 오히려 좋은 말을 하는 것입니다. 이웃에 대해서 말을 하는데 결과적으로 이웃의 좋은 이미지가 생기게 되었을 때 그것이 제대로 된 것입니다. 하나님의 백성이 사는 방식이 이러해야 한다는 것은 당연한 일입니다.

본문은 우리가 그렇게 살아야 할 아주 강력한 이유를 제시합니다. "형제를 비방하는 자나 형제를 판단하는 자는 곧 율법을 비방하고 율법을 판단하는 것이라"(약 4:11)라고 말씀합니다. 남들을 판단하고 말하면서 자기 나름대로는 율법을 세운다고 생각하는 사람을 염두에 두고 말씀하는 것입니다. "율법을 잘 세우고 하나님의 공동체를 잘 세우기 위해서 이래야 한다"고 말을 하는데, 그 말이 결국 남을 비방하는 내용이라면, 그것은 율법을 세우는 것이 아니라 오히려 율법을 비방하는 것이라는 말입니다. 여기서 조금 더 나아가는 말을 할 수 있습니다. 율법을 비판한다는 것은 결국 무엇입니까? 율법을 주신 하나님을 치고 올라가는 것입니다. 하나님을 향해서 "하나님! 그런 식으로 해서는 세상에서 일이 이루어지지 않습니다"라고 하면서 하나님보다 더 지혜로워지려고 하는 것입니다.

이런 말을 들었을 때 사람들은 오해하기 쉽습니다. 그러면 "우리 마음 가운데 다른 사람들에 대한 바른 판단이나 어떤 개념의 형성 같은 것도 없어야 합니까?"라고 생각하는 사람이 있기 쉽습니다. 그것은 아닙니다. 내 마음속에 어떤 개념의 형성, 어떤 판단은 있어야 합니다. 그러나 본문이 우리에게 요구하는 것은 내가 가지고 있는 개념이나 판단이 언제든지 부족한 것이고, 상대적인 것이기 때문에 그것을 겉으로 드러내놓고 말하기 어렵다는 것입니다. 그것을 언표하는 순간 우리는 벌써 내가 가지고 있는 판단을 결정적인 것처럼 말하는 것이 됩니다.

## 말씀에 근거한 바른 판단과 언표

기독교 공동체 안에서는 언제나 하나님이 말씀해 주시는 말씀의 가르침을 부단히 받아야 합니다. 이것을 안 하면 우리는 교회가 아닙니다. 성경이 우리에게 가르쳐 주는 말씀이 양심의 판단 근거가 됩니다. 그래서 모였을 때 우리는 항상 하나님의 말씀을 공부합니다. 시간을 많이 들여서 성경 공부를 하는 이유가 바로 여기에 있습니다. 우리는 예배당에 모여서 하나님의 말씀을 배우는 데 시간을 많이 투자합니다. 왜 그렇게 하는 것입니까? 그것만이 우리가 모든 것을 판단할 수 있는 근거가 되기 때문입니다.

성경에 근거해서 자기를 판단하는 말은 많이 하는 것이 좋습니다. 그렇게 하는 것이 자신을 새롭게 하여 하나님의 뜻을 향해 가는 데 도움이 될 수 있습니다. 이때도 제대로 하나님의 뜻을 따라 하지 않으면 자기에 대해서 비판적으로 말하거나 왜곡된 형태로 사람들에게 전달될 수 있습니다. 그러니 다른 사람에 대해서는 될 수 있는 대로 판단하는 말을 안 하는 것이 더 좋습니다. 우리는 성경이 말하는 대로 "옳다 옳다, 아니라 아니라"(마 5:37)라고 하면서 사실 관계만을 말하는 것이 좋습니다.

"은근히 헐뜯는" 것은 하지 말아야 할 일입니다. 이것은 가장 치사하고 악랄한 형태의 비방입니다. 자기는 다 좋은 말만 한 것입니다. 그래서 잘못하지 않았다고 생각하는 것입니다. 그런데 사실은 사람들에 대한 나쁜 인상을 심어주게 되니 그것이 문제입니다. 또한 사람들은 이 말씀을 듣고 "나는 이제 아무 말도 안 한다"라고 생각하기도 합니다. 그러나 예수님을 믿는 사람이 세상에서 아무 말도 안 하고 사는 것은 안 되는 일입니다.

그러면 말을 하는데 어떻게 해야 합니까? 우리의 목표는 모두가 예수 그리스도 안에서 주님이 원하시는 대로 제대로 하는 것입니다. 교회에서 공식적으로 선포되는 하나님의 말씀에 근거하여 '어떻게 하면 나와 이웃이 다 그런 모습을 향해서 나아갈 수 있을 것인가?'를 생각하며, 그것에 도움이 될 것을 찾아가야 합니다. 아무 말이나 했다가는 문제가 생길 수 있으니 말을 제대로 하기 위해서 준비를 해야 합니다. 어떻게 준비합니까? 기도로 준비해야 합니다. "주님, 지금 이런 생각을 하는데 이것이 하나님의 말씀에 따라 제대로 판단하는 것입니까?"라고 기도하고, 생각하고 또 생각하면서 말하면 우리는 잠언에서 말하는 순은과 같은 말을 할 수 있게 됩니다. "의인의 혀는 순은과 같거니와"(잠 10:20)라고 말씀하는데, 실제 그것이 우리의 삶에서 나타나야 합니다.

그러므로 우리는 주님이 우리에게 원하시는 것이 무엇인가를 생각해서 말해야 합니다. 그렇게 되면 성도들이 모여 교제하면서 하는 말이 성도들의 성화에 도움이 될 수 있습니다. 어떤 사람들은 이것을 깊이 생각하면서 성도의 교제가 성화의 한 방편이라고까지 말하기도 했습니다. 우리의 대화가 하나님의 말씀 가운데 있고, 사람들이 그것을 들으며 성화되는 것입니다. 그러니까 우리의 교제가 사람을 성화시키는 것이 아니라 우리의 사고와 말 가운데 있는 하나님의 말씀이 사람을 성화시키는 것입니다. 성경이 가르치는 것이 우리 가운데 있다가 가장 적절한 때 그 말이 나오도록 시점을 잘 골라서 말해야 합니다.

그렇게 하기 위해서는 어떻게 해야 합니까? 기도를 열심히 해야 합니다. 그렇게 할 때 비로소 우리는 비방하는 사람이 안 됩니다. 남을 대항하여 말하는 사람이 안 됩니다. 비방한다는 말을 직역하면 "남을 대항하여 말한다, 남을 쳐서 말한다"라는 의미입니다. 그런 말을 하지 않고, 어떻게 하면 주님이 원하시는 대로 잘 세워나갈 것인가를 중심으로 생각해서 말해야 합니다. 일차적으로 이것을 교회 공동체 안에서 연습합니다. 왜냐하면 이 말씀이 일차적으로 교회 공동체에 주신 말씀이기 때문입니다. 더 나아가 세상에서 사람들과 같이 살아갈 때도 우리는 그렇게 해야 합니다. 이 말씀에 순종해서 하나님의 뜻이 이루어지도록 최선의 노력을 다해야 합니다. 이것은 매우 어렵습니다. 쉬운 일이 결코 아닙니다. 그렇기에 야고보는 계속 언어생활에 대해서 말하고 있습니다. 이것이 여러 번 나온 이유는 그만큼 사람들에게 필요하기 때문입니다. 이것을 우리가 마음속에 새겨야 합니다. 교회 공동체 안에서 연습을 해서 우리가 살아가고 있는 사회 속에서도 그렇게 해야 합니다. 우리가 하는 말 때문에 사람들이 결국은 큰 유익을 얻을 수 있어야 합니다. 우리가 똑똑해서 그런 것이 아닙니다. 하나님의 뜻을 늘 생각하면서 어떤 말이 공동체를 세우는 데 도움이 될 것인가를 신경 쓰면서 지혜를 구해야 합니다. 그래서 결국은 하나님의 법에 따라서 생각하게 만들어야 합니다. 이렇게 우리는 주님 안에서 같이 성장해 가는 것입니다.

이것을 강조하기 위해서 맨 마지막 12절은 "입법자와 재판관은 오직 한 분이시니"라고 말씀합니다. 이것에 반대되는 말이 무엇입니까? 내가 법에 대해 입법자와 판단자로 선다는 것입니다. 그래서는 안 됩니다. 우리는 법을 준행하는 사람이지 입법자가 아니라는 말입니다. 입법자와 판단자는 하나님뿐입니다. 하나님이 법을 만드신 분이시고, 하나님이 판단합니다. "능히 구원하기도 하시며 멸하기도 하시느니라"라고 말씀합니다. 그분이 하시는 것이라는 말입니다. 그러므로 우리는 하나님의 뜻에 따라서 생각하고 판단하여, 하나님의 뜻이 온 세상에 잘 드러나도록 해야 합니다.

맨 마지막은 우리에게 재미있는 수사 의문문을 덧붙이고 있습니다. "너는 누구이기에 이웃을 판단하느냐"라고 말씀합니다. 직역하면 "이웃을 판단하는 너는 누구냐?"라는 말입니다. 앞에서 입법자는 오직 한 분이라고 했습니다. 그다음에 너는 누구냐고 묻습니다. 아무것도 권한도 없는데 "왜 네가 스스로 판단하느냐?"라는 말입니다.

### 나가면서

그러므로 이 말은 세상 모든 것에 대해서 아무런 판단을 하지 말라는 것이 아닙니다. 우리는 날마다 성경을 통해서 판단의 기준을 배웁니다. 그러니까 세월이 지날수록 성경이 말하는 하나님의 뜻이 판단의 기준으로 우리 속에 형성됩니다. 우리의 공동체는 세상을 향하여 이것이 사람과 사람 사이의 바른 관계라는 것을 보여 주어야 합니다. 주께서는 그 일을 위해서 우리를 주님의 백성으로 세우신 것입니다. 이 일에 큰 책임감이 있어야 합니다. 그 책임은 우리 모두에게 있습니다. 우리의 입법자와 우리의 재판관이신 하나님 앞에서 아무것도 아닌 존재로서, 이러한 책임을 지고 세상 앞에 참된 겸손함을 드러내는 사람으로서 우리를 드러낼 수 있기 바랍니다.

# 6부

# 중생자의 삶과 인내와 기도

THE CHURCH
WORSHIPS
HERE,
TODAY!

24강 야고보서 4장 13-17절

# 그리스도인의 삶의 계획

"들으라! 너희 중에 말하기를 오늘이나 내일이나 우리가 어떤 도시에 가서 거기서 일 년을 머물며 장사하여 이익을 보리라 하는 자들아. 내일 일을 너희가 알지 못하는도다. 너희 생명이 무엇이냐 너희는 잠깐 보이다가 없어지는 안개니라. 너희가 도리어 말하기를 주의 뜻이면 우리가 살기도 하고 이것이나 저것을 하리라 할 것이거늘, 이제도 너희가 허탄한 자랑을 하니 그러한 자랑은 다 악한 것이라. 그러므로 사람이 선을 행할 줄 알고도 행하지 아니하면 죄니라"(약 4:13-17).

야고보서 4장 13절에서 17절의 말씀은 하나님을 섬겨 나가는 주의 백성들이 세상에서 어떤 식으로 계획하며 살아야 하는지를 말하는 아주 전형적인 말씀입니다.

## 삶의 계획

본문은 한 사람을 소개하고 있습니다. "너희 중에 말하기를"이라고 했으니 구체적으로 교회 공동체 안에 있는 사람입니다. 교회 밖에 있는 예수님을 안 믿는 사람이 아닙니다. 어떤 사람이 "오늘이나 내일이나 우리가 어떤 도시에 가서 거기서 일 년을 머물며 장사하여 이익을 보리라 하는 자들아"라고 말하고 있습니다. 여기 아주 구체적인 계획을 세우고 있는 사람이 나옵니다. 이 사람은 자기의 여행, 상업적인 여행을 시작할 준비를 하고 있습니다. "오늘이나 내일이나"라며 날짜가 정해져 있습니다. 또한 "어떤 도시에 가서"라고 하며 가야 할 곳도 정해져 있습니다. 그는 일정한 기간을 거기에 가서 장사하겠다고 합니다. 그리고 확실한 이익이 있을 것이라고 말합니다.

갈릴리 지역에 헬라 사람들의 영향을 많이 받았던 사람들은 지중해 연안을 항해하면서 무역하는 일을 많이 했다고 합니다. 갈릴리 지역의 데가볼리는 헬라의 영향을 받은 이름입니다. 데가볼리는 '데카폴리스'(Δεκάπολις)로 '열 개의 고을'이라는 뜻입니다. 헬라어 지명인 이 지역은 헬라어를 익숙하게 사용하는 사람들이 있는 지역이었다고 할 수 있습니다. 헬라어에 익숙한 사람들은 세상을 두루 다니며 여러 가지 상업 활동을 잘 할 수 있었을 것입니다.

여기 상업 활동에 익숙한 사람이 있습니다. 자기 시간을 낭비하지 않고 확실한 계획을 세워서 어떤 특별한 일을 하려는 사람입니다. 그 사람에 대해서 야고보는 "내일 일을 너희가 알지 못하는도다"(약 4:14)라고 말합니다. 내일 어떻게 될지 너희가 아느냐? 14절 중간에는 "너희 생명이 무엇이냐? 너희는 잠깐 보이다가 없어지는 안개니라"라고 말씀합니다. 이 은유법을 제대로 이해해야 합니다. 우리는 안개가 아니라는 것은 모두 아는 사실입니다. 안개는 아침에 온 세상을 가득 메웠다가 해가 나면 걷히는 것을 우리는 알고 있습니다. 그것처럼 인간의 삶이라는 것은 있다가도 금방 없어지는 삶이라는 것입니다. 내일 일을 알지 못하는데 어떻게 인생에 대한 확실한 계획을 갖느냐는 것입니다다. 그래서는 안 된다고 합니다.

### 오해 (1): 무계획

여기서 사람들은 여러 가지 잘못된 생각을 합니다. "그러면 아무런 계획을 세우지 말아야겠습니다. 내일 어떻게 될지 모르니 계획을 세울 필요 없이 그냥 살면 되는 것 아닙니까?"라고 말하는 사람이 있습니다. 이 사람은 본문이 말하려는 의도를 제대로 생각하지 않는 사람입니다. 사람들의 마음은 하나님의 말씀을 잘 따르기보다는 삐딱하게 나가려는 성향이 있습니다. 하나님이 아주 명확하게 어떻게 해야 할지를 가르쳐줄 때도 우리는 그 말씀을 우리의 방식대로 생각하려는 경향이 있습니다. 하나님은 우리가 아무런 계획이 없이 그냥 현재에 충실해서 살라고 이 말씀을 한 것이 아닙니다.

### 오해 (2): 근본적 문제

이 본문이 말하는 기본적인 잘못이 있습니다. 우리가 인생을 계획할 때 하나님을 전혀 고려하지 않고 계획하는 것입니다. 하나님 없이 자기의 삶을 다 계획하고, 그것을 수행해 가려는 것입니다. 이것이 세상에서 성공적인 삶을 사는 사람들의 생각입니다. 세상 사람들은 대개 그렇게 합니다. 그래서 사람들은 삶을 어떻게 계획하고 살아갈 것인가에 관해 많은 관심을 가집니다. 특별히 서양 사람들은 어떻게 하면 일을 효과적으로 잘 할 수 있느냐? 어떻게 계획하고, 어떻게 계획을 실행할 것인가? 계획한 것을 어떻게 평가할 것인가를 생각합니다. 경영학에서 배우는 것이 대부분 그런 것입니다. 사람들이 그런 것에 맛을 들이면 모든 것을 그런 틀로 바라보게 됩니다. 그런데 문제는 세운 계획에 하나님이 전혀 고려되어 있지 않다는 데 있습니다.

그러면 우리는 어떻게 해야 합니까? 15절은 "너희가 도리어 말하기를"이라고 합니다. 앞에서 본 13절과 같이 말하는 것이 아니라 이렇게 말해야 한다고 합니다. "주의 뜻이면 우리가 살기도 하고 이것이나 저것을 하리라 할 것이거늘"이라고 말해야 한다는 것입니다. 하나님의 뜻이면, 하나님 뜻 안에서, 하나님이 허락하시면 살 수 있을 것이고, 산다면 인생을 낭비하지 않고 이런저런 계획을 세워야 한다는 것입니다.

### 오해 (3): 생크림 모델의 오해

이 말에서 또다시 잘못된 생각이 나타날 수 있습니다. 그저 겉모양으로만 "주의 뜻이면"이라고 말하는 것입니다. 실제로는 13절에서 말하는 사람과 똑같은 것입니다. 자기가 계획을 세웁니다. 자기가 수행할 모든 것을 마련합니다. 그리고 거기에 "주의 뜻이면"이라는 말을 덧붙이는 것입니다. 이것을 생크림 모델이라고 합니다. 겉은 생크림인데 그것을 걷어 내면 다른 것이 있는 것과 같습니다. 그래서 예수님을 믿는 사람들이 자기의 신앙심을 나타내기 위하여 "주의 뜻이면" 행한다고 하는데 사실은 그 안에 하나님을 고려하는 마음이 반영되어 있지 않은 것입니다. 그러니까 생크림 모델이 안 되려면 전부 다 하나님과 실질적으로 관련되어 있어야 합니다. 마치 거미줄처럼, 신경망처럼 하나님과 관련되어 있어야 합니다. 겉으로만 "주의 뜻이면"이라고 말하고 실질적으로는 자신의 마음 깊은 곳에서 그냥 자기의 생각대로 하려는 것이 세 번째 오해입니다.

거기에 종교적인 어떤 수사(rhetoric)가 있을 수 있습니다. "주님 어떤 것을 하려고 하는데 할 수 있게 해주세요"라고 기도도 할 수 있습니다. 그러나 겉으로만 그렇지 내면에서 하나님과 관련하지 않을 때 그것은 다 헛된 것입니다. 겉모양을 다 걷어 내면 그것은 13절에서 문제 삼은 그 사람의 모습과 같은 것이기 때문입니다. 오히려 그 사람보다도 더 심각한 문제를 지니고 있습니다. 왜냐하면 13절에 있는 사람은 본문에 나오는 말씀의 도전 앞에서 "그렇구나, 내가 하나님을 고려하지 않았구나, 인생의 계획에 하나님이 없구나" 하는 것을 파악할 수 있는데, 15절의 말씀을 잘못 적용한 사람은 자기는 충분히 하나님을 고려했다고 생각하기 때문입니다. 하나님의 뜻을 충분히 생각했다고 스스로 생각합니다. 또한 하나님께 기도도 했다고 생각합니다. 그렇기에 이 사람은 고치기 힘든 상황 가운데 있을 수 있습니다.

### 삶의 계획에 대한 그리스도인의 바른 자세

그러므로 우리는 참으로 "주의 뜻이면" 무엇이든 하겠다는 계획으로 살아야 합니다. "주의 뜻이면"이라는 것이 그냥 수사로만 있어서는 안 됩니다. 참으로 삶의 모든 것에 깊이 파고들어 있어야 합니다.

바울이 그의 사역과 관련하여 앞으로의 계획을 언급한 때가 있었습니다. 어떤 때는 "주님 뜻이면 우리가 이와 같이 하겠다"라고 말했습니다. 어떤 때는 그런 말을 사용하지 않았을 때도 있습니다. 그러나 말을 하든지 안 하든지 그의 모든 계획은 '하나님이 아니면 우리가 그 어떤 것도 할 수 없다, 우리는 하나님을 의존하고, 인생의 계획은 결국 하나님이 원하시는 것을 해 나가야 한다는 것'을 아주 분명하게 합니다. 삶의 궁극적인 목표를 들여다보면 결국 하나님을 염두에 두지 않은 것은 다 무의미한 것입니다. 이것은 야고보만 말하는 것이 아닙니다.

### 잠언 27장 1절

이와 관련한 구약 성경 두 곳을 살펴보겠습니다. 먼저 잠언 27장 1절은 "너는 내일 일을 자랑하지 말라. 하루 동안에 무슨 일이 일어날는지 네가 알 수 없음이니라"라고 말씀합니다. 단순하면서도 이해하기 쉬운 권면의 말씀입니다. 이 말을 문자적으로만 생각하지 말아야 합니다. 물론 문자적으로도 의미가 있습니다. 내일 어떻게 될지 모른다는 것은 사실이기 때문입니다. 그러니까 "내가 이렇게 했으니 내일 이렇게 될 것이다"라고 생각하면서 스스로 자랑하지 말라는 뜻이 분명합니다. 그러나 그런 문자적인 의미만 생각하지 말고 좀 더 폭넓게 생각해야 합니다. 모든 일에 있어서 궁극적으로 하나님이 의도하신 것 외에 다른 토대를 놓고 사는 것은 무의미한 일이라는 것입니다. 어떤 사람은 남들보다 재능이 있어서 자료를 토대로 예측하고 계획을 세우는 일에 탁월할 수 있습니다. 그리고 계획대로 잘 할 수 있습니다. 그렇다고 해도 그것은 아주 분명한 토대 위에 세운 계획은 아니라는 것을 우리는 생각할 수 있어야 합니다.

### 시편 39편 5절-7절

시편 39편에 있는 말씀도 보겠습니다. 시편 39편을 지은 다윗은 하나님 앞에서 자기의 삶을 "주께서 나의 날을 한 뼘 길이만큼 되게 하시매 나의 일생이 주 앞에는 없는 것 같사오니"(시 39:5)라고 표현하고 있습니다. 하나님의 영원에 비해 우리의 삶이라는 것은 사실 "없는 것 같다" 또는 다른 곳의 표현으로 "밤의 한 순간 같을 뿐"(시 90:4)이라고 합니다. 그렇게 잠시뿐이라는 것입니다. 그런 시간이 우리에게는 상당히 복잡하고 심각하며, 마치 죽을 것 같이 힘들게 느껴지기도 합니다. 우리의 삶을 돌아보면 쉽게 알 수 있습니다. 과거에 대학 시험을 앞두고 있었을 때 그것은 굉장히 심각한 일이었습니다. 그런데 지금 와서 생각해 보면 뭐가 그리 심각했었나 하는 생각을 하게 됩니다. 이렇게 우리의 삶도 조금만 거리를 두고 생각해 봐도 그때는 아주 심각했던 것이 지금은 그리 심각하게 생각되지 않습니다. 하나님의 영원하신 관점에서 보면 우리의 삶이라는 것은 이 시편에서 다윗이 말하는 것처럼 정말 "없는 것 같은" 것입니다.

하나님 앞에서 우리의 삶은 사실 "없는 것 같다"라는 것을 잘 파악하게 되면 우리는 그냥 살게 되는 것이 아니라, 하나님을 생각하면서 살게 되고, 또 마땅히 그렇게 살아야 합니다. 그래서 시편 기자는 "사람은 그가 든든히 서 있는 때에도 진실로 모두가 허사뿐이니이다"(시 39:5)라고 말씀합니다. 그러니 우리가 든든히 서지 못할 때, 우리가 위태할 때는 얼마나 더 허사이겠습니까? 그러니 계획을 잘 세워서 뭔가 놀라운 것을 이룬다고 해도 그것은 하나님의 저 높은 경지에서 봤을 때 모두 다 허사일 뿐이라고 하는 것입니다. 그래서 시편 기자는 "진실로 각 사람은 그림자 같이 다니고"(시 39:6)라는 말도 합니다. "그림자 같다"라는 이 말을 오해하지 말아야 합니다. 이것은 불교에서 말하는 "일장춘몽(一場春夢)"이 아닙니다. 아무것도 아닌 것이 아니라 의미 있는 것이라는 말입니다. "헛된 일로 소란하며 재물을 쌓으나 누가 거둘는지 알지 못하나이다"(시 39:6)라고 말씀합니다. 하나님과 상관없는 일은 다 헛된 일로 소란한 것이라고 합니다.

그래서 어떻게 해야 합니까? "주여 이제 내가 무엇을 바라리요 나의 소망은 주께 있나이다"(시 39:7)라고 말씀합니다. 이 말을 잘못 이해하면 어떻게 됩니까? 세상에서 사람들과 어울려 생활하며 돈 벌고 활동하는 그런 것을 다 포기하고 신학교에 가야 한다고 생각합니다. 아니면 수도원과 같은 곳으로 가서 생활해야 한다고 생각합니다. 하나님은 우리에게 그렇게 살라고 하신 것이 아닙니다. 인생이 이런 것이라는 사실을 정확히 알고 그 터 위에서 하나님께 소망을 두고 하나님이 하라고 하신 일을 할 때, 그것이 진정 의미가 있음을 알아야 한다는 것입니다. 이제는 '주께서 우리에게 원하시는 것이 무엇인가? 무엇을 위해서 나의 삶을 드려야 되는가?' 하는 것을 생각해야만 합니다.

오해하면 안 됩니다. 하나님의 말씀은 우리가 세상에서 열심히 살지 못하도록 하는 것이 아닙니다. 열심히 사는데 열심히 사는 것이 무엇을 위해 사는 것인가를 분명히 해야 한다는 것입니다. 물론 예수님을 열심히 믿는다고 할 때 포기해야 할 어떤 것도 있습니다. 만일 오락과 즐기는 데 많은 시간을 쏟고 낭비했다면, 쓸데없는 일을 많이 했었다면 그런 것은 포기해야 할 것입니다. 예수님을 참으로 믿겠다고 한다면 상당히 많은 것을 포기해야 할 것입니다.

그러나 사람들 대부분은 이전에 하던 일을 열심히 하되, 그 이유와 방향이 달라지는 것입니다. 삶의 토대가 되시는 하나님이 계시기 때문입니다. 우리는 하나님을 위해서 일하는 것입니다. 하나님이 원하시는 일을 해야 합니다. 예수님을 믿는 사람들은 적극적으로 하나님이 우리에게 무엇을 하게 하시는지를 찾아서 세상에서 그것을 드러내면서 살게 됩니다. 이것이 하나님의 백성들이 세상에서 사는 삶의 방식입니다.

하나님은 우리가 세상에서 다른 것을 추구하면서 살도록 하지 않습니다. 어떤 사람의 표현대로 "허공에 있는 파이"(pie in the sky)를 추구하도록 하는 것이 아닙니다. '허공에 있는 파이'라는 것은 진짜가 아닙니다. 그러한 것을 추구하는 것이 아니라 실제 인생의 본질을 바르게 깨닫고 굳건히 발을 디디고 살도록 합니다. 공중에 붕 떠서 사는 사람이 아니라 진짜 이 세상에 발을 굳건히 디디고 사는 것입니다. 다른 사람은 알지 못하는 인생의 본질을 아는 사람으로서 하나님의 토대 위에서 하나님이 원하시는 바를 구하고 그것을 추구하면서 살아야 합니다. 자기만 그렇게 사는 것이 아니라 다른 사람들도 그러한 삶을 살아야 한다는 것을 알기에 사람들을 바른 방향으로 이끄는 삶을 삽니다. 우리는 "실재(實在)를 보고 온" 사람이기 때문입니다. 진짜가 무엇인가를 하나님의 가르침을 통해서 알게 된 사람이기 때문입니다. 그렇기에 세상에서 다른 어떤 헛된 일을 추구하지 않습니다. 하나님과 관련되지 않은 세상의 어떤 것도 영광스럽다고 생각하지 않기 때문입니다.

### 허탄한 자랑을 하지 말라!

이런 입장에서 살펴보면 야고보가 우리에게 아주 강조하는 말이 있습니다. 16절은 "이제도 너희가 허탄한 자랑을 하니 그러한 자랑은 다 악한 것이라"라고 말씀합니다. 허탄한 것이 무엇입니까? 하나님과 관련되어 있지 않은 모든 것을 자랑하는 것이 허탄한 것입니다. 그것이 '인생의 성공'일 수도 있습니다. '많은 재물'일 수도 있습니다. 심지어 '우리의 신앙'일 수도 있습니다. 우리가 만들어 낸 어떤 것에 생크림처럼 신앙을 얹어놓은 것입니다. 그래서 "신앙으로 그것을 했다"라고 말하는 것일 수도 있습니다. 그런데 그런 것을 하나님의 관점에서 본다면 다 헛된 자랑입니다.

소위 성공했다는 사람들은 나름대로 자랑할 것이 많이 있습니다. 그런 사람들이 나중에는 성공하는 방법들을 우리에게 말하기 시작합니다. 현대인들이 가장 관심을 두는 것이 바로 그런 것입니다. 심지어 예수님을 믿는 사람도 그것이 제일 관심거리입니다. 성공에 관한 책, 돈 관리에 관한 책 등은 안 믿는 사람들뿐만 아니라 예수님을 믿는 사람들도 많이 찾습니다. 그런 것이 본문 말씀에 의하면 다 헛된 것, 허탄한 것을 찾는 것입니다. 하나님은 그것이 아무것도 아니라고 말씀하지만 우리는 그것을 자랑합니다. 그것을 부러워합니다. 부러워하는 사람이 있으니까 자랑하는 사람이 있을 것입니다. 자랑하는 분위기를 자꾸만 만들어 주기에 사람들은 계속 허탄한 것을 자랑합니다.

본문은 그런 자랑은 다 잘못된 것이고, 악한 것이라고 말하고 있습니다. 성경은 기본적으로 사람이 무언가를 자랑하는 것을 좋게 여기지 않습니다. 자랑할 것이 있지 않다는 것입니다. 인생의 본질을 알면 자랑할 것이 아무것도 없기 때문입니다. 그렇기에 17절은 "그러므로 사람이 선을 행할 줄 알고도 행하지 아니하면 죄니라"라고 말씀합니다. 이 말은 일차적으로는 "자랑하는 것이 헛된 것"이라는 것을 알았으면 그것을 하지 말아야 한다는 것을 말하고 있습니다.

하나님을 생각하지 않고 계획한 것은 잘못이라는 것을 배웠습니다. 그것을 알면서도 계획할 때, 하나님을 고려의 대상에서 제외한다거나 실질적으로 하나님을 전혀 고려하지 않을 때 그것이 악한 것이라고 말씀하십니다.

## 나가면서

본문은 우리에게 무엇을 말합니까? 우리 삶의 모든 계획에서 기본적으로 하나님이 고려되어야 함을 말해 줍니다. 예수님을 믿는 사람은 아무런 계획을 하지 않는 사람이 아닙니다. 우리는 하나님을 염두에 두고 계획하는 사람들입니다. 그런데 계획이라는 것은 크게 두 가지 성격이 있습니다. 하나는 잠정적이라는 점입니다. 하나님의 뜻을 염두에 두면서 계획을 한다 해도 다 잠정적인 것입니다. 왜 그렇습니까? 계획을 세운다 해도 내일 주께서 나를 데려가실 수 있습니다. 그러니 우리가 세우는 계획은 다 잠정적인 것입니다. 또 하나 더 중요한 것은 그 계획이 하나님과 실질적으로 연관되어 있어야 합니다. 유기적으로 연관되어 있어야 한다는 것입니다. 어느 한구석을 떼어 내도 그것이 다 하나님과 연관되어 있어야 합니다. 우리 삶의 모든 것이 그래야 한다는 것입니다.

이것과 반대되는 것이 "죄"입니다. 죄는 우리 삶의 모든 부분에 영향을 미치고 있습니다. 그러니까 우리 삶의 어떤 부분을 떼어 내도 다 죄로 물들어 있습니다. 그것이 "전적 부패"(total depravity)라는 말의 뜻입니다. 우리의 인간성, 우리의 계획, 우리의 인생, 그 어디에도 타락하고 부패한 성품이 안 들어 있는 곳이 없고, 어디를 떼어도 다 부패한 본성이 있다는 것입니다.

성도의 삶은 그것과 완전히 반대되는 상황을 우리에게 요구하는 것입니다. 우리의 어디를 보아도 다 부패성으로 점철되었는데, 이제는 어디를 보아도 하나님과 연관되지 않은 것이 없어야 한다는 것입니다. 하나님과 유기적으로 연결된 실제를 우리 가운데 만들어낼 때, 우리가 참으로 예수님을 믿는 사람답게 사는 것입니다. 삶을 나누어서는 안 됩니다. 우리 삶 가운데 하나님이 주관하시는 영역, 내가 알아서 하는 영역, 이렇게 분야를 구분하듯이 나누는 것은 잘못된 것입니다. 삶이라는 것, 인생이라는 것이 이렇게 딱 잘라 낼 수 있는 것이 아닙니다. 모두 다 연결되어 있습니다.

이것을 하나님과 연결하면 우리 삶의 어느 부분도 하나님을 배제하고는 살아갈 수 없습니다. 이것을 좀 더 구체적으로 말하면, 우리 삶의 어느 부분도 교회와 관련되지 않고서는 존재할 수가 없다는 말입니다. 하나님이 교회 공동체를 세상 가운데 드러내도록 하는 사명을 우리에게 주셨습니다. 교회를 드러내는 것이 우리 삶의 목표입니다. 교회는 우리가 모이는 곳에 있다고 생각하면 안 됩니다. 성경은 한 번도 그렇게 말한 적이 없습니다. 교회는 우리가 하나님의 백성다운 모습으로 세상에 드러낼 때, 그리스도의 몸을 드러낼 때 거기에 현존합니다. 우리 삶에 있어서 어느 한 부분도 그것과 관련되지 않은 것은 없습니다. 우리 삶을 개인의 삶과 교회의 삶으로 나눌 수 없다는 것입니다. 모든 것이 하나님의 의도를 잘 드러내도록 해야 합니다.

우리 삶의 모든 것, 혼인하고, 아이를 키우는 것을 비롯하여 경제활동을 하고 사회 구성원으로서 활동하는 것, 또한 그와 관련된 모든 계획이 하나님과 유기적으로 연관되어 있어야 합니다. 삶을 어떻게 살 것인가? 나이 들면 어떻게 할 것인가? 하는 모든 것의 한 부분을 끄집어내도 하나님과 관련되지 않은 부분이 없도록 우리의 삶을 살아야 합니다. 주님은 우리에게 그것을 요구합니다. "주님 삶의 이 부분이 어떻게 해야 주님과 연관되는 것입니까? 잘 모르겠습니다. 제게 지혜를 주세요", "지금 이 일을 해야 하는데 이것이 주님과 어떻게 연관되는 것입니까?" 하는 기도를 우리가 해야 합니다. 우리의 삶 전체가 하나님과 연관되어 있고, 동시에 교회와 연관되어 있기에 우리 삶 전체를 통해서 세상 가운데 하나님의 뜻을 잘 드러내야 합니다.

본문은 우리에게 "들으라"라는 말로 시작했습니다. 안타까운 마음으로 야고보가 우리에게 외치는 이 음성을 우리는 들어야 합니다. 어떤 사람, 자기 인생의 계획을 잘 세우는 사람을 말하면서 우리에게 삶의 본질이 무엇인지를 상기하고 있습니다. 우리 한 사람 한 사람이 본문 말씀과 관련하여 우리의 삶을 검토하고, 주님이 원하시는 삶을 제대로 살아갈 수 있기를 바랍니다.

25강 야고보서 5장 1-6절

# 부에 대한 그리스도인의 태도

"들으라, 부한 자들아! 너희에게 임할 고생으로 말미암아 울고 통곡하라. 너희 재물은 썩었고 너희 옷은 좀먹었으며 너희 금과 은은 녹이 슬었으니, 이 녹이 너희에게 증거가 되며 불 같이 너희 살을 먹으리라. 너희가 말세에 재물을 쌓았도다. 보라 너희 밭에서 추수한 품꾼에게 주지 아니한 삯이 소리 지르며 그 추수한 자의 우는 소리가 만군의 주의 귀에 들렸느니라. 너희가 땅에서 사치하고 방종하여 살륙의 날에 너희 마음을 살찌게 하였도다. 너희는 의인을 정죄하고 죽였으나 그는 너희에게 대항하지 아니하였느니라"(약 5:1-6).

본문은 사람들이 오해하기 쉬운 말씀입니다. 그러나 문단 전체를 중심으로 살펴보면 오해하지 않고 그 의미를 잘 파악할 수 있습니다. 언제나 성경을 제대로 이해하려면 먼저 성경이 말하는 전체적인 뜻을 알아야 합니다.

## 어떤 정황의 어떤 문제인지 알아야

4절은 "보라 너희 밭에서 추수한 품꾼에게 주지 아니한 삯이 소리 지르며 그 추수한 자의 우는 소리가 만군의 주의 귀에 들렸느니라"(약 5:4)라고 말씀합니다. 어떤 정황입니까? 큰 땅을 소유한 사람이 있습니다. 1세기 상황, 그때는 기계화되지 않은 시대니까 주인은 많은 사람을 고용해서 밭에서 일을 시킵니다. 일한 사람에게는 품삯이 주어집니다. 이때 문제가 되는 것이 있다면 아마도 두 가지 상황일 것입니다. 하나는 품삯을 주기로 해놓고는 미루는 것입니다. 약속했으니 품삯을 주기는 하지만 시간을 끌며 천천히 주는 것입니다. 다른 하나는 일한 것에 비해 너무나 적은 품삯을 주는 것입니다. 일할 사람이 많기에 조금만 주어도 얼마든지 일할 사람을 찾을 수 있기에 그렇습니다. 이 두 상황을 같이 생각해도 좋습니다. 그랬을 때 이익은 결국 밭의 주인에게 돌아갑니다.

이런 정황이 세상에는 많습니다. 일자리는 없고 일하려는 사람이 많으면 이런 두 가지 정황이 언제든지 나타날 수 있습니다. 만일 일하고 품삯을 늦게 받은 경험이 있다면 이것을 잘 이해할 수 있습니다. 받아야 할 돈은 있는데 당장 쓸 돈이 없으니까 어렵습니다. 삶을 마이너스로 살아야 합니다. 또 노동하려는 사람이 많다는 것을 보면 싼 임금으로 사람들의 노동력을 이용하는 것입니다. 이런 것이 복잡한 상황을 낳은 것입니다. 바로 그런 정황을 염두에 두면서 1절을 읽어야 합니다.

> 들으라, 부한 자들아! 너희에게 임할 고생으로 말미암아 울고 통곡하라(약 5:1).

4절의 정황을 바르게 이해하지 않으면 1절이 말하는 "부한 자들"을 오해하기 쉽습니다. "성경은 부한 것에 대해서 비판적이구나"라고 잘못 생각할 수 있습니다. 그러나 성경은 그렇게 추상적으로 이야기하지 않습니다. 지금 본문이 말하는 부한 자들은 그냥 부한 사람이 아닙니다. 이런저런 방식으로 다른 사람에게 마땅히 주어야 할 것을 조금씩 조금씩 자기가 취한 사람입니다. 그리하여 잘못된 방식으로 많은 부를 축적한 것입니다. 그런 사람에게 성경은 "들으라, 부한 자들아! 너희에게 임할 고생으로 말미암아 울고 통곡하라"(약 5:1)고 말씀합니다.

언제 그런 고생이 임합니까? 그것에 대해서 본문이 명확하게 이야기하지는 않습니다. 어떤 때는 너희가 세상에서 어려움을 당할 수도 있다고 하지만 꼭 그런 것은 아닙니다. 어떤 부한 사람은 죽을 때까지 고생하지 않고 잘 살 수도 있습니다. 그러므로 결국 사후의 상황이 가장 심각한 문제입니다. 우리가 세상에서 어떻게 살았든지 하나님의 심판대 앞에서 어떻게 될 것인지를 늘 염두에 두어야 합니다.

"나는 줄 것을 다 주었다"라고 말할 수도 있을 것입니다. 앞에서 이야기했던 첫 번째 사람은 처음에 약속한 것과는 달리 품삯을 늦게 주었기 때문에 자기가 잘못했다고 생각할 수 있습니다. 그런데 두 번째 사람은 정해진 액수의 품삯을 정한 때에 다 주었습니다. 그래서 자기가 잘못했다는 생각을 하지 않습니다. 만일 그럴지라도 지급한 품삯으로는 사람이 도무지 살아갈 수 없을 만큼의 적은 금액이라면, 결과적으로 전체적인 이익의 상당 부분을 주인이 가져간 것입니다. 이것은 자기의 이익을 위해 남의 것을 빼앗은 것입니다. 그랬을 때 너희에게 임할 고생으로 인하여 울고 통곡해야 한다는 말입니다.

그런데 문제는 사람들이 그것을 못 본다는 데 있습니다. 성경을 제대로 공부하는 사람은 그것을 볼 수 있습니다. 예수님을 믿고 성경을 공부하는 사람은 사태를 전체적으로 정확하게 보는 사람입니다. 물론 그렇지 않은 사람도 있습니다. 성경에 관심을 안 기울이고 그냥 살면 그것을 못 봅니다. 또한 하나님 앞에서 열심히 한다고 하는데 실제로 성경의 교훈을 받지 않으면 그렇게 됩니다. 이런 사람은 예배 참석을 잘 하는 것, 헌금을 잘 하는 것 등이 하나님을 섬기는 표현이라고 착각합니다. 그런 좁은 의미의 종교의식으로 자기 마음대로 살면서 '하나님이 함께하시니 잘된다'라고 생각한다면, 그것은 예수님을 믿는다고 하면서도 사실은 성경을 제대로 공부하지 않은 것이고, 그 결과로 사물의 본질을 제대로 못 보고 있는 것입니다.

세상 사람들은 세상만이 전부라고 생각하며 살아갑니다. 그런데 예수님을 믿는 사람, 즉 성경이 말하는 본질을 생각하는 사람은 우리의 삶이 무엇인지를 하나님의 관점에서 정확히 알아야 합니다. 우리의 삶은 "잠깐 보이다가 없어지는 안개"와 같다는 것을 앞에서 이야기했습니다. 그래도 우리는 열심히 살아야 한다는 것이 기독교적인 태도입니다. 잠깐 보이다가 없어지는 안개니까 그냥 살아도 된다는 말이 아닙니다. 사는 동안에 하나님의 뜻을 생각하면서, 하나님의 관점에서 세상 전체를 바라보며 열심히 살아야 합니다. 따라서 예수님을 믿는 사람들은 정신을 바짝 차려야 합니다. 중요한 것은 "무엇을 위해서 사는가?" 하는 것입니다. 잘 따져봐야 자신이 무엇을 위해서 사는지가 드러날 수 있습니다. 안 따지면 피상적으로 생각하기 쉽습니다. 평소에 누군가가 "당신은 무엇 때문에 그렇게 열심히 살아갑니까?"라고 물었을 때 나는 과연 무슨 생각이 드는가 하는 것이 핵심입니다. 과연 무엇을 위해 삽니까? 그것이 가장 중요한 문제입니다.

### 부자들에 대한 이 말씀의 폭넓은 함의

야고보서나 다른 성경에서 부자들에 대한 말을 들을 때, 잘못하면 우리와는 전혀 상관없는 이야기라고 생각할 수 있습니다. 우리는 부자가 아니라는 이유로 우리와는 관계없다고 생각하는 것입니다. 그러나 가난하게 사는 사람일지라도 자기가 살아가는 모든 삶이 경제적인 것을 중심으로 하고 있다면 똑같은 것입니다. 그러므로 부자들에 관한 이야기니 나와는 상관없다는 반응을 보이는 것은 성경의 깊은 의미로 들어가지 않으려는 것입니다. 성경은 예수님을 믿는 사람들이 자신이 왜 사는지를 명확히 하면서 살 것을 요구합니다. 모든 정황에서 내가 이 일을 왜 하고 있는지를 하나님 앞에서 분명히 의식해야 합니다. 성경은 그냥 아무 정신없이 사는 것을 허락하지 않습니다. 예수님을 믿는 사람들은 모든 일에 대해서 생각을 많이 하도록, 계속해서 반성(反省)하도록 요구받습니다.

믿는다는 우리도 복잡한 세상에 살면서 부지불식간에 경제적인 것을 중심으로 하는 삶의 방식에 사로잡힐 수 있습니다. 그렇더라도 우리가 진정한 그리스도인이라면 이런 말씀 앞에서 스스로 반성하게 됩니다. 또는 성찬을 하기 전에 자신을 돌아보게 됩니다. 삶 전체를 돌아보고, 지난 성찬 이후의 삶이 어떠했는지를 돌아보며 '정말 하나님의 말씀을 의존해서 살아가는가?' 하는 것을 생각하게 됩니다. 혹시 우리가 세상 사람들처럼 경제적인 것을 모든 것의 기준이라고 여기며 살아간다면 그러한 삶을 심각하게 반성하게 하시는 것입니다.

세상에 상당히 많은 사람은 물질적인 것을 중심으로 살도록 교육되어 있습니다. 공산주의자들은 기본적으로는 그렇게 생각합니다. 그들에 의하면 물질적인 것이 모든 것을 결정하고, 물질적인 것에 의해서 상부구조가 결정되기 때문이라고 합니다. 또한 자본주의자들도 경제적인 것이 중요하다고 생각합니다. 그러나 예수님을 믿는 사람들은 이 두 가지에 다 저항하는 사람들입니다. 우리는 양편에 다 적(敵)이 있습니다.

종교개혁 시대에는 그래도 거의 모든 사람이 다 예배에 참석하는 분위기였습니다. 그러니까 예배에 참석하는 사람들을 '어떻게 하면 성경적으로 만들 것인가?' 하는 과제만을 가지고 있었습니다. 그러나 우리 시대에는 예배에 참석하지 않아도 되는 것처럼 생각하는 사람들이 대다수입니다. 또한 교회에 출석하는 사람들 가운데도 성경대로 살지 않고, 성경대로 살려고 노력하지 않는 사람들이 많이 있습니다. 그래서 우리는 하나님을 믿지 않는 사람을 하나님 믿게 만들어야 하는 큰 과제까지도 안고 있습니다. 또한 엉터리여도 신앙생활을 하기만 하면 된다고 생각하는 사람들도 있습니다. '주일 날 예배당에 안 와도 되고, 천주교회라도 나가면 괜찮다' 등의 유혹이 있습니다.

성격은 다르지만 본질적으로 같은 유혹과 도전이 여기 있습니다. 예수님을 믿는다고 하지만 성경이 말하는 믿는 사람의 사고방식은 전혀 따르지 않고, 세상 사람들처럼 경제적인 것이 모든 것을 결정한다는 사고방식을 가지고 사는 사람들을 어떻게 성경적으로 바꿀 것인가? 하는 것이 우리의 과제입니다. 우리 시대의 종교개혁은 아마 그런 식으로 나타나야 할 것입니다. 우리도 경제적인 것이 모든 것을 결정한다고 생각한다면 우리가 개혁의 대상입니다. 그러므로 우리가 사는 동기를 면밀하게 살펴보아야 합니다. 우리의 모든 것을 결정하는 근본적인 원인이 무엇인가를 알아야 합니다. 신앙조차도 경제적인 것을 위해 사용하는 사람이 있다면 그것을 바꿔야 합니다.

그러므로 슬퍼하고 울어야 하는 사람들은 그저 부유한 사람들만은 아닙니다. 예수님을 믿는 사람들은 삶의 동기를 분명히 해야 합니다. 우리가 왜 사는 것이라고 했습니까? 그리스도 안에서 이미 우리에게 임하여 온 하나님의 나라를 세상에서 교회라는 형식으로 드러내기 위해서 산다고 했습니다. 그리고 교회는 세상 가운데 우리가 사는 삶의 현장에서 나타나는 것입니다. 주일에 선포되는 말씀을 따라서 제대로 살아가면 교회가 든든히 서는 것입니다. 그러나 우리가 열심히 모이고, 헌금도 많이 하는데 실제 삶에서는 성경이 말하는 대로 살지 않는다면, 우리는 교회를 아주 연약하게 만드는 사람이 되고 마는 것입니다.

우리가 하는 일은 넓은 의미에서 다 교회와 연관되어 있습니다. 집에서 하는 일도 다 교회와 연관되어 있습니다. 그것을 의식해야 합니다. "내가 잘 안 해도 교회가 잘 서 있다"라고 생각하는 것을 낭만주의적인 이해라고 합니다. 그렇게 해서는 교회가 세상에서 든든하게 설 수 없습니다. 한 사람 한 사람이 교회를 이루는 성원이라는 의식을 가지고 살아야만 합니다.

## 또 다른 오해 방지: 경제 문제를 배제하는 것이 아님

또한 우리는 경제 문제에 관심을 전혀 가지면 안 된다는 정반대의 오해도 극복해야 합니다. 예수님께서는 경제적인 것을 무시하지 않습니다. 예수님은 "사람이 떡으로만 살 것이 아니요"(마 4:4)라고 말씀하셨습니다. 이 말은 사람들이 세상을 사는 동안 떡이 필요하다는 것을 함의합니다. 우리의 삶에 경제적인 것이 필요하다는 것을 예수님이 모르시는 것이 아닙니다. 그러나 거기에만 집착하지 말아야 한다는 것입니다. 구약에서도 하나님의 백성들이 세상에 살 때 경제관념이 어떠해야 한다는 것을 여러 번 말씀했습니다.

신명기 24장은 이스라엘 백성들이 가나안 땅에 들어가 살 때 어떻게 살아야 하는지에 대해서 이야기합니다. 그중에 나오는 말씀입니다. "곤궁하고 빈한한 품꾼은 너희 형제든지 네 땅 성문 안에 우거하는 객이든지, 그를 학대하지 말며 그 품삯을 당일에 주고 해 진 후까지 미루지 말라"(신 24:14-15)라고 말씀합니다. "곤궁하고 빈한한 품꾼은 너희 형제든지"라는 말은 이스라엘 백성입니다. "네 땅 성문 안에 우거하는 객이든지"라는 말은 외국 사람을 말합니다. 그를 학대하지 말고 잘 대우해 주어야 한다는 것입니다. 품삯을 줄 능력이 있다면 미루지 말고 주어야 한다는 것입니다. 그 품삯은 어느 정도 되어야 합니까? 품삯을 받은 사람이 살 수 있을 정도입니다. 하루도 못 살 정도로 주고는 "줄 것을 다 주었다, 율법을 다 지켰다"라고 하면 안 됩니다. 당일 먹을 만큼은 주어야 합니다.

우리는 경제적인 것이 모든 것의 척도가 아니라는 태도로 살아가야 합니다. 특히 남들을 대할 때 그 사람의 경제적인 문제를 무시하지 말아야 합니다. 자칫 잘못하면 돈 많은 사람이 다른 사람에게 "경제가 중요한 것이 아니야, 신경 쓰지 마"라고 하면서, 다른 사람을 괴롭게 할 수도 있습니다. 그러면 안 된다는 것입니다. 물론 우리는 경제적인 것 때문에 사는 것이 아닙니다. 그러나 우리가 다른 이들의 삶을 책임져 주어야 하는 상황에 있을 때 우리는 언제나 그것을 신경 써야 한다는 말입니다. 그 사람들이 살아야 전도도 하고 하나님의 백성으로 이끌어 가는 일도 할 수 있을 것입니다. 그러니까 가장 기본적으로 어려운 사람이 살아갈 수 있도록 해 주어야 합니다. 자신은 경제를 가장 중요한 것으로 여기지 않고 살아가지만, 나와 관련된 사람들의 경제적인 것은 일차적으로 배려해 주어야 합니다.

우리는 늘 북한을 위해서 기도합니다. 궁극적으로 무엇을 위해서 기도합니까? 북한에도 복음이 자유롭게 전파되어서 예수님을 믿는 사람들이 있게 되기를 기도합니다. 그러나 그것만을 기도하지는 않습니다. 그들도 편안하게 먹고 살 수 있기를 기도합니다. 백성들이 잘 살 수 있게 그것을 위해서도 기도해야 합니다. 왜냐하면 그것은 복음 선포를 위한 것이라는 의미가 담겨있기 때문입니다. 항상 그렇습니다. 우리 자신에게는 경제적인 것이 무엇을 결정하는데 가장 중요한 요인으로 작용해서는 안 됩니다. 이것이 예수님을 믿는 사람의 삶입니다. 내가 어떻게 사느냐 하는 것은 대개 인생에서 중요한 것을 결정해야 할 때 드러납니다. 무엇을 중심으로 결정하느냐 하는 것에서 인생의 가치가 나타납니다. 경제적인 것이 결정에 중요하게 영향을 미쳤다면 우리는 결국 경제적인 것 때문에 사는 것입니다. 평소에 어떻게 생각하고 사는가가 그런 결정을 해야 할 순간에 나타납니다.

## 과연 무엇을 위해 사는가?

그러므로 하나님 앞에서 우리가 과연 무엇 때문에 사는지 돌아봐야 합니다. 우리는 과연 하나님 나라를 위해서 삽니까? 하나님 나라를 위해서 사는 사람은 다른 사람들과의 관계에서도 하나님 나라의 원리가 나타나야 합니다. 그것을 위해서 우리는 부단히 노력해야 합니다. 그런 의미에서 예수님을 믿는 사람들은 이상한 사람들입니다. 자기 자신이 손해 보는 한이 있어도 다른 사람들은 손해 보지 않도록 신경 쓰는 사람들입니다. 사람들은 이렇게 살면 망한다고 합니다. 그런데 그렇게 살아도 안 망하고, 안 죽는다는 것입니다. 물론 순교자들처럼, 이렇게 살다가 죽는 사람도 있습니다. 그렇게 죽으면 의미 있는 것입니다. 하나님의 말씀을 지키다가 하나님께로 가는 일이기 때문입니다. 그러나 대부분은 세상에서 안 죽고 살아가도록 주께서 돌보십니다. 이것이 그의 나라와 그의 의를 구하면 이 모든 것을 더하리라는 말씀의 뜻입니다.

다시 말하자면, 우리는 세상의 경제적인 문제에 집중해서 살아가지 않습니다. 하지만 오늘날 많은 사람이 하나님 믿는 것을 이상하게 바꾸어 버립니다. 그래서 그들은 다음과 같이 생각하고 주장하는 것입니다. "만일 내가 하나님 나라를 위해서 살면, 하나님은 나에게 물질을 주셔서 부자가 될 거야"라고 생각하며 말씀을 경제적인 것으로 바꾸어 버리는 것입니다. 그러나 그럴 수는 없습니다. 정상적인 경우라면 하나님 백성인 우리는 무엇을 신경 쓰면서 삽니까? '어떻게 하면 세상 가운데 하나님의 뜻을 잘 드러낼 수 있을까? 하나님 나라가 잘 증시(證示)되게 할까? 섬기는 교회를 통해서 그것을 어떻게 할까?' 하는 것만 신경 쓰면서 살아갑니다.

품꾼이 있다면 그들을 그저 품꾼으로 대하지 말아야 합니다. 그 사람들과 더불어 살아갈 수 있도록 하라는 것입니다. 우리가 그렇게 하지 않을 때 어떻게 됩니까? 15절은 "그 품삯을 당일에 주고 해 진 후까지 미루지 말라. 이는 그가 가난하므로 그 품삯을 간절히 바람이라. 그가 너를 여호와께 호소하지 않게 하라 그렇지 않으면 그것이 네게 죄가 될 것임이라"(신 24:15)라고 말씀합니다. 레위기 19장 13절, 14절에도 거의 같은 말씀이 나타납니다. "너는 네 이웃을 억압하지 말며", 대개 '억압하지 말며'라는 명령을 누구에게 합니까? 힘이 있는 사람한테 주는 것입니다. 힘이 없는 사람은 다른 사람들을 억압하려고 해도 억압할 수가 없습니다. 그런데 만일 하나님이 조금이라도 힘을 주시거든 우리는 이웃을 억압하지 말라는 것입니다. 이것을 모든 정황에서 생각해 보아야 합니다. 만일 한 반에 힘이 있는 아이와 힘이 없는 아이가 있을 때, 힘 있는 아이에게 아무도 반항할 수 없을 때라도 힘 있는 아이는 남을 억압하지 말라는 것입니다. 내 목소리가 커서 뭐 남들에게 이야기할 수 있지만, 그렇게 하지 말라는 것입니다. 그러니까 우리가 가진 장점 때문에 남들이 어려워하지 않도록 하라는 것, 힘을 행사하지 말라는 것입니다.

출애굽기 19장은 "억압하지 말며, 착취하지 말며, 품꾼의 삯을 아침까지 밤새도록 네게 두지 말며"(출 19:13)라고 말씀합니다. 하루 있다가 주지 말고, 제때 주라는 것입니다. 마땅히 주어야 할 것을 바로 주라는 것입니다. 혹시 우리가 남한테 뭔가를 주어야 하는 위치에 있을 때 바로 주어야 합니다. 회사를 경영하거나 가게를 운명하며 인건비나 대금을 지급할 때 그 정신을 분명히 해야 합니다. 월말이 되어서 돈이 없으면, 어떻게 해서든지 돈을 마련해서 주려고 노력해야 합니다. 그런 책임감을 가지라는 것입니다. 그렇지만 이렇게 노력하면서도 내가 월급 주는 사람이라고 생각하면 안 됩니다. 정확히 말하면, 내가 월급을 준 것이 아닙니다. 그 사람이 와서 일했으니 마땅히 주어야 할 것을 준 것입니다. 우리가 사업을 해도 같이 살기 위해서 하는 것입니다. 그러니 이웃과 더불어 사는 마음으로 하라는 말입니다.

여기서 선언된 원칙은 무엇입니까? 성경에서 더불어 살아가는 원리를 배워서 일상생활에서도 정말 감사하는 마음으로 해야 한다는 것입니다. 회사의 CEO로 월급을 줄 때도 감사한 마음으로 주라는 것입니다. 그런데 세상은 대개 거꾸로입니다. 종업원들이 감사해야 한다고 생각합니다. '내가 주는 사람이니까, 나에게 감사해야 한다'라고 생각합니다. 그래서 직원이 감사하지 않으면 화를 냅니다. 그런 면에서 성경의 원리는 세상의 관점에서 보면 참 이상한 것입니다. 성경은 새로운 관계성을 우리에게 가르쳐주는 것입니다. 그래서 예수님을 믿는 사람들이 세상에서 하나님이 말씀하시는 원칙에 따라 살도록 합니다.

그렇게 살지 않는 사람을 본문 5장 1절은 누구라고 합니까? 부한 자들이라는 것입니다. 경제적인 것을 가지고서 모든 것을 해결하려는 물질주의적인 이들 모두가 부한 자들입니다. 자기가 가진 것으로 모든 것을 해결할 수 있다고 생각하는 사람이 이에 해당합니다. 그런 사람에게 성경은 무엇이라고 합니까? "너희에게 임할 고생으로 말미암아 울고 통곡하라"(약 5:1)라고 합니다. 왜 그렇습니까? "너희 재물은 썩었고 너희 옷은 좀먹었으며 너희 금과 은은 녹이 슬었으니"(약 5:2-3)라고 말씀합니다. 고대 사회이기 때문에 이렇게 이야기하는 것입니다. 현대 사회에서는 자기가 가진 것을 집에 보관하는 경우가 별로 없습니다. 그러나 오늘날과 같이 은행이 없었던 고대 사회에서는 걱정할 것이 두 가지입니다. 하나는 녹슬고 좀 먹는 것이고, 다른 하나는 도직이 와서 가져가는 것입니다. 그러므로 사람이 돈으로 모든 것을 결정하려고 해서는 안 된다는 것을 우리에게 가르쳐 주는 것입니다.

## 나가면서

이 말씀에 우리는 관심을 기울여야 합니다. 3절 뒷부분은 "너희가 말세에 재물을 쌓았도다"라고 말씀합니다. 이것은 1세기에 하는 말입니다. 20세나 21세기에 '말세'라고 말하면 많은 사람들은 '예수님이 오실 때가 가까이 왔다'라고 생각할 것입니다. 그러나 말씀은 야고보가 1세기에 했던 말입니다. 1세기가 어떻게 말세입니까? 예수 그리스도가 세상에 오셔서 하나님의 나라를 시작하신 그때를 성경은 "말세"라고 합니다. 그러니까 말세는 아주 긴 기간입니다. 얼마나 긴 시간인지는 모릅니다. 예수님의 초림 때부터 예수님이 다시 오실 때까지가 말세입니다. 그러므로 믿는 우리는 '말세를 사는 사람들'입니다.

말세를 사는 사람들로서 우리는 하나님 나라의 가치를 알기에 하나님 나라의 가치를 중심으로 삶의 정향(orientation)을 새롭게 해야 합니다. 세상 사람들은 대개 세상을 위주로 살아갑니다. 그러나 말세를 사는 사람들은 어떻게 살아야 합니까? 하나님 나라의 가치를 중심으로 해서 사는 것입니다. 안 믿는 사람들은 그것을 모르기에 계속해서 세상을 위주로 해서 살아가게 됩니다. 경제적으로 어떻게 할 것인가를 중심으로 살아가게 됩니다. 그러나 정말 우리가 말세를 산다면 하나님 나라의 가치가 우리 속에 나타나도록 하는 일에 최선을 다해야 합니다. 만일 이 시대를 살아가면서 경제적인 것이 우리의 모든 것을 주관하게 된다면 우리는 말세에 재물을 쌓는 사람이 되는 것입니다. 더군다나 재물을 별로 쌓지도 못하면서 그런 사람이 된다면 얼마나 우스운 모습이겠습니까? 우리는 아무리 노력해도 '워런 버핏'처럼 될 수 없습니다. 그러니까 아예 그런 것을 쌓지 말고 하나님 나라의 가치를 가지고 살아가야 합니다. 다른 것으로 살아가면 안 됩니다. 그러면 세상에서는 망하거나 죽는다고 말하지만 걱정할 것 없습니다. 대개는 안 죽게 하신다고 성경이 말씀합니다. 진짜로 그렇게 사는 모습이 우리 가운데 잘 나타나기 바랍니다.

26강 야고보서 5장 7-11절

# 그리스도인의 삶과 인내 (1)

"그러므로 형제들아 주께서 강림하시기까지 길이 참으라. 보라, 농부가 땅에서 나는 귀한 열매를 바라고 길이 참아 이른 비와 늦은 비를 기다리나니 너희도 길이 참고 마음을 굳건하게 하라 주의 강림이 가까우니라. 형제들아 서로 원망하지 말라, 그리하여야 심판을 면하리라. 보라, 심판주가 문 밖에 서 계시니라. 형제들아 주의 이름으로 말한 선지자들을 고난과 오래 참음의 본으로 삼으라. 보라, 인내하는 자를 우리가 복되다 하나니 너희가 욥의 인내를 들었고 주께서 주신 결말을 보았거니와 주는 가장 자비하시고 긍휼히 여기시는 이시니라"(약 5:7-11).

오늘의 본문은 5장 6절 말씀과 연관하여 봐야 할 것입니다. 5장 6절을 보면서 문제가 되는 두 종류의 사람을 생각할 수 있습니다. 하나는 세상에 있는 하나님의 백성이 아닌 사람입니다. 그리고 다른 하나는 믿는다고 하면서도 제대로 하지 않는 사람입니다. 사실 5장 1절부터 6절까지의 말씀은 믿음 밖에 있는 사람만 이야기하는 것이 아니라 예수님을 믿는 사람도 거기에 포함될 수 있습니다. 즉, 믿는다고 하면서 경제적인 문제를 자기의 모든 것으로 생각하는 사람들, 그것에 집중해서 살아가는 사람들, 그런 사람들에 대해 말하면서 성경은 "너희는 의인을 정죄하고 죽였으나 그는 너희에게 대항하지 아니하였느니라"(약 5:6)라고 말씀합니다.

바리새인은 이런 이야기를 들었을 때 "내가 마음속에 미워하는 마음도 있을 수 있고 시기하는 마음도 있을 수 있지만, 나는 안 죽였습니다"라고 반응합니다. 그것에 대해서 예수님은 "아니다, 마음속에 미워하는 사람은 이미 죽인 것과 같다"라고 하셨습니다. 본문은 "너희가 의인을 정죄하였도다"라고 말씀하지 않습니까? 1세기에 "저를 십자가에 못 박게 하소서!"라고 하던 사람들은 이스라엘 사람 중 일부였을 것입니다. 이스라엘의 모든 사람이 다 나서서 "십자가에 못 박게 하소서"라고 소리치지는 않았을 것입니다. 그 일을 주동하는 사람이 있었을 것이고, 일을 꾸며서 사람들이 "십자가에 못 박게 하소서"라고 소리 지르게 만든 사람이 있었을 것이고, 침묵하는 대다수의 사람들도 있었을 것입니다. 그 사람들은 속으로 '이러면 안 되는데'라고 생각했는지도 모르겠습니다. 그러나 이 모든 사람이 결국 불의한 방향으로 나아갔습니다.

## 불의(不義) 가운데서

아주 때때로 이긴 하지만, 우리는 의로운데 세상이 그 의로움에 반격하는 것을 보았을 것입니다. 상대적으로 그런 것을 느낀 적도 많을 것입니다. 내 의견이 다른 사람보다 괜찮은데 사람들의 대다수가 그렇게 안 갈 때 어렵다고 생각할 것입니다. 그럴 때 성경은 무엇이라고 이야기합니까? 7절은 "그러므로 형제들아 주께서 강림하시기까지 길이 참으라"(약 5:7)라고 말씀합니다. 우리들 대부분에게는 이 말씀이 별로 마음에 안 듭니다. 그 전에 하나님의 의가 세상에 나타나야 한다고 생각합니다. 그러나 성경은 그렇게 말씀하지 않습니다. 그저 주의 강림하시기까지 길이 참으라고 합니다. 그때까지는 어떻다는 것입니까? 괴로움을 당하게 된다는 말입니다.

별로 마음에 안 들어도 할 수 없습니다. 만일 우리가 기독교회를 우리 마음대로 만들 수 있다면, 이렇게 하지는 않았을 것입니다. 하나님과 상관없이 그저 사람들이 말한다면 "세상에 불의가 횡행할 때 너희는 가서 싸우라, 가서 싸우다가 죽는 한이 있더라도 싸우라"라고 했을 것입니다. 그런데 성경은 그렇게 이야기하지 않습니다. 물론 앞에서 이야기하는 것, 대항하라는 것이 전혀 없는 것은 아닙니다. 조금 있는데, 그것은 저항하거나 싸우는데 그에 따라 나오는 모든 불의를 감수하면서 하라는 것입니다. 이것을 우리는 흔히 무저항이라고 합니다. 무저항의 저항입니다. 내가 옳음을 참된 사람답게 잘 드러내야 합니다. 세상 사람들은 그렇게 생각하지 않아도 나는 그렇게 생각한다는 것을 드러내는 것입니다. 그것을 드러낼 때 사람들은 그 이야기가 듣기 싫으니까 없애려고 노력할 것입니다. 그때 우리는 끝까지 자기 생각을 고수하며 바깥으로는 저항하지 않는 것입니다. 무저항의 저항을 하는 것입니다. 성경은 이것을 우리에게 요구합니다. 이것이 굉장히 어렵습니다. 실질적으로 중간까지만 하다가 그만두는 경우가 너무 많습니다.

그런 일이 있어서는 안 되겠지만 일제 시대처럼 우리에게 신사참배를 요구한다고 가정해보겠습니다. 그러면 "우리는 그렇게 못 합니다"라고 해야 할 것입니다. 그런데 만일 신사참배를 거부하면 "학교도 없애고, 직업을 다 빼앗겠다"고 엄포를 놓는다면 어떻게 하겠습니까? 이런 경우가 생기면 결국 학교도 예배당도 문을 닫게 될 것입니다. 우리는 우리의 모든 것을 다 잃어버려도 신사참배를 하지 말아야 할 것입니다. 이것이 쉽겠습니까? 그때 우리는 '그렇게 요구한 세력에 대항하고 무력을 동원해서라도 우리의 힘을 드러내고 싸워야 한다'라는 생각이 들 것입니다. 이것이 상당히 많은 사람의 생각입니다. 예수님을 믿는 사람들이 몇몇 안 될 때는 전혀 그렇게 생각하지 않습니다. 또한 그렇게 생각할 수조차 없습니다. 몇 명 안되니까 효과가 없다는 것을 알기 때문입니다. 그래서 무력으로 저항한다는 생각조차 안 합니다. 그런데 예수님을 믿는 사람들의 숫자가 많아지니까 자신들의 힘을 사용하려고 합니다. 그래서 "우리 의견을 무시하지 말라"고 하면서 사람들 앞에 나서는 것입니다. 숫자가 많지 않을 때는 그렇게 안 했을 것입니다. 사람들이 적은 숫자를 억압하면 당할 수밖에 없기 때문입니다. 그러다가 숫자가 불어나서 힘이 있다고 생각하니 그렇게 이야기하는 것입니다. 이것은 비겁한 행동입니다. 세상에서 볼 때도 비겁하고, 기독교적으로도 옳지 않습니다.

만일 세상이 성경적인 원칙을 정말로 말살하려고 한다면 어떻게 해야 하겠습니까? 점점 그런 세상이 올 수도 있습니다. 기독교적 정신으로 세워진 어떤 학교가 있습니다. 현재 상황에서 그 학교가 우리나라에서 존립하려면 모든 일을 다 기독교적으로만 할 수 없습니다. 상당히 많은 학교가 그렇습니다. 대학교의 경우에 "우리는 세례 받은 사람만 입학할 수 있습니다"라고 하면 그것을 허용하지 않으려고 합니다. 예수님을 안 믿어도 다 올 수 있게 해야 평등권이 보장되기에 세례 여부로 입학을 제한해서는 안 된다고 합니다. 그래서 차별을 못 하게 하는 제도를 만들어 법률로 우리에게 요구합니다. 신사참배처럼 모든 그리스도인에게 닥쳐오는 어려움이 있을 수도 있지만, 아주 구체적인 정황 가운데 기독교적 정신을 유지하지 못하도록 하는 상황이 올 수도 있습니다. 그때 우리는 어떻게 해야 합니까?

이에 대해서 본문은 간단히 말합니다. 참으라고 합니다. 저항하되 손해를 보면서 저항을 하라는 것입니다. 그렇게 하면 지원을 안 해 준다고 하면, 우리는 지원을 못 받아도 계속해서 해 나가야 합니다. 정부의 지원을 못 받고, 손해를 보게 되더라도 말입니다. 중고등학교의 상황은 더 복잡합니다. 만일 중고등학교가 "우리는 예수를 믿는 사람만 받거나 아니면 학교에서 종교적인 교육을 할 텐데 최소한 종교적인 교육에 대해서 반감이 없는 사람만 받겠습니다"고 한다면 정부에서는 "안 된다"고 합니다. 굉장히 어렵습니다. 그때 어떻게 해야 합니까? 문을 안 닫으려고 노력을 하지만, 안 되면 결국 문을 닫아야 합니다. 불이익을 감수해야 합니다. 성경이 말하는 원칙은 무엇입니까? 우리가 참으로 믿는 바를 선언하고, 그것 때문에 오는 모든 불이익을 다 받으려고 해야 합니다. 그것이 길이 참는 것입니다.

이 본문은 경제적인 상황 가운데서 하신 말씀입니다. 경제적으로 억압을 받습니다. 그러면 어떻게 해야 합니까? "억압을 견디라"고 합니다. 그런데 우리의 마음은 '억압을 받지 않도록 해야 한다'라고 속삭입니다. 세상에 하나님의 의가 온전히 나타나는 것은 우리 주 예수 그리스도가 다시 오실 때만 가능합니다. "주께서 강림하시기까지 길이 참으라"라는 하나님의 의의 원칙이 우리 마음에서 사라져서는 안 됩니다. 그러나 우리는 그냥 흘러가듯 그렇게 갑니다. 하나님의 의를 따르지 않습니다. 그러면 우리는 저항하지 않는 것입니다. 그것은 길이 참는 것이 아닙니다. 그냥 사회 속에서 살아가는 것입니다. 본문이 말하는 길이 참으라는 말의 의미를 따르는 것이 아닙니다. 우리는 주님이 강림하시기까지 하나님 말씀의 원칙을 굳건히 믿으며 붙들고 가야 합니다. 그래야 세상과 다른 것입니다. 세상은 경제적인 논리로 모든 것이 움직입니다. 너희는 그러지 말아야 한다는 것입니다. 세상과는 다른 원칙이 분명히 나타나야 합니다. 우리는 먹고살기 위해 일하는 것이 아니라, 하나님의 뜻이 세상에 나타나게 하도록 일하며 사는 것입니다. 최소한 우리라도 이 원칙에 충실해야 합니다. 이것 때문에 어려움을 당하는 한이 있더라도 충실해야 합니다. 그것이 없으면 우리는 그리스도의 교회가 아닙니다.

여기서 우리의 모습이 결정됩니다. 무늬만 교회일 것인가? 아니면 진짜 교회일 것인가? 하는 것입니다. 우리가 예배하고, 찬송하고, 성경 공부하면 다 되는 것이 아닙니다. 우리의 삶이 야고보서가 계속해서 말하는 대로 제대로 된 그리스도인답게 살지 않는다면 그것은 그저 무늬만 교회가 됩니다. 그렇다면 우리는 가짜가 됩니다. 그것을 안타깝게 여기는 주님은 그래서는 안 된다고 하시는 것입니다. 우리는 세상에서 하나님 말씀의 원칙을 따라가야 합니다. 다른 사람은 다 이상한 길로 갈지라도 그렇지 않은 소수의 무리, 진정한 그리스도인들은 세상의 원리를 따라서 살지 않습니다. 교회는 세상의 원리를 거슬러 하나님 말씀의 원칙을 따라서 사는 것입니다. 그런 의식을 가져야 합니다. 이러한 소수의 무리에 우리가 합류해야 합니다. 그때 우리에게 불이익이 있을 것입니다. 우리가 불이익을 받을 때 제일 안타까운 것은 "다른 교회는 안 그러는데, 우리는 왜 그래야 합니까?" 하는 것입니다. 이런 것이 제일 어렵습니다. "그런다고 뭐가 달라집니까?"라고 합니다. 아주 유명한 말이 있습니다. "당신만 의인입니까?"라는 말입니다. 오래전에 신학교에서 어떤 교수님께서 이런 주장을 하니까 "당신만 의인이요?"라고 했다고 합니다. 신학교에서도 그렇습니다. 그러니 세상의 교회에서도 똑같은 일이 있을 것입니다. 하나님 말씀의 원칙대로만 가겠다고 하면 세상은 물론이거니와 교회 안에서도 좋아하지 않습니다.

칼빈이 얼마나 하나님 말씀의 원칙에 충실하려고 했습니까? 그리스도인의 모든 삶의 측면을 그 위에 세우려고 했습니다. 아는 것만 가지고는 아무런 의미가 없습니다. 우리가 그렇게 살아야 합니다. 그렇게 살아갈 때 우리에게 좋은 것이 생기는 것은 아닙니다. 오히려 말씀대로 사는 것은 어려운 일입니다. 어렵지만 말씀대로 살아가야 합니다. 언제까지 그렇게 살아야 합니까? 죽을 때까지 그리고 그리스도가 다시 오실 때까지 그렇게 살아야 합니다. 그것을 강조하기 위해서 야고보는 우리에게 몇 가지 예를 줍니다. 이번에는 그중에 한 가지 예만 생각하도록 하겠습니다.

## 농부의 예

"보라 농부가 땅에서 나는 귀한 열매를 바라고 길이 참아 이른 비와 늦은 비를 기다리나니"(약 5:7)라고 말씀합니다. 여기까지는 그냥 농부의 이야기입니다. 이 농부는 아마도 크게 부유하지 않은 농부인 것 같습니다. 팔레스타인에서 그냥 조그만 땅을 경작해서 사는 것 같습니다. 귀한 열매가 있어야 자신의 가족이 살 수 있습니다. 그래서 귀한 열매를 바라보면서 이른 비와 늦은 비를 기다립니다. 성경에 '이른 비와 늦은 비'라는 말이 계속 나옵니다. 몇몇 구절을 찾아보겠습니다. 신명기는 "여호와께서 너희의 땅에 이른 비, 늦은 비를 적당한 때에 내리시리니, 너희가 곡식과 포도주와 기름을 얻을 것이요"(신 11:14)라고 말씀합니다. 이른 비와 늦은 비를 우리 식으로 생각하면 안 됩니다. 이른 비는 봄철에 내리는 비, 늦은 비는 가을철에 내리는 비라고 생각할 수 있지만, 완선히 반대입니다. 우리와는 농사 주기가 다르기 때문입니다. 우리는 봄에 씨를 뿌리지만 이 사람들은 여름이 조금 지나면 씨를 뿌린다고 합니다. 그리고 9월에서 11월까지 비가 많이 와야 씨가 자라고 싹이 틀 수 있습니다. 그런 다음 4월부터 5월에 또 비가 많이 내립니다. 이것이 늦은 비입니다. 우리와는 반대입니다. 우리는 그때 비가 오면 별로 안 좋아하는데 팔레스타인에서는 그때 비가 와야 열매가 좋아진다는 것입니다. 그래야 풍성한 추수를 기대할 수 있기 때문입니다. 그러니까 이것은 당시 사람들이 필요한 것에 대해 주께서 말씀해 주시는 것입니다. 그것을 위해서 기다리고 있다는 것입니다. 하나님이 어떻게 해 주시기를 기다리는 것입니다. 요즘 같으면 농업용수를 끌어다 쓸 수 있겠지만 당시에는 그럴 수 없었습니다. 그러니까 하늘만 바라볼 수밖에 없습니다. 하나님이 안 내려주시면 안 되는 것입니다. 하나님만 의존할 수밖에 없습니다. 그것처럼 너희도 길이 참으라고 8절이 말씀합니다. 농부가 물을 댈 수 없어서 하늘을 바라볼 수밖에 없는 것처럼 세상에 불의가 횡행하고, 그 불의가 우리에게 어려움을 줄 때, 우리가 스스로 그 문제를 해결하려고 하지 말라는 것입니다. 농부가 하나님만 바라보듯이 길이 참으라고 합니다. 또 이것이 잘 안되니 8절에 "마음을 굳게 하라"라고 하시는 것입니다.

본문만 그런 것이 아니고 성경은 아주 중요한 이야기를 할 때 이렇게 합니다. 히브리서는 "여러 가지 다른 교훈에 끌리지 말라 마음은 은혜로써 굳게 함이 아름답고 음식으로써 할 것이 아니니"(히 13:9)라고 말씀합니다. 마음을 굳게 하라고 합니다. 무엇으로 굳게 하라고 합니까? 은혜로 굳게 하라고 합니다. 성경이 말하는 것에 따라서 내 마음을 굳게 해야 합니다. 다른 교훈에 요동치지 말라는 것입니다. 다른 교훈에 끌리지 말고, 성경으로 너희 마음을 굳게 해야 한다는 것입니다. 그러니까 옳은 교훈에 대해서는 마음이 항상 부드럽고 열려 있어야 하고, 바르지 않은 것에 대해서는 마음을 굳건하게 해서 흔들리지 않는 모습이 있어야 할 것을 성경은 이야기합니다. 이것이 예수님을 믿는 사람들의 삶의 모습이라는 것입니다.

왜 그것이 필요합니까? 주께서 강림하심이 가까우시기 때문입니다. 그렇기에 우리는 그렇게 살아야 합니다. 항상 주님이 가까우심을 의식하면서 살아야 합니다. 1세기에 사는 사람들도 '주께서 가깝다'라고 생각해야 하고, 현재를 사는 사람들도 '주께서 가깝다'라고 생각해야 합니다. 우리는 주님의 가까우심을 늘 의식하고 살아야만 합니다.

## 나가면서

그렇다면 우리는 어떻게 사는 것입니까? 하나님 말씀의 원칙 아래에서 바르게 생각하고 바르게 노력하고, 나머지는 주께 맡기는 것입니다. 우리가 속한 영역, 지금 어떤 영역에서 살든지 성경에서 말씀하시는 하나님 말씀의 원칙에 따라 살도록 애써야 합니다. 세상 사람들이 이것을 싫어한다고 해도 우리만이라도 그 원칙을 가지고 있어야 합니다. 그리고 우리 주변에 있는 사람들에게도 그 원칙에 가깝게 하도록 노력해야 합니다. 그럴 때 우리에게 어려움이 있다면 어떻게 해야 합니까? 그것을 감수해야 합니다. 그것이 그리스도인인 우리가 세상을 살아가는 방식입니다. 기독교는 우리가 만드는 것이 아닙니다. 성경이 이런 것이라고 말했으면 그것을 따르는 것이 기독교입니다. 쉽지 않아도, 싫어도 그런 방향으로 가야 합니다.

그렇다고 세상에서 아무것도 안 할 수는 없습니다. 주님이 가까이 오심을 의식하고 사는 사람은 아무것도 안 하고 있을 수 없습니다. "주님 오실 때가 가깝다면 아무것도 안 하고 주님의 오심을 준비해야죠"라고 할 수 없다는 말입니다. 성경은 어디에도 그렇게 하라고 말씀하지 않습니다. 우리는 항상 하나님 말씀의 원리에 따라서 살아야 합니다. 분명한 원칙, 곧 하나님 말씀의 원칙이 우리 삶에서 분명히 드러나야 합니다. 그러므로 우리는 "하나님 말씀의 원칙은 어떤 것입니까?"라고 계속해서 주님께 질문하면서 바른길을 향해서 가야 합니다. 물론 이것은 어려운 길입니다. 이 어려운 길을 어떻게 제대로 걸어갈 수 있는지 계속해서 생각해 보도록 하겠습니다.

27강 야고보서 5장 7-12절

# 그리스도인의 삶과 인내 (2)

"그러므로 형제들아 주께서 강림하시기까지 길이 참으라. 보라, 농부가 땅에서 나는 귀한 열매를 바라고 길이 참아 이른 비와 늦은 비를 기다리나니 너희도 길이 참고 마음을 굳건하게 하라 주의 강림이 가까우니라. 형제들아 서로 원망하지 말라, 그리하여야 심판을 면하리라. 보라, 심판주가 문 밖에 서 계시니라. 형제들아 주의 이름으로 말한 선지자들을 고난과 오래 참음의 본으로 삼으라. 보라, 인내하는 자를 우리가 복되다 하나니 너희가 욥의 인내를 들었고 주께서 주신 결말을 보았거니와 주는 가장 자비하시고 긍휼히 여기시는 이시니라. 내 형제들아 무엇보다도 맹세하지 말지니 하늘로나 땅으로나 아무 다른 것으로도 맹세하지 말고 오직 너희가 그렇다고 생각하는 것은 그렇다 하고 아니라고 생각하는 것은 아니라 하여 정죄 받음을 면하라"(약 5:7-12).

앞에서 우리는 예수님을 믿는 사람들의 삶이란 오래 참는 형태를 지니고 있어야 한다는 것을 이야기했습니다. 그것은 기본적으로 다음의 사실을 전제로 하고 있습니다.

## 길이 참는 삶의 전제: 역사가 나아가는 방향을 아는 것

그것은 역사가 나아가는 방향을 우리가 안다는 것을 전제로 합니다. 우리는 역사의 끝을 아는 사람들입니다. 우리의 지혜로 알려고 하면 우리는 그것을 알 수 없었을 것입니다. 주님께서 성경 가운데 그의 계시로써 이 역사가 어디를 향해 가는 것인지, 그것은 어떤 의미가 있는지, 왜 진행하고 있는 것인지를 명백하게 보여주셨기 때문에 알게 되었습니다. 그렇기에 우리는 주께서 의도한 역사의 방향을 알고 그에 맞추어 살아가게 되어 있습니다.

오늘날 대부분의 사람들은 100년도 못 삽니다. 어떤 사람은 어린 나이에 죽기도 합니다. 그리고 자기 삶의 방향을 찾아가기도 어렵습니다. 그런데 역사 전체의 의미가 무엇이고, 그것과 내 삶이 어떻게 연관되어 있는가? 하는 것을 생각하면서 살기가 쉽겠습니까? 예수님을 믿지 않는다면 그것은 나와 상관없다고 생각할 것입니다. 그러나 예수님을 믿으면 그런 것을 생각하지 않고 산다는 것은 있을 수 없습니다.

참 놀라운 일입니다. 예수님을 처음 믿을 때 내가 역사 전체를 생각하면서 살아간다고 하는 사람은 별로 없습니다. 그러나 예수님을 제대로 믿으면 역사 전체의 방향이라는 것에 대한 이해가 생깁니다. 내가 왜 세상에 사는지, 역사는 도대체 왜 있는지에 대해서 고민하게 될 때 결국 우리는 하나님께서 운영해 가시는 방향을 인식하게 됩니다. "하나님은 하나님 나라를 예수 그리스도를 통해서 세상 가운데 구현하셨고, 하나님 나라를 극치에 도달하도록 하려고 지금 이끌어가고 계신다; 그리고 우리의 삶이라는 것도 그 안에 있다"라는 것을 알기에 우리는 그저 독립된 단자(單子)들로서 있는 것이 아니고, 거룩한 하나님 나라의 뜻을 이루기 위해서 있는 사람이라는 것을 깨닫게 됩니다. 예수님을 믿지 않을 때는 그런 생각을 도무지 할 수 없습니다. 그러나 믿는 우리는 역사의 방향성을 알기 때문에 어떻게 하면 하나님 나라를 위해서 나의 삶을 드릴 것인가? 하나님 나라가 지금 어떤 방향을 지향해 나가는가? 하는 것을 고민하게 됩니다. 하루아침에 주께서 하나님 나라를 극치에 이르게 하지 않기 때문에 실제의 삶에서 우리는 길이 참을 수밖에 없습니다.

여기서 예수님을 믿는 사람의 가장 큰 특징이 나타납니다. 주님의 거룩한 뜻이라고 하는 것, 온 세상을 가득 채워야 할 그 하나님의 의가 충만하게 드러나는 방향을 알기에 우리는 길이 참습니다. 참으면서 일단은 믿는 우리라도 그런 방향을 향해서 나아가는 것입니다. 이렇게 우리가 하나님의 뜻을 향해서 나아가지만, 사람들은 거기에 잘 동조(同調)하지 않습니다. 세상은 그것을 향해서 나아가는 것을 의미 있다고 생각하지도 않습니다. 사람들은 그렇게 나아가는 사람들을 참 이상하다고 생각하고, 심지어는 굉장한 핍박을 하기도 합니다. 그래서 우리가 하나님의 뜻을 향해서 나아갈 때, 주님의 뜻을 향해서 나아가는 것을 이해하지 못하고 반대하는 사람이 있을 수 있으므로 우리는 그것을 길이 참아야만 합니다. 이것이 예수님을 믿는 사람들의 삶에 나타나는 큰 특징입니다.

이것을 생각하지 않으면 우리도 세상 사람들처럼 마음이 조급해집니다. 세상에서 자신의 바람을 이루어 보려고 살아가는 사람이 되기 쉽습니다. 사실 그런 일이 훨씬 더 많습니다. 그것이 심각한 문제입니다. 예수님을 안 믿는 사람은 물론이고 믿는 사람들조차도 좁은 소견으로 자기의 생각을 따라가기 때문에 온전하게 하나님의 뜻을 이루기 위해 산다는 것은 정말 어려운 일입니다. 인생과 역사를 남들처럼 자기의 방향대로 이끌어가려고만 한다면, 주께서 원하시는 방식의 삶인 오래 참음과 인내와 같은 것은 사라지게 됩니다. 그저 세상 가운데 우리의 모습을 드러내는 일만이 남게 됩니다. 그래서 8절은 “너희도 길이 참고 마음을 굳건하게 하라”라고 말씀합니다. 왜냐하면 “주의 강림이 가까우시기” 때문입니다. 주께서 언제 오실지 모르니까 일상생활을 접고 다른 일을 하는 것이 아니라, 주님이 강림하실 때 일어날 하나님 나라의 극치를 기대하면서 그 나라의 질서를 지금부터 일상생활에 드러내는 일을 하는 것입니다. 우리의 일상생활이 하나님 나라의 질서로 가득 찬 모습을 세상에 드러내는 것입니다. 그래서 우리는 세상에서 오래 참고 인내하는 것입니다.

## 서로 원망하지 말라!

여기에서 요구하는 또 하나의 덕목이 있습니다. 이렇게 오래 참는 사람은 세상에서 어떤 모습을 나타내야 합니까? 9절은 "형제들아 서로 원망하지 말라"라고 말씀합니다. 이것이 세상에서 인내하는 사람의 또 다른 모습입니다. 대개 사람들은 지금 어려운 일에 대해서 원망합니다. 어렵다고 푸념하는 것입니다. "내가 이렇게 어렵다, 그런데 그것이 너 때문이다"라는 말만 합니다. 이 정도는 그래도 괜찮은 편입니다. 물론 진짜 괜찮은 것은 아닙니다. 뒤에 이야기할 것보다 조금 낫기 때문에 그렇게 말하는 것입니다. 그러나 이것도 하지 말아야 합니다. 세상을 살아가면서 겪는 어려움은 당연합니다. 성경은 이것을 계속해서 강조하고 있습니다. 그런데 이 말을 쉽게 받아들이는 사람은 별로 없습니다. 예수님을 믿는다고 하면서 왜 힘들고 어려워야 하는가 하는 원망을 합니다. 예수님을 믿으면 잘되어야 하는 것 아닌가? 하고 생각하는 사람들이 훨씬 더 많은 것 같습니다.

어느 날 수업 시간에 이 이야기를 했습니다. 그랬더니 어떤 목사님이 "예수님을 믿는 사람이 세상에서 잘되어야 하는 것이 아닙니까? 그래야 복음이 더 잘 전해지지 않겠습니까?"라고 반문했습니다. 그리고 다음부터는 수업에 안 나왔습니다. 학생 하나를 잃었습니다. 그런 일이 세상에는 많이 있습니다. 성경을 따라서 이야기를 하다 보면 "이거 너무 어렵습니다"라고 이야기하는 것입니다. 그런데도 우리는 왜 성경을 따라 이야기해야 합니까? "그리하여야 심판을 면하리라"라고 9절에서 말씀하시기 때문입니다. 여기 '심판'이라는 말은 사실 '정죄'라고 바꾸어야 합니다. '심판을 면하리라'라고 하면 우리는 심판을 안 받는다고 오해할 수 있기 때문입니다. 그러나 성경은 그렇게 이야기하지 않습니다. 우리는 다 심판대 앞에 설 것입니다. 그러나 예수님을 진짜로 믿는 사람들은 심판대 앞에서 정죄함에 이르지 않는다는 것입니다. 그래서 더 정확하게 표현하면 정죄를 면한다는 것입니다. 그리스도께서 그 대신에 정죄를 담당하셨기 때문입니다.

성경을 따라 사는 사람들은 세상에서 대개 어렵게 살아갑니다. 하나님 말씀의 원리를 따라서 살아가려고 하기 때문입니다. 그냥 세상 사람처럼 살면 그렇게 어렵지는 않을 텐데, 세상 사람처럼 살지 않으려고 하기에 어려운 것입니다. 여기서 주의해야 합니다. 우리가 세상 사람처럼 사는데도 어려울 수 있습니다. 자기의 욕심을 따라서 살려고 하다가 안 돼서 어려울 수도 있습니다. 지금은 그것을 이야기하는 것이 아닙니다. 세상 사람처럼 살지 않고 하나님의 백성처럼 살려고 애쓰다 보니 다른 사람들에 비해서 굉장히 어렵게 사는 것을 말하는 것입니다. 더군다나 능력으로 보면 어렵게 살지 않아도 되는데 하나님의 말씀을 따라 살기 위해 굳이 어려운 삶을 살아가는 것입니다. 참 이상하다고 생각됩니다. 그러나 바로 이러한 삶이 우리가 선택해야 할 삶의 방식입니다. 하나님의 백성들은 늘 그렇게 살아가야 합니다. 인내하는 삶의 모습이 있어야 합니다.

## 선지자들을 고난과 오래 참음의 본으로 삼으라

성경은 왜 우리가 세상에서 인내하며 살아야 하는지를 말씀합니다. 10절은 "형제들아 주의 이름으로 말한 선지자들을 고난과 오래 참음의 본으로 삼으라"(약 5:10)라고 합니다. 선지자들은 하나님의 말씀을 우리에게 전달해주었던 사람들입니다. 평소 우리는 그들이 말하는 메시지를 중요하게 생각합니다. 그런데 성경은 그들을 '고난과 오래 참음의 본으로 삼으라'라고 말씀합니다. 그분들이 왜 그리고 어떻게 고난받았습니까? 세상 사람들이 싫어하는 하나님의 말씀을 전했기 때문입니다. 어떤 선지자의 경우는 하나님이 가서 외치라고 해서 외쳤는데 사람들이 듣지 않습니다. 그러면 '듣지도 않는데 뭐하러 외칩니까?' 하는 생각이 들 수도 있습니다. 그러나 그 사람이 구약 시대의 선지자라면 가서 외쳐야 합니다. 사람들이 듣지 않는다고 해도 그는 외쳐야 합니다. 만일 듣지 않을 것을 뻔히 아니까 외치지 않겠다고 한다면 이 사람은 불순종하는 것입니다. 요나의 경우를 보면, '가서 외치면 사람들이 회개할 텐데, 그러면 안 되는데' 하는 생각으로 외치지 않고 딴짓을 합니다. 불순종하는 것입니다. 선지자들은 하나님이 하라면 해야 합니다. 거기엔 어려움이 따라옵니다. 성경은 그러한 예를 우리에게 이야기합니다.

신약 시대에는 모든 그리스도인을 다 하나님의 백성으로 칭합니다. 우리는 모두가 하나님의 백성이고 우리는 모두가 선지자입니다. '만인 제사장', '만인 선지자'라는 말은 세상에 있는 모든 사람이 선지자라는 이야기가 아닙니다. 세상에 있는 참 하나님의 백성이 선지자라고 하는 것입니다. 그러면 참 하나님의 백성은 어떻게 살아야 합니까? 정말 길이 참는 모습으로 살아야 합니다. 무엇을 위해서입니까? 바로 하나님 나라를 위해서, 하나님 나라가 세상 가운데 어떻게 나아가는가를 바라보면서 사는 것입니다.

## 인내의 최고봉의 예

선지자들의 인내를 이야기하면서 성경은 계속해서 인내의 최고봉을 이야기합니다. 안 믿는 사람들이 예수님을 믿는 사람들의 이야기를 하면서 "참는 자가 복이 있다고 하지 않았습니까?"하는 말을 합니다. 이것이 그 말입니다. 11절은 "인내하는 자를 우리가 복되다 하나니"(약 5:11)라고 말씀합니다. 다른 데는 그 말이 없습니다. 여기서 그 말씀을 봅니다. 그리고 그것의 예를 제시합니다. "너희가 욥의 인내를 들었다"고 이야기합니다.

여기 재미있는 상황이 하나 있습니다. 1세기의 야고보와 야고보의 직접 독자들과 21세기 한국에 사는 독자들이 공동의 텍스트를 보고 있습니다. 야고보와 야고보의 독자들도 구약 성경의 욥기를 보는 것입니다. 우리도 그렇습니다. 야고보 시대와 우리는 2천 년의 시간적 간격이 있는데 똑같이 욥기를 통해서 욥의 인내에 대한 말씀을 듣는 것입니다. 욥기가 언제 쓰였는지 정확히는 모릅니다. 욥은 아마도 아브라함 시대에 살았던 것으로 추정되니, 욥이 살던 시대는 BC 2,000년대입니다. 1세기에 살았던 성도들에게는 2,000년 전이고, 우리에게는 4,000년 전 사람입니다. 그에 대한 기록이 정확히 언제 되었는지는 잘 모릅니다. 그런데 우리가 모두 같이 욥을 바라보고 있습니다. 그러니까 야고보도 욥기를 통해서 이것을 안 것입니다. 우리도 똑같이 욥기를 통해서 이것을 알게 됩니다. 그래서 우리와 야고보가 똑같은 본문을 놓고 이야기하는 것입니다. 욥기를 생각하면서 욥의 인내를 말하고 생각하는 것입니다. 그 내용은 모두 다 알고 있으니까 그것을 길게 설명하지 않고 "너희가 욥의 인내를 들었고"라고 하면서 욥이 얼마나 인내했는지를 성경을 통해 보았다고 합니다.

욥을 전체적으로 살펴보면 결국 자기 자신과 자신의 모든 것을 하나님께 맡깁니다. 그것이 하나님 백성들의 참된 모습입니다. 자기 자신을 하나님께 맡기는 것입니다. 하나님께 복속(服屬)하는 것입니다. 어려움 속에서도 하나님께 가까이 나아가는 것입니다. 그래서 욥의 이야기를 하면서 우리에게 말씀하는 것은 "주께서 주신 결말을 보았거니와"라는 말씀입니다. '주께서 주신 결말(τὸ τέλος κυρίου)을 봤다'라는 말씀에 '텔로스'라는 단어가 사용되고 있습니다. '텔로스'(τὸ τέλος)는 일반적으로 목표입니다. '주께서 주신 목표를 보았고'라고 한다면 이것은 이해하기가 어렵습니다. 오래전부터 지금과 같이 번역을 해왔기 때문에 우리는 "주께서 주신 결말을 보았다"라고 하는 것이 좋습니다. 우리는 욥기의 결말이 어떠한지를 잘 압니다. 그를 주께서 인정해 주셨습니다. 세상에서 하나님의 백성 중 어떤 사람은 욥처럼 세상 역사 과정 가운데 하나님이 인정해 주시는 것이 나타나기도 합니다. 어떤 사람들은 세상에서는 그러한 일이 드러나지 않고 죽음으로 생을 마감하기도 합니다.

그래서 욥의 결말을 이야기할 때 우리도 욥의 경우처럼 세상에서 나타나는 결말을 생각해서는 안 된다는 점을 명확히 해야 합니다. 우리는 다음과 같이 생각하는 경향이 있습니다. '욥이 어렵다가 나중에 모든 것을 갑절로 받지 않았습니까? 우리도 어려울 때 견디고 잘 해나가면 나중에 갑절을 받을 것입니다'라는 생각을 많이 합니다. 그러나 모든 경우가 그런 것은 아닙니다. 어떤 사람은 순교하여 죽습니다. 어려움을 당하고 죽습니다. 그러나 하나님은 그를 인정하시는 것입니다. 그의 삶이 의미 있게 되는 것입니다. 그러므로 세상에서의 결과가 어떻게 되든지 우리는 신경을 쓰지 않습니다. 물론 이것은 쉽지 않은 일입니다. 어떤 때는 씨를 뿌리는 사람이 있고 거두는 사람이 다를 수도 있습니다. 그러나 하나님은 모든 것을 공정하고 분명하게 하실 것을 알기 때문에 우리는 주님이 원하시는 대로 해 나가는 것입니다. 하나님의 백성답게 우리의 모든 것을 다 정돈하고 나아가는 것입니다. 그것을 위해서 우리가 하나님 말씀을 배웁니다. 어려운 일입니다. 주께서 주신 일을 하다가 혹시 죽을지라도, 그 결과를 못 볼지라도 우리는 꿋꿋하게 해 나가야 합니다.

"하나님, 결과를 다는 안 주셔도 좋은데 조금이라도 주셔야 합니다"라고 말하지 않습니다. 결과를 어떻게 하시든 그것은 주님에게 있는 것이고, 나는 이렇게 사는 것이 구속함을 받은 사람으로서 사는 삶의 의미라는 것입니다. 이렇게 살지 않는 것은 의미가 없다고 생각해야 합니다. '하나님의 백성이 하나님의 백성으로서 살아가는 삶을 살지 않는다면 도대체 우리가 무슨 삶을 살겠는가?'라는 확신이 우리에게 있어야 합니다. 그것이 세상을 살아가는 하나님 백성들의 모습입니다.

### 너희는 도무지 맹세하지 말라

이것의 대표적인 예를 하나 더 이야기하고 있습니다. '무엇보다도'(Πρὸ πάντων δέ)라는 말은 가장 본질적인 것을 맨 마지막에 이야기하는 것입니다. 마지막에 본질적으로 예수님을 믿는 사람들이 신경 써야 할 것을 이야기하는 것입니다. 그런 의미로 12절은 "내 형제들아 무엇보다도 맹세하지 말지니"(약 5:12)라고 말씀합니다. 우리는 이 말씀을 제대로 알아들어야 합니다. 잘못 알아듣고 모든 맹세를 하지 않겠다고 했던 사람들이 재세례파 사람들입니다. 재세례파 사람들은 한편으로 보면 성경대로 해보려는 노력이 아주 가상한 사람들입니다. 그것은 우리가 본받아야 합니다. 그런데 그들의 성경 해석에 심각한 문제가 있습니다. 이들은 성경을 굉장히 문자주의적으로 해석합니다. 성경에서 맹세를 도무지 하지 말라고 했다면서 법정에서도 맹세하지 않으려고 합니다. 이런 태도는 사실상 말씀의 의미를 못 알아들은 것입니다. 겉만 보면 안 됩니다. 말씀의 의미보다 말씀의 형태에 사로잡혀 예수님의 진정한 의도, 야고보의 진정한 의도를 놓치는 일이 있어서는 안 됩니다.

따라서 "내 형제들아 무엇보다도 맹세하지 말지니 하늘로나 땅으로나 아무 다른 것으로도 맹세하지 말고"(약 5:12)라고 할 때 이것을 문자적으로 너무 지나치게 받아들여서, "나는 아무 맹세도 안 합니다"라고 하면 안 됩니다. 만일 그렇게 생각한다면 결혼은 어떻게 할 것입니까? 우리는 결혼 서약을 합니다. 누군가는 법정에서 진실만을 말하겠다고 맹세합니다. 그러면 이 말씀을 어긴 것입니까? 아닙니다. 우리는 말씀의 의미를 잘 알아들어야 합니다.

맹세하지 말라고 하면서 어떻게 하라고 합니까? 12절 뒷부분은 "오직 너희가 그렇다고 생각하는 것은 그렇다 하고 아니라고 생각하는 것은 아니라 하여"라고 말씀합니다. 영어로 표현하면 '예스'(yes)라고 해야 하는 것은 '예스'(yes)라고 말하고, '노'(no)라고 해야 하는 것은 그저 '노'(no)라고 말하라는 것입니다. 이것도 문자에만 사로잡혀서 오해하는 사람들이 있습니다. 다른 이야기는 아무것도 하지 않습니다. 질문하면 오직 '예스' 혹은 '노'만 합니다. 그러나 본문의 의도는 그렇지 않습니다. 말을 하는 데 정확하게 하라는 것입니다. 사실이 아닌 것을 말하지 말고, 언제나 정확하게 이야기하라는 말입니다. 그렇게 하여 "정죄 받음을 면하라"고 합니다.

## 나가면서: 다시 전체적 맥락을 생각하면서

어떤 맥락에서 이렇게 말하는 것입니까? 하나님이 역사의 마지막에 심판하신다는 맥락에서 생각하는 것입니다. 이것이 역사 전체의 의미를 바라보는 것입니다. 여기에 세상에서 예수님을 믿는 사람들이 살아가는 방식의 한 부분을 엿보게 됩니다. 이 말씀을 잘 생각해 봤을 때 예수님을 믿는 사람의 모습이 그려져야 합니다. 어떤 것은 하지 말라고 했기 때문에 부정적인 모습만 생각되지만, 이 이야기를 다 들으면 '예수님을 믿는 사람은 이런 사람이구나' 하는 것을 알게 됩니다. 적어도 야고보가 말씀하고 있는 예수님을 믿는 사람은 하나님 나라의 온전함을 위해서, 하나님 나라의 질서를 아는 사람답게 하나님 나라를 드러내면서 사는 것입니다. 다른 사람들은 이렇게 살아가는 것에 대해서 도무지 이해하지 못해도, 그래서 우리에 대해서 뭐라 말할지라도 굳이 그것을 설명하지 않는 것입니다. 나중에 주께서 오실 때 그것이 다 드러나게 될 것을 알기에 그렇습니다. 다른 사람이 내 마음을 이해하지 못하면 그것 때문에 괴로워하지 말라는 것입니다. 주께서 다 드러내실 것이니 말입니다. 하나님 나라가 극치(極致)에 도달했을 때는 모든 것이 온전해집니다. 지금 우리가 만들어 내려고 하는 것은 그 사회에 근접한 모습을 될 수 있는 대로 많이 나타내려고 하는 것입니다. 그것이 그리스도 안에 있는 새로운 공동체의 모습입니다. 아직은 우리가 온전하지 않기 때문에 혼잡이 있을 수 있습니다. 그러나 목표는 주께서 온전히 이루시는 그것을 바라보면서, 그것에 가까운 현실을 나타내려고 온갖 애를 쓰는 그런 모습으로 사는 것입니다.

우리는 경건한 상상력을 동원해서 정말 주께서 원하시는 사람들로서, 주께서 원하시는 사회의 모습을 바라보며 비전을 품어야 할 것입니다. 그리고 그 비전이 우리의 삶에 드러나도록 해야 할 것입니다.

28 강 야고보서 5장 13-18절

# 고난 중에서

"너희 중에 고난 당하는 자가 있느냐? 그는 기도할 것이요, 즐거워하는 자가 있느냐? 그는 찬송할지니라. 너희 중에 병든 자가 있느냐? 그는 교회의 장로들을 청할 것이요, 그들은 주의 이름으로 기름을 바르며 그를 위하여 기도할지니라. 믿음의 기도는 병든 자를 구원하리니 주께서 그를 일으키시리라. 혹시 죄를 범하였을지라도 사하심을 받으리라. 그러므로 너희 죄를 서로 고백하며 병이 낫기를 위하여 서로 기도하라. 의인의 간구는 역사하는 힘이 큼이니라. 엘리야는 우리와 성정이 같은 사람이로되 그가 비가 오지 않기를 간절히 기도한즉 삼 년 육 개월 동안 땅에 비가 오지 아니하고, 다시 기도하니 하늘이 비를 주고 땅이 열매를 맺었느니라"(약 5:13-18).

야고보서 탐구가 끝날 때가 가까워졌습니다. 야고보는 맨 처음에 본인이 제시했던 우리의 형편, 즉 세상을 살 때 많은 어려움이 있다는 것을 분명하게 하면서, 그 상황의 유일한 해결책을 우리에게 제시하고 있습니다. 1세기나 21세기 혹은 어느 시대에 살든지 이 땅에서 참으로 주의 말씀대로 살려는 예수님을 믿는 사람들에게는 여러 가지 어려움이 있습니다.

### 현실적 고난과 어려움 가운데서

물론 사람이 죄를 지어서 오는 어려움도 있습니다. 타락하지 않았을 때는 병이나 여러 가지 인간관계의 복잡함, 자연재해와 같은 어려움이 전혀 없었습니다. 그러나 인간이 죄를 지었을 때 창조의 질서는 깨어지고, 그것이 복합적인 관계가 되어서 세상에는 복잡한 문제가 생겨났습니다. 그래서 예수님을 믿는 사람이나 안 믿는 사람이나 모두 다 어려움 가운데 있습니다.

그리스도인에게는 하나님의 뜻을 추구하고, 하나님의 뜻을 세상에 구현해가는 것 때문에 당하는 또 다른 어려움이 있습니다. 그러므로 그리스도인은 '이중의 어려움'을 경험합니다. 하나는 세상 사람들과 같이 당하는 어려움입니다. 예수님을 믿는 사람이라고 해서 그 어려움이 오지 않는 것이 아닙니다. 예외가 없습니다. 다른 하나는 하나님의 백성으로서 살려고 할 때 경험하는 어려움, 그러니까 세상에서 예수님을 믿는 참된 사람으로 사는 데 어려움이 또 있다는 것입니다.

그럴 때 예수님을 믿는 사람은 어떻게 해야 합니까? 이것이 죽을 때까지 우리가 경험하는 문제입니다. 그래서 13절은 "너희 중에 고난 당하는 자가 있느냐"(약 5:13)라고 묻습니다. 우리는 이 질문에 대해서 "그렇습니다"라고 답하지 "고난이 없습니다"라고 반응하는 사람은 거의 없습니다. 앞에서 이야기했던 것처럼 세상에 사는 것 자체에서 오는 어려움이 있습니다. 물론 이 말을 오해해서는 안 됩니다. 불교처럼 '세상에 존재하는 것 자체가 고(苦)다'라고 말하는 것이 아닙니다. 세상에 어려움이 있는 이유는 첫 사람의 죄 때문에 생겨난 것입니다. 인간에게 죄가 없었더라면 어려움이 없었을 것입니다. 그리고 하나님 말씀대로 살아보려고 노력할 때 어려움이 있습니다. 이 어려움 가운데서 어떻게 하라고 합니까?

## 기도하라!

야고보서의 맨 마지막은 기도에 대한 권면입니다. 어려움을 당하고 있는 상황 가운데 기도하라고 합니다. "기도할 것이요"라는 말은 명령으로 주어졌습니다. 예수님을 믿는 사람의 큰 특징이 여기에 있습니다. 진짜 예수님을 믿는 사람은 기도하는 사람입니다. 물론 예수님을 안 믿는 사람도 기도를 흉내 내기는 합니다. 형태는 비슷하기에 사람들은 다 비슷하다고 생각합니다. 그러나 다른 종교에서 흔히 기도라고 하는 것은 두 가지 면에서 참된 기도가 아닙니다. ▪

> 이에 대해서 이승구, 『하나님께 아룁니다』 (서울: 말씀과 언약, 2020). 35, n. 22; 37-38을 보십시오.

첫째는 그 대상이 분명하지 않기 때문입니다. 옛날 우리나라 사람들은 천지신명(天地神明)께 기도했습니다. 강화도 마니산(摩尼山, 468m)에 참성단(塹城壇)이라는 제단을 쌓고 하늘에 제사를 지냈습니다. 그것을 보면서 옛날 선교사들이 잘못 언급한 것이 있습니다. "한국 사람들은 우리가 오기도 전에 이미 하나님께 제사를 드렸다"라고 말한 것입니다. 그러나 그것은 엄밀하게 말하면 틀린 것입니다. 한국 사람들이 전통적으로 생각해 온 하나님은 결국 진짜 하나님을 왜곡한 것입니다. 사람들이 살다 보면 어려운 일을 만나고 그것을 해결하고자 하는 마음으로 제사하고 기도도 합니다. 그런데 그 대상이 잘못된 것입니다. 잘못된 것들을 의지하고 기도하는 것입니다. 그러니 얼마나 안타까운 일입니까?

둘째는 그들의 기도는 하나님이 하라고 하는 방식을 따라서 하는 것이 아닙니다. 또한 기도하는 그 심정은 하나님이 요구하시는 것과는 전혀 다른 것입니다.

## 진정한 기도

진정한 기도, 참된 기도는 과연 어떤 것입니까? 첫 번째, 기도의 대상이 분명해야 합니다. 그 대상은 결국 삼위일체 하나님입니다. 기도는 누가 하는 것입니까? 십자가 사건을 통해서 구속함을 받은 사람만이 참으로 기도할 수 있습니다. 아무나 기도하면 하나님께서 들어주시는 것이 아닙니다. 오직 구속함을 받은 사람들이 구속하신 삼위일체 하나님께 하는 것이 기도입니다. 우리는 이런 인식으로 기도하는 것입니다. 그러니까 복음 사건에 근거해서 기도하는 것입니다.

복음을 떠나서 기도하는 것은 기도와 비슷한 유사품을 활용하는 것입니다. 이방 종교에서 기도라는 형식으로 무언가를 소원했을 때 그것이 이루어질 경우도 있습니다. 그러면 그 기도하는 것이 어떤 효과를 내는 것처럼 보일 수 있습니다. 그러나 그것은 두 가지 때문에 나타나는 것입니다. 하나는 인간의 심리적 작용 때문에 나타나는 것인데, 사람이 적극적 사고방식으로 무엇을 하면 생각하지 않은 결과를 만들기도 합니다. 제한된 한도 내에서 이루어지는 것입니다. 또 하나는 사탄이 하나님을 섬기지 못하게 하려고, 이런 일을 일으킬 수 있습니다. 사람들이 이교적으로 기도할 때 그것이 성취되는 듯해야 사람들이 진짜 하나님을 안 따르지 않겠습니까? 그러니까 사람들이 하나님께 마음을 쏟지 못하도록 사탄은 세상 종교 안에서 무슨 일이 일어나도록 하는 것입니다. 세상에 있는 기도의 유사품이 효과를 내는 것처럼 만드는 것입니다. 그러나 그것은 진짜 기도가 아닙니다. 이것을 분명히 알아야 합니다.

다시 말하지만, 복음에 근거해서만 진짜 기도를 할 수 있습니다. 기도하라는 명령은 세상 아무에게나 주어진 것이 아닙니다. 기도는 예수 그리스도의 구속에 근거해서, 예수 그리스도의 십자가 사건을 통하여 하나님이 나의 아버지가 되심을 정말 절실히 느낀 사람들이 하나님께 우리의 모든 사정을 아뢰는 것입니다. 하나님이 몰라서 우리가 하나님께 우리의 사정을 아뢰는 것이 아닙니다. 하나님은 우리가 기도하기 전에 있어야 할 것을 다 아신다고 말씀했습니다. 우리가 구하기 전에 하나님께서 다 아시는데도 우리는 하나님께 아뢰는 것입니다. 왜 그렇게 합니까? 우리는 삼위일체 하나님과 교제하기 위해서 아뢰는 것입니다.

이것은 우리가 사람들과 사귈 때 상황과 아주 비슷합니다. 유사한 점이 있습니다. 우리가 누군가를 사귄다고 하면서 서로 말 한마디도 안 한다면 진짜로 사귀는 것이 아닐 것입니다. 또한 만나고 싶은 마음이 전혀 없다면 그것 역시 사귀는 것이 아닙니다. 정말 사랑하는 사람들은 만나지 말라고 해도 자꾸 만납니다. 무슨 할 말이 그리도 많은지 만나면 이야기하고, 헤어지면 다시 보고 싶고 그리워합니다. 기도는 그와 비슷한 것입니다. 예수님을 믿는 사람은 십자가 사건을 통해서 하나님을 나의 아버지라고 부르는 사람입니다. 그는 진정으로 기도할 수 있게 된 사람입니다. 기도할 수 있게 되었다는 것은 우리에게 큰 특권입니다. 그러므로 예수님을 믿는 사람은 기도할 수 있게 된 사람이고, 실제로 기도하는 사람입니다. 우리가 진짜로 기도해야 합니다.

### 어떻게 기도할 것인가?

기도는 어떻게 해야 합니까? 방법은 매우 자유롭습니다. 특히 신약 시대에는 참으로 자유롭게 기도하게 해 주셨습니다. 그러나 중요한 것은 '기도해야 한다'는 것입니다. 문제는 자유롭기에 기도하지 않는 일이 자주 발생하는 것입니다. 기도해야 한다는 말씀을 이렇게 구체적인 명령으로 주셨을 때 우리는 정말로 기도를 해야 합니다.

기도는 성경 전체를 살펴보면 다음 두 가지 방식으로 나타납니다. 하나는 삶 전체 속에 기도하는 것이고, 다른 하나는 시간을 내서 기도하는 것입니다. 항상 주님 앞에서 주님께 기도하는 것입니다. 이것을 옛날 목사님들은 우스갯소리로 하루에 한 번 기도한다고 표현한 적이 있습니다. 아침에 일어나면서부터 저녁 잘 때까지 계속 기도한다는 것을 이렇게 말한 것입니다. 이것은 우리의 삶이 언제나 기도하는 태도로 살아야 한다는 말입니다. 매 순간 주님의 뜻을 묻는 태도로 사는 것입니다. '주님, 이런 상황에서 어떻게 해야 합니까? 주님의 뜻을 따르겠습니다'라는 질문과 다짐을 계속해서 하는 것입니다. 우리의 생각 자체가 기도라는 것입니다.

그러나 늘 주님과 기도하면서 산다는 것을 오해하지 말아야 합니다. 다른 사람이 보기에 중얼거리거나 이상한 말을 하는 사람으로 보이면 안 됩니다. 또한 "지금 주님께 물어보니까 주님이 이렇게 이야기하신다"라는 식으로 표현하지 않도록 해야 합니다. 이렇게 이야기하면 심각한 오해가 생깁니다. 오랫동안 유행하는 책 중에 『하나님의 음성을 듣는 법』이라는 책이 있습니다. 이런 책과 그와 유사한 표현들은 다 오해를 가져오는 것입니다.

우리에게 중요한 것은 우리의 사고방식이 항상 주님의 뜻을 추구하는 것입니다. 이것이 가장 기본적인 것입니다. 늘 주님 앞에 묻는 것입니다. 내 사고가 성령님의 생각하심을 따라가야 합니다. 하나님의 생각하심을 따라가야 합니다. 어떻게 그것이 가능합니까? 평소에 성경을 공부하고, 설교를 듣는 것이 우리에게 토대와 자양분이 됩니다. 그것에 근거해서 성령님과 계속해서 교제해 갈 때 지금 상황에서 어떻게 해야 할지 생각할 수 있습니다.

예수님을 믿는 사람은 모든 것을 복음의 관점에서 볼 수 있어야 합니다. 여기에 진정한 기도가 있습니다. 기도는 하나님의 뜻을 늘 생각하면서 하나님과 대화하며 사는 것입니다. 만일 어려운 상황에 있다면 그 상황에서도 주님의 뜻을 구하는 기도를 해야 합니다. 주님의 뜻을 찾으려 해야 합니다.

물론 어떤 때는 어려움을 당하는데 기도하면서도 이것을 어떻게 해결해야 할지 길을 모를 수도 있습니다. 왜 이렇게 되었는지 그 상황조차도 이해하지 못할 수 있습니다. 그 전형적인 예가 욥의 경우입니다. 욥은 기도하는 사람입니다. 어려움 가운데 기도하지만, 하나님이 그에게 설명해 주시기 전까지는 자신이 왜 고난 가운데 있는지 몰랐습니다. 그처럼 세상에는 내가 도무지 이해하지 못하는 어려움도 있습니다. 기도하는 사람은 모든 것을 다 안다고 오해할 수 있지만, 사실은 그렇지 않습니다. 우리는 정확한 것을 모르는 경우가 있을 수도 있습니다. 대개는 왜 그렇게 되었는지 하나님께 기도하고 대화하면서 대충 짐작합니다. 예수님을 믿는 사람들이 성경의 가르침에 근거해서 모든 것을 열심히 하면 상당히 제대로 이해할 수 있게 됩니다. 오랜 시간 자꾸 이 연습을 하면 점점 더 하나님의 뜻에 비슷하게 되어 갈 수 있습니다. 우리는 살면서 하나님의 뜻을 점점 더 알아 가는 연습을 하면서 삽니다. 이 과정이 반복되고 심화하며 우리가 하나님의 뜻에 좀 더 부합하는 사람이 됩니다. 그것이 성화의 과정입니다. 그러니까 기도가 우리의 성화를 낳는 것입니다. 기본적으로는 날마다 이런 태도로 있는 것이 기도입니다. 기도 자체가 늘 하나님의 뜻을 묻는 것입니다.

그러나 본문에서 "기도할 것이요"라고 할 때는 지금까지 이야기한 것만을 말하는 것이 아니라는 것에 유의해야 합니다. 시간을 내서 실제로 하나님 앞에 대화하는 기도의 시간이 필요합니다. 이 두 가지를 대립시키면 안 됩니다. "나는 항상 주님과 대화하며 살기 때문에 특별한 기도 시간은 필요 없습니다"라고 말하면 안 됩니다. 이런 사람들은 언제나 잘못되기 쉽습니다. 우리는 따로 시간을 내서 참으로 기도해야 합니다. 시간을 얼마만큼 내어야 합니까? 어떤 방식으로 해야 합니까? 그것은 각자에게 자유롭게 주어져 있습니다. 신약 시대의 특징이 이것입니다. 이것이 어렵고 잘 안 되기 때문에 이천 년 동안 교회는 때때로 또는 자주 이것을 규제해 보려고 노력해 왔습니다. 옛날에 수도원에서는 하루에 여덟 번 기도하면서 살기 위해 애썼다고 합니다. 그렇게 하루에 해야 할 기도 시간을 정하려고 했던 것입니다.

종교 개혁을 하면서 그렇게 하면 안 된다는 것을 발견했습니다. 천주교에서 사람들이 그런 것을 만든 것은 다 이유가 있어서입니다. 우리도 한국식으로 만들어 낼 수 있습니다. 그래서 우리가 주의해야 합니다. 언제나 거기에 사로잡히면 안 됩니다. 이때 우리가 주의해야 할 것은 이것이 성경에 나오는 것이 아니기에 그 구체적인 방식에 대해서는 자유롭게 해야 한다는 것입니다. 전통적으로 사람들은 자기의 종교적 패턴을 만들어 놓습니다. 주님께 어떻게 기도한다는 인간적 패턴을 만들어 놓고, 그것을 지키면 기분이 좋고, 지키지 못하면 불편하고 괴롭습니다. 이렇게 되면 스트레스를 더 받게 됩니다. 그러므로 성경이 말하지 않는 어떤 종교적인 틀, 사람이 만든 형식에 사로잡히면 안 됩니다. 예수님을 오래 믿은 사람이 잘못하면 이렇게 될 위험성이 있습니다. 이상한 틀을 만들어 놓고 적어도 이것은 지키자, 하루에 몇 번은 기도하자는 생각을 하기 아주 쉽습니다.

그런데 이때도 주의해야 합니다. 성경 외적인 틀에서 벗어난다고 하면서 사실상 기도를 안 한다면 그것은 심각한 문제입니다. 그것은 성경 외적인 것을 뛰어넘은 것이 아닙니다. 오히려 하나님의 말씀에 불순종하는 것입니다. 우리는 주의해서 그렇게 되지 말아야 합니다. 정말 기도에 힘써야 합니다. 늘 기도하는 것 외에 일정한 시간을 내서 정말 기도해야 합니다. 이것이 중요합니다. 처음에는 하루에 5분이라도 시간을 내서 주님 앞에 기도해야 합니다. 아침에, 낮에, 저녁에 혹은 밤늦게 할 수도 있습니다. 사람마다 다릅니다. 정말 5분 기도하다가 할 말이 많아지면 그것이 10분이 되고, 1시간 2시간이 되기도 합니다. 이렇게 실제로 기도하는 것이 중요합니다.

진짜로 하나님 앞에서 열심히 살던 루터는 "나는 너무 바빠서 기도한다"라고 말한 바 있습니다. 우리가 흔히 생각하는 것과는 다릅니다. "너무 바빠서 기도할 시간이 없어요"라고 생각하는 것이 일반적인 사람들의 반응입니다. 그런데 루터는 "나는 너무 바빠서 기도한다"고 했습니다. 그것을 잘 관찰한 사람들은 이렇게 이야기합니다. "너무 바빠서 기도 못 하는 사람은 진짜로 너무 바쁜 것이다", 즉 그래서는 안 된다는 것입니다. 현대인들은 무척 바쁩니다. 바쁘니 기도할 시간을 내야 합니다. 왜 그렇습니까? 그것이 주님의 명령이기 때문입니다. 십자가 사건 속에 있는 사람들에게 주어진 명령입니다. 우리를 고달프게 하고, 우리를 정죄하는 명령, "너 왜 기도 안 했어?"라는 성격의 명령이 아닙니다. “나를 구원해 주신 주님, 너무 감사합니다. 제가 어떻게 할까요?”라고 물을 때 주께서 주시는 아주 좋은 해결책이 있습니다. “기도하면서 하나님의 뜻을 찾으라”는 말입니다.

내가 어떻게 할지 모를 때 주님의 의견을 구할 수 있습니다. 기도라는 방편으로 하나님의 뜻을 추구하는 방법을 우리에게 주신 것입니다. 항상 주님과 같이 있는 방법을 우리에게 주신 것입니다. 그 시간을 ‘주님과 나만의 시간’이라고 이야기할 수 있을 것입니다. 정말 주님과 우리가 함께 있을 수 있는 시간입니다. 살아계신 하나님을 ‘하나님 아버지’라고 부르고, 그 ‘하나님 아버지’의 뜻을 구하는 시간이 바로 기도하는 시간입니다.

### 너희 중에 즐거워하는 자가 있느냐?

13절은 ‘너희 중에’ “즐거워하는 자가 있느냐?”라고 묻습니다. 이 말씀을 외적으로만 보면 어려움을 당할 때 기도하고, 즐거울 때는 찬송하라는 것입니다. 이렇게 우리의 삶이라는 것은 고난과 즐거움이 날줄과 씨줄처럼 엮인 옷감과 같습니다. 모든 사람이 인생을 그렇게 생각합니다. 어려울 때는 하나님께 기도하고, 즐거울 때는 하나님께 찬송하라는 뜻으로 보는 것은 상당히 좋은 해석입니다. 그러나 조금 더 들어가서 생각해보면 진짜로 예수님을 잘 믿는 사람은 어려움 속에도 마음으로 즐거워합니다. 물론 그렇게 되기까지는 쉽지 않습니다. 지금 어려움에 딱 봉착해 있다면 그 마음이 즐겁겠습니까? 참 어렵습니다. 그때 우리는 기도하는 것입니다. “주님, 주님 말씀에 의하면 우리는 어려움 가운데서도 주님을 의지하면서 항상 편안해야 합니다”라고 하면서 최소한 기도해야 합니다. 찬송할 때는 “어려움 속에서도 내 마음 평안해”라고 찬송합니다. 그런데 그것은 그냥 하는 말이고, 우리의 현실은 안 그렇다고 한다면 여기에 문제가 있는 것입니다. 진정으로 예수님을 믿는 사람은 어려움 가운데서도 평안합니다. 그러니 그 사람은 어려움 가운데서도 찬송합니다.

사실 기도와 찬송은 떨어져 있는 것은 아닙니다. 우리의 삶을 구성하는 굉장히 중요한 요소가 이것입니다. 하나는 기도이고, 하나는 찬송입니다. 이 둘이 연결되어 있습니다. 기도 속에 찬송이 있습니다. 기도할 때 맨 앞에 무엇을 합니까? 하나님을 찬송합니다(adoration). 우리를 구원하신 주님, 우리를 하나님과 함께 더불어 살게 하시는 하나님에 대한 찬양이 있습니다. 또한 우리를 구원하시고 인도하시는 주님께 대한 감사를 표합니다(thanksgiving). 그리고 주님 앞에 내가 주님의 뜻대로 못 했다는 것에 용서를 구하고(confession), 주님의 뜻을 잘 알려 달라고 이야기하기도 합니다. 이 상황 가운데 어떻게 해야 하는지 해결책을 달라고 하는 간구(supplication)가 우리 기도 속에 있습니다.

## 너희 중에 병든 자가 있느냐?

14절은 "너희 중에 병든 자가 있느냐"라고 물으며 우리의 삶에 있는 기도의 대표적인 예를 이야기합니다. 이것이 흥미로운 말입니다. 예수님을 믿는 사람이 병든 것입니다. 예수님을 믿는 사람도 병이 든다는 것을 보여주는 것입니다. 1세기 사도가 있는 상황에서 "너희 가운데 병든 자가 있느냐"라고 예수님의 동생인 야고보가 묻고 있다는 것은 매우 의미심장합니다. 그 시대는 사도적 이적이 있던 시대입니다. 그런데 그때에도 교회 공동체 안에 병든 자가 있다는 것입니다. 그때 어떻게 하라고 합니까? "그는 교회의 장로들을 청할 것이요 그들은 주의 이름으로 기름을 바르며 그를 위하여 기도할지니라"(약 5:14)라고 말씀합니다. 이 말씀을 어떻게 이해하느냐에 따라서 미신(迷信)이 나오기도 하고, 제대로 된 것이 나오기도 합니다.

우선 미신부터 살펴보겠습니다. 말씀에서 장로님을 청해서 기름을 바르며 기도하라고 했습니다. 이 귀한 성경 말씀을 가지고 천주교회에서는 이를 의식화했습니다. 누가 병들면 장로님을 청합니다. 장로님들이 와서 기름을 바르며(unction) 기도하는 의식을 행하면 병이 낫는다는 것입니다. 그 의식이 병을 낫게 한다는 것입니다.

이 해석이 바른 것인지 잘 봐야 합니다. 이것이 체계화되어서 나타나는 것이 무엇입니까? 만일 사랑하는 사람이 죽어간다면 맨 마지막에는 주께서 낫게 해주시를 바라는 마음도 있습니다. 그런데 안 되니까 소위 '마지막 기름 부음'(the last unction, 終傅聖事)이라는 것을 만듭니다. 천주교의 7성사 가운데 맨 마지막에 하는 의식입니다. 사람의 생애와 관련한 맨 마지막 성사가 '마지막 기름 부음'을 하는 것입니다. 말씀을 오용하여 만든 것으로 자기들은 말씀을 따른다고 생각합니다. 성경에 분명히 그렇게 하라고 했으니까 말입니다. 그러나 본문은 낫기 위해서 하는 것인데, 천주교회에서는 '종부성사(終傅聖事)'를 만든 것입니다. 맨 마지막에 기름을 붓는 거룩한 예식이라고 합니다. 종교 개혁 때 우리는 그런 잘못된 해석과 행위를 다 제거하여 버렸습니다.

이 말씀은 종부성사를 하라고 하시는 말씀이 아니기 때문이었습니다. 말씀을 바르게 이해하기 위해서 1세기에 기름을 붓는다는 것이 어떤 의미를 지니는지 생각해 보아야 합니다. "기름을 붓는" 일의 다른 예를 살펴보겠습니다. 아주 유사한 예가 마가복음에 나타납니다. 마가복음 6장은 "제자들이 나가서 회개하라 전파하고 많은 귀신을 쫓아내며 많은 병자에게 기름을 발라 고치더라"(막 6:12-13)라고 말씀합니다. 이 말씀을 잘 이해하기 위해서 예수님의 비유 가운데 한 말씀을 보겠습니다. 누가복음 10장에는 소위 '강도 만난 사람의 비유' 곧 '선한 사마리아인의 비유'가 있습니다. 비유입니다. 예수님이 이야기를 하셨습니다. 어떤 사람이 강도를 만나서 맞은 후 길거리에 누워 있습니다. 가진 것을 다 빼앗기고 누워 있는 것입니다. 거기를 지나던 제사장은 너무 바빠서 그냥 갔습니다. 레위 사람도 그냥 지나갔습니다. 마지막에 유대인이 사람으로 여기지 않는 사마리아 사람이 지나가다가 그 사람을 보고 도와줍니다. 누가복음 10장은 "어떤 사마리아 사람은 여행하는 중 거기 이르러 그를 보고 불쌍히 여겨 가까이 가서 기름과 포도주를 그 상처에 붓고 싸매고 자기 짐승에 태워 주막으로 데리고 가서 돌보아 주니라"(눅 10:33-34)고 합니다. 기름과 포도주를 그 상처에 부었다고 했습니다. 그것은 상처를 치료하는 약용으로 사용된 것입니다. 그 당시 상황을 우리에게 말해 주는 것입니다. 오늘날처럼 약을 만드는 기술이 있던 시대가 아닙니다. 2세기의 유명한 의사 갈렌(Gallen)은 "올리브 기름은 사람이 마비 증세를 보일 때 가장 좋은 약"이라고 말했습니다. 여기서 말하는 기름은 대개 올리브 기름, 감람유입니다. 이런 감람유는 그 당시 팔레스타인에서 흔히 사용되는 것입니다. 올리브 기름이 약용으로 사용된 것입니다. 성경 시대의 사람들은 이런 것에 익숙했습니다.

이사야 1장을 살펴보겠습니다. 하나님은 이스라엘 백성들의 죄악상, 그것에서 온 참상을 이야기하시면서 이렇게 말씀합니다. "너희가 어찌하여 매를 더 맞으려고 패역을 거듭하느냐"(사 1:5)라고 합니다. 지금도 어려운 상황에 있는데 왜 매를 더 맞으려고 더욱 패역한 행동을 하느냐는 것입니다. 부모님이 회초리로 때리고 있을 때 최선은 잘못했다고 용서를 비는 것입니다. 그런데 만일 안 맞으려고 온갖 애를 쓰면 더 많이 맞습니다. 고집을 부리면 부릴수록 더 맞는 것입니다. 그런데 이스라엘 백성들이 그렇게 했다는 것입니다. 하나님은 말씀하십니다. "너희가 어찌하여 매를 더 맞으려고 패역을 거듭하느냐? 온 머리는 병들었고 온 마음은 피곤하였으며 발바닥에서 머리까지 성한 곳이 없이 상한 것과 터진 것과 새로 맞은 흔적뿐이거늘"(사 1:5-6)이라고 말씀합니다. 그 다음에는 "그것을 짜며 싸매며 기름으로 부드럽게 함을 받지 못하였도다"라고 말씀합니다. '짜며 싸매며 기름 바르는 것'이 무엇입니까? 치유하는 것입니다. 그러니까 옛날에는 기름이 약용으로 사용되었다는 것을 알 수 있습니다.

한 곳을 더 보겠습니다. 예레미야 8장은 "길르앗에는 유향이 있지 아니한가 그 곳에는 의사가 있지 아니한가? 딸 내 백성이 치료를 받지 못함은 어찌 됨인고"(렘 8:22)라고 말씀합니다. 이것도 기름에 관한 것입니다. 구약 시대의 배경으로 생각해 보겠습니다. 길르앗에는 의사 선생님이 많은데, 의사 선생님이 유향, 즉 기름으로 치료를 했었다는 것입니다. 그것은 예수님이 살던 1세기에도 마찬가지였습니다. 선한 사마리아인의 비유가 잘 말해 주듯이 말입니다.

그러니까 기름을 바른다는 것은 올리브 기름을 약으로 사용하는 것입니다. 약으로 사용하면서 하나님께 기도하라는 것입니다. 이것이 예수님을 믿는 사람들이 하는 방식이라는 것입니다. 예수님을 믿는 사람들은 삶의 모든 것을 다 하나님과 연관시키는 사람들입니다. 그런데 어떤 사람은 지나치게 하나님과 연관시킨 나머지, 병이 나도 아무것도 안 하고 기도만 합니다. 하지만 성경은 그렇게 하지 말라고 합니다. 병이 나면 장로들을 청하고, 장로들은 기름을 바르며 기도하라고 했습니다. 그러니까 '기도하라고 했지 언제 약국 가라고 했습니까? 언제 병원 가라고 했습니까?'라고 말하는 사람이 있다면, 약국과 병원에 가는 것이 1세기에는 "기름을 바르는 것"이라는 사실을 이해하지 못한 것입니다.

그런데 이때도 중요한 것은 우리가 약으로 사용하는 기름을 전적으로 의존하는 것이 아니라는 사실입니다. 궁극적으로는 주님에게 의존하는 것입니다. 그것은 우리에게 요구되는 것입니다. "기름을 바르며 기도할지어다"라고 말합니다.

우리는 1세기 야고보가 있었던 교회 공동체의 모습을 그려볼 수 있습니다. 그 교회는 누가 아플 때 그냥 혼자서 끙끙 앓지 않았다는 것을 알 수가 있습니다. 교회의 장로들을 청하고, 장로님들은 교회를 대표해서 같이 기도했습니다. 그것이 공동체입니다. 그러니까 교회 공동체의 굉장히 중요한 역할이 서로를 돕고, 위해서 기도하는 것입니다. 그리고 주께서 필요하시면 우리의 기도에 응답해 주십니다.

## 나가면서

세상을 사는 우리에게는 어려운 상황, 기쁜 상황 등 여러 가지 상황이 있습니다. 어려운 상황 가운데 대표적인 것이 아픈 것입니다. 아플 때 어떻게 하라고 합니까? 성도들에게 알려야 합니다. 그래서 우리가 같이 기도할 수 있도록 해야 합니다. 교회 공동체는 시간을 내어서 같이 모여서 기도하는 것이 필요합니다. 초대 교회는 다른 것도 하지만 기도에 전혀 힘쓰는 공동체였습니다. 여기에 공동체적 기도가 있습니다. 우리나라의 수요 기도회가 그런 것입니다. 공동체가 같이 기도하는 것입니다. 우리의 상황을 다 알리고 서로의 문제를 가지고 같이 기도하는 것입니다. 어떤 한 사람이 주도권을 가지고 기도하지 않습니다. 이것이 미신(迷信)을 만드는 것입니다. 우리 가운데 문제가 있으면 '공동체가 같이 기도'합니다. 주께서 우리의 문제를 불쌍히 여겨 주시면, 주께서 원하시면 우리 죄를 용서해 주시고 치료해 주시는 것입니다.

그러나 우리가 이유를 다 알 수 없는 고난이 있듯이, 어떤 경우에는 문제를 위해 열심히 기도하는데도 주께서 안 고쳐 주실 경우도 있습니다. 성경은 이런 것에 대해서도 분명히 이야기합니다. 항상 다 고쳐 준다고 말하지 않았습니다. 우리는 '주님의 뜻이면 주께서 고쳐 주실 것이다'라는 마음이어야 합니다. 왜 그렇습니까? 우리가 세상을 왜 사는 것입니까? 주님의 일을 하기 위해서 사는 것입니다. 그러므로 우리는 모든 정황에서 주님의 뜻을 구해야 합니다.

그리스도인들이 받은 명령, 예수 그리스도를 진짜로 믿는 사람들이 받은 명령은 우리 삶의 모든 정황에서 하나님과 대화하며 기도하는 일입니다. 그중에 특별히 시간을 내서 주님께 기도하고, 누군가 아픈 것 등의 문제가 생겼을 때 공동체가 기도하도록 하신 사실을 기억하면서, 교회 공동체의 기도를 중요시해야 합니다. 교회 공동체 개개인의 삶이 기도와 찬송으로 구성되어야 하고, 거기에 하나님 말씀을 공부하는 것이 더해져야 합니다. 교회 공동체가 늘 하나님 말씀을 공부하는 것과 성경을 읽는 것 그리고 기도와 찬송으로 바르게 서가야 한다는 것을 생각해야 할 것입니다.

29강 야고보서 5장 15-18절

# 기도:
# "믿음의 기도는 병든 자를 구원하리니"

"믿음의 기도는 병든 자를 구원하리니 주께서 그를 일으키시리라. 혹시 죄를 범하였을지라도 사하심을 받으리라. 그러므로 너희 죄를 서로 고백하며 병이 낫기를 위하여 서로 기도하라. 의인의 간구는 역사하는 힘이 큼이니라. 엘리야는 우리와 성정이 같은 사람이로되 그가 비가 오지 않기를 간절히 기도한즉 삼 년 육 개월 동안 땅에 비가 오지 아니하고, 다시 기도하니 하늘이 비를 주고 땅이 열매를 맺었느니라"(약 5:15-18).

본문은 앞서 말씀한 것과 연결해서 예수님을 믿는 사람들이 세상에서 열심히 기도해야 할 것을 명령하십니다. 앞에서 예수님을 믿는 사람들의 삶과 관련된 것을 두 가지로 이야기했습니다. 하나는 찬송하는 것이고, 다른 하나는 기도하는 것입니다. 이것은 늘 같이 가는 것이지만, 우리는 어려울 때는 기도하고, 혹시 주의 뜻이 이루어졌다고 생각할 때는 찬송하며 살아갑니다.

15절은 "믿음의 기도는 병든 자를 구원하리니"라고 말씀합니다. 성경에서 '구원한다'라는 말은 항상 포괄적인 의미를 지니는 말입니다. 삶에서 우리가 원하는 바를 주께서 이루어주시는 것을 '구원한다'라고 표현하기도 합니다. 그러니까 이때 구원이라는 말은 일반적으로 구원론적 의미에서의 구원, 즉 예수님을 믿어 구원을 받는 것과 직접적으로 관련되는 것은 아닙니다. 예수님을 믿는 사람도 병들고 여러 가지 어려움을 당할 수 있는데, 그런 상황에서도 믿음의 기도는 우리를 그 상황에서 건져낸다는 것입니다. 어떤 사람이 병들어 있을 때 그 병든 상황에서 회복할 수 있도록 하는 것, 그것이 필요하면 주께서 해 주신다는 것입니다.

## "엘리야는 우리와 성정이 같은 사람이로되"

여기에 또 오해하지 말아야 할 말이 있습니다. 17절에 "엘리야는 우리와 성정(性情)이 같은 사람이로되"라는 말이 있습니다. 그는 우리와는 다른 어떤 존재가 아니라고 합니다. 우리와 같은 사람이라는 것입니다. 여기서 우리가 사용하는 독특한 말 하나가 있는데 그것은 '하나님은 우리와 성정이 같은 분이 아니시다'라는 말입니다. '하나님은 우리와 같은 감정을 갖지 않으신다'(impassibility of God)라는 말을 사용합니다. 이 말은 하나님의 속성을 이야기하는 가운데 우리와 같은 감정(passion)을 갖지 않으신다는 말입니다. 그래서 하나님은 "수난을 받지 않으신다"(impassibility of God)라는 표현을 썼습니다. 대개 사람의 감정(passion)은 영향을 받게 되는 것, 즉 수동적(passive)인 것입니다. 그러나 하나님은 다른 것들에 의해 영향을 받으시는 분이 아닙니다. 이것은 굉장히 중요한 말입니다. 물론 하나님은 피조물을 사랑하시고 불쌍히 여기시기도 하십니다. 그러나 "우리와 같은 성정을 가지신 분이 아닙니다". 그것을 표현할 때 "하나님은 불감수적"(impassibility of God)이라는 말로 표현합니다.

그런데 오늘날 어떤 사람들은 성경을 보면 하나님이 사랑하신다고 하시는데, 왜 하나님이 수난을 안 당한다고 하느냐면서 "하나님의 불감수성"(impassibility of God)이라는 용어를 없애려고 노력합니다.■ 그러나 이러한 일은 정말 쓸데없는 노력입니다. 하나님은 우리와 같은 성정을 지닌 분이 아닙니다. 하나님이 감정을 가지고 사랑하실 수 있지만, 우리와 같은 성정은 아니라고 말할 수 있습니다.

그런데 우리와 성정이 같은 엘리야가 하나님 앞에 기도할 때 "그가 비가 오지 않기를 간절히 기도한즉 삼 년 육 개월 동안 땅에 비가 오지 아니하고, 다시 기도하니 하늘이 비를 주고 땅이 열매를 맺었느니라"(약 5:17-18)라고 말씀합니다. 엘리야의 이야기를 잘 들여다보면 기도가 요술 방망이가 아니라는 것을 알 수 있습니다. 엘리야가 하나님의 선지자로서 아합에게 가서 삼 년 육 개월 동안 비가 안 올 것이라고 이야기합니다. 그리고 하나님께 기도합니다. 그가 기도했을 때 왜 비가 오지 않습니까? 하나님이 그렇게 하라고 말씀하셨기 때문입니다. 그 기도는 하나님의 뜻에 따른 기도입니다. 여기서 기도가 과연 무엇인가 하는 것이 드러납니다. 기도는 하나님의 뜻을 구하는 것입니다. 그것을 위해서 기도하는데 "간절히 기도했다"라고 합니다. 하나님은 일종의 벌을 주기 위해서 얼마 동안 비가 안 오게 될 것이라고 말씀했습니다. 그 말씀에 따르면 하나님은 반드시 그렇게 하실 것입니다. 그러면 우리가 기도하지 않아도 그렇게 될 것이라는 생각을 하기가 쉽습니다. 그러나 하나님의 백성은 하나님의 뜻의 성취를 위해서 기도합니다.

삼 년 육 개월 동안 비가 오지 않으면 얼마나 어려울지 우리는 다 압니다. 그래서 유대인들의 마음에는 삼 년 육 개월 혹은 삼 년 반이라는 것이 뇌리에 박혀 있습니다. 너무 너무 고생스러운 시기이기 때문입니다. 우리의 삶에서 아주 고생스러운 시기가 나타나는 것을 상징적인 용어로 "삼 년 육 개월"이라고 표현하

그 대표적인 예로 다음을 보십시오: Kazoh Kitamori, *Theology of the Pain of God* (London: SCM Press, 1966); Jung Young Lee, *God Suffers for Us: A Systematic Inquiry into a Concept of Divine Passibility* (The Hague: Martinus Nijhoff, 1974); J. Moltmann, *The Trinity and the Kingdom of God* (London: SCM Press, 1981), 30-36; Richard Bauckham, "Only the Suffering God Can help: Divine Passibility in Modern Theology," *Themelios* 9/3 (April 1984): 6-12; Peter H. Vande Brake, "Passibility" (Ph. D. Dissertation, Calvin Theological Seminary, 2000).

는 일이 생깁니다. 요한계시록에는 삼 년 육 개월의 이야기가 많이 나옵니다. 삼 년 육 개월을 달수로 따지면 마흔두 달입니다. 성경은 똑같은 말을 반복하는 것을 좋아하지 않기에, 삼 년 육 개월이라고 했다가 어떤 때에는 마흔두 달이라고 했다가 또 어떤 때는 그것을 날수로 계산해서 제시하기도 합니다. 형태가 어떻든 이 말들은 다 똑같은 말입니다. 실제로 삼 년 육 개월 동안 어떻게 된다는 이야기가 아니라 엘리야의 경우와 같이 '아주 고생스러운 기간'을 뜻하는 것입니다.

어려운 일이지만 엘리야는 하나님이 말씀하신 것이 이루어지기를 위해서 기도했습니다. 그런 다음에 "다시 기도하니 하늘이 비를 주고 땅이 열매를 맺었느니라", 즉 하나님이 비를 주고 땅에 열매를 맺게 하셨습니다. 여기서 중요한 것은 두 가지인데, 그중 하나는 하나님의 뜻을 알고 구해야 한다는 것입니다. 아무 때나 내 마음대로, 내가 원하는 대로 구하면 이루어지지 않다는 것입니다. 그리고 또 하나는 하나님의 뜻은 이루어지는 것이니까 우리가 기도하지 않아도 이루어진다고 생각하지 말아야 한다는 것입니다.

## 성경적 사고와 그에 따른 기도 이해

여기에 성경적 사고의 특성이 있습니다. 이런 성경적 사고에 가장 충실하려는 개혁파에서는 언제나 두 가지가 분명하게 강조되고 있습니다. 하나는 하나님이 그렇게 예언하도록 하셨다는 것입니다. 예언에 의하면 삼 년 육 개월 동안은 비가 안 오게 되어 있습니다. 그리고 삼 년 육 개월이 지나면 비가 오게 되어 있습니다. 엘리야는 그것을 위해서 기도합니다. 기도 안 해도 된다고 생각하지 않습니다.

잘못된 생각은 그저 내가 열심히 기도하면 무엇이 이루어질 것으로 생각하는 것입니다. 세상의 일들은 모두 다 내가 어떻게 하느냐에 따라서 움직이고 달라진다고 생각하는 것입니다. 내가 기도해서 하나님을 움직이려고 하는 것입니다. 여기서 나타나는 유명한 말이 소위 '보좌를 움직이는 기도'와 같은 말입니다.

사실 엄밀한 의미에서 이교적 제의의 특성은 우리가 우리 마음대로 신을 어떻게 해보려고 하는 것입니다. 어떤 제의를 통해서, 기도를 통해서, 삶을 통해서 신을 조작하려는 것입니다. 그것이 이교의 특성입니다. 그런데 예수님을 믿는 사람들도 정신을 안 차리면 그와 비슷한 생각에 빠질 수 있습니다. 하나님을 우리가 조작하려고 하는 것입니다. 이 경우에 하나님의 절대적인 주권 같은 것은 없게 됩니다. 궁극적으로는 내가 하는 것에 모든 것이 달린 것처럼 생각하는 것입니다. 인간의 책임을 매우 강조하면서, 결국 하나님의 주권은 없어지게 하는 것입니다.

### 참기도 vs. 유사 기도

본문은 하나님의 계시로 인해 하나님의 뜻을 분명히 아는 엘리야가 그 뜻이 이루어지도록 '간절히' 기도했다고 합니다. 그러므로 하나님의 뜻을 알고 하나님의 뜻이 실현될 수 있도록 하는 행위가 기도라는 것입니다. 참된 기도는 세상에 아무나 할 수 있는 것이 아니고, 하나님과 제대로 된 관계성을 맺은 사람만이 할 수 있습니다. 하나님과 관계성을 맺지 않은 사람도 비슷한 것을 할 수는 있습니다. '유사 기도'입니다. 이런 유사 기도는 두 가지 특성이 있습니다. 하나는 하나님과 제대로 관련되어 있지 않다는 것입니다. 그 대상이 분명하지 않습니다. 기도의 대상이 성경에서 말하는 분이 아니라는 점에서 문제가 있습니다. 다른 하나는 그 기도가 하나님의 뜻을 구하는 것이 아니라는 것입니다. 그러니까 이런 유사 기도는 막연한 데서 시작하는 것입니다. 대개는 자기의 형편으로부터 시작합니다. 자기 형편으로부터 무엇을 어떻게 해달라고 시작하는 것입니다. 이것이 유사 기도의 특성입니다.

나중에 이것이 기독교에도 영향을 미치게 됩니다. 대상이 애매해지는 것도 점점 기독교에 영향을 미치게 됩니다. 유사 기도는 기도의 대상이 불분명할 뿐만 아니라 기도의 내용도 추상적이 되고, 결국은 우리의 형편으로부터 시작할 수밖에 없다고 했습니다. 기독교도 그런 것에 영향을 받고 있습니다. 우리의 형편과 우리의 문제를 해결하는 것에 사로잡히기 때문에 세상의 문제 속에 매몰되는 것입니다. 살아 계신 하나님께 기도하는데 하나님보다는 내 문제의 해결이 너 중요합니다. 그렇게 되면 우리도 유사 기도를 하게 됩니다. 그래서 우리도 자신의 문제가 해결되었을 때 기쁨이 최고조가 되는 일이 많습니다. 자신의 문제가 해결되지 않으면 슬퍼지는 것입니다. 그것은 하나님에 대한 인식에도 영향을 미치는 것입니다.

본문은 이런 전제하에 보아야 합니다. 이런 전제하에서 정말 내 문제를 해결하기 위해서 기도하는 것이 아니고, 하나님의 뜻을 실현하기 위해서 기도해야 합니다. 하나님의 뜻은 하나님의 백성들이 하나님의 백성답게 모든 것을 행할 것을 요구합니다. 그중에 병든 상황도 이야기합니다. 하나님의 백성이 하나님의 뜻대로 잘 살아나가려고 하는데 병이 드는 일이 있을 수 있다는 것입니다. 비슷한 예를 살펴보겠습니다.

### 믿는 자가 병으로 죽은 대표적인 예: 나사로

요한복음 11장에는 나사로 집안의 이야기가 나옵니다. 나사로의 집안은 예수님이 평소에 매우 사랑했던 집안이라고 합니다. 나사로가 병들었을 때 누이들이 예수님께 사람을 보내서 "사랑하시는 자가 병들었나이다"(요 11:3)라는 소식을 전합니다. 우리 식으로 말하면 기도하는 것입니다. 그때는 예수님은 이 땅에 계셨기 때문에 예수님께 사람을 보내야 했습니다. 만일 예수님이 지금도 팔레스타인에 계신다면 우리는 진짜 사람을 팔레스타인에 보내야 합니다. 그러나 지금은 안 그래도 됩니다. 주님 앞에 언제든지 기도할 수 있습니다. 예수님이 승천하여 하늘에 계신다는 것이 얼마나 감사한 것인지 모르겠습니다. 안 그러면 문제가 있을 때마다 팔레스타인으로 사람을 보내야 합니다. 물론 요즘은 전화도 할 수 있고, 이메일이나 다른 통신 수단도 있으니 조금 쉬워졌다고 생각할 수도 있겠지만, 어떻게든지 예수님께 전달해야만 하는 것입니다.

누이들의 기본적인 마음은 나사로가 병들었으니 고쳐주셨으면 하는 것입니다. 그런데 주님께서는 거기서 며칠 더 유하셨습니다. 소식을 듣고 움직이시거나, 거기서 하나님께 기도해서 고쳐주신다든지, 아니면 곧바로 어떤 행동을 했어야만 했는데 예수님은 그렇게 하지 않으셨습니다. 아주 이상한 상황입니다. 그리고 얼마 후에 예수님은 "내가 깨우러 가노라"(요 11:11)라고 말씀합니다. 그러니까 제자들이 "잠들었으면 낫겠나이다"라고 반응합니다. 그 과정에서 나사로는 죽었습니다. 이 사람이 병든 상태를 그냥 놔두신 것은 결국 이 사람이 병든 상황에서 낫게 하는 것보다 죽음 가운데서 살리시기 위해 그렇게 하셨던 것입니다. 나사로의 병은 요한복음 11장의 문맥에서 잘 보여주는데 "네가 믿으면 하나님의 영광을 보리라"(요 11:40)라고 말씀하는 것처럼 하나님의 영광을 세상에 드러내기 위한 병이라고 할 수 있습니다. 물론 모든 병이 다 그런 것은 아닙니다. 그렇기에 우리는 하나님의 뜻이 나타나도록 기도해야 합니다.

일반적으로는 병에 걸리면 우리가 하나님의 뜻을 수행하지 못합니다. 그런 경우에는 우리가 무엇을 기도해야 합니까? "하나님, 하나님의 뜻을 잘 수행할 수 있도록 병이 낫기를 원합니다"라고 기도해야 합니다.

### 기도해도 고쳐 주지 않으시는 경우

대표적인 예가 사도 바울의 경우입니다. 사도 바울이 다른 사람을 위해서 기도할 때 주께서 많은 사람을 고쳐주셨습니다. 특히 당시는 "사도적 이적"(apostolic miracle)이 있는 때입니다.■ 그런데 자기에게는 소위 "육체에 가

■ 이런 용어에 대해서 이승구, 『21세기 개혁신학의 방향』 (서울: CCP, 2018), 145-47, 163-70.

시"(고후 12:7)가 있었습니다. 이것이 정확히 무엇인지는 모릅니다. 그러나 일종의 병이라고 생각합니다. 고린도후서 12장 8절에는 그것이 자기에게서 떠나기를 위해서 하나님께 세 번 간구했다고 말씀합니다. 일정한 기간을 두고 기도했을 것입니다. 그런데 주께서 적극적으로 대답을 안 해주셨습니다. 나중에 주께서 사도 바울에게 깨달음을 주셨는데 "내 은혜가 네게 족하도다. 이는 내 능력이 약한 데서 온전하여짐이라"(고후 12:9)라고 말씀합니다. 그것이 너에게 더 은혜가 된다는 것입니다. 사도 바울은 더 이상 자신의 병이 낫게 해달라는 기도를 안했습니다. 하나님의 뜻이 무엇인지를 알았기 때문입니다.

## 우리가 병들었을 때는?

일반적으로 우리는 병들었을 때 병이 낫게 해달라고 기도해야 합니다. 그때 우리의 기본적인 자세는 내가 주님의 뜻을 잘 수행하기 위해서 그렇게 기도하는 것입니다. "나는 주님의 것이고 주님이 맡기신 일을 하려고 합니다" 하는 마음의 자세를 가져야 합니다. 병이 들었으면 "주님의 것이니까 주님의 일을 제대로 하기 위해서 주께서 고쳐 주시옵소서"라고 기도하는 것이 마땅하고, 그렇게 기도할 때 주께서 들어주십니다. 사람의 기도에 어떤 능력이 있어서가 아니라, 응답해 주시는 하나님 때문입니다.

우리는 결국 주님의 뜻이 이 땅 가운데 실현되는 것이 삶의 목표입니다. 이것에 대한 아주 명확한 인식이 있어야만 합니다. 혹시 우리가 죽어도 주님의 뜻이 실현되는 것이라면 그것을 기뻐해야 합니다.

## 15절 뒷부분을 어떻게 해석할 것인가?

15절은 "믿음의 기도는 병든 자를 구원하리니, 주께서 그를 일으키시리라. 혹시 죄를 범하였을지라도 사하심을 받으리라"라고 말씀합니다. 제일 중요한 말은 "혹시"라는 말입니다. 번역을 아주 잘 해 놓았습니다. 왜냐하면 이 말이 없었더라면 많은 사람이 오해하기 쉽기 때문입니다. "혹시"라는 말이 없으면 어떻게 됩니까? 모든 병은 죄 때문에 일어나는 것이라고 기계적으로 생각하기 쉽습니다.

이것은 유대인들이 마음속에 가졌던 생각입니다. 이것 때문에 얼마나 많은 사람을 괴롭혔는지 모릅니다. 누가 아프면 유대인의 사고방식은 '무슨 죄를 범해서 저럴까?'라고 생각하는 것입니다. 욥의 친구들이 욥에게 한 말이 결국 그것입니다. "욥, 네가 괜찮은 사람이라는 것을 우리가 알지만, 하나님 앞에 뭔가 잘못한 것이 있을 거야, 그렇지 않다면 이런 일이 있을 수 없어"라고 말하는 것입니다. "회개할 것이 있으면 빨리 회개하라"고 말하는 것입니다. 그 이야기가 나쁜 것은 아닙니다. 그러나 욥이 처했던 이 구체적인 맥락 속에서는 적절한 말이 아니었습니다. 이것이 유대인들의 사고방식입니다. 기본적으로 병은 어떤 구체적인 죄 때문이라고 생각하는 것입니다.

여기서 "혹시"라는 말의 중요성을 생각해야 합니다. "혹시"라는 말은 우리가 병들면 두 가지 경우가 있다는 것입니다. 죄 때문에 병든 경우와 그것과는 상관없이 병든 경우가 있다는 것입니다. 죄와 상관없이 병든 경우에도 주님의 뜻을 가지고 구하면 주께서 우리를 일으켜 주십니다. 혹시 죄 때문에 병든 경우, 죄가 있어도 참으로 기도하면 주께서 그것을 용서해 주시고 우리를 일으켜 주신다는 것입니다.

## 요한복음 9장 사건과의 비교

요한복음 9장에 나타난 사례와의 비교해 보아야 합니다. 요한복음 9장에 유대인들은 죄는 기계적으로 병을 유발한다고 생각했기 때문에 문제가 되는 경우가 나타납니다. 1절은 "예수께서 길을 가실 때에 날 때부터 맹인 된 사람을 보신지라"(요 9:1)라고 말씀합니다. 이때 "랍비여 이 사람이 맹인으로 난 것이 누구의 죄로 인함이니이까? 자기니이까? 그의 부모니이까?"(요 9:2)라고 질문한 제자들의 사고방식은 어떤 것입니까? 만일 이 사람이 날 때부터 소경이 아니고, 중간에 소경이 되었다면 이 사람들은 어떻게 말할 사람들입니까? "저 사람은 분명히 죄 때문에 소경이 되었다"라고 말했을 것입니다. 그것이 적용되지 않는 것은 날 때부터 소경이 된 경우입니다. 그래서 "부모의 죄 때문에 저렇게 되는 것입니까? 아니면 이 사람은 앞으로 큰 죄를 지을 사람이니까 하나님이 미리 벌을 내린 것입니까?"라는 질문이 나오는 것입니다. 이것이 유대인들의 사고방식입니다. 자칫 잘못하면 우리도 그런 생각을 가질 수 있습니다. 특정한 죄 때문에 병이 나타난다는 것을 기계적으로 적용한 것입니다. 무시무시한 일입니다. 우리는 그렇게 생각하지 않도록 해야 합니다.

예수님은 제자들에게 "이 사람이나 그 부모의 죄로 인한 것이 아니라 그에게서 하나님이 하시는 일을 나타내고자 하심이라"(요 9:3)라고 말씀합니다. 제자들과 우리에게 큰 교훈을 주십니다. 하나님의 일을 나타내기 위해 소경으로 난 것이고, 이 시점에 고침을 받는 것이라고 하면서 고쳐 주십니다. 어떻게 고침을 받습니까? 6절은 "이 말씀을 하시고 땅에 침을 뱉어 진흙을 이겨 그의 눈에 바르시고 이르시되 실로암 못에 가서 씻으라 하시니 (실로암은 번역하면 '보냄을 받았다'는 뜻이라), 이에 가서 씻고 밝은 눈으로 왔더라"(요 9:6-7)라고 말씀합니다. 이 사람의 존재를 변화시켜 주셨습니다. 사람들이 그것을 주목해서 보기 시작합니다. "이웃 사람들과 전에 그가 걸인인 것을 보았던 사람들이 이르되, 이는 앉아서 구걸하던 자가 아니냐? 어떤 사람은 그 사람이라 하며, 어떤 사람은 아니라 '그와 비슷하다' 하거늘"(요 9:8-9)이라고 말씀합니다. 변화된 사람을 보며 "그 사람이다, 아니다" 하는 것으로 서로 논쟁했습니다. 10절을 보면 "그들이 묻되 그러면 네 눈이 어떻게 떠졌느냐"(요 9:10)라는 질문에 "대답하되 예수라 하는 그 사람이 진흙을 이겨 내 눈에 바르고 나더러 실로암에 가서 씻으라 하기에 가서 씻었더니 보게 되었노라"(요 9:11)라고 대답합니다. "그들이 이르되 그가 어디 있느냐?"라고 묻자 "알지 못하노라 하니라"라고 답합니다. 이것 때문에 예수님과 논쟁이 벌어집니다.

결국 이 사건을 통해서 하나님의 영광이 나타납니다. 이 사람이 날 때부터 소경으로 난 것은 하나님의 영광을 잘 나타내기 위함입니다. 하나님이 하시는 일을 드러내기 위해서 이 사람은 소경으로 난 것입니다. 어떤 사람이 병에 걸린 것이 혹은 어떤 문제가 생기는 것이 기계적으로 무엇 때문이라고 단정해서 말하기가 어렵다는 것입니다.

## 십자가로 말미암아 형벌이 제거된 것을 참으로 믿는가?

그러나 어떤 경우는 "혹 죄를 범하였을지라도"라고 말씀합니다. 우리에게 그런 일이 있을 수도 있다는 것을 생각해야 합니다. 우리 삶에 있어서 그런 일이 닥쳤을 때 이런 생각을 해보는 것은 좋습니다. 그러나 너무 기계적으로 하지 않도록 해야 합니다. 어떤 사람이 병에 걸렸을 때 "내가 무슨 죄를 지어서 하나님이 벌을 주시는 것입니까?" 이렇게 생각하거나 표현하면 안 되는 것입니다. 이중적으로 안 됩니다.

예수님을 믿는 사람은 절대로 형벌을 받지 않습니다. 용어를 잘 사용해야 합니다. 우리의 모든 형벌은 예수 그리스도가 십자가에서 우리를 대신해서 다 받으셨습니다. 그것이 예수님을 믿는 것입니다. 내가 받을 지옥 형벌까지 주께서 다 받으셨습니다. 그런데 그것을 믿는다고 하면서 병이 드니까 "벌 받는다"라고 생각하는 것은 모순입니다. 이것은 예수님을 믿는 사람의 사고방식에 안 맞는 것입니다. 그러나 믿는 우리가 잘못하면 하나님의 징계하심은 있을 수 있습니다. 그러므로 형벌과 징계는 다른 것입니다. 물론 형태는 비슷합니다. 그러나 그 의미는 전혀 다른 것입니다.

징계는 자녀들을 회초리로 치는 것과 비슷합니다. 자녀들이 잘못할 때 그들을 사랑하기 때문에 징계합니다. 사랑하기 때문에 징계할 수 있습니다. 형벌이라는 개념은 십자가로 말미암아 우리에게서 다 제거되었습니다. 혹시 우리가 잘못할 때 주께서 징계하실 수 있지만, 형벌을 내린 것은 아닙니다. 바로 그런 의미에서 혹시 우리가 잘못해서 한 것일지라도 죄를 고백하고 죄 사함을 위해서 기도하면, 주께서 사하여 주신다는 것입니다. 혹시 그것 때문에 어떤 병이 생겼다 할지라도 주께서 그것을 해결하여 주신다는 것입니다.

### 그러면 이제 우리는 어떻게 해야 하는가?

그러면 우리는 어떻게 해야 합니까? 16절은 "그러므로 너희 죄를 서로 고백하며 병이 낫기를 위하여 서로 기도하라. 그러면 병이 나을 수도 있으리라"라고 번역되어야 합니다. 기본적으로 죄를 서로 고백하며 서로를 위해서 기도하라고 합니다.

이 말을 오해하면 안 됩니다. 우리가 해야 할 일은 두 가지입니다. 첫째는 죄를 서로 고백하는 것입니다. 중요한 말이 '서로'라는 것입니다. 어떻게 하는 것이 제일 좋습니까? 서로에게 죄를 고백하는 것이 제일 좋습니다. 우리가 서로에게 잘못한 것을 서로에게 잘못했다고 이야기해야 합니다.

둘째는 서로를 위해서 기도해야 합니다. 여기에 우리의 의무가 있습니다. 이런 기도를 성경의 용어로 '도고'라고 합니다. 서로를 위해서 기도하는 것입니다. 그런데 기도하려면 서로의 상황을 잘 알아야 하지 않습니까? 교회 공동체가 교제에 힘써야 하는 이유가 여기에 있습니다. 성도들이 어떤 상황 속에 있는가를 알아야 합니다. 그래서 구체적인 문제를 가지고 서로를 위해서 기도해야 합니다.

이 일은 서로 한다는 것을 염두에 두면서 그다음 말씀을 이해해야 합니다. "의인의 간구는 역사하는 힘이 큼이니라"(약 5:16)라는 말씀은 "서로 하라"는 말을 벗어나서 생각하면 안 됩니다. 만일 그렇다면 그것은 문맥을 떠나서 하는 이야기가 됩니다. "서로 기도하라"라는 것을 잊어버리면 의인의 간구는 역사하는 힘이 많다고 생각하여 의인을 찾아다니는 일이 일어나기 쉽습니다.

누군가에게 가서 기도를 부탁하기 쉽게 됩니다. 그러나 여기 교회 공동체는 그렇게 하라고 말하지 않습니다. 교회 공동체는 어떻게 해야 합니까? "서로 같이 기도하라"는 것입니다. 언제든지 그렇습니다. 병 낫기를 위해 기도하는 것도 마찬가지입니다. 이 기도도 공동체의 기도로 나타나야 합니다. 그렇게 하지 않으면 우리는 아주 복잡한 문제를 만들어낼 수 있습니다.

성경이 가르치는 대로 하면 그런 오해가 생기지 않습니다. 심지어는 "내가 그 의인이다"라는 교만한 생각도 없어집니다. 또 어떤 사람은 이것 때문에 소위 의심에 빠지는 일이 발생할 수도 있습니다. "내가 아무리 기도해도 안 되는데, 나는 의인이 아닌가 보다" 하는 생각을 합니다. 그러나 그것은 성경이 말씀하는 바가 아닙니다. 성경은 우리가 서로를 위해서 기도할 것을 요구합니다. 그래서 성경적 교회 공동체는 기도와 찬송의 공동체입니다.

## 참된 기도의 토대인 하나님의 말씀

이 모든 것이 제대로 되려면 우리가 먼저 하나님의 말씀을 제대로 배워야 합니다. 하나님의 말씀을 제대로 배워야 제대로 된 기도와 찬송을 할 수 있습니다. 그리고 기도와 찬송도 성도의 교제라는 맥락에서 이루어집니다. 서로 기도하는 것입니다. 공동체로 모여서 기도하고, 서로의 관계에서 이렇게 기도하며 살아가는 것입니다.

그 궁극적인 목적은 무엇입니까? 하나님의 뜻이 세상에 실현되는 것입니다. 나의 어떠함을 드러내기 위해서, 내가 원하는 소기의 목적을 위해서 그런 것이 아닙니다. '인생을 향한 하나님의 뜻이 무엇인가? 역사 전체를 향한 뜻이 무엇인가?' 하는 것을 잘 깨닫고 그것을 끝없이 추구하는 개인과 공동체가 되어야 합니다.

교회 공동체는 주님의 뜻이 세상에 이루어지기를 위해서 늘 간구할 수밖에 없습니다. "뜻이 하늘에서 이룬 것 같이 땅에서도 이루어지이다"라고 간구하는 것입니다. 그 간구하는 것 중 하나가 병든 자를 위한 간구입니다.

## 나가면서: 마지막 부탁

이와 관련해서 용어 하나만 점검해 보겠습니다. 병 낫기를 기도할 때 '병을 낫게 해 주시옵소서'라고 기도할 수 있습니다. 거기에 하나님의 뜻을 구하면서 기도하는 것이 상당히 좋습니다. "주님의 뜻을 제대로 수행할 수 있도록, 하나님이 우리에게 맡겨주신 일을 잘 감당할 수 있도록, 연약해서 병들어 있으면 수행할 수 없으니 병을 낫게 해 주십시오"라고 기도할 수 있습니다. 그런데 사람들이 이상하게 쓰는 말이 있습니다. "병마(病魔)를 물리쳐 주시옵시며"라는 말입니다. 그 말이 나쁜 것은 아닙니다. 그런데 그 말을 쓸 때 우리의 잘못된 생각이 스며들 수도 있습니다. '아 병든 것이 병마(病魔) 때문이다'라는 것입니다. '병마'라는 것은 '병을 주는 귀신'이라는 말이기 때문입니다. 그래서 우리는 기도할 때 이런 말을 사용하지 말아야 합니다. 하나님이 우리의 삶에 장애가 되는 모든 것들을 물리쳐주시기를 우리는 기도해야 합니다. 아파서 예배할 수 없는 상황이 없도록, 주께서 이 문제를 해결해 주시기를 기도할 수 있습니다. 그러나 기도할 때 사람들이 오해할만한 말 그리고 자신도 오해할만한 말을 사용하지 말아야 합니다.

성경적 사상을 배워서 그것이 우리의 사고와 언어를 지배할 수 있도록 해야 합니다. 우리의 사고가 정말로 성경적인 사고로 점철(點綴)될 수 있어야 합니다. 그것을 위해서 우리가 설교를 듣는 것이고, 그것을 위해서 성경을 공부하는 것입니다. 부디 바라기는 야고보서에서 말씀하는 이 부분의 의미가 우리에게 잘 나타났으면 좋겠습니다.

30강 야고보서 5장 19-20절

# 우리의 궁극적 사명: 미혹한 길에서 돌아서게 하는 일

"내 형제들아, 너희 중에 미혹되어 진리를 떠난 자를 누가 돌아서게 하면, 너희가 알 것은 죄인을 미혹된 길에서 돌아서게 하는 자가 그의 영혼을 사망에서 구원할 것이며, 허다한 죄를 덮을 것임이라"(약 5:19-20).

야고보서는 "사랑하는 형제들을" 위하여 주시는 권면의 말씀입니다. 우리는 모두 다 그리스도 안에서 한 형제가 되었습니다. 그래서 야고보는 그의 서신의 맨 마지막에서도 '형제들아'라는 말로써 권면을 시작합니다. 다른 서신들은 대개 하나님의 은혜에 대한 기원, 하나님의 평강에 대한 기원으로 마치는데 야고보서는 그렇지 않습니다. 마치 설교를 할 때 마지막에 가장 중요한 것을 다시 한번 강조하는 것처럼, 형제들에게 가장 시급한 것 한 가지를 당부하면서 자신의 편지를 끝내고 있습니다. 그것은 우리의 사명에 대한 당부입니다.

## 야고보서 5장 19절 앞부분에 대한 이해

5장 19절은 "내 형제들아, 너희 중에 미혹되어 진리를 떠난 자를 누가 돌아서게 하면"이라고 말씀합니다. "내 형제들아, 너희 중에 미혹되어 진리를 떠난 자를"이라고 하는 데까지는 번역이 참 좋습니다. 이것은 예수님을 믿는다고 하는 사람들 가운데 미혹되어 진리를 떠난 사람들을 말합니다. 여기서 '미혹되어 진리를 떠난'이라는 말, 즉 '진리를 좇지 아니하고 방황하는'이라는 뜻으로 사용된 말이 '플라나오'(πλανάω)라는 말인데, 이 말은 우리가 잘 아는 말과 연관된 말입니다. 지구와 같은 별들을 영어로 플래닛(planet)이라고 합니다. 플래닛이라는 말은 '플라나오'에서 왔습니다. 정해진 길이 있습니다만 돌아다니는 것입니다. 그런데 이 사람은 정해진 길에서 벗어나 돌아다니는 사람입니다. 방황하는 것입니다. 이것이 '플라나오'입니다.

그러니 이 말은 완전히 이단으로 간 사람들만을 이야기하는 것이 아닙니다. 물론 그런 사람들도 포함하는 말입니다. 그 사람들도 방황하는 것이니 말입니다. 참된 진리로부터 떠나서 방황하는 모든 종류의 방황하는 사람을 다 포함하여 말합니다. 이단으로 간 것처럼 조금 더 심각하게 방황하는 사람도 있겠고, 일시적으로 방황하는 사람도 있을 수 있습니다. 우리도 그럴 수 있습니다. 왜냐하면 심각하게 예수님을 안 믿는 사람들만 이야기하는 것이 아니라, '너희 중에 미혹하여 진리를 떠난 자'라고 해서 믿는 사람들 가운데 방황하는 사람을 이야기하는 것이기 때문입니다. 방황의 정도나 심각도가 다를 수 있습니다. 어떤 사람은 한동안 예배 참석도 안 하고 방황할 수도 있고, 마음속으로 방황하는 사람도 있을 수 있습니다. 또 어떤 특정한 진리를 잘못 알고 있는 경우나 성경이 가르치는 진리에 온전히 충성하지 않는 것도 여기 포함될 수 있습니다.

## 우리의 사명?

"누가 돌아서게 하면"(약 5:19)이라는 말씀에 우리의 사명이 있습니다. 우리에게 어떻게 해야 한다는 것을 요구하는 것입니다. 예수님을 믿는 사람의 사명이 무엇입니까? 남을 바른 데로 돌아서게 하는 것입니다. 그러려면 자기가 먼저 방황하지 않고 제대로 서 있어야 하지 않겠습니까? 진정한 그리스도인은 바른 진리를 붙잡은 후에 무슨 일이 있어도 항상 그 진리를 붙들고 가야 합니다. 이것이 예수님을 믿는 사람의 특성, '항상성'입니다. 성경에서 말씀하는 진리를 정말로 믿는 사람들은 항상 같은 마음을 가지고 있는 것입니다.

앞에서 살펴보았던 5장 8절 말씀에는 "너희도 길이 참고 마음을 굳건하게 하라. 주의 강림이 가까우니라"라고 말씀합니다. 길이 참고 마음을 굳게 하라고 합니다. 이것이 옳은 길이라고 말씀했으면 온갖 어려움이 있어도 좌절하지 않고, 오히려 '우리는 어려움이 있으니까 이것이 정말 주님이 우리에게 요구하시는 것이다'라고 생각하며 마음을 굳게 하고 나아가야 합니다. 진정한 그리스도인은 진리를 떠나서 방황하지 않습니다. 자기 혼자만 그렇게 하는 것이 아니라, 우리 가운데 혹시 여러 상황으로 잘못 생각하거나 잘못된 행동을 하는 사람, 방황하는 사람들을 돌아서게 하는 일을 해야 합니다. 이것이 우리의 사명입니다. 우리의 사명은 "서로 돌아보는 사명"인데, 이를 '회복시키는 사역'이라고도 할 수 있습니다. 우리에게 주어진 사명입니다. 어떤 상황 속에서 있든지 우리가 해야 할 일이 여기에 있습니다.

## 옳은 데로 돌아오게 하는 일의 의미

그것은 어떤 의미를 지닙니까? 20절은 "너희가 알 것은 죄인을 미혹된 길에서 돌아서게 하는 자가 그의 영혼을 사망에서 구원할 것이며"(약 5:20)라고 말씀합니다. 그 죄인인 사람의 영혼, 그 사람이 계속해서 진리를 떠나 방황하고 끝까지 돌아오지 않으면 결국 사망의 길로 가게 됩니다. 우리는 주변에 있는 사람들이 어떤 상황 속에 있는지 살피고, 방황의 길로 가지 않도록 그들을 참 진리의 길로 돌아오게 하는 일을 해야 합니다. 그렇게 했을 때 그 사람의 영혼을 구원해 내는 것이라고 합니다.

그다음 말이 아주 흥미롭습니다. 20절 뒷부분은 "허다한 죄를 덮을 것임이라"라고 말씀합니다. 성경에 가끔 이런 말들이 나옵니다. 베드로전서를 보면 우리의 존재 전체로 감당해야 할 큰 사명 중 하나가 서로 사랑하는 것인데, 서로 사랑하는 사람들은 그의 존재 전체를 가지고 "무엇보다도 뜨겁게 서로 사랑할지니 사랑은 허다한 죄를 덮느니라"(벧전 4:8)라고 말씀합니다. 이 말씀을 깊이 생각하면서 본문과 연결하여 생각해 보겠습니다.

어떤 분이 아주 재미있는 말을 한 적이 있습니다. 사랑할 때는 한편으로는 "눈을 크게 뜨고", 또 한편으로는 "눈을 감고" 사랑하는 것이라고 했습니다. 동시에 두 가지가 일어난다는 것입니다. 그것은 무슨 의미입니까? 눈을 감고 사랑하는 것은 무엇입니까? 상대의 결점이나 흠이 하나도 안 보이는 것입니다. 일반적으로 사람들이 사랑에 빠지면 그렇다고 합니다. 제 눈에 안경이라는 말입니다. 자꾸 좋아 보이는 것입니다. 쉽게 말하면 사랑에 눈먼 사람입니다. 눈을 떴지만 안 보이는 것입니다. 자기가 보려고 하는 것만 보는 것입니다. 상대가 잘못한 것이 있어도 그것은 하나도 안 보입니다. 그래서 사랑하는 사람은 눈을 감는 것이라고 합니다. 그러나 옆에 사람이 "눈을 감았으니까 저 사람의 문제가 하나도 안 보이지"라고 말할까 봐 이 사람이 설명을 합니다. "사랑하는 사람은 동시에 눈을 크게 뜨고 보는 사람입니다"라고 합니다. 상대방을 있는 모습 그대로 보는 것입니다. 내 마음대로 왜곡해서 혹은 나름대로 상상해서 보는 것이 아니라 그 사람의 있는 모습을 그대로 보면서, 그 사람의 있는 모습을 그대로 사랑하는 것입니다. 이것이 눈을 크게 뜨고 본다는 말입니다. 진정 사랑하는 우리는 다 보면서 동시에 안 보는 사람이어야 한다는 것입니다.

그것은 바로 베드로전서 4장 8절에서 말하는 “허다한 죄를 덮는” 것입니다. 그 사람한테 죄가 보이지만, 그것을 안 보는 것입니다. 그 근거는 무엇입니까? 그럴 수 있는 근거는 하나님이 예수 그리스도의 구속에 근거해서 그 사람의 죄를 용서하셨기 때문에, 하나님의 시선으로 보기 때문에 가능한 것입니다. 예수 그리스도 안에서 이루어진 구속은 어떤 결과를 만듭니까? 예수 그리스도 안에서 하나님이 어떻게 해 주셨는지를 정말로 알게 되면, 다른 말로 십자가의 은혜를 알게 되면 우리는 정말 누군가 표현한 것처럼 “눈을 감고 동시에 눈을 크게 뜨고서” 옆에 있는 사람들을 사랑할 수 있습니다. 그렇게 될 때 허다한 죄가 덮어집니다.

사실 그 모든 결점에도 불구하고, 그 모든 문제점에도 불구하고 있는 그대로 받아들이고자 하는 마음이 있을 때, 그럴 때 그를 옳은 데로 돌아오게 할 수 있습니다. 그러니까 배후에 있는 사상은 바로 사랑입니다. 참된 사랑은 “많은 죄를 덮는다”라고 했습니다. 이 말은 그것이 죄가 아니라는 것이 아닙니다. 분명히 죄인데, 죄임에도 불구하고 마치 하나님이 죄인인 우리를 예수 그리스도의 보혈로 다 덮어주신 것과 같이 된다는 것입니다.

여기서 말하는 덮는 것은, 영어 표현으로 “먼지 같은 것을 양탄자 밑으로 쓸어 넣는다”라는 의미와 비슷한 말이 아닙니다. 먼지를 양탄자 밑으로 쓸어 넣으면 일단 보이지 않습니다. 덮는 것을 그런 것으로 생각하는 사람들이 있습니다. 그러나 베드로나 야고보의 말은 그런 것이 아닙니다. 하나님이 용서하시면 죄악을 기억하지도 않으신다고 하셨습니다. 정말 없는 것처럼 만들어 주신다는 말입니다. 그 관점에서 우리가 이 말을 보아야 합니다. 허다한 죄를 덮는다는 것의 근원은 결국 하나님의 용서하심에 근거해 있는 것입니다.

우리가 세상에서 바르게 사는 삶은 어떤 것입니까? 딱 두 가지뿐입니다. 첫째는 스스로 진리를 떠나 방황하지 않고 무슨 일이 있어도 진리의 길에 서서 나아가는 삶, 즉 믿음의 항상성을 가지고 사는 것입니다. 둘째는 자기 혼자만 그렇게 살면 되는 것이 아니고, 다른 사람을 회복시키는 사역을 해야 합니다. 그러므로 우리는 각자가 진리에 굳게 서며, 동시에 다른 사람들을 회복시켜 주는 사역을 해야 합니다.

## 성경 전체의 맥락에서 회복시키는 사역의 의미

이 말씀을 성경 전체의 맥락에서 보면 얼마나 더 은혜로운지 모르겠습니다. 본문과 연관해서 다니엘 12장 1절은 "그 때에 네 민족을 호위하는 큰 군주 미가엘이 일어날 것이요"라고 말씀합니다. 하나님이 정하신 때에 네 민족을 호위하는 대군, 천사장 미가엘이 나타납니다. 여기 미카엘(Michael)이 나옵니다. 이 미카엘은 무엇을 하는 천사입니까? 이스라엘 백성들을 잘 보호하는 천사라는 것입니다. 그 천사가 일어난 것입니다. "또 환난이 있으리니 이는 개국 이래로 그 때까지 없던 환난일 것이며 그 때에 네 백성 중 책에 기록된 모든 자가 구원을 받을 것이라"라는 말씀에서 대환난이라는 개념이 나타납니다.

그 과정을 설명하면서 "땅의 티끌 가운데에서 자는 자 중에서 많은 사람이 깨어나"(단 12:2)라고 말씀합니다. 이 말을 오해하면 안 됩니다. '안 깨는 사람도 있구나'라고 생각하면 안 됩니다. 죽은 사람들이 다 일어나는 것입니다. 일어난 사람은 두 종류로 나타나는데 "영생을 받는 자도 있겠고" 또 "수치를 당하여서 영원히 부끄러움을 당할 자도 있을 것이며"라고 말씀합니다. 세상에 있는 모든 사람, 예수님이 오실 때 살아 있는 사람들을 제외하면 모든 사람이 전부 다 한 번은 죽습니다. 그런데 그것으로 끝이 아니고, 죽었던 사람들은 다 일어납니다. 일어나 보면 다음 둘 중 하나에 속해 있음을 알게 됩니다. 영생을 입는 사람과 무궁히 부끄러움을 받는 사람입니다.

3절의 말씀이 본문의 핵심과 연관됩니다. "지혜 있는 자는 궁창의 빛과 같이 빛날 것이요"(단 12:3)라고 말씀합니다. '지혜 있는 자'를 다르게 표현합니다. "많은 사람을 옳은 데로 돌아오게 한 자는 별과 같이 영원토록 빛나리라"(단 12:3)라고 말씀합니다. 많은 사람을 옳은 데로 돌아오게 하는 사람이 지혜로운 사람입니다. 누가 그런 사람들입니까? 야고보서의 표현에 의하면 '우리가 그러해야 한다'는 것입니다. 신약 시대에 사는 모든 성도는 다 그러한 사명이 있습니다. 그러니까 '많은 사람을 옳은 데로 돌아오게 하는 사람'이 참으로 믿는 사람의 정체성이며, 이 일을 하는 것이 사명이라고 생각해야 합니다.

이 말의 전제는 무엇입니까? 많은 사람이 지금 옳은 데 있지 않다는 것입니다. 옳은 데 있지 않은 사람은 누구입니까? 예수 그리스도를 믿지 않는 사람들입니다. 그 사람들은 지금 정상적인 길에 있지 않습니다. 그 사람들을 옳은 데로 돌아오게 해야 합니다. 그렇게 하는 것이 그들의 영혼을 사망에서 구하는 것입니다. 그렇게 해야 그들의 많은 죄, 허다한 죄를 덮을 것입니다. 주께서 다 용서하신 것을 근거해서 우리도 그렇게 덮는 일을 해야 합니다.

다니엘에서는 그런 사람을 '별과 같이 영원토록 빛나리라'라고 표현합니다. 우리는 마땅히 해야 할 바를 한 것입니다. 그러나 주님은 그것을 별과 같이 영원토록 빛나도록 해 주십니다. 그것을 주님이 하시는 것입니다. 이것을 오해해서는 안 됩니다. 우리는 별과 같이 영원히 빛나기 위해서 많은 사람을 옳은 데로 돌아오게 하는 것이 아닙니다. 어찌 감히 그런 생각을 하겠습니까? 그러면 왜 그것을 합니까? 그저 이것이 우리의 사명이기 때문입니다. 우리가 마땅히 해야 할 일이기 때문에 하는 것입니다. 우리는 모든 상황에서 이 일을 하게 되어 있습니다. 주께서는 우리가 그렇게 하면 우리의 존재, 세상에서의 활동을 의미 있게 보시는 것입니다. 영원토록 빛나는 사역으로 보신다는 것입니다. 얼마나 감사할 일입니까? 우리는 그저 최선을 다해 주께서 우리에게 주신 이 회복시키는 사역을 감당해야 합니다.

### 죄를 덮는 일의 구약적 배경

이런 것은 아주 강한 구약적 배경을 가지고 있습니다. 잠언 10장은 "미움은 다툼을 일으켜도 사랑은 모든 허물을 가리느니라"(잠 10:12)라고 말씀합니다. 이것이 앞에서 살펴본 "모든 죄를 덮는다, 허다한 죄를 덮는다"라는 말의 어머니 구절이라고 생각하면 됩니다.

상대의 잘못이 다 보입니다. 그런데도 그것을 사랑하는 것입니다. 그 사랑 때문에 고쳐가는 것입니다. 그것이 여기서 말하는 모든 허물을 가리는 것입니다. 이 개념 때문에 신약 베드로전서 4장에서는 허다한 죄를 덮는다고 말씀합니다. 이것을 응용해서 야고보서는 사람들을 옳은 데로 돌아오게 했을 때 많은 죄를 덮는 결과를 나타낸다고 합니다. 이런 의미가 우리 속에서 늘 나타나야 합니다.

## 나가면서

우리는 어디에서 살든지 야고보서의 의미가 생생하게 살아 있도록 하는 매체가 되어야 합니다. 이것이 예수님을 믿는 사람의 모습입니다. 성경은 하나님의 뜻을 명백히 드러내고 있습니다. 그것은 "지금 여기에 살아 있게 하는"(make alive) 사람이 바로 우리, 즉 예수님을 믿는 사람들입니다. 이것이 우리의 사명입니다. 이것이 우리가 설교를 듣고 성경을 공부하는 이유입니다.

개신교도는 설교를 듣는데 상당히 많은 시간을 투자합니다. 왜 그렇게 합니까? 이것을 살아내기 위해서 그렇게 하는 것입니다. 그리고 그것을 하지 않는다면 우리는 실질적으로 설교를 믿지 않는 것이라고 해야 합니다. 우리가 감당할 큰 사명은 "함께 회복시키는 사역"입니다. 이것이 우리가 사는 이유입니다. '나는 목회자가 아니니 나와는 관계가 없습니다' 하는 반응을 나타내서는 안 됩니다. 모든 성도가 다 "이 일을 위해서 내가 산다"라고 고백해야 합니다. 그러려면 하나님 앞에서 늘 깨어 있어야만 합니다. 늘 깨어서 큰 사명을 잘 감당하는 우리가 되길 바랍니다.

### [기도]

“성부와 성자와 성령님! 야고보 장로님을 통해 우리에게 주신 귀한 권면에 대해 감사드립니다. 우리들이 주변에 잘못된 길로 나아가 이리저리 방황하고 있는 분들을 바른 데로 돌아오게 하는 이 일을 제대로 감당할 수 있도록 필요한 지혜와 힘을 주옵소서. 구체적으로 가르쳐 주신 대로 진정한 하나님 백성 역할을 하여 나가게 하셔서, 1세기의 이 권면을 받고 힘써 노력하던 귀한 지체들과 16세기에 참으로 이 귀한 일에 힘쓰던 개혁자들과 영적 교제를 하면서 우리도 같은 일을 이 21세기에 감당해 갈 수 있도록 하여 주옵소서.

영원 전에 놀라운 작정을 하시고 그것을 지금도 수행하시는 성부 하나님의 귀한 사역에 감사하옵고, 성자 하나님께서 우리를 위한 구속을 이루어 주시고 또 구체적 교훈을 주심에 대해 충심으로 감사하오며, 성령님께서 매일 매일 구체적으로 예수님께서 가르쳐 주신 대로 나아가게 하시오니 감사합니다. 우리들로 하여금 삼위일체 하나님과 신비한 교제를 하면서 이 땅에서 하나님 백성으로서 역할을 잘 감당하게 하여 주옵소서. 우리 주 예수 그리스도의 이름으로 기도합니다. 아멘.”

# 지은이 소개

지은이는 개혁신학을 전문적으로 연구하는 학자로서 현재 합동신학대학원대학교 조직신학 교수로 있다.

총신대학교 기독교 교육과를 졸업(B. A.)한 후 서울대학교 대학원에서 윤리학과 가치교육에 관한 논문으로 석사학위를 취득하고, 합동신학원을 졸업하였다. 그 후 영국 The University of St. Andrews 신학부에서 연구(research)에 의한 신학 석사(M. Phil., 1985) 학위와 신학 박사(Ph. D., 1990)를 취득하였고, 미국 Yale University Divinity School에서 연구원(Research Fellow)으로 활동(1990-1992)했다. 귀국하여, 웨스트민스터신학원(1992-1999)과 국제신학대학원대학교(1999-2009)에서 조직신학 교수, 부총장 등을 역임했다.

그 동안 한국장로교신학회, 한국개혁신학회 회장을 역임하였으며, 2020년부터 2022년 봄까지 한국 복음주의신학회 회장으로 섬겼다.

## 그 동안 다음 같은 책을 내었다

『현대 영국 신학자들과의 대담』(대담 및 편집). 서울: 엠마오, 1992.

『개혁신학에의 한 탐구』. 서울: 웨스트민스터 출판부, 1995, 재판, 2004.

『교회론 강설: 교회란 무엇인가?』. 서울: 여수룬, 1996, 2판, 2002. 개정. 서울: 나눔과 섬김, 2010. 4쇄, 2016. 재개정판. 서울: 말씀과 언약, 2020.

『하이델베르크 요리문답강해 1: 진정한 기독교적 위로』. 서울: 여수룬, 1998, 2002. 개정판. 서울: 나눔과 섬김, 2011. 2쇄, 2013. 3쇄, 2015.

『하이델베르크 요리문답강해 2: 성령의 위로와 교회』. 서울: 이레서원, 2001, 2003, 2009, 2013, 2015.

『인간 복제: 그 위험한 도전』. 서울: 예영, 2003, 개정판, 2006.

『기독교 세계관이란 무엇인가』. 서울: SFC, 2003, 개정판 5쇄, 2009. 재개정, 2014, 2016, 2022.

『기독교 세계관으로 바라보는 21세기 한국 사회와 교회』. 서울: SFC, 2005; 2쇄, 2008; 5쇄, 2016. 개정판. 서울: CCP, 2018.

『사도신경』. 서울: SFC, 2005, 개정판, 2009. 재개정판, 2013, 2015, 2020.

*Kierkegaard on Becoming and Being a Christian*. Zoetermeer: Meinema, 2006.

『21세기 개혁신학의 동향』. 서울: SFC, 2005, 2쇄, 2008. 개정판. 서울: CCP, 2018.

『한국 교회가 나아갈 길』. 서울: SFC, 2007, 2011. 개정판. 서울: CCP, 2018.

『코넬리우스 반틸』. 서울: 도서출판 살림, 2007, 2012.

『전환기의 개혁신학』. 서울: 이레서원, 2008, 2쇄, 3쇄, 2016.

『광장의 신학』. 수원: 합신대학원출판부, 2010, 2쇄.

『우리 사회 속의 기독교』. 서울: 도서출판 나눔과 섬김, 2010, 2쇄.

『개혁신학 탐구』. 서울: 하나, 1999, 2001. 개정. 수원: 합신대학원출판부, 2012.

『톰 라이트에 대한 개혁신학적 반응』. 수원: 합신대학원 출판부, 2013. 2쇄.

『거짓과 분별』. 서울: 예책, 2014.

『우리 이웃의 신학들』. 서울: 도서출판 나눔과 섬김, 2014. 2쇄, 2015.

『위로 받은 성도의 삶』. 서울: 나눔과 섬김, 2015. 개정판, 서울: 말씀과 언약, 2020.

『묵상과 기도, 생각과 실천』. 서울: 도서출판 나눔과 섬김, 2016. 개정판. 개혁, 2022.

『성경신학과 조직신학』. 서울: SFC, 2018.

『하나님께 아룁니다』. 서울: 말씀과 언약, 2020.

『교회, 그 그리운 이름』. 서울: 말씀과 언약, 2021.
『데이비드 웰스와 함께 하는 하루』. 서울: 말씀과 언약, 2021.
『성경적 종말론과 하나님 백성의 삶』. 서울: 말씀과 언약, 2022.

## 저자 번역선

Bavinck, Herman. *The Doctrine of God*. 『개혁주의 신론』. 서울: 기독교문서선교회, 1988, 2001.

Berkouwer, G. C. *Church*. 나용화와 공역. 『개혁주의 신론』. 서울: 기독교문서선교회, 2006.

Bockmuehl, K. *Evangelical Social Ethics*. 『복음주의사회윤리』. 서울: 엠마오, 1988.

Bloesch, Donald. *Ground of Certainty*. 『신학 서론』. 서울: 엠마오, 1986.

Clark, James Kelly. *Return to Reason*. 『이성에로의 복귀』. 서울: 여수룬, 1998.

Harper, Norman E. *Making Disciples*. 『현대 기독교 교육』. 서울: 엠마오, 1984. 개정역. 서울: 토라, 2005.

Holmes, Arthur. *The Contours of a World View*. 『기독교 세계관』 서울: 엠마오, 1985. 서울: 솔로몬, 2017.

Helm, Paul. *The Providence of God*. 『하나님의 섭리』. 서울: IVP, 2004.

Hesselink, I. John. *Calvin's First Catechism: A Commentary*. 조호영과 공역. 『칼빈의 제 1차 신앙교육서: 그 본문과 신학적 해설』. 서울: CLC, 2009.

Hick, John, Clark Pinnock, Alister E. McGrath et al., 『다원주의 논쟁』 서울: CLC, 2001.

Klooster, Fred H. *A Mighty Comfort*. 『하이델베르크 요리문답에 나타난 기독교 신앙』 서울: 엠마오, 1993. 개정역. 나눔과 섬김, 2015. 재개정역. 서울: 도서출판 개혁, 2022.

Ladd, G. E. *Last Things*. 『마지막에 될 일들』. 서울: 엠마오, 1983. 개정역. 『개혁주의 종말론 강의』 서울: 이레서원, 2000. 개정역, 『조지 래드의 종말론 강의』, 2017.

Lee, F. Nigel. *The Origin and Destiny of Man*. 『성경에서 본 인간』 서울: 엠마오, 1984. 개정역. 서울: 토라, 2006.

Melanchton, Philip. *Loci Communes*, 1555. 『신학 총론』. 서울: 크리스천 다이제스

트사, 2000.

Morris, Leon. *Cross in the New Testament*.『신약의 십자가』. 서울: CLC, 1987.

____________. *Cross of Christ*. 조호영과의 공역.『그리스도의 십자가』 서울: 바이블리더스, 2007.

Noll, Mark and Wells, David, Eds. *Christian Faith and Practice in the Modern World*.『포스트모던 세계의 기독교 신학과 신앙』 서울: 엠마오, 1994.

Packer, J. Ⅰ. Freedom, *Authority and Scripture*.『자유, 성경, 권위』. 서울: 엠마오, 1983.

Reymond, Robert L. *The Justification of Knowledge*.『개혁주의 변증학』. 서울: CLC, 1989.

Selderhuis, Herman.『우리는 항상 죽음을 향해 가고 있다』. 수원: 합신대학원 출판부, 2019.

Stibbs, A. M. and Packer, J. Ⅰ. *The Spirit Within You*.『그리스도인 안에 계신 성령』 서울: 웨스트민스터 출판부, 1996.

Van Til, Cornelius. *The Reformed Pastor and Modern Thought*.『현대사상과 개혁신앙』 서울: 엠마오, 1984. 개정역. 서울: SFC, 2009.

____________. *An Introduction of Systematic Theology*.『개혁주의 신학 서론』 서울: CLC, 1995. 강웅산과의 개정역. 서울: 크리스챤, 2009.

Vos, Geerhardus. *Biblical Theology*.『성경신학』. 서울: CLC, 1985; 개정판, 2000.

____________. *Self-Disclosure of Jesus*.『예수의 자기계시』. 서울: 엠마오, 1987. 개정역. 서울: 그 나라, 2014.

___ ________. *Pauline Eschatology*. 오광만 교수와 공역.『바울의 종말론』. 서울: 엠마오, 1989.

Weber, Robert. *Secular Saint*.『기독교 문화관』. 서울: 엠마오, 1985. 개정역. 토라, 2008.

Wells, David. *The Person of Christ*.『기독론: 그리스도는 누구신가?』 서울: 엠마오, 1994. 개정역. 서울: 토라, 2008. 개정판. 서울: 부흥과 개혁사, 2015.

Yandel, Keith E. *Christianity and Philosophy*.『기독교와 철학』 서울: 엠마오, 1985. 개정역. 서울: 이컴비즈니스, 2007.

1 세기
**야고보,**
오늘을 말하다

초판 1쇄 발행 | 2022년 3월 25일

지 은 이 | 이승구
펴 낸 이 | 김현숙
펴 낸 곳 | 도서출판 말씀과 언약
주 소 | 서울시 서초구 동산로6길 19, 302호
전화번호 | 010-8883-0516
이 메 일 | wminb7@gmail.com

ISBN : 37911-97060-8-2 (93230)
Printed in Korea @ 2022 도서출판 말씀과 언약
* 책값은 표지에 표시되어 있습니다.
* 파본은 구입처에서 교환해 드립니다.